Liebes Bruderherz,

eigentlich steht schon alles auf S. 307... :)
Ich hoffe, Du hast Spaß

alles Liebe
Antje

edition obst & ohlerich

Katja Rübsaat

Montez.
Geschichte
einer Sängerin

Roman

edition obst & ohlerich
im
tra*f*o verlag

Bibliografische Informationen Der Deutschen Bibliothek
Die Deutsche Bibliothek verzeichnet diese Publikation
in der Deutschen Nationalbibliografie;
detaillierte bibliografische Daten sind im Internet
über http://dnb.ddb.de abrufbar

Katja Rübsaat: *Montez. Geschichte einer Sängerin*

edition obst & ohlerich
www.obstundohlerich.de

Herausgeber: Rouven Obst & Dr. Gregor Ohlerich

ISBN 978-3-89626-831-0

1. Auflage 2009

© tra*f*o Verlagsgruppe Dr. Wolfgang Weist, Berlin 2009
tra*f*o Literaturverlag
Finkenstraße 8, 12621 Berlin, BRD
Fax: 030/56 70 19 49
e-Mail: trafoberlin@t-online.de
http://www.trafoberlin.de

Lektorat: autorInnenberatung, Berlin 2007

Satz: Ina Walzog Verlags- & Medienservice, Berlin
Schrift: CMU Serif, 10 pt
Umschlaggestaltung: Iris Thalhammer
Grafik: Ausschnitt aus *SchriftBild* (1996) von Marion Ohlerich
Druck & Verarbeitung: Schaltungsdienst Lange oHG, Berlin

Alle Rechte vorbehalten
Printed in Germany

Prolog

Jeder Zen-Meister wäre stolz auf mich gewesen. Seit einer halben Stunde wurde mein Denken und Handeln von nur einem Gedanken beherrscht. Es war noch nicht mal ein Gedanke, es war nur ein Wort. Es war: w*eg!!*

Ich stand im Schlafzimmer, hatte meinen Rucksack aus dem Schrank gezerrt und stopfte wahllos hinein, was ich von meinen Sachen finden konnte. Die Schmerzen ignorierte ich, soweit es möglich war. Eigentlich spürte ich sie gar nicht mehr. Genau genommen spürte ich überhaupt nichts. Ein schneller Blick aus dem Fenster – das Taxi war immer noch nicht da. Dann lief ich die Treppe hinunter ins Wohnzimmer, packte die Gitarre in den Koffer und zögerte einen Augenblick, als mir einfiel, dass sie bis gestern noch im Proberaum gelegen hatte und es eigentlich nur durch ein Missverständnis dazu gekommen war, dass Simon sie mit hierher genommen hatte. Aber ich wischte diesen Gedanken beiseite, mir fehlte wirklich die Zeit, um über Schicksalsschläge und Fügungen zu philosophieren. Ein kurzer Blick auf die Uhr. Halb drei. Um kurz nach zwei war er gefahren. Wollte in zwei Stunden wieder da sein. »Lass uns dann einen neuen Anfang machen«, hatte er gesagt, »lass uns einfach vergessen, was bisher gewesen ist.« Ich wusste, dass es keinen Neuanfang mehr geben konnte. Und ich wusste, dass ich nichts vergessen würde von diesen letzten Monaten.

Erst als ich im Taxi saß, das mich nach London bringen sollte, erlaubte ich mir, ernsthaft über die Situation nachzudenken. Ich wollte auf dem schnellsten Wege weg aus England, also nach Heathrow und dort in irgendein Flugzeug steigen. Wohin war egal. Nur nicht nach Hause – also weder nach Köln noch zu meinem Onkel nach Granada. Einen Moment lang sah ich mich selber mit meinem Rucksack, der Tasche und dem Gitarrenkoffer am Schalter stehen und nach einem Last-Minute-Flug nach irgendwo fragen. Wahrscheinlich werden sie dich auslachen, dachte ich bei mir. Mit *dem* Gepäck kriegst du nie so schnell einen Flug.

Plötzlich hatte ich Davids Gesicht vor Augen. Ja, der würde einfach seinen Manager anrufen und nach einer Stunde hätte er eine zweimotorige Privatmaschine auf dem Flugplatz stehen. Aber leider war ich nicht David. Kurz überlegte ich, ob ich nicht doch zu ihm nach Birmingham fahren sollte. Aber ich konnte es nicht, nicht nach all dem, was passiert war, nicht nach dem letzten Satz, den er zu mir gesagt hatte. Also musste es anders gehen. Ich wandte mich an den Fahrer: »Sorry, aber wir müssen noch einen Zwischenstop machen.«

»Kein Problem, wo?«

»In der Hunts Road.«

»Welche Hunts Road?«

»In Stratford.«

Er bremste und hielt an. Mitten auf der Straße. »Sorry, Miss«, sagte er, nachdem er sich zu mir umgedreht hatte, »wir sind seit zehn Minuten aus Stratford draußen. Am Telefon klang es, als würde die Welt untergehen, wenn Sie nicht binnen zwei Stunden in London sind, und jetzt wollen Sie zurück? Verstehe ich nicht.«

»Okay, hören Sie. Ich *muss* nach London, so schnell wie's irgend geht, aber ich muss *auch* vorher noch mal nach Stratford zurück. Ist das so schwer?«

Er schaute mich immer noch zweifelnd an. »Und wenn Sie sich Gedanken um's Geld machen«, versuchte ich seinen Blick zu deuten, »ich denke, mit dem, was ich dabei habe, könnten wir auch zum Glasgower Flughafen fahren.«

Immerhin lächelte er. Und fragte dann, fast besorgt: »Ist mit Ihnen alles okay, Miss?«

Ich musste lachen, so absurd kam es mir vor. Ich hatte mich nicht im Spiegel angeschaut, aber mein linkes Auge war mehr oder weniger zugeschwollen, der Rest meines Gesichtes sah mit Sicherheit nicht besser aus. Wenigstens hatte ich trotz der Wärme einen dunklen, langärmligen Pulli angezogen, der das Handgelenk und alles andere verdeckte. »Nein, eigentlich ist mit mir überhaupt nichts okay. Aber ich muss trotzdem zum Flughafen.«

Ich fürchtete, dass er Fragen stellen würde. Aber zu meiner großen Erleichterung sagte er nur: »Und vorher zurück nach Stratford. Alles klar, Miss«, wendete das Auto und fuhr zurück in die Stadt, die mir so verhasst war wie kein anderer Ort auf der Welt.

Als ich bei Robin vor der Tür stand, war ich mir nicht mehr sicher, ob ich einem genialen Gedankenzug folgte oder einen großen Fehler beging. Schließlich war er *sein* Freund, nicht meiner. Aber ich hatte nicht viel Zeit, darüber nachzudenken.

»Tina, verdammt, wie siehst du denn aus, was ist passiert?«

»Ich gehe, Robin. Und ich wollte dich fragen, ob ich ein paar Sachen bei dir lassen kann, nur für einige Tage.«

Er stand wie eine Salzsäule in der Tür. »War *er* das?«

Ich musste wieder lachen, kalt und hart. »Hast du damit gerechnet?«

»Nein, aber manchmal habe ich gedacht ... Er war so verrückt die letzten Tage, wegen dem Plattenvertrag und allem. Aber er wird sich wieder beruhigen, du wirst sehen.«

»Nein, Robin, werde ich nicht.«

Erneut sah er mich und mein Gepäck an und schien jetzt erst zu begreifen, was ich zu Anfang gesagt hatte. »Habt ihr euch getrennt?«

»Nein. Aber ich werde trotzdem gehen.«

Robin zog die Stirn in Falten. Aber er versuchte nicht, mich zum Bleiben zu bringen. »Wo willst du hin?«

»Ich habe keine Ahnung«, ich warf einen Blick zum Taxi, »aber ich muss jetzt wirklich los.«

»Ja, natürlich. Er wird ganz schön ausflippen, wenn er mitkriegt, dass du weg bist.«

»Und wenn's geht, möchte ich dann nicht mehr hier sein. Was ist jetzt mit der Tasche?«

»Ja, klar, lass sie da, die Gitarre auch, wenn du willst.«

Ich gab ihm beides und es fiel mir unendlich schwer, die Gitarre aus der Hand zu geben. Sie war so sehr ein Teil von mir und meiner Geschichte. Ich tat es nur, weil ich längst nicht mehr das Gefühl hatte, ihrer würdig zu sein. Dazu hatte ich zu viel von dem verraten, was mich mit ihr verband.

Robin merkte, dass ich zögerte. »Er wird sie nicht bekommen.«

»Danke, Robin. Ich werde mich irgendwann bei dir melden.«

Ich konnte ihn nicht umarmen, ihm nicht einmal in die Augen sehen. Konnte mich nur in mein Taxi setzen.

»Alles klar, Miss?«

»Ich denke schon. Können wir jetzt zum Flughafen?«
»Sind schon fast da.«
Auf der Fahrt sah ich immer wieder Simon vor mir, wie er in der Tür stand mit seinem schwarzen Ledermantel über der Schulter und diesem überlegenen Lächeln im Gesicht. Diesem Es-wird-alles-wieder-gut-Lächeln. Er hatte wirklich daran geglaubt. Ich auch, lange Zeit. Ich hatte Duke noch erzählt, dass ich endlich meine große Liebe gefunden hätte. Hatte immer noch nicht kapiert, dass ich diese bereits vor Ewigkeiten verloren hatte. Wieder lachte ich dies kalte, zynische Lachen. Doch dann dachte ich an den, den ich in den letzten Wochen so gut es ging aus meinen Gedanken verbannt hatte: Duke.

Er war der einzige, zu dem ich jetzt konnte. Der eine, vielleicht einzige, wirkliche Freund. Ich versuchte, mich zu erinnern. Er hatte letzte Woche aus den Staaten angerufen, wollte herkommen, weil ihm meine Stimme im Gegensatz zu meinen Worten genau gesagt hatte, dass etwas nicht in Ordnung war. Was hatte er erzählt? Er wollte irgendwohin fahren, ein neues Projekt anfangen. Er wollte ...

»Atlanta«, sagte ich laut.
»Was?«, fragte mein Taxifahrer.
»Duke ist in Atlanta. Er will mit *The Falling* ein paar Sachen abmischen und vielleicht ein Album aufnehmen.«
»Aha.«
Begeistert lehnte ich mich vor. »Verstehen Sie nicht? Ich weiß jetzt, wo ich hin muss!«

Ich kann mich nur noch dunkel daran erinnern, wie ich durch diesen Flughafen gerannt bin und das Personal verrückt gemacht habe in meinem Bemühen, einen Flug nach Atlanta und vor allem erst einmal *irgendeinen* weg von London zu kriegen. Je länger es dauerte, desto panischer wurde ich. Gesetzt den Fall, Simon wäre gegen vier nach Hause gekommen, wie lange würde es dauern, bis er die richtigen Schlüsse zog? Ich traute ihm wirklich zu, plötzlich auf dem Flughafen zu stehen. Um fünf hatten sie endlich eine Route für mich, über Paris nach New York und irgendwann weiter nach Atlanta.

Was ich von dieser Reise noch weiß, sind kurze Augenblicke, Blitzlichter, die mich aus den Gedanken rissen. Die puertoricanische Familie, in die ich in Paris hineinrannte, sodass Koffer übereinander stürzten und ziemlich heftige Worte fielen, die ich besser verstand als es mir lieb war. Oder der Typ, der in New York auf dem Flughafen stand und Simon so ähnlich sah, mit seiner Gitarre und dem langen, schwarzen Ledermantel.

Irgendwie erwischte ich aber immer den richtigen Flug. Denn ich stand, plötzlich, wie es mir vorkam, in Atlanta vor ein paar Telefonzellen und überlegte verzweifelt, wie ich Duke in dieser Stadt, in der es Sonntagmorgen war, kurz vor halb zwei, ausfindig machen sollte. Bei der Auskunft anzurufen und nach der Privatnummer von Leuten zu fragen, deren Namen ich nicht kannte, die aber in einer Band namens *The Falling* spielten, erschien mir sinnlos. Also musste es anders gehen. Ich ließ mir von der Vermittlung ein Gespräch nach Hause durchstellen. Der Anrufbeantworter ging an. »Eigentlich erreichen Sie unter diesem Anschluss wenigstens drei Mitglieder einer legendären Kölner Band, zur Zeit sind aber die meisten zwecks kreativer Schaffenspause ausgeflogen. Falls Sie trotzdem ...«

Ich brüllte beinahe ins Telefon: »Jess, wenn du da bist, dann geh bitte dran, es ist wichtig!«

Kurze Stille. Dann: »Hast du 'ne Ahnung, wie viel Uhr es ist?«

Tolle Begrüßung, dachte ich, dafür dass wir monatelang nichts voneinander gehört hatten. Und ich hatte wirklich keine Vorstellung, wie spät es gerade in Deutschland war.

»Noch nicht mal halb acht, ich hab prima geschlafen. Bist du das, Tina?«

Ich dachte mir eine halbwegs plausible Story aus, warum ich unbedingt Dukes neue Adresse in den Staaten brauchte, nein, nicht nur die Telefonnummer, und vermied eine ausgiebige Erklärung, wo ich mich gerade befand und warum. Nach ein paar Minuten und der Beteuerung »Klar, Simon geht's prima, ich melde mich bald wieder«, hatte ich endlich den Straßennamen. Eigentlich war es nicht meine Art, gute Freunde und Bandkollegen zu verarschen. Aber ich wusste, dass ich jeden Moment zusammenklappen würde.

Ich schaffte es noch, ein Taxi zu organisieren, und gegen zwei Uhr klingelte ich an der Tür eines – laut Namensschild – Britt Newly im Westen von Atlanta. Immerhin brannte noch Licht. Ich hörte Stimmen. Ein fremdes Gesicht öffnete, schaute mich reichlich skeptisch an. »Yes?«, fragte er. Und noch bevor ich etwas sagen konnte, bevor mir endgültig die Füße wegsackten und ich von helfenden Händen aufgefangen wurde, tauchte hinter ihm eine zweite Person auf und ich hörte Dukes ungläubige Stimme: »Tina?«

ERSTES BUCH

loss

*No matter if it's rain or sun, no matter if you feel
like a hero or scum
No matter where you stay or what you do
There's always one after you, always one after you*

I

Dieser Tag konnte nur in einer Katastrophe enden. Zumindest begann er so. Meine Eltern waren am Abend vorher nach Frankfurt zu irgendeinem Ärztekongress gefahren, ich hatte, fest davon überzeugt, dass sie die Nacht im Hotel verbringen würden, einigen meiner Klassenkameraden Bescheid gesagt. Sturmfreie Bude, prima Gelegenheit zu einer spontanen Party. Alles ganz harmlos im Grunde, wir hörten Musik, ließen die Bacardiflasche herumgehen, Heiko und Regina knutschten auf der Couch. Gut, die Küche sah wild aus, weil wir für alle Spaghetti gemacht hatten, trotzdem konnte ich den Aufstand, den meine Eltern veranstalteten, als sie nachts um drei heimkamen, überhaupt nicht nachvollziehen. Sie warfen meine Freunde raus und hielten mir eine endlose Standpauke. Und als ob das nicht genug gewesen wäre, stand meine Mutter am nächsten Morgen tatsächlich um sieben in meinem Zimmer und bestand darauf, dass ich zur Schule gehe. Ich jammerte was von Kopfschmerzen und Fieber, aber sie ließ mir keine Ruhe, weigerte sich sogar, mich zu fahren. Also stolperte ich zur Haltestelle, verpasste den ersten Bus und stand eine Viertelstunde im Regen, bis der nächste kam, mit dem ich auf jeden Fall zu spät kommen würde. Wir hatten Physik in der ersten Stunde. Und mit diesem Lehrer war wirklich nicht zu spaßen.

Verkatert, unausgeschlafen und völlig durchnässt rannte ich auf das Schulgebäude zu und wollte gerade die Eingangstür öffnen, als sie plötzlich von innen aufging. Durch meinen eigenen Schwung hatte ich keine Chance mehr auszuweichen, ich stolperte, fiel, meine Schultasche rutschte mir von der Schulter und ihr Inhalt verteilte sich über den Schulhof.

Na klasse, dachte ich. Und hörte direkt darauf eine Stimme: »Oh, Scheiße, hast du dir weh getan?«

Bevor ich noch richtig hinsah, fing ich an zu schimpfen. »Mann, kannst du nicht aufpassen? Du hättest mir den Schädel brechen können, ich bin eh schon spät dran!«

Die Stimme sagte »Tut mir leid« und beugte sich zu mir herunter. Ich sah Turnschuhe, Jeans, ein helles T-Shirt, eine Lederjacke, dunkle Locken ... Und ich kannte dieses Gesicht. Es war Ratze, zwei

Klassen über mir, einer der coolsten Typen an unserer Schule und einer der Leute, die am meisten Ärger hatten. In diesem Moment war er alles andere als cool. Sondern sehr besorgt.

»Ist alles okay mit dir?«, fragte er, während er anfing, meine Sachen zusammenzusuchen.

»Ja, glaub schon, wenn an diesem Tag überhaupt was okay sein kann.« Ich war etwas versöhnlicher. Coole Typen machten mich zwar nicht wirklich an, schließlich war ich selber cool und konnte das Gezeter, das meine Klassenkameradinnen regelmäßig veranstalteten nur belächeln, aber immerhin hatte er sich entschuldigt. Und er erkannte mich sogar.

»Du bist Tina aus der 10 a, oder? Was hast'n jetzt?«

»Physik beim Deissler. Der reißt mir den Kopf ab.«

»Hm. Willst du da wirklich hin?«

Ich sah ihn an. »Keine Ahnung. Sind eh nur noch zwanzig Minuten.«

»Weißt du was? Ich wohne gleich um die Ecke. Wenn du willst, komm mit, dann kriegst du 'nen Eisbeutel für den Kopf und was Warmes zu trinken. Bist ja klitschnass. Quasi als Entschädigung«, fügte er fast entschuldigend hinzu.

»Hast du nichts mehr heute?«, fragte ich.

»Doch, aber ich hab keine Lust mehr. Ich wär jetzt eh gegangen. Also was ist, kommst du mit?«

Ich kam mit. Zum Teil, weil ich es sinnlos fand, in diesem Zustand in die Klasse zu gehen. Zum Teil, weil man so ein Angebot vom coolsten Typen der Schule schlecht ablehnen konnte. So lernte ich Ratze kennen. Die erste Liebe meines Lebens.

Es begann nicht gerade wie in einer klassischen Märchenprinz-trifft-Traumfrau-Geschichte, es begann mit durchnässten Klamotten und einer Beule am Kopf. Wir brauchten Monate, bis wir wirklich kapierten, wie verliebt wir ineinander waren. Ich glaube, die beiden Sätze, die wir in der ersten Zeit am häufigsten zueinander sagten, waren: »Ich bin noch nicht soweit« und »Ich weiß nicht, was du von einem Typ wie mir willst.« Und hätten wir die Musik nicht gehabt, wäre es wohl ewig so weitergegangen.

Ratze hatte ein halbes Jahr vor unserem »Zusammenstoß« mit zwei Jungs eine Band gegründet. Er spielte Gitarre und sang,

Letzteres mehr aus der Notwendigkeit heraus, einen Sänger zu haben, denn aus echtem Bedürfnis. Ich hatte seine E-Gitarre schon bei meinem ersten Besuch entdeckt, erwähnte aber mit keinem Wort, dass ich selber seit vier Jahren spielte. Musik machen war für mich untrennbar mit meinem Onkel Miguel verbunden, der in Spanien Pferde züchtete und ein begnadeter Sänger war. Von ihm hatte ich zu meinem zwölften Geburtstag die erste Gitarre geschenkt bekommen, und er unterstützte mich seit ich denken konnte, meinen eigenen Weg zu finden. Ganz im Gegensatz zu meinem Vater Albero übrigens, der weder vom Landleben noch von der Musik viel hielt. Er war als junger Arzt nach Deutschland gekommen, um Karriere zu machen, was ihm dank seines unglaublichen Ehrgeizes auch gelungen war. Als ich zur Welt kam, war er als Facharzt bereits weit über Köln hinaus bekannt, was mir eine wohlbehütete und luxuriöse Kindheit beschert hatte. Ich wurde von Kindermädchen und Hausangestellten umsorgt, und bisher waren alle davon ausgegangen, dass ich eines Tages in seine Fußstapfen treten würde.

Ratze brachte so viel Neues in mein Leben. Er war zwei Jahre älter und bedingt durch seine Familienverhältnisse früh selbständig geworden. Er wusste, in welche Kneipen und Discos man gehen konnte, kannte die Leute dort und hatte Ahnung von den wichtigen Dingen des Lebens – von guter Musik, guten Filmen, guten Büchern. Je mehr er mich daran teilhaben ließ, desto öfter fragte ich mich, wie ich mein altes Leben hatte ertragen können.

Meine früheren Bezugspunkte lösten sich immer mehr auf und wurden durch neue ersetzt. Ratze, natürlich. Aber sehr bald auch Mike und Fix, seine Bandkollegen, die ich als erste kennenlernte. Mike war der älteste von uns, er war neunzehn und hatte ein Auto, was ihn, ergänzt durch seine Fähigkeit, Entscheidungen zu treffen und seine unendliche Geduld, fast automatisch zum Kopf unserer Gruppe machte. Ich erzählte ihm stundenlang von meinen Problemen zu Hause und in der Schule, er hörte zu, gab mir Ratschläge und überzeugte mich immer wieder davon, nicht einfach alles hinzuschmeißen. »Ehrlich, Tina, was interessiert dich diese blöde Schule. Bei dem, was du im Kopf hast, ist das Abi für dich doch ein Klacks. Mach es einfach, vielleicht ist es irgendwann für was gut. Ich zum Beispiel würde verdammt gerne studieren.«

Was meine Eltern mit ihren endlosen Tiraden nicht schafften, erreichte Mike mit ein paar Sätzen. Und die Ironie dabei war, dass sie schreckliche Angst davor hatten, dass mich gerade diese Leute in die Gosse bringen würden. Mike und Fix hatten beide nur einen Hauptschulabschluss, Mike arbeitete als Verkäufer in einem kleinen Supermarkt, Fix machte eine Lehre als Kfz-Mechaniker. Weit unter dem Niveau einer potentiellen Medizinstudentin also. Auch sonst waren ihnen meine neuen Freunde mehr als suspekt. Sie hatten Angst vor Drogenexzessen, kriminellen Handlungen, Verführung Minderjähriger und ich weiß nicht, was sonst noch alles.

Heute kann ich zumindest nachvollziehen, dass sie sich Gedanken machten. Beim Anblick eines Jungen wie Fix – roter Iro, Dog's und ein zerrissenes Sex-Pistols-T-Shirt – dachten sie wahrscheinlich eher an ein entlaufenes Tier aus dem Zoo als an einen Menschen. Und es gelang mir nicht, ihnen klar zu machen, dass sie mich viel eher vor den Gefahren der großen weiten Welt beschützten, als mich ihnen aussetzten.

Mit diesen drei Jungs hatte ich in kürzester Zeit das gefunden, was mir all die Jahre vorher gefehlt hatte: Einen ›großen Bruder‹, der mich beschützte, einen guten Kumpel, mit dem man um die Häuser ziehen konnte und einen Freund. Ratze und ich waren ›zusammen‹, das war allen klar, obwohl sich die Zärtlichkeiten zwischen uns lange Zeit auf Händchen halten und vorsichtiges Knutschen beschränkten und kaum mehr waren, als die, die ich auch mit Mike oder Fix austauschte. Aber es war wichtig für unsere Gruppe, dass ich – als einziges Mädchen – eine klar definierte Position hatte.

Nach einigen Monaten hatte dieses neue Leben bereits eine gewisse Routine bekommen. Ich ging nach der Schule kurz nach Hause, zog mich um, setzte mich in den Bus und fuhr in die Südstadt. Zuerst ins *Pub*, einen Kaffee oder eine Cola trinken. Ratze kam ein bisschen später, da er häufig zu Hause noch mithelfen musste. Wir erzählten uns von den Ereignissen des Tages, warteten darauf, dass Mike und Fix Feierabend hatten, und überlegten dann gemeinsam, was wir noch machen könnten. Zweimal in der Woche gingen die Jungs in den Proberaum, ich kam nicht immer mit, einfach weil dies ein Teil ihres Lebens war, mit dem ich noch nichts zu tun hatte.

Am Wochenende gingen wir meistens ins *underground*, eine Kneipe, in der auch Konzerte, Discos und andere Veranstaltungen stattfanden, und die einem Typ namens Holger Hausmann gehörte. Holger war Anfang dreißig und einer der coolsten Erwachsenen, die ich bis dahin kennengelernt hatte. Er hatte sich auf die Fahnen geschrieben, möglichst viel für die Kölner Nachwuchs-Musikszene zu tun, deswegen hatte er diesen Laden gegründet. Außerdem hatte er vor ein paar Jahren die Stadt davon überzeugt, ein altes Fabrikgelände direkt am Rhein nicht abzureißen, sondern es ihm für ein paar Tausender zu verkaufen. In Eigenregie und mit Hilfe aller Bekannten und Verwandten sanierte er das Gelände, es entstanden ein großer Saal mit Bühne und – viel wichtiger – zwanzig Proberäume in unterschiedlicher Größe und Ausstattung. Diese vermietete er an Bands aus der Umgebung, teilweise zu solchen Spottpreisen, dass sogar so unbekannte Gruppen wie die *silent crows*, die Band von Mike, Fix und Ratze, sie sich leisten konnten. Einmal im Jahr fand in der großen Halle ein Festival statt, bei dem ausnahmslos alle Gruppen zeigen mussten, wozu sie ihre Zeit im Proberaum genutzt hatten. Dieser Ort, den wir alle nur die *Fabrik* nannten, sollte bald zu einem weiteren zentralen Punkt meines Lebens werden.

Eigentlich gab es überhaupt keinen Grund, an diesem wunderbaren Leben etwas zu verändern. Und es war eher Versehen denn Berechnung, als es dann doch geschah.

Irgendwann Mitte Dezember saß ich mit den anderen im Proberaum, weil ich keine Lust gehabt hatte, den Abend alleine im *Pub* oder irgendwo draußen in der Kälte zu verbringen. Die Jungs probten an einem neuen Stück, sie hatten inzwischen zwölf eigene Lieder und es war klar, dass sie irgendwann von den Cover-Versionen ganz wegwollten. Der Auftritt beim Fabrikfestival im September war ein voller Erfolg gewesen, die Leute mochten die harten Rhythmen und die ehrlichen Texte, von Holger war viel anerkennendes Lob gekommen. Was die Jungs natürlich motivierte – aber auch unter Druck setzte.

Der neue Song hieß »Strange Days«, Ratze hatte den Text geschrieben, und sie versuchten, eine entsprechende Musikbegleitung zu finden. Aber es klappte nicht. Sie fingen hundertmal von vorne an und konnten sich nicht einigen.

»Das ist scheiße, wenn ich im Refrain in E weitermache, das wird dann viel zu tief und völlig melodramatisch, da hab ich keinen Bock drauf.«

»Und worauf *hast* du bitte Bock?«, fragte Fix vom Schlagzeug aus.

»Ich hab keine Ahnung, aber es darf nicht so schwer klingen.«

Mike blickte entnervt zur Decke und spielte nebenher ein paar Läufe auf seinem Bass. »Wird das heute noch was?«

Was mir in diesem Moment passierte, erklärte mir mein Onkel einige Wochen später mit der schlichten Aussage: »Du hast die Seele des Liedes gefühlt«. Ich wusste plötzlich, wie es klingen musste. Ich hatte die Melodie im Kopf und im Ohr und das konnte ich nicht für mich behalten: »Du musst in D weitermachen und mit der Stimme noch mal hochgehen.«

Ratze schaute mich irritiert an. »*Was* muss ich?«

»Ungefähr so.« Ohne darüber nachzudenken, sang ich ihnen vor, was ich im Kopf und im Ohr hatte: »*This is again one of these strange days, feeling ashamed in so many ways.*«

Als ich abbrach, standen alle drei da und sagten nichts mehr, starrten mich nur an. Einen kurzen Moment lang dachte ich, ich müsste vor Scham im Boden versinken, aber dann fiel mir auf, dass ich es überhaupt nicht peinlich fand. Sondern eigentlich ziemlich gut. Und die erstaunten Blicke verunsicherten mich nicht, im Gegenteil, sie gefielen mir. Deswegen fing ich, vielleicht doch noch mit einer Spur von Verlegenheit, an zu grinsen.

»Du kannst *singen*?«, rief Fix entgeistert.

»Du hast Ahnung von Musik?«, ergänzte Mike.

Ratze sagte erst mal gar nichts. Er überlegte. Da war irgendetwas, an das er sich erinnern wollte. Und dann hatte er es: »Verdammt«, fing er langsam an, »die Gitarre in deinem Zimmer – du hast gesagt, sie gehört deinem Onkel. Aber du spielst selber, oder?«

Ich nickte nur.

»Wie lange schon?«

»Vier Jahre.«

Fix rief: »Na prima, Leute, da bemühen wir uns monatelang, was Gescheites auf die Reihe zu kriegen, und dann kommt so'n sechzehnjähriges Gör und zeigt uns, wie's geht. Ich glaube, wir können einpacken!«

Was wir nicht taten. Im Gegenteil. Wir brachten es zusammen. Und packten so richtig aus.

II

Anfang des neuen Jahres stattete Holger uns einen Besuch im Proberaum ab. Er besuchte seine Bands regelmäßig alle paar Wochen, erkundigte sich nach den Fortschritten und fragte, ob es irgendwelche Probleme mit dem Raum, dem Equipment oder anderen Bands gäbe. Er kümmerte sich wirklich um seinen Laden, auch deswegen schätzten ihn alle so sehr. An diesem Tag hatte er ein besonderes Anliegen: »Sagt mal, habt ihr Lust auf einen Auftritt? In drei Wochen spielen die *Strangers* bei mir im *underground*, wenn ihr wollt, nehme ich euch als Vorgruppe rein.«

Die Jungs waren begeistert. Ich weniger. Okay, ich hatte mich bereit erklärt, bei der Band mit einzusteigen, was zunächst aber weniger aus musikalischem Ehrgeiz denn aus dem Bedürfnis heraus geschah, mit ihnen zusammenzusein. Es gefiel mir schon ziemlich gut, dass ich im Proberaum keine Statistenrolle mehr spielte, und so nach und nach wurde ich auch sicherer, was vor allem an der entspannten Art lag, mit der mich die drei mit der Musik vertraut machten. Sie wussten, dass ich mich an all das erst gewöhnen musste und ließen mir alle Zeit der Welt. Ihre konstante Bestätigung zeigte inzwischen Wirkung und ich hielt mich zumindest mal für »nicht schlecht«. Aber die Vorstellung, mich auf eine Bühne zu stellen und irgendwelchen fremden Leuten etwas vorzuspielen, erschreckte mich doch sehr. Als Holger gegangen war, fand ich daher alle möglichen Argumente in Richtung »Ich kann nicht«, »Ich bin noch nicht so weit« oder »Wir haben noch nicht genug geübt«. Die Jungs hörten sie sich an und entkräfteten sie dann der Reihe nach:

»Du kannst es, Tina«, sagte Ratze.

»Man ist nie soweit, wenn man seinen ersten Auftritt hat. Das ging uns allen so«, sagte Mike.

»Nicht genug geübt? Du schleppst uns seit Wochen jede freie Minute in den Proberaum, ich kann »Strange Days« bald nicht

mehr hören und du singst es inzwischen im Schlaf, also bitte.«
Das war Fix. Natürlich hatten sie Recht. Und, verdammt, auch wenn wir keine Profikarrieren anstrebten, wir waren eine Band, und es gehört nun einmal zum Naturell einer Band, gelegentlich aufzutreten. Sicher war ich mir zwar immer noch nicht, aber ich stimmte zu.

Es gab einen endlos langen Moment, in dem ich fest davon überzeugt war, dass mein erster Auftritt in einem völligen Desaster enden würde. Wir standen hinter der Bühne im *underground*, und so vertraut mir der Laden war, aus dieser Perspektive hatte ich ihn noch nie gesehen. Ich fühlte mich fremd und verloren, und als ich einen verstohlenen Blick in den Zuschauerraum warf, merkte ich plötzlich, dass mein Kopf völlig leergefegt war. Entsetzt drehte ich mich zu Ratze um. »Ratze, ich weiß gar nichts mehr ... Ich kriege keinen einzigen Text mehr zusammen, ich kann nicht singen.«
Er nahm mich liebevoll in den Arm. »Das ist ganz normal, glaub mir. Ging mir auch immer so. Aber wenn wir oben stehen und anfangen zu spielen, dann fällt dir alles wieder ein.«
Ich startete einen letzten Versuch. »Willst nicht doch *du* singen?«
Mike schaltete sich ein. »Kommt überhaupt nicht in Frage! Du gehst da raus, Tina, und wenn ich dich tragen muss. Alles wird glatt gehen, vertrau mir.«
Das hatte ich immer getan – und ich ließ mich auch diesmal überzeugen. Wir bekamen erwartungsvollen Applaus, als wir die Bühne betraten. Ich war froh, dass ich mich zunächst um meine Gitarre kümmern konnte, die anderen drei hatten auch schnell ihre Instrumente parat, Fix gab den Takt vor und wir begannen zu spielen. Das schien ganz gut zu klappen, aber ich wusste immer noch keine einzige Textzeile. Ich riskierte einen kurzen Blick ins Publikum, konnte wegen der Beleuchtung aber glücklicherweise nicht viel erkennen. Ich schloss die Augen, betete mir immer wieder den Satz »Alles wie im Proberaum, alles wie im Proberaum« vor und ging zum Mikro. Und plötzlich hatte ich es wieder, jedes Wort, jede Zeile, jeden Refrain, und ich begann zu singen.
Der große Unterschied zwischen einem Proberaum und einer Bühne ist, dass du am Ende eines Stücks – wenn du Glück hast –

Applaus bekommst. Wir hatten Glück. Sogar eine Menge. Den Leuten gefiel, was wir spielten, und obwohl wir nur die Vorgruppe waren, hatten wir ihre volle Aufmerksamkeit. Sie holten uns für eine Zugabe raus, sie hätten auch noch eine zweite gewollt, aber wir mussten Platz für die Hauptgruppe machen.

Holger kam hinter die Bühne, schüttelte uns die Hand und sagte: »Jungs ... Mädel ... das war wirklich erste Sahne. Macht weiter so. Tina, du hast eine fantastische Stimme.«

Ich grinste ihn an, überzeugt, dass er mir nur schmeicheln wollte. Obwohl ... trotz aller Angst und aller Schweißperlen war ich stolz darauf, wie gut alles geklappt hatte. Dieser tönende Applaus, diese Jubelrufe, und das alles, obwohl ich so unsicher war und eigentlich auch nichts Besonderes gemacht hatte, außer ein bisschen Gitarre zu spielen und zu singen.

»Ja, irgendwie ist es schon verrückt«, sagte Mike, als ich ihm meine Gedanken erläuterte, »du tust das, was dir Spaß macht, und plötzlich merkst du, dass du andere damit beeindrucken kannst. Aber ich glaube, das funktioniert nur, solange du ehrlich bist. Wenn sie spüren, dass du Angst hast, wenn sie hören, dass du das, was du singst, ernst meinst, dann wissen sie, dass du auch nur einer von ihnen bist. Einer, der vielleicht nur ein kleines bisschen mehr Mut hat.«

Ja, ich hatte Mut gehabt. Ich hatte mich auf die Bühne gestellt und von den Gefühlen, der Freude, der Wut und der Angst erzählt, die wir und jeder einzelne im Publikum so gut kannten. Zum ersten Mal in meinem Leben hatte ich etwas richtig gut gemacht. Und zum ersten Mal in meinem Leben ahnte ich, dass in meiner Zukunft die Musik eine weit größere Rolle spielen würde als die Dinge, die sich mein Vater so vorstellte.

Ich hatte lange versucht, vor meinen Eltern geheim zu halten, dass ich inzwischen in einer Band spielte, aber spätestens nach unserem ersten Auftritt war das nicht mehr möglich. Meine Mutter konnte ich erstaunlich schnell beruhigen. Sie hatte als Mädchen mit Sicherheit auch davon geträumt, berühmt zu werden, um den bürgerlichen, beengten Verhältnissen, in denen sie groß geworden war, zu entfliehen. Sie dachte wohl, dass es sich um eine Phase handeln würde, aus der ich bald entwachsen würde.

Ganz anders mein Vater. Er wurde so wütend, dass ich es überhaupt nicht begreifen konnte. Er fand die Tatsache, dass seine Tochter Musik macht, unerträglich und verbot es mir rundheraus.

»So. Und wie willst du es mir verbieten? Du bist doch nie zu Hause.« Auch ich war wütend, denn ich verstand ihn nicht.

»Nun, da gibt es viele Möglichkeiten. Zum Beispiel kenne ich ein sehr gutes Internat in der Schweiz, die werden so etwas bestimmt nicht dulden.«

»Kommt nicht in Frage«, mischte sich meine Mutter ein, »ich werde nicht zulassen, dass du Tina wegschickst. Soll sie doch ein wenig Musik machen, sie wird schon sehen, dass das zu nichts führt.« Von ihrer Seite hätte ich kaum mit Hilfe gerechnet, aber es reichte aus, meinen Vater zunächst zum Schweigen zu bringen.

In den folgenden Monaten geschah wenig Spektakuläres, abgesehen davon, dass der Frühling kam und ich zum ersten Mal nachvollziehen konnte, warum er die Menschen so verrückt machte. Ratze und ich verbrachten jede nur mögliche Minute zusammen und konnten es nicht lassen, uns zu berühren und zu küssen, sodass es zeitweise selbst Mike und Fix zu viel wurde.

»Und, sollen wir die beiden Turteltäubchen noch fragen?«

»Keine Ahnung, denen ist es wahrscheinlich eh wurscht, wo sie knutschen.«

Ich hatte überhaupt nichts mitbekommen. »Worum geht's eigentlich?«

»Och, wir reden seit ungefähr einer halben Stunde davon, ob wir noch an den See fahren sollen.«

»Gute Idee«, sagte Ratze zerstreut, »besorgt einer noch 'ne Flasche Wein?«

In unserer Band hatte sich einiges getan. Nicht nur wir waren mit unserem Auftritt im *underground* zufrieden gewesen, auch anderen hatte es gefallen, und die wollten uns haben. Wir hatten Anfragen für zwei Festivals in der Umgebung, vom *club Blue* und vom *Derreck's*. Holger war an unserem steigenden Bekanntheitsgrad nicht unwesentlich beteiligt, er half uns, zwei Demos aufzunehmen, übernahm die Vervielfältigung der Bänder und sorgte dafür, dass die entsprechenden Leute sie in die Hand bekamen. Er wurde quasi unser Manager und Produzent und verlangte dafür nur eins: Dass wir weitermachten.

Fix und ich waren von dieser ganzen Entwicklung hellauf begeistert, Ratze sagte nicht viel dazu. Mike betrachtete das alles mit einer gewissen Sorge, die ich zunächst überhaupt nicht verstand.

»Leute, wir müssen verdammt aufpassen, dass wir nicht ganz schnell irgendwo landen, wo wir nie hinwollten.«

»Oh, nicht schon wieder diese Moraltour«, seufzte Fix.

»Was meinst du?«, fragte ich.

»Mal eben ein paar Demos, ein paar Auftritte, mehr Auftritte, nächtelang im Proberaum, die erste Platte, ein fetter Vertrag, eine Tour ... und irgendwann stehen wir da und haben keine Ahnung mehr von dem, was uns früher mal wichtig war.«

»Hey, falls du's noch nicht gemerkt hast«, das war wieder Fix, »wir haben einen Auftritt im *Blue*, nicht im *Capitol*.«

»Und wenn's im *Capitol* wäre?«

»Dann würde ich mit dem Gig hoffentlich so viel Kohle verdienen, dass ich meinen fucking Job an den Nagel hängen könnte.«

»Siehst du? Genau das meine ich.« Mike war richtig aufgebracht. »Wir wollten Musik machen, weil wir Spaß dran haben. Und weil wir Dinge erzählen wollen. Nicht, um damit Kohle zu machen!«

Ratze schaltete sich ein: »Warte mal, Mike. Ich glaub, ich weiß, was du sagen willst. Aber selbst wenn wir ein paar Auftritte mehr haben oder wenn irgendwann 'ne Platte kommt, was ich mir grade überhaupt noch nicht vorstellen kann, dann heißt das noch lange nicht, dass wir unsere Idee verraten. Warum sollen wir nicht ein bisschen Geld damit verdienen?«

»Und was ist, wenn du eines Tages auf dieses Geld angewiesen bist, weil du zum Beispiel«, er warf Fix einen bösen Blick zu, »deinen Job an den Nagel gehängt hast?«

Ich hörte den Jungs zu und war völlig irritiert, eine solche Auseinandersetzung hatte es bisher nicht gegeben. Es war mir alles eine Spur zu hoch, ich verstand nicht ganz, wie sie auf Plattenverträge und Geld verdienen kamen, deswegen rief ich irgendwann: »Wovon redet ihr eigentlich? Wir können noch nicht mal unsere Demotapes selber bezahlen und ihr träumt von Plattenverträgen! So wie ich das sehe, gibt es inzwischen ein paar Leute, die verstanden haben, dass wir gute Musik machen, und was das angeht waren wir uns bisher einig, oder?« Ich schaute in die Runde, niemand widersprach, deswegen machte ich weiter: »Und ich für meinen Teil hab echt Lust, im *Blue* und auf dem Seefest zu spielen, weil ich mal sehen will, was da für Leute sind und ob denen die Dinge, die wir erzählen, auch gefallen. Wenn nicht, hat sich die Sache so oder so erledigt.«

»Und jetzt stell dir mal vor, du triffst jemanden, der dir sagt, dass deine Musik scheiße ist. Was machst du dann?«, versuchte Mike es erneut.

»Oh, da kenne ich schon einige, meine Eltern zum Beispiel. Aber ich mach das doch nicht wegen der Leute! Ich mach' das, weil ich mit euch zusammen sein will und weil es das Größte ist, was ich kenne, mit euch Musik zu machen.«

Es war ihnen sichtlich peinlich, vom jüngsten Bandmitglied an die Basis unserer Beziehung erinnert zu werden. Aber es brach auch den Damm. Wir einigten uns darauf, die Dinge erst einmal laufen zu lassen. Sollte irgendwann jemand wegen Platte oder *Capitol* nachfragen, könnte man das ja immer noch diskutieren.

Im Sommer verließ Ratze unser Gymnasium, begann eine Lehre als Bauzeichner und zog bei Mike ein, der inzwischen eine kleine Zweizimmerwohnung in der Südstadt hatte. Ich konnte meine Eltern nach endlosen Diskussionen davon überzeugen, dass mir dort keine Gefahr drohte. Sie erlaubten mir fortan, bei Ratze zu übernachten, womit ich mich ihrer Kontrolle praktisch vollständig entziehen konnte. Die Wochenenden wurden gemütlicher, weil wir nicht mehr auf irgendwelche Kneipen oder öffentliche Plätze angewiesen waren. Ratze und ich verbrachten viel Zeit daheim, aneinandergeschmiegt auf dem alten Ledersofa oder der Matratze im Wohnzimmer, und schmiedeten Pläne für die Zukunft. Alles war so schrecklich sorgenfrei.

Der Herbst verging, an Weihnachten schockierte ich mal wieder meine Eltern, weil ich um neun an Heiligabend aufstand und verkündete, dass ich noch eine Verabredung hätte. Bevor sie ihren Schock überwinden konnten, hatte ich schon das Haus verlassen und wartete an der Ecke auf Bruno, der mich abholen wollte.

Bruno gehörte seit ein paar Wochen zu der Clique, in deren Umfeld uns wir vier – der harte Kern, die Band – bewegten. Leute, die wir im *Pub*, im *underground* oder in der *Fabrik* kennengelernt hatten. Fast alle hatten auf irgendeine Art mit Musik zu tun. Amigo spielte Keyboard bei den *Revengers*, Micha war deren Schlagzeuger. Andi hatte gerade angefangen, Gitarre zu spielen und Bine spielte Querflöte und Geige und machte mit ein paar anderen mittelalterliche Musik auf Festen und Märkten. Sie war ein paar Jahre lang so etwas wie meine beste Freundin, obwohl sie ein ganzes Stück älter war als ich und obwohl unsere Beziehung nie die Nähe und Wärme bekam, die ich zu den Jungs hatte. Nur Bruno war in dem ganzen Haufen die große Ausnahme, denn er konnte weder singen noch ein Instrument spielen. Ab und an trommelte er zwar auf Fix' Schlagzeug herum, und das gar nicht mal so schlecht, aber das war es auch, es faszinierte ihn einfach, mit Musikern zusammenzusein. Und da er ein paar unbestreitbare Vorzüge hatte – eine ausgesprochen hilfsbereite und nette Art, einen Passat mit großer Ladefläche und freien Zugang zum Gartengrundstück seines Großvaters, auf dem man hervorragend Lagerfeuer und Musik machen konnte – nahmen wir ihn großzügig in unseren Kreis auf.

An diesem Weihnachtsabend gingen wir alle ins *Pub*, waren heilfroh, den Familienfeierlichkeiten entronnen zu sein, und beschlossen spontan, uns in Zukunft jedes Jahr hier zu treffen. Fix und ich spielten zwischendurch ein paar Runden Billard, ich verlor zwei der drei Spiele und sagte danach zu ihm: »Hey, nächstes Jahr gibt's eine Revanche.«

Er schaute mich irritiert an. »Wir werden ja wohl vorher noch mal zum Billard spielen kommen, oder?«

»Schon, aber das ist unser Weihnachtsmatch.«

»Okay. Dann merke ich mir mal den Spielstand, nicht, dass du mich bescheißt.«

Als die Weihnachtsferien zu Ende gingen, begann ich die Tage bis Ostern zu zählen. Ich hatte Ratze davon überzeugen können, mit mir zu meinem Onkel nach Granada zu fahren, und freute mich riesig darauf, ihn meiner spanischen Verwandtschaft vorzustellen.

Endlich war es soweit. Paolo, mein zweitältester Cousin, holte uns am Flughafen ab, und da er relativ gut deutsch sprach, war die Verständigung zunächst kein Problem.

Ich führte Ratze über die Farm, Paolo begleitete uns ein Stück und fragte Ratze über sein und unser Leben in Köln aus, offensichtlich froh, mal wieder etwas über die Welt außerhalb der Farm zu erfahren. Ratze antwortete auf alle Fragen, blieb aber ansonsten schweigsam und zurückhaltend, und als wir zu guter Letzt in unserem Gästezimmer angekommen waren, fragte ich ihn: »Wie geht es dir?«

Er lächelte. »Weiß nicht genau. Schon ganz schön viel Neues hier. Aber deine Leute sind sehr nett, so hab ich mir meine Familie immer gewünscht. Ich bin auf deinen Onkel gespannt. Ist er wirklich ein so guter Musiker, wie du erzählt hast?«

»Ja, und vor allem freut er sich immer, wenn er Leute hier hat, die auch Musik machen. Er fragt uns bestimmt bald, ob wir mit ihm zusammen spielen. Er ist jemand, der nicht viel redet und lieber handelt.«

Damit beruhigte ich Ratze nicht gerade, obwohl auch ich nicht damit gerechnet hatte, *wie* schnell mein Onkel zur Tat schritt. Er wartete bis nach dem Essen, bei dem er sehr schweigsam war und Ratze beobachtete. Dann bat er ihn und mich, mit hinaus auf die Veranda zu kommen, wo bereits zwei Gitarren und eine Geige lagen. Wir setzten uns und mein Onkel begann zu sprechen.

»Kannst du übersetzen?«, fragte er mich zunächst. Ich nickte. Er konnte zwar einige Brocken deutsch, aber er sprach es nicht gerne, vor allem nicht, wenn es wichtig war. Er wandte sich Ratze zu. »Meine Nichte hat gesagt, dass du Gitarre spielst.«

Ich übersetzte, Ratze nickte zögerlich.

»Dann bist du also ein Musiker. Ich bin auch einer. Würdest du mit mir zusammen Musik machen?«

Ratze nickte wieder. Mein Onkel gab ihm eine der Gitarren, nahm sich selber die andere – und wartete. Ratze klimperte zunächst ein wenig herum, versuchte, sich zurecht zu finden und warm zu werden. Ihm ging es mit der Akustischen ähnlich wie mir mit der Elektrischen, er hatte keinen richtigen Bezug dazu, aber er wusste, dass das jetzt egal sein musste. Er begann mit dem, was er am sichersten drauf hatte – einem Blues. Mein Onkel hörte ihm eine Weile zu, dann fing er an, den Kopf zu schütteln und kurz darauf rief er aus: »Nein, nein – was ist das?« Ratze erstarrte. »Du bewegst die Saiten und bringst Töne hervor, aber das kann jedes Kind.«

Ich konnte ihm beim Übersetzen dieser harten Worte nicht in die Augen sehen und versuchte, meine Stimme möglichst neutral klingen zu lassen. Aber ich hatte Ratze unterschätzt. Zum ersten Mal in seinem Leben war er jemandem begegnet, von dem er wirklich etwas lernen konnte. Er fragte: »Was mache ich falsch?«

Das gefiel meinem Onkel ausgesprochen gut, deswegen half er ihm. »Vergiss für einen Moment einmal all deine Noten und deine Technik. Nimm die Gitarre, höre, was sie dir sagt, und spiele das.«

Ratze nickte, beugte sich tief über sein Instrument, spielte zunächst nur ein paar Töne, die sich nach und nach zu Akkorden verdichteten, fand langsam einen Rhythmus und ein immer voller werdendes Thema. Mein Onkel hörte mit geschlossenen Augen zu, dann begann er den Kopf im Rhythmus zu bewegen, sagte leise: »Ja, weiter so, mach weiter, spürst du es?« Irgendwann fing er selber an zu spielen, zunächst vorsichtig begleitend, dann lauter werdend, sie übernahmen die Themen des anderen und variierten sie, bis am Ende mein Onkel einen Flamencorhythmus einflocht, lauter wurde und anfing zu singen, so intensiv, dass es mir einen Schauer über den Rücken trieb.

Als er geendet hatte, schwiegen wir alle für eine Weile. Dann blickte Ratze kurz zu mir – mit der Bitte um Übersetzung – und sah meinen Onkel an: »Können Sie es mir beibringen?«

Sie betrachteten sich lange. Miguel wog seine Entscheidung ab. Dann fragte er: »Willst du wirklich lernen?«

Es gab nichts auf der Welt, was er mehr wollte. »Si«, rief er. Und damit waren sie sich einig.

Während der folgenden zwei Wochen waren sie in jeder freien Minute, die mein Onkel erübrigen konnte, zusammen und spielten. Ich saß dabei und hatte nichts zu tun als zu übersetzen. Ich bot mich ein paar Mal an, irgendetwas dazu zu singen, aber Miguel lehnte vehement ab: »Später! Erst kommt das Spiel, dann der Gesang.«

Also hörte ich zu und lernte selber eine Menge dabei. Mein Onkel begann seine erste Unterrichtsstunde mit der Frage, wie man die Gitarre halten muss. Ich befürchtete kurz eine Einweisung im Stil unseres Musiklehrers, aber es ging ihm um etwas ganz anderes. »Hier, fasse sie an, spüre sie, fühl, wie sie geschwungen, wie warm oder kalt sie ist. Jede Gitarre ist anders und braucht einen anderen Kontakt zu deinem Körper, wenn sie richtig klingen soll.«

Miguel hatte mehrere Gitarren, Ratze probierte sie alle aus, spielte auf Stahl- und Nylonsaiten und lernte schnell – unglaublich schnell.

Die Zeit verging wie im Flug und am Ende der zweiten Woche, als Ratze auf der Akustischen spielte, als hätte er sein Leben lang nichts anderes getan, sagte mein Onkel: »Höre, das ist ein altes spanisches Volkslied, es ist sehr traurig. Tina, du kannst den Text bestimmt noch.«

Er begann zu spielen, ich war zunächst überrumpelt, hatte nicht damit gerechnet, nun endlich auch etwas tun zu dürfen, aber ich fand schnell in die Melodie, erinnerte mich an die Worte und begleitete ihn. Ratze beobachtete zunächst, übernahm dann in erstaunlicher Geschwindigkeit Miguels Akkorde und spielte es nach einer Weile selbständig. Mein Onkel nahm seine Geige zur Hand, aber dann zögerte er. »Warte einen Moment, das ist es noch nicht ganz.« Er stand unvermittelt auf und ging ins Haus.

»Was hat er?«, fragte mich Ratze.

»Ich weiß es nicht. Mit irgendwas war er noch nicht zufrieden.«

Miguel kam nach ein paar Minuten mit einem Gitarrenkoffer zurück auf die Veranda. Darin lag eine relativ kleine Flamencogitarre mit schwarzem Korpus und Stahlsaiten, die auf den ersten Blick fast unscheinbar aussah, an manchen Stellen matt und abgegriffen, mit einigen Kerben im Holz.

»Diese Gitarre«, fing mein Onkel an, »hat mein Vater gebaut, vor 15 Jahren. Es war seine letzte – und eine seiner besten. Sie hat die richtige Stimme für dieses Stück. Probier sie.«

Fast ehrfürchtig nahm Ratze das Instrument entgegen und spielte zunächst ein paar Akkorde darauf. Ich war sofort begeistert, sie hatte einen wirklich wunderbaren Klang.

Dann spielten wir zusammen das Lied – Gitarre, Geige und Gesang, und es war so ergreifend, so intensiv, dass meine Tante und meine Cousins nach und nach auf die Veranda kamen und uns andächtig zuhörten. Paolo machte zwischendurch ein paar Fotos, eins davon trage ich seitdem immer bei mir.

Nach dem Abendessen trafen wir drei uns wieder draußen, Ratze blickte erwartungsvoll auf meinen Onkel, gespannt, was als nächstes kommen würde. Aber der nahm weder die Gitarre noch ein anderes Instrument, er betrachtete Ratze lange und sagte dann: »Heute Abend werden wir nicht zusammen spielen, Ralf, denn es gibt nichts mehr, das ich dir beibringen kann.«

Wir sahen ihn beide irritiert an – es gab doch noch so viel –, aber er sprach weiter: »Zumindest nichts, was du nicht auch alleine lernen kannst. Du hast alles in dir, was du brauchst, und ich habe dir in den letzten Tagen nur gezeigt, wie du es finden kannst. Ihr beide habt eine Gabe, von der viele Musiker nur träumen können, denn ihr könnt die Musik in euren Herzen fühlen. Geht sorgsam damit um! Sie kann euch glücklich machen und viele andere Menschen auch, aber sie kann euch auch zerstören. Aber um dich ein wenig zu unterstützen, Ralf, möchte ich dir etwas schenken.«

Ich war ergriffen von den Worten, die ich für Ratze übersetzte, und genauso erstaunt wie er, als ich sah, dass mein Onkel die Gitarre meines Großvaters holte, auf der Ratze am Nachmittag gespielt hatte.

»Diese Gitarre«, sagte Miguel langsam, »ist wie für dich geschaffen. Und deswegen möchte ich, dass du sie bekommst.«

»Das ... das kann ich nicht annehmen«, stotterte Ratze.

»Doch, das kannst du. Meine Nichte liebt dich von ganzem Herzen und ich kann nun auch verstehen, warum. Eure Seelen schwingen fast wie eine und damit bist du ein Teil unserer Familie. Sie braucht dieses Instrument nicht, denn sie hat ihre Stimme und damit kann sie jeden verzaubern. Ich bitte dich nur um eins: Solltest du die Gitarre irgendwann einmal nicht mehr brauchen, weil du vielleicht eine andere gefunden hast oder weil dir die Musik nichts mehr sagt, dann gib sie an Tina zurück.«

»Das werde ich.«

Dann nahm mein Onkel meine und Ratzes Hand, sah uns beide an und lächelte. »Macht weiter zusammen Musik. Lasst das Spiel und die Stimme eins werden. Und wenn ihr einem alten Mann eine Freude machen wollt, dann besucht ihn und lasst euch von ihm begleiten.«

Ich grinste breit zurück. »Machen wir, Miguel. Ich wünschte, mein Vater könnte das alles auch so sehen. Für ihn ist unsere Musik nur alberne Zeitverschwendung.«

»Sagt er das? Hombre, das passt zu meinem Bruder! Wenn er nicht dauernd damit beschäftigt wäre, seine Wurzeln zu verleugnen, würde er ein viel glücklicheres Leben führen. Wusstest du, dass Albero früher ein hervorragender Sänger war?«

»Mein Vater? Ein Sänger?«

»Si, er hat mit seiner Stimme alle Mädchen im Dorf verrückt gemacht. Bis er dann irgendwann beschlossen hat, all das hier«, er machte eine weite Geste, »hinter sich zu lassen und Wissenschaftler zu werden.«

Nun wurde mir auch klar, warum mein Vater solche Probleme mit meiner Musik hatte. Ich musste lächeln. Endlich hatte ich etwas, das ich ihm entgegensetzen konnte.

III

Als Ratze und ich wieder nach Hause kamen, war er ein anderer Mensch, er hatte, wie mein Onkel es sagen würde, sein Herz geöffnet. Und sein Talent entdeckt. Die Veränderung war anfangs kaum sichtbar und zunächst nur für die zu erkennen, die Ratze gut kannten. Am auffälligsten war seine Ruhe. Allein seine Anwesenheit brachte die Menschen dazu, ruhiger und entspannter zu werden. Wenn seine Anwesenheit oder seine Worte nicht reichten, setzte er sich einfach hin, nahm die Gitarre und begann zu spielen. Spätestens dann hörten sie ihm zu. Gemocht hatten ihn die meisten schon immer, jetzt begannen sie, ihn zu achten.

Das, was er und ich in Spanien gelernt hatten, wirkte sich natürlich am intensivsten in unserer Band aus. Unsere Songs verloren an Aggressivität, wurden ruhiger, melodiöser, und interessanterweise hatten weder Fix noch Mike Einwände, im Gegenteil, sie staunten über das, was Ratze einbrachte und ließen sich selber davon inspirieren.

Am Anfang des Sommers entstand »One after you«, meiner Meinung nach immer noch einer der besten Songs, die ich je gemacht habe. Ich schrieb den Text und Ratze fand die Melodie dazu, wir bastelten lange daran herum und probten ihn zu viert immer und immer wieder – wir waren wirklich verliebt in dieses Lied.

Kurz nach meinem achtzehnten Geburtstag zog ich zusammen mit Mike und Ratze in eine kleine Dreizimmerwohnung in der Südstadt, Ratze und ich fingen an, Zukunftspläne zu schmieden und uns nach Studienplätzen zu erkundigen.

Die *silent crows* waren inzwischen in Köln und der näheren Umgebung bekannt, wir hatten mindestens einen Auftritt pro Monat und die ganze Sache brachte nun endlich auch ein bißchen Geld. Parallel dazu schien Mike sich immer mehr zu entspannen, er hatte keine Einwände mehr, wenn wir in neuen und größeren Läden spielten. Nach unserem ersten Auftritt im *Stellwerk* war er sogar richtig zufrieden. »Hey, Leute, das haben wir hervorragend hingekriegt, oder? Unsere Musik macht sich gar nicht so schlecht auf so einer großen Bühne.«

»Tja«, sagte Fix, der es nicht lassen konnte, »wart mal ab, bis wir im *Capitol* spielen – du wirst vollkommen begeistert sein.«

»Ja, vielleicht werde ich das sogar.«

Fix sah ihn ungläubig an. »Tatsächlich?«

»Na ja, das *Capitol* ist schon was Besonderes. Aber so weit sind wir ja noch nicht, oder?«

Damit hatte er Recht. Aber es gab anderes, das soweit war.

Das Fabrikfestival fand in diesem Jahr in der letzten Augustwoche statt, es kamen so viele Leute, dass die Halle aus allen Nähten platzte, und der größte Teil von ihnen kam wegen uns. Holger meinte lapidar: »Wieso habe ich nicht daran gedacht, den Eintrittspreis zu erhöhen? Ihr müsst mir unbedingt versprechen, noch ein paar Jahre hierzubleiben, dann werd ich noch reich bei der ganzen Geschichte.«

Fix sagte locker: »Na, mal sehen, vielleicht spielen wir nächstes Jahr schon auf dem *Bizarre*, dann kriegen wir ein Problem, denn das ist auch immer um die Zeit.«

»Hey, ihr wisst genau: Wer hier probt muss auch hier spielen.«

»Und was«, fragte Mike, »wenn wir nächstes Jahr unseren Proberaum von einer richtig großen Plattenfirma finanziert kriegen?«

Ratze und ich standen etwas abseits, er schüttelte den Kopf und sagte leise zu mir: »Und was, wenn wir nächstes Jahr gar nicht mehr spielen?«

Ich sah ihn an. »Wie kommst du auf die Idee?«

»Keine Ahnung. Was weiß ich, was nächstes Jahr ist.«

Holger, der uns nicht gehört hatte, grinste. »Richtig große Plattenfirma, so, so, das sind ja ganz neue Töne. Falls es übrigens erst mal eine Spur kleiner geht: Ich habe Tom Bauer vorhin im Publikum gesehen.«

»Wer zum Teufel ist Tom Bauer?«

»Produzent bei Monkey Records. Ist zwar nur ein kleines Label, aber die haben gute Sachen im Programm. Ich glaube, der würde gerne eine Platte mit euch machen.«

Fix, Ratze und ich sahen Mike an. Das musste er entscheiden. Und er tat es: »Habt ihr da wirklich immer noch Bock drauf?«

»Logo«, rief Fix, ich sagte: »Ich fänd's spannend«, Ratze nickte nur.

»Dann«, meinte Mike langsam und schaute Holger an, »sollten wir vielleicht mal mit diesem Typen reden.«

»Das solltet ihr tun! Ich schaue, wo er ist, dann komme ich mit ihm nach eurem Auftritt her.«

Und so kam es, dass wir Tom noch an diesem Abend persönlich kennenlernten und kurz darauf bei Monkey Records im Studio standen. Wir waren alle völlig durch den Wind. Auf einmal wurde über Verträge verhandelt, auf einmal mussten wir uns der Kritik von professionellen Musikern aussetzen, auf einmal wurde aus dem, was uns immer nur Spaß gemacht hatte, ein ernstes Geschäft. Aber Tom und Holger, die beide sehr genau wussten, wie sich vier junge Musiker fühlten, die zum ersten Mal in einem professionellen Studio standen, unterstützten uns, wo sie nur konnten. Wir nannten unsere erste Platte »urban crows«, nach einer Textzeile aus »Strange Days«, dem Lied, mit dem alles angefangen hatte.

Erstaunlicherweise änderte sich danach – nicht viel. Kein plötzlicher Durchbruch, keine Singleauskopplung auf Platz eins in den Charts, keine Anfragen von richtig großen Plattenfirmen oder vom *Capitol*. Wir verkauften die Platte vor allem bei unseren Auftritten, ein paar Tausend gingen mit der Zeit auch über die Theken von Insider-Läden und, ja, wir wurden im Kölner Raum und ein wenig darüber hinaus bekannter, hatten mehr Anfragen für Konzerte und vor allem an uns selber den Anspruch, professioneller und besser zu werden. Sich auf eine Bühne zu stellen wurde in gewisser Weise zur Routine, obwohl ich die Aufregung und Nervosität kurz vor einem Auftritt bis heute nicht völlig abgelegt habe. Jeder Gig ist anders und ich glaube, das ist es, was mich damals und heute am meisten am Musik machen fasziniert hat. Selbst wenn du einen Song tausendmal gespielt hast, wird er – wenn es ein guter ist – immer wieder anders klingen und die Leute werden anders auf ihn reagieren. Bei aller Routine gab und gibt es immer wieder Dinge, die man überhaupt nicht kalkulieren kann, das einzige, was man mit der Zeit lernt, ist, gelassener darauf zu reagieren.

Im Jahr darauf fuhren Ratze und ich für drei Wochen nach Spanien und hatten entspannte und lehrreiche Ferien. Eines Abends, als wir zu dritt auf der Veranda saßen und Musik gemacht hatten, sagte er zu mir und meinem Onkel: »Ich glaube nicht, dass ich ein guter Musiker werden kann.«

Inzwischen war sein Spanisch so gut, dass ich nur noch gelegentlich den Dolmetscher spielen musste, aber dieses Mal sprach er deutsch, weil es ihm wichtig war, die richtigen Worte zu treffen. Ich übersetze.

»Warum?«, fragte Miguel.

Ratze antwortete zögernd: »Wenn du die Menschen wirklich überzeugen willst, dann musst du ihnen doch auch was bieten, dann musst du ihnen sagen, was in der Welt passiert und wie die Dinge laufen, und ich ... ich kann immer nur von dem erzählen, was ich in meinem Kopf habe, meine Träume und Gedanken, und ich glaube nicht, dass sich dafür wirklich jemand interessiert.«

Mein Onkel schüttelte langsam den Kopf. »Nein, nein, das stimmt nicht. Ein guter Musiker kann zwar auch unterhalten, aber es ist nicht seine Aufgabe, irgendwelche Wahrheiten zu verkünden. Er ist weder ein Politiker noch ein Prophet, er ist jemand, der den Menschen sagt, was er im Herzen hat. Damit kann er ihnen vielleicht manchmal den Spiegel vorhalten, in dem sie ihr eigenes Leben erkennen.«

»Aber das kann er nur tun, wenn er für sich selber erkannt hat, was richtig und was falsch ist, und ich habe keine Ahnung, was richtig und was falsch ist.«

»Dann erzähle ihnen von deinen Zweifeln. Sei ehrlich, das ist das einzige, was zählt. Manche werden dich vielleicht dafür hassen, aber andere lieben dich dafür. Das ist das Schicksal von jedem, der nicht lügt.«

»Schicksal ... Gibt es das? Ich frage mich so oft, was in fünf oder in zehn Jahren sein wird, aber ich sehe nichts, da ist nur eine schwarze Wand, durch die ich nicht hindurchschauen kann.«

Miguel wurde nachdenklich bei diesen Worten und schwieg, mir wurde das alles ein bisschen zu ernst und ich sagte deswegen: »In zehn Jahren? Da haben wir fünf Platten draußen, spielen im *Capitol* und bauen uns ein Haus in San Francisco oder in Barcelona.«

Die beiden grinsten wie erwartet, wir verdrängten die grüblerische Stimmung, spielten, hatten Spaß und sprachen in den folgenden Monaten kaum noch über die Zukunft. Wir hatten auch nicht mehr viel Zeit dafür.

Der September kam. Mal wieder ein September. Das Fabrikfestival stand bevor und die Stimmung war angespannt. Mike hatte Ärger im Geschäft, ich Streit mit meinen Eltern und es regnete seit einer Woche, was uns alle nervte. Wir saßen zu Hause, Fix war da und wir versuchten, irgendetwas aus dem Abend zu machen.

»So oder so, wir sollten auf jeden Fall noch mal in die *Fabrik*«, sagte Mike.

»Oh Mann, wir hängen seit Tagen entweder hier oder im Proberaum rum, können wir nicht mal wieder was anderes machen?«, fragte Fix.

Ich hatte keine Lust auf Leute, keine Lust, mich zu bewegen, keine Lust, irgendetwas zu tun. »Mir ist eigentlich nach einem gemütlichen Abend.« Ich sah Ratze an. Einem gemütlichen Abend zu zweit am liebsten.

»Ich weiß nicht«, sagte er nachdenklich. »Ich habe Andi versprochen, dass ich ihm die Woche noch seine Bücher vorbeibringe. Warum fahren wir nicht zu ihm?«

»Damit ihr beide wieder stundenlang über irgendwelche Gitarrenriffs fachsimpeln könnt? Nee, danke«, meinte Fix, »dann fahr ich lieber doch in die *Fabrik* und mach selber Musik.«

Diese Diskussion begann mich zu nerven. »Oh, dann fahrt halt in die *Fabrik*! Ratze und ich können ja später nachkommen. Das mit Andi muss ja nicht heute sein, oder?«

»Na ja, morgen ist das Treffen mit Holger und danach haben wir eh keine Zeit mehr. Ich würd's schon gerne heute erledigen, sonst vergesse ich das wieder. Aber ich kann danach in den Proberaum kommen.«

Ich wusste nicht, woher plötzlich meine Wut kam. »Wenn heut Abend eh jeder macht, was er will, dann kann ich mich ja auch ins Bett legen.«

Ich stand auf und ging in mein Zimmer. Hörte, wie die Diskussion weiterging und wie Mike und Fix irgendwann die Wohnung verließen. Ich hatte ein schlechtes Gewissen und verspürte immer noch diesen unerklärlichen Ärger in mir. Verdammt, wir schafften es doch sonst immer, uns zu einigen, warum nicht an diesem Abend?

Ratze kam zu mir und setzte sich neben mich aufs Bett. »Tina, was ist los?«

»Keine Ahnung. Ich brauche einfach meine Ruhe. Was macht ihr jetzt?«

»Mike und Fix sind in die *Fabrik*. Ich fahr kurz zu Andi und dann auch rüber. Willst du nicht doch mitkommen?«

Warum sagte ich ihm nicht einfach, was ich wirklich wollte? Ich hätte ihn überzeugen können, so wie immer, wenn er merkte, dass mir etwas wichtig war. Aber ich fragte nur: »Fährst du mit dem Bus?«

»Nein, ich nehme die Karre, geht schneller.«

»Hey, draußen regnet's wie blöd! Kannst du nicht den Ford nehmen?«

»Der steht in der *Fabrik* auf dem Hof, Fix hat doch vorgestern den Keilriemen ausgebaut.«

»Na prima.« Ich mochte es überhaupt nicht, wenn er bei so einem Wetter mit dem Motorrad fuhr. Aber ich sagte auch diesmal nichts.

Er ging, ich setzte mich vor die Glotze, fand aber nichts, was mich interessierte. So langsam kam mir dieser ganze Streit nur noch albern vor. Warum hatte ich mich so quergestellt?

Hey, du musst nicht immer tun, was die Jungs wollen, sagte eine fiese Stimme in mir, die ich früher schon gelegentlich gehört hatte.

Ich hab noch nie etwas getan, nur weil die Jungs es wollten, antwortete ich ihr. Außerdem hat es mir gar nichts gebracht, außer dass ich jetzt alleine bin, und da hab ich am allerwenigsten Lust drauf.

Also setzte ich mich um kurz nach zehn in den Bus und fuhr in die *Fabrik*. Etwa um diese Zeit muss es passiert sein. Und ich würde so gerne etwas schreiben wie: Plötzlich durchfuhr es mich eiskalt und ich wusste, dass etwas Schreckliches geschehen war. Aber so war es nicht – eiskalt war es mir sowieso, weil ich durchnässt war, und ansonsten wurde ich schon wieder wütend, weil ich nicht gleich mitgefahren war und mir deswegen diese Tortur antun musste.

Mike und Fix freuten sich, als ich kam. Ich schaute mich um. »Ist Ratze noch nicht da?«

»Nein, ich sag doch, wenn der erst mit Andi zusammenhängt, kommt er nicht mehr von ihm los.«

»Und wo seid ihr gerade dran?«

Wir probten ein bisschen, aber ohne die Leadgitarre blieb es pures Improvisieren, deswegen packten wir gegen zwölf zusammen und fuhren wieder heim. »Wahrscheinlich hatte er keine Lust mehr und liegt schon im Bett«, sagte Mike auf der Fahrt.

Zu Hause war er nicht. Wir setzten uns in die Küche, und obwohl wir es nicht aussprachen – wir warteten. Es war nicht Ratzes Art, Verabredungen nicht einzuhalten. Also war entweder etwas Wichtiges dazwischen gekommen, oder ...

Gegen eins rief ich mit einer Mischung aus Wut und Sorge bei Andi an. Der sagte mir, dass Ratze um zehn bei ihm aufgebrochen wäre. Ich legte auf und die Wut war verschwunden. Irgendetwas stimmte nicht, jetzt spürte ich es auch. Und noch bevor ich etwas zu Mike und Fix sagen konnte, klingelte das Telefon.

»Ja?«

»Tina, hier ist Sabine.« Ratzes ältere Schwester. »Ich bin in den Städtischen Kliniken, Ralf hatte einen Unfall, irgendjemand ist ihm reingefahren, er liegt im Koma und ... Kannst du kommen?«

Wir drei fuhren sofort los. Ich war noch relativ ruhig. Konnte das alles noch nicht glauben. Ich erwartete beinahe, dass Ratze durch die Tür der Intensivstation kommen und lächelnd zu mir sagen würde: »Hey, alles nicht so schlimm, Schatz, mach dir keine

Gedanken.« Aber er konnte nicht kommen. Er wollte von Andi aus direkt in die *Fabrik* fahren, ihm war wegen des Regens in einer Kurve auf dem Ring das Hinterrad weggerutscht, und weil er damit beschäftigt war, das Motorrad wieder unter Kontrolle zu bringen, sah er den BMW-Fahrer zu spät, der plötzlich aus der Seitenstraße geschossen kam. Er erwischte ihn frontal. Ratze hatte zahlreiche Knochenbrüche, Prellungen und eine Verletzung am Halswirbel. Sie hatten ihn sofort operiert, aber der Arzt, mit dem Sabine kurz vorher gesprochen hatte, konnte noch nichts sagen. Nur dass es bedenklich war. Und dass er nicht aufwachte.

Ich wollte zu ihm rein, aber natürlich ließen sie mich nicht. Ich drehte fast durch, weil ich immer noch das Gefühl hatte, alles sei ein schlechter Scherz, weil ich ihn sehen musste, um es endlich zu glauben.

Um halb drei schickten die Ärzte uns nach Hause. Ratzes Zustand sei den Umständen entsprechend stabil, wir könnten am nächsten Morgen wiederkommen. Ich überlegte kurz, ob ich trotzdem bleiben sollte, aber selbst Ratzes Mutter ließ sich nach Hause bringen, also ging ich mit Mike und Fix. Wir redeten kaum miteinander, der Schock war viel zu groß. Ich saß Stunden auf meinem Bett und versuchte, das Ganze zu verstehen. Wartete verzweifelt auf irgendwelche Gefühle, Schmerz, Angst, Trauer oder Wut, aber da war nichts. Nur Lähmung und Kälte.

Am nächsten Morgen gingen Mike und Fix arbeiten, keine Ahnung, wie sie das schafften, ich fuhr um acht wieder ins Krankenhaus, Sabine und Ratzes Mutter waren schon da. Alles unverändert. Er wachte nicht auf.

Mittags erlaubte der Arzt, dass Mutter und Schwester kurz zu ihm rein konnten, aber Sabine setzte sich dafür ein, dass ich an ihrer Stelle gehen durfte, wofür ich ihr unendlich dankbar war. Nachdem wir sterile Kleidung angezogen hatten, führte uns eine Schwester in das Zimmer. Schläuche und Apparate und zwischendrin, klein, verloren, sein Gesicht. Seine Mutter hielt es nur einen kurzen Moment aus, dann verließ sie schluchzend den Raum. Ich kämpfte mich an den Geräten vorbei, setze mich ans Bett und suchte seine Hand. Es war kein Scherz: Hier lag mein Freund, der Mann, mit dem ich den Rest meines Lebens verbringen wollte. Aber nur ein Teil von ihm. Der andere war irgendwo, wo ich ihn nicht erreichen konnte. Ich flüsterte verzweifelt: »Wach auf, Ratze, das kannst du nicht bringen, wir haben doch übermorgen einen Auftritt und dann wollten wir uns ein paar schöne Tage machen und wir wollten nach England fahren und ... Bleib bei mir, bitte!«

Er reagierte nicht. Antwortete nicht. Ich war so hilflos, dass ich beinahe wütend wurde und im Grunde froh war, als die Schwester kam und mich wieder aus dem Zimmer schickte.

Mike und Fix kamen nach der Arbeit ins Krankenhaus, aber da es nichts gab, was wir tun konnten, und da die Atmosphäre uns allen zu schaffen machte, fuhren wir in die WG. Wir saßen in der Küche, als Mike nach langem Schweigen plötzlich sagte: »Wir sollten Holger anrufen.«

Ich sah ihn an. »Wieso das?«

»Na ja, damit er Bescheid weiß wegen Freitag.«

Ich wollte es nicht, aber die Wut behielt die Oberhand. »Und was willst du ihm sagen? Der Topact muss leider absagen, weil der Gitarrist ... verhindert ist?«

Keiner antwortete. Ich traf sie völlig unvorbereitet. »Vielleicht sagst du ihm dann gleich, dass der Topact nächstes Jahr auch nicht spielt, weil der Gitarrist wahrscheinlich nie wieder Gitarre spielen kann, und dass Plattenprojekte leider auf unbestimmte Zeit verschoben werden müssen.«

»Hör auf, okay?« Endlich reagierte Mike. »Das ist doch alles überhaupt noch nicht raus, vielleicht wacht er in ein paar Tagen auf und alles wird wieder so wie vorher, die Ärzte haben doch gesagt ...«

Ich schrie, als ich ihn unterbrach: »Die Ärzte wissen einen Scheiß! Ich hab ihn gesehen, Mike. Er ist überhaupt nicht mehr da! Er ist einfach weg!«

»Sagt mal, spinnt ihr jetzt völlig?« Fix mischte sich ein. »Unser bester Freund liegt im Krankenhaus und ihr habt nix besseres zu tun als euch anzuschreien! Ich pack das nicht. Ich geh jetzt ins *Pub*.«

Er stand auf und nahm seine Jacke, wir schwiegen, bis wir die Wohnungstür hörten. Mike und ich sahen uns an, dann kam er zu mir, meinte: »Es tut mir leid, Tina« und nahm mich in den Arm. Meine Wut brach zusammen, übrig blieb der Schmerz, ich weinte endlich und schlief irgendwann in Mikes Armen auf der Couch ein. Es waren meine letzten Tränen für lange Zeit.

Ich wusste es, als ich am nächsten Tag um acht in den Gang der Intensivstation einbog und Ratzes Familie sah. Beide Eltern zusammengesunken auf den Stühlen, Sabine mit tränenüberströmtem Gesicht. Ratze war um sechs Uhr morgens gestorben. Sie umarmten mich alle, hielten sich an mir fest, warteten auf meine Trauer, aber ich spürte keine. Das einzige, was ich spürte, versuchte ich verzweifelt zu unterdrücken: Endlose Wut auf Ratze, der mich verlassen hatte.

An die folgenden Wochen erinnere ich mich kaum. Meine ganze Welt war erschüttert, jeder um mich herum brach zusammen und erwartete, dass ich es auch tat. Man versuchte, mich zu schonen und möglichst viel von mir fernzuhalten. Sabine und Mike organisierten die Beerdigung. Der Pfarrer ließ uns freie Hand, wir wollten keine pathetischen Reden, wir ließen die Leute zu Wort kommen, die ihn wirklich gekannt hatten, und spielten Musik von Neil Young und *Pink Floyd*. Der Friedhof war überschwemmt von Menschen, alle waren gekommen, Freunde, Kollegen, ehemalige Mitschüler und Lehrer und natürlich die Leute aus der *Fabrik*, dem *Pub* und dem *underground*. Trauer und Schmerz, wo ich auch hinsah. Fix brach völlig zusammen, er realisierte das alles wirklich erst, als er an Ratzes Grab stand. Ich ging irgendwann nach vorne, wollte ihnen von ihm und von meinen Gefühlen erzählen, aber ich brachte kein persönliches Wort heraus, deswegen sprach ich einfach nur den Text von »One after you« ins Mikrophon. Besser konnte ich es sowieso nicht ausdrücken.

Nach der Beerdigung trafen wir uns alle an dem See, an dem wir den Großteil des Sommers verbracht hatten, machten Musik, betranken uns und tauschten Erinnerungen aus über diesen großartigen Menschen, der von uns gegangen war. Irgendwie ertrug ich all die Beileidsbezeugungen und all die mitfühlenden Reden meiner Freunde, es war ja schließlich nicht ihre Schuld, dass ich all das nicht an mich heranlassen konnte. Sie meinten es gut und wollten mir helfen, was leider nur dazu führte, dass mein schlechtes Gewissen über meine mangelnde Trauer immer größer wurde.

Selbst meine Eltern waren bestürzt über Ratzes Tod, meine Mutter weinte an seinem Grab, und als ich sie zwei Tage später besuchte, heulte sie immer noch. Sie sagte mir, wie wichtig es wäre, dass ich mir Zeit lasse. Sie gab mir den dringenden Rat, einen Termin mit ihrem Psychologen auszumachen. Das war der Moment, in dem ich zum ersten Mal diesen Impuls verspürte, der mir mit den Jahren immer vertrauter werden sollte: Das Bedürfnis nach Flucht. Einfach weg von all diesen Erinnerungen.

Ich verabschiedete mich von meiner Mutter, setzte mich in den Bus, fuhr nicht ins *Pub*, wo Mike und Fix auf mich warteten, sondern direkt in unsere Wohnung. Ich packte ein paar Klamotten in meinen Rucksack und als ich schon auf dem Weg nach draußen war, warf ich noch einen Blick in Ratzes Zimmer. Da stand die Gitarre meines Großvaters. Mein Onkel hatte zu Ratze gesagt, er solle sie zurückgeben, wenn er sie nicht mehr brauchen würde. Er brauchte sie nicht mehr. Und ich auch nicht, denn ich war nur eine Sängerin.

Du solltest sie Miguel zurück bringen, dachte ich. Und so packte ich sie in den Koffer, fuhr zum Bahnhof und suchte nach dem nächsten Zug, der mich nach Granada bringen würde. Irgendjemandem Bescheid zu sagen, kam mir nicht für eine Sekunde in den Sinn.

IV

»Nein, ich habe damit gemeint, dass *du* sie behalten sollst, nicht, dass du sie mir zurückgibst.«

»Aber du hast gesagt, dass ich diese Gitarre nicht brauche.«

»Nicht, solange sie jemand für dich gespielt hat.«

Ich starrte meinen Onkel an. »Wenn sie niemand für mich spielt, brauche ich auch nicht zu singen. Ich werde bestimmt keine Musik mehr machen.«

»Aber das musst du, Liebes. Sonst wirst du zerbrechen. Du kannst oder willst nicht darüber reden, das ist okay, aber dann musst du wenigstens darüber singen.«

Ich war seit zwei Monaten auf der Farm. Fünf Tage hatte ich gebraucht, um mit verschiedenen Zügen nach Granada zu kommen, den restlichen Weg zur Farm war ich getrampt. Als ich ankam, herrschte große Aufregung, meine Mutter hatte bereits angerufen und berichtet, was passiert und dass ich verschwunden war. Ich sah meinen Onkel an und fragte nur: »Kann ich 'ne Weile hierbleiben?«

Er nickte. Sie waren sich wohl einig, dass es das Beste für mich wäre. Trotzdem fragte ich mich nach ein paar Wochen, wie es den anderen wohl ginge. Was machten Mike und Fix? Was war mit der Wohnung, in der plötzlich zwei Zimmer leer standen? Zum ersten Mal bekam ich ein schlechtes Gewissen, weil ich so überstürzt abgehauen war. Ich überlegte, ob ich anrufen sollte, aber ich traute mich nicht, schrieb stattdessen eine Karte an Mike: »Tut mir leid, dass ich mich nicht vorher gemeldet habe, ich bin in Spanien und weiß noch nicht, wann ich wiederkomme. Der Dauerauftrag für die Miete läuft weiter, meine Mutter kann ihn kündigen, wenn du das Zimmer vermieten willst. Meine Sachen schmeiß entweder auf den Müll oder bring sie bei meinen Eltern vorbei, wenn dir das nicht zu viel act ist. Grüße an Fix – irgendwann erkläre ich euch alles. Tina.«

Es gab so viel mehr zu sagen, aber ich fand keine Worte, denn Worte bedeuteten Nachdenken. Und Erinnerungen. Beidem wollte ich aus dem Weg gehen.

Natürlich hatte ich schon viele, viele Jahre zuvor einen weiteren Weg kennengelernt, um meine Gefühle auszudrücken, und natürlich hatte mein Onkel Recht, als er mir prophezeite, dass ich eines Tages wieder Musik machen würde. Es dauerte fast ein halbes Jahr. Mein Leben auf der Farm hatte sich eingespielt, ich kümmerte mich um meine jüngeren Cousins, die Pferde, half meiner Tante im Haushalt und gewöhnte mich so langsam an die Vorstellung, die nächsten Jahre einfach hierzubleiben. Niemand drängte mich, niemand stellte Fragen.

Wenn ich abends in mein Zimmer ging, sah ich die Gitarre in der Ecke stehen. Mein Onkel hatte sich geweigert, sie an sich zu nehmen, es sei meine, hatte er gesagt, ich solle damit machen, was ich wolle. Und eines Abends spürte ich plötzlich das Bedürfnis, sie zu spielen. Ich ignorierte es solange es ging – ein paar Tage lang. Bis ich dachte, dass ich platzen würde, wenn ich nicht sofort irgendetwas täte.

Siehste, sagte die fiese Stimme hämisch in meinem Kopf, dein Onkel hat doch Recht gehabt!

Halt die Klappe, antwortete ich, er muss es ja nicht mitkriegen.

Am nächsten Morgen fragte ich Paolo, ob ich mir seinen Wagen leihen könnte, um ein bisschen ans Meer zu fahren. Er freute sich über meine plötzlich erwachte Energie und gab mir die Schlüssel. Ich wartete einen passenden Moment ab, packte die Gitarre ein und fuhr zu einer Bucht in der Nähe, wo wir als Kinder oft gewesen waren. Es war wunderschön hier und es gab kaum Menschen, denn die Urlaubssaison hatte noch nicht begonnen. Ich setzte mich mit einer Decke, Zigaretten und der Gitarre zwischen die Felsen, starrte stundenlang auf den Strand und die Wellen, rauchte eine und irgendwann begann ich zu spielen.

Zunächst war es grauenvoll, ich vergriff mich ständig und traf kaum einen Ton. Das machte mich zum einen wütend und weckte zum anderen meinen Ehrgeiz. Es kann ja wohl nicht sein, dachte ich, dass du nach einem halben Jahr kein einziges Lied mehr hinkriegst!

Als es dunkel wurde, war ich immer noch nicht zufrieden, aber ich wollte nicht, dass meine Verwandten sich Sorgen machten, deswegen fuhr ich zurück, nur um mich am nächsten Morgen wieder auf den Weg zu machen. Ebenso am Tag darauf. Am vierten Tag brauchte Paolo das Auto selber, deswegen blieb ich auf der Farm, am fünften konnte ich wieder los. Sie wussten natürlich, was ich tat, hatten mich längst dabei beobachtet, wie ich die Gitarre ein- oder auspackte. Mein Onkel lächelte nur und ließ mich gewähren. Und ich lächelte zurück. Ja, er hatte Recht behalten, aber ich wusste, dass ich von ihm nie ein »Hab ich doch gesagt« oder ähnliches hören würde. Er freute sich einfach auf den Moment, wo wir wieder zusammen Musik machen würden.

Ich war so begierig, an meinen Platz zu kommen, dass ich den Weg über die Felsen im Laufschritt nahm, mit einem letzten Sprung landete ich im Sand – und fast auf dem blonden Typen, der dort saß. Wir brauchten beide eine Weile, um uns von unserem Schock zu erholen. Ich schaute genauer hin: Er war vielleicht fünf oder sechs Jahre älter als ich, trug Stiefel, Jeans und T-Shirt und hatte eine Gitarre neben sich liegen. In etwas unbeholfenem Spanisch fragte er: »Hallo, wo kommst du denn her?«

»Na ja, von da oben ... Und was machst *du* hier?«

Er stellte sich als Rick vor, Rick aus London, der seit ein paar Wochen mit Rucksack und Gitarre in Spanien unterwegs war. Er fragte mich in seinem spanisch-englischen Kauderwelsch, ob wir zusammen Musik machen wollten. Ich war zunächst skeptisch, ließ mich dann aber darauf ein, weil er mir sympathisch war. Er sah gut aus, ich mochte seine ruhige Art und, was am wichtigsten war, er kannte mich nicht. Er wusste überhaupt nichts von mir und konnte von daher auch keine nervigen Fragen stellen. Ich konnte ihm erzählen, was ich wollte. Und ich konnte jederzeit wieder gehen, wenn ich wollte.

Wir trafen uns jeden Tag, Paolo nahm inzwischen kommentarlos den Lieferwagen, wenn er weg musste. Ich erzählte Rick natürlich irgendwann, dass ich aus Köln käme und dort auch in einer Band gespielt hatte. Diese Band hätte sich aufgelöst, sagte ich, es hätte Streit gegeben, deswegen wäre ich nach Spanien gekommen. Kein Wort über Ratze. Meine Lügen (so nannte es die fiese Stimme, ich nannte es ›Anpassung der Realität‹) gingen mir so leicht über die Lippen, dass ich beinahe selber daran glaubte.

Eines Nachmittags brachte er zwei Flaschen Wein und was zu essen mit, wir machten ein gemütliches Picknick. Er vertrug anscheinend eine Menge und ich hielt mit, genoss den beginnenden Rausch und die Leichtigkeit. Natürlich hatten wir in Köln hin und wieder was getrunken, Fix regelmäßiger als Mike, Ratze und ich, aber im Grunde hatten wir uns immer bemüht, einen klaren Kopf zu behalten. Als Rick sein Gras auspackte und anfing zu bauen, sagte ich auch dazu nicht nein und freute mich sogar drauf – Köln lag meilenweit hinter mir und wenn der Wein es schon schaffte, dass ich mich zum ersten Mal seit langem entspannen konnte, wie viel besser musste es mit Dope sein.

Ich fing, vollkommen high, an zu singen, Rick begleitete mich auf der Gitarre, ich hatte überhaupt keine Angst mehr und war dementsprechend gut. Irgendwann legte er das Instrument zur Seite, setze sich neben mich, ich spürte seine Hand in meinem Haar, er sagte: »Du bist eine tolle Sängerin« und küsste mich. Spätestens in diesem Moment schlugen einige Stimmen in meinem Kopf Alarm, aber ich ignorierte sie weitgehend, obwohl ich ein bisschen unsicher wurde. In meinem Leben hatte es bisher nur einen Mann gegeben, aber der war nicht mehr da. Und hier war einer, der mir Bestätigung und Zärtlichkeit gab, ich musste nichts dafür tun, außer ein bisschen zu singen – so einfach war es also! Es blieb nicht beim Knutschen, wurde aber auch nicht *viel* mehr, obwohl er es einforderte, aber das ging mir dann doch zu schnell. Er respektierte es widerstrebend, und als es anfing, dunkel zu werden, sagte er zu mir: »Lady, ich muss in ein paar Tagen zurück nach London.«

Das ließ mich schlagartig nüchtern werden. Tja, auch hier gab es eine Realität. Aber da ich von Anfang an damit gerechnet und meine Gefühle unter Kontrolle gehalten hatte, traf es mich viel weniger als erwartet. »Tja, schade. Ich dachte, wir könnten uns noch eine schöne Zeit machen.«

»Na ja, du hast gesagt, dass du hier keine Verpflichtungen hast. Willst du mitkommen?«

»Nach London?« Ich überlegte einen Moment. Es stimmte: Ich hatte überhaupt keine Verpflichtungen! Ich war fast zwanzig und konnte tun und lassen, was ich wollte. Sogar Geld hatte ich genug, denn ich besaß inzwischen Traveller-Schecks und eine American-Express-Karte, für deren Deckung wohl weitgehend meine Eltern sorgten. Ich hatte sie bisher so gut wie gar nicht in Anspruch genommen, es wurde höchste Zeit.

Ich grinste Rick an. »Warum eigentlich nicht.«

Er lächelte und küsste mich. Wir verabredeten uns für den nächsten Tag, um alles genauer zu besprechen. Mit einem Gefühl höchster Euphorie machte ich mich auf den Heimweg und registrierte kurz die Stimme, die mich fragte, ob es ratsam wäre, in diesem Zustand Auto zu fahren. Ach, was soll's, dachte ich. Was machte es für einen Unterschied, ob ich einen Unfall baute oder ob mich die Bullen erwischten? Es war mir egal. Vollkommen.

Meinem Onkel schien es nicht egal zu sein. Er registrierte meinen veränderten Zustand sofort, noch bevor ich ihn stürmisch umarmte. »Was ist los mit dir?«, fragte er, während er sich von mir zu befreien versuchte.

»Nichts, mir geht's einfach gut.«

Davon schien er nicht überzeugt zu sein. »Du hast getrunken, oder?«

»Ja, habe ich. Und ich habe einen echt netten Typen kennengelernt, einen Musiker übrigens, und ich werde in ein paar Tagen mit ihm nach London fliegen.«

»So, so«, sagte er nur. Sein Blick gefiel mir überhaupt nicht. Und noch viel weniger gefiel mir, dass er irgendetwas, das ich tat, missbilligen könnte. Deswegen ergänzte ich nach einem Moment: »Onkel, ich weiß, was ich tue, okay?«

»Oh, das bezweifle ich nicht. Ich frage mich nur, ob du weißt, was dein Herz will.«

»Mein Herz hat genug von Grübelei und trüben Gedanken. Ich will Spaß haben und neu anfangen. Das wollt ihr doch auch alle.«

»Und du glaubst, dass du nur dort neu anfangen kannst, wo keine Erinnerungen sind?«

Es ärgerte mich, dass er so ruhig blieb, alles so leicht durchschaute und mich dadurch doch wieder zum Nachdenken zwang. Also sagte ich: »Meine Erinnerungen sind hier«, dabei deutete ich auf mein Herz, »und nicht an irgendwelchen Orten. Aber ich will selber entscheiden, wann ich mich mit ihnen beschäftige und wann nicht. Kannst du das nicht verstehen?«

»Doch, das kann ich, wahrscheinlich besser als du denkst. Ich weiß nicht, ob es gut ist, wenn du weggehst, vielleicht kommt die Zeit, wo du dich an alles erinnern wirst, vielleicht wirst du vieles vergessen, so, wie es dein Vater getan hat. Aber du bist alt genug, um das selber zu entscheiden.«

Ich umarmte ihn wiederum, voller Dankbarkeit diesmal. »Ich bin nicht wie mein Vater, Onkel, ich werde meine Wurzeln nicht verleugnen. Ich werde die Gitarre mitnehmen.«

»Dann ist es ja gut.« Mehr sagte er nicht.

Zwei Tage später machten Rick und ich uns auf den Weg nach London. Auch wenn es schon wieder nichts anderes war als eine Flucht, ich fühlte mich großartig, als ich die Farm, die Erinnerungen und mein gewohntes Leben hinter mir ließ. Es war wie Urlaub, nur besser, weil ich keinerlei Gedanken daran verschwenden musste, wann und ob er enden würde.

Außerdem war ich mit einem wirklich netten Typen unterwegs. An unserem letzten Abend am Meer hatte ich mich nicht mehr gewehrt, als er mehr als nur Umarmungen forderte, und es war eine irritierende und gleichzeitig, na ja, nette Erfahrung gewesen, mit einem Mann Sex zu haben, der mich überhaupt nicht kannte. Auf jeden Fall, so dachte ich, etwas, woran man sich gewöhnen kann.

Rick wohnte in einem heruntergekommenen Haus in der Nähe vom Victoria Park, zusammen mit Sarah, Mona, Tim und Harold. Alle sehr nett, sehr alternativ, sehr politisch, die meisten von ihnen Musiker. Sie nahmen mich bereitwillig in ihre Wohngemeinschaft auf und stellten wenig Fragen. Natürlich wollten sie wissen, wer ich war und woher ich kam, ich erzählte meine Geschichten, die mir inzwischen beinahe genauso real vorkamen wie die Wirklichkeit.

Zunächst hatte ich einige Probleme mit der Verständigung. Englische Texte zu schreiben und sich in der Schule damit zu beschäftigen war eben doch etwas anderes, als es in London zu sprechen, aber da ich schon immer ein gewisses Talent für Sprachen gehabt hatte, dauerte es nicht lange, bis ich zurecht kam. Alles in allem war es nicht verwunderlich, ich war so oft high, dass ich kaum Hemmungen hatte und mir der Slang leicht von den Lippen ging. In diesem Haus kursierten reichlich Drogen, vor allem Mona und Harold warfen sich so ziemlich alles ein, was sie kriegen konnten. Es dauerte nicht lange, bis sie ihr farbenfrohes Arsenal an Pillen und Pülverchen mit mir teilten. Die Beziehung zwischen Rick und mir blieb unkompliziert, hinreichend Bestätigung, guter Sex und wenig Fragen. Ich fand, er war genau der Richtige für mich.

London war ein endloser Rausch und der Sommer verging wie im Flug. Ich war fasziniert von der Stadt, es gab so viele interessante Leute, es gab so viel zu sehen und es gab unzählige Orte, an denen Musik gemacht wurde. Irgendwann im Spätherbst nahmen Rick und Sarah mich mit ins *Clusters*, eine Kneipe, die sie als »echten Geheimtipp« bezeichneten.

Ich liebte es vom ersten Moment an. Von außen war das *Clusters* ein völlig unscheinbarer Laden, ich wäre mit Sicherheit daran vorbeigegangen, wenn die beiden mir nicht den Eingang gezeigt hätten. Hier trafen sich die unterschiedlichsten Leute: Altfreaks aus den Sechzigern, musikbegeisterte Kids, Alkies, Junkies, Ökos, Politische und Esoteriker. Menschen, die, aus welchen Gründen auch immer, keine Lust auf das Normale hatten, gute Musik schätzten und ihre Ruhe haben wollten. Genau deswegen kamen häufig sogar prominente Musiker her. Es traten unterschiedlichste Bands und Künstler auf, hauptsächlich wurde Folk, Jazz und Soul gespielt, und zweimal in der Woche gab es eine offene Bühne, wo jeder auftreten konnte, der mutig genug war, sich der scharfen Kritik des Publikums zu stellen.

Während der folgenden Monate verbrachte ich fast jeden Abend hier, zunächst in Begleitung einer meiner Mitbewohner, später alleine, weil ich ohne große Schwierigkeiten neue Leute kennenlernte. Rick quatschte mich irgendwann Anfang Januar solange zu, bis ich meine Gitarre mit zu einem der offenen Abende nahm. Und er bestand auf meinen Auftritt. Ich hatte kein großes Interesse daran, mich in meinem Lieblingsladen zu blamieren, aber ich war zugedröhnt genug, um mir nicht allzu viele Gedanken darum zu machen. Außerdem wusste ich, dass ich besser war als viele, die ich hier schon gehört hatte.

Die Ankündigung: »Tina Montez from Cologne, Germany« löste bei niemandem große Begeisterung aus, dafür taten es meine Songs. Ich spielte zwei Patti Smith-Cover und dann, mutiger geworden, meine eigenen Lieder. Zum Abschluss »One after you«. Und das Publikum war angetan von mir, sie gaben langen Applaus und ich fand es großartig, wieder auf einer Bühne zu stehen.

Als der Sommer kam, verbrachten wir mehr Zeit draußen. Rick und Sarah zeigten mir die Umgebung der Stadt, wir machten regelrechte Besichtigungstouren, die ich zum Großteil mit meiner Kreditkarte finanzierte. Bei meinen Mitbewohnern war Geld grundsätzlich knapp, das wenige, was sie mit Musik oder verschiedenen Jobs verdienten, ging für die Miete und für die Drogen drauf. Als Rick aufgrund dieser finanziellen Notlage anfing zu dealen, wurde mir das Ganze doch ein bisschen zu heikel. Ich blieb dort wohnen, trennte mich aber von ihm, was kein großes Thema war, denn ich hatte im *Clusters* inzwischen genug Männer kennengelernt, die mir über diesen Verlust hinweghalfen. Mit einigen machte ich Musik, mit anderen schlief ich, mit manchen führte ich großartige Gespräche oder endlose Billardmatche. Es gab überhaupt keinen

Grund, sich über irgendetwas Gedanken zu machen, und wahrscheinlich hätte ich es auch nicht getan, wenn mir das Schicksal nicht ein paar Monate später jemanden vorbeigeschickt hätte, der mir keine andere Wahl ließ.

Es war Anfang Dezember und das *Clusters* war längst wieder zu meinem bevorzugten Aufenthaltsort geworden. Sarah war an diesem Abend mitgekommen und ich hatte ziemlich schlechte Laune. Das englische Wetter präsentierte sich seit Tagen so, wie man es erwartete, ich hatte Lust auf ein bisschen Speed, aber ausgerechnet an diesem Tag schien Andrew nicht da zu sein, von dem ich die meisten meiner Drogen bezog. Und zu allem Überfluss waren die bisherigen musikalischen Darbietungen – es war ein offener Abend – grauenhaft schlecht gewesen. Irgendwann kam Katie, die Besitzerin des *Clusters* bei uns vorbei und fragte mich: »Sag mal, hast du Lust aufzutreten? Wenn das so weitergeht, sind bald keine Leute mehr hier, es wird Zeit, dass jemand *gute* Musik macht.«

Die Gitarre hatte ich dabei und zu spielen war wahrscheinlich das einzige, was meinen Abend noch halbwegs retten konnte, deswegen stimmte ich zu.

Man kannte mich inzwischen hier, ich spürte die Vorfreude der Leute deutlich, als ich nach der üblichen Ankündigung auf die Bühne kam. Ich improvisierte ein bisschen herum, spielte Cover und eigene Sachen, die trotz oder wegen meiner schlechten Laune wirklich überzeugend rüberkamen. Die Leute wollten unbedingt mehr hören, aber ich beachtete die Regeln des offenen Abends – nicht mehr als eine halbe Stunde – und überzog nur geringfügig. Anschließend ging ich an die Bar und besorgte mir das, was ich zu dieser Zeit am liebsten trank, Martini.

»Das war wirklich sehr, sehr gut«, sagte plötzlich eine Stimme neben mir. Ich drehte den Kopf und blickte in ein unglaublich warmes und offenes Lächeln. Es gehörte einem blonden, vielleicht dreißigjährigen, gut aussehenden Mann, der neben mir auf einem Barhocker saß. Ich konnte gar nicht anders, ich lächelte zurück.
»Danke. Freut mich, dass es dir gefallen hat.«

»Im Ernst, ich hab schon einiges hier gehört, aber selten etwas, das so ehrlich und klar war. Hast du die Sachen selber geschrieben?«

»Ja, zum Teil. Mit Freunden zusammen.« Falsche Frage, Themenwechsel. »Bist du öfter hier? Ich hab dich noch nie gesehen.«

»Früher ja, inzwischen schaffe ich es nur noch, wenn ich in London im Studio bin, was schade ist, denn manchmal hört man hier bessere Sachen, als auf jeder großen Bühne.«

Ein Musiker also, ein erfolgreicher noch dazu, aber ich konnte ihn nicht einordnen, obwohl ich sein Gesicht kannte. Im Grunde war es auch nicht wichtig. Prominente Leute wurden im *Clusters* schließlich nicht anders behandelt als jeder andere Gast auch, deswegen kamen sie ja so gerne hierher. Er stellte sich als Liam vor, auch dieser Name sagte mir zunächst nichts. Er lud mich auf einen Drink ein, ich setzte mich zu ihm.

»Und was machst du hier, Tina from Cologne, Germany?«

»Ich bin eigentlich nur auf Besuch, na ja, genau genommen bin ich schon eine ganze Weile in London. Über eineinhalb Jahre.«

Ich realisierte es tatsächlich erst in diesem Moment: Eineinhalb Jahre! Wo war nur all die Zeit hin? Was hatte ich all die Monate getan?

Er fragte, mit Ironie in der Stimme, aber nicht unfreundlich: »Und du hast vor, die Königin des offenen Abends im *Clusters* zu werden?«

»Nein, eigentlich habe ich gar nichts Spezielles vor. Ich hab nur keine Lust, zurück nach Hause zu gehen.«

»Ja«, meinte er nachdenklich und ich hatte den Eindruck, dass er wusste, wovon er sprach, »London und dieser Laden hier sind verlockende Orte, wenn man schlechte Erinnerungen loswerden will.«

Wo war meine Schlagfertigkeit, wo war meine Coolness? Wo war die passende Geschichte, die ich ihm auftischen konnte? Mir fiel keine einzige ein. Und ich hatte auf einmal auch kein Interesse mehr daran. Zögerlich begann ich: »Ich hab in Köln in einer Band gespielt. Wir hatten auch schon eine Platte aufgenommen, aber dann ist unser Gitarrist gestorben, er hatte einen Unfall. Und plötzlich war alles vorbei.«

Im Grunde erwartete ich, dass er sofort aufstehen und gehen würde. Wer hatte schon Lust auf diese melodramatische Realität? Aber er nickte nur, schwieg und wartete darauf, mehr zu hören.

»Na ja, dann habe ich meine Sachen gepackt und bin abgehauen, erst nach Spanien, dann hierher, alles in allem bin ich seit über zwei Jahren unterwegs.«

»Und es gibt nichts, was dich nach Hause zieht?«

»Nicht viel.«

Mir wurde schlecht bei dieser Lüge. Und noch mehr, als ich an all die Lügen der letzten zwei Jahre dachte. Ich sah in Liams Augen und dieser Blick war so unglaublich offen, dass mir die Lust aufs Lügen vollständig verging. »Nein, das stimmt nicht. Eigentlich habe ich verdammt große Sehnsucht nach Köln. Aber auch zu viel Angst vor den Erinnerungen.«

Ruhig und ohne den Blick abzuwenden, fragte er: »Darf ich dir einen Rat geben?«

Ich nickte und er sagte: »Es funktioniert nicht. Du kannst hingehen wo du willst und dir jede denkbare Droge reinziehen, irgendwann hat dich die Vergangenheit eingeholt und sitzt plötzlich wieder grinsend vor dir. Es sei denn, du schaffst es, dein Gehirn so weich zu kochen, dass du überhaupt nicht mehr denken kannst und nur noch ein willenloser Junkie bist. Und das wäre, wenn du meine persönliche Meinung hören willst, verdammt schade bei jemandem, der so gut singen kann wie du.«

Scheinbar konnte dieser Mann durch mich hindurchsehen wie durch Glas. Und ich war mir sicher, dass er – zumindest teilweise – aus eigener Erfahrung sprach. Das Ganze kam weder belehrend noch besorgt rüber, er hätte in gleichem Ton auch von seinen Erfahrungen mit dem englischen Wetter berichten können. Er erwartete auch nicht, dass ich ihm Recht gab oder mich für seine Weisheiten bedankte. Er erwartete überhaupt nichts. Irgendwann lächelte er entschuldigend. »Tut mir leid, wenn ich Ale trinke, werde ich immer ein bisschen moralisch. Ich wollte dir nicht zu nahe treten.«

»Bist du nicht, im Gegenteil. Danke für deine Ehrlichkeit.«

Inzwischen grinste er, dann schaute er sich im *Clusters* um. »Sag mal, spielt heute Abend noch jemand? Ich glaube, ich hätte Lust, ein bisschen zu singen.«

»Mach doch!«

Er sah mich an. »Ich bräuchte jemand, der mich auf der Gitarre begleitet und mitsingt.«

Ich war erleichtert über den Stimmungsumschwung und antwortete lächelnd: »Ich denke, da wird sich jemand finden lassen.«

»Sehr schön. Ich bin sofort wieder da, dann können wir anfangen.«

Er stand auf und ging in Richtung der Toiletten. Im selben Moment erhob sich auch der Mann in dem dunklen Anzug, der die ganze Zeit in unserer Nähe gesessen hatte. Ein Bodyguard? Scheinbar war Liam doch bekannter, als ich gedacht hatte. Das bestätigte mir auch Sarah, die in diesem Moment auf mich zugestürmt kam: »Mann, das ist ja total der Hammer! Über was hast du dich mit ihm unterhalten?«

»Mit wem?«

»Willst du mich verarschen? Mit Spike natürlich, ich hab genau gesehen, dass ihr miteinander gesprochen habt.«

Spike also. Liam Wilson. Bassist und Sänger von *The Royce*. Da hätte ich ja nun wirklich drauf kommen können, schließlich hatten wir sie oft genug gehört und Spike war einer von Mikes großen Helden. Schlagartig wurde mir mulmig im Kopf, als mir einfiel, was ich ihm vor einer Minute versprochen hatte.

Der Mann war Weltklasse und wollte ausgerechnet mit mir zusammen spielen! Ich sagte zu Sarah, dass wir nur ein wenig geplaudert hätten und hoffte inständig, dass ihn die Lust zum Musik machen spontan wieder verlassen würde, aber leider war das Gegenteil der Fall.

»Und? Wollen wir?«, fragte er, als er wiederkam.

»Hm, ich weiß nicht genau. Was willst du denn so machen? Ich meine, ›Alone in the dark‹ kriege ich hin, aber ...«

Er sah mich an, nicht gerade begeistert darüber, dass ich inzwischen herausgefunden hatte, wer er war, und wiegelte sofort ab: »Es müssen nicht unbedingt *Royce*-Stücke sein. Du hast doch vorhin was von Cohen gespielt, das würde mir mehr Spaß machen.«

Mit einem immer noch mulmigen Gefühl ging ich mit Liam auf die Bühne, Katie ließ es sich nicht nehmen, eine Ansage zu machen: »Ladies and Gentlemen, nachdem wir heute nur wenige Highlights hören durften, möchten wir denen, die trotzdem ausgeharrt haben, noch eine besondere Überraschung präsentieren: Hier kommen noch einmal Tina Montez und – Spike!«

Die Leute hatten den prominenten Gast anscheinend alle früher erkannt als ich, und so waren sie zwar hocherfreut, aber nicht sonderlich überrascht.

Weil ich es im Grunde gut drauf hatte, fing ich tatsächlich mit »Alone« an und ich merkte sofort, wie souverän und professionell Liam reagierte. Er ließ sich völlig auf das ein, was ich vorgab, wir hielten praktisch die ganze Zeit Blickkontakt. Selbst als ich vor lauter Nervosität zu schnell wurde, passte er seinen Gesang einfach an. Seine Gelassenheit und Ruhe färbten bald auf mich ab, wir spielten jede Menge alten Kram und hatten wirklich Spaß. Zum Abschluss sangen wir zweistimmig »Manhattan« von Cohen, es sollte für lange Zeit die beste Version bleiben, die ich je gemacht habe.

Als wir von der Bühne kamen, umarmte Katie mich und versprach mir Freigetränke auf Lebenszeit. Wir retteten ihr wirklich den Abend.

Liam hatte meinen gerettet und noch eine ganze Menge mehr getan. Nach dem Auftritt machte er sich bald auf den Heimweg, vorher gab er mir die Hand und einen kurzen Kuss auf die Wange. »Vielen Dank, Tina. Es war wirklich schön, mit dir Musik zu machen.«

»Ja, mir hat es auch gefallen. Ich muss mich bei dir bedanken.«

»Schon gut. Ich hoffe, ich höre wieder von dir.«

Ich sah ihn fragend an, weil ich mir nicht sicher war, wie er es meinte. Aber er erklärte sich sofort: »Vielleicht als Sängerin einer erfolgreichen Band aus Cologne, Germany.«

»Ja. Vielleicht.«

Als er gegangen war, setzte ich mich wieder an die Bar und versuchte, das Chaos in meinem Kopf zu ordnen. Und nicht allzu entsetzt zu sein über all die Lügen meines Lebens, die sich plötzlich wie Berge vor mir auftürmten. Alles, was ich in den letzten zwei Jahren gesagt, getan oder gelassen hatte. Wie ich mit mir, meinem Körper und den Menschen um mich herum umgegangen war.

Plötzlich umarmte mich Andrew von hinten und gab mir einen Kuss. »Hey, Süße, sorry, dass es so lange gedauert hat, aber ich hab prima Stoff dabei, willst du gleich mitkommen?«

Ich sah ihn an und sagte ruhig »Nein«, was ihn völlig irritierte.

»Wie, nein? Hast du dir schon was anderes besorgt?«

»Nein, hab ich nicht. Ich werde jetzt nach Hause gehen. Und, Andrew, tu mir einen Gefallen: frag mich *nie* wieder, ob ich irgendwelche Drogen von dir haben will.«

Ich fuhr zurück ins Haus, ohne mich weiter um Andrew oder Sarah zu kümmern, schloss mich in meinem Zimmer ein und setzte mich auf das Bett. Die Gedanken kamen von ganz allein. Was zur Hölle tat ich hier? Was hatte ich die letzten zwei Jahre getan? Gesoffen, gekifft, Drogen genommen, mit irgendwelchen Kerlen gevögelt und alles, alles verraten, was mir und uns einmal heilig gewesen war. Uns. Ratze, Fix, Mike und mir. Meiner Familie. Die Sehnsucht nach ihnen explodierte so heftig in mir, dass es körperlich weh tat. Und parallel dazu das schlechte Gewissen. Wie sollte ich ihnen das alles jemals erklären? Wie sollten ich ihnen je wieder unter die Augen treten?

Ich wusste es nicht, ich wusste nur eins: Wenn ich nicht wirklich zu einem willenlosen Junkie werden wollte, dann musste ich hier ganz schnell weg.

Die folgende Woche blieb ich weitgehend in meinem Zimmer, holte mir nur gelegentlich etwas zu trinken oder zu essen. Erst als ich den Entzug körperlich spürte, wurde mir klar, wie sehr ich mich inzwischen an all die Pillen und Pülverchen gewöhnt hatte. Am Ende der Woche, als sich zumindest mein Kopf wieder halbwegs klar anfühlte, schleppte ich mich zur nächsten Telefonzelle (unser Telefon war mal wieder abgemeldet, weil niemand die Rechnung überwiesen hatte) und rief bei meinen Eltern an. Und der erste Satz, den ich sagte, war: »Mama, kann ich nach Hause kommen?«

V

Nie wieder!

Wie ein Endlosband liefen diese beiden Worte durch meinen Kopf – während des Fluges zurück nach Köln, im Auto meines Vaters, während wir nach Hause fuhren und während der darauf folgenden Monate. Nie wieder. Ich meinte eine Menge damit: Nie wieder Drogen, nie wieder Männer, nie wieder Musiker, nie wieder Musik, denn damit hatte alles angefangen. Mein Vater hatte tatsächlich recht gehabt: Es war eine Spinnerei, ein Jugendtraum, und es wurde Zeit, dass ich endlich erwachsen wurde!

Ich hatte Angst vor der ersten Begegnung mit meinen Eltern gehabt, deswegen wartete ich nach meinem Anruf noch eine Woche, bis ich mir die Tickets besorgte. Ich wollte zumindest körperlich erst wieder halbwegs fit werden. Trotzdem waren sie entsetzt, als sie mich, abgemagert, mit rasierten Haaren und nicht gerade sauberen Klamotten, am Flughafen abholten. Aber alles in allem verlief meine Rückkehr sehr viel entspannter, als ich befürchtet hatte. Es gab keine Vorwürfe und keine moralischen Ansprachen, sie hatten sich wirklich Sorgen um mich gemacht und waren froh, dass ich endlich wieder zu Hause war.

Am ersten Abend erzählte ich meinen Eltern, dass ich von den Spinnereien jetzt genug hätte und mich so bald wie möglich um ein Studium kümmern würde. Die Gitarre legte ich unter das Bett und dort blieb sie viele Wochen. Nie wieder Musiker. Nie wieder Musik. Stattdessen eine vernünftige Ausbildung und einen Job, in dem ich unabhängig und selbständig sein konnte. Mein Vater fing natürlich wieder mit Medizin an, aber er gab sich erstaunlich schnell zufrieden, als ich ihm sagte, dass ich mir noch nicht sicher wäre und mich erst einmal umschauen wollte. Obwohl er es nicht so deutlich äußerte wie meine Mutter, war auch er glücklich, dass ich keine Flausen mehr im Kopf hatte und dass nun doch noch etwas aus mir zu werden schien, auf das er stolz sein konnte.

Als ich mich dann Anfang des Jahres in Englisch und Germanistik einschrieb, waren er und meine Mutter doch ein wenig erstaunt. Letztendlich aber waren beide Fächer anspruchsvoll genug, um meinen Vater zufriedenzustellen, und so billigten sie beide meine Entscheidung. Der Beginn des Studiums riss mich aus meiner Lethargie und Isolation, tatsächlich überzeugten mich die ersten Wochen davon, dass ich mich richtig entschieden hatte. Ich lernte Leute in meinem Alter kennen, die sich genauso für Sprachen interessierten wie ich, ich konnte mein Wissen teilen, konnte lernen und bekam vor allem Bestätigung für das, was ich tat.

Durch die neuen Kontakte ging ich auch wieder öfter weg, wobei ich die Kneipen, in denen ich Leute aus der alten Clique vermutete, sorgfältig mied. Gelegentlich gab es Einladungen von Kommilitonen, die eindeutig mehr wollten, als zu diskutieren. Aber ich signalisierte, so deutlich wie es mir möglich war, dass ich kein Interesse hatte, und ich glaube, eine Zeit lang ging an der Uni das Gerücht herum, dass ich nur auf Frauen stehen würde. Oder vielleicht auch, dass ich eine arrogante Zicke wäre. Im Grunde war es mir egal. Ich hatte genug Übung darin, Dinge nicht an mich herankommen zu lassen.

Hin und wieder, wenn meine Eltern nicht da waren, holte ich mein Instrument unter dem Bett hervor und spielte. Ich wollte keine professionelle Musikerin mehr werden, dachte aber inzwischen, dass es nicht schaden könnte, wenn ich nicht völlig aus der Übung käme. Außerdem hielt ich es nicht lange aus, ohne zu singen. Manchmal kam es mir tatsächlich so vor, als würde die Gitarre mich rufen – und ausgesprochen beleidigt reagieren, wenn ich mich zu lange nicht um sie kümmerte.

Es war Mitte Juni, kurz vor Ende des ersten Semesters. Der Sommer lag mit Macht in der Luft, ich hatte stundenlang auf einer Wiese gelegen und gelesen und dabei die Zeit vergessen, sodass ich nun wohl zu spät zu meiner Vorlesung kommen würde. Ich nahm deswegen den kürzeren Weg durch das Hauptgebäude, und als ich gerade am Sekretariat vorbei war, hörte ich jemand von hinten rufen: »Tina?«

Ich drehte mich um und stand vor Bruno. Unverkennbar Bruno. Obwohl er keinen Iro mehr trug, sondern das Haar – braun, nicht grün – kurz geschnitten und nach hinten gekämmt hatte. Jemand von der alten Clique in meinem neuen Leben. Das passte einfach nicht zusammen. Ich stand nur da und schwieg. Er fasste sich sehr viel schneller, machte Anstalten, mich zu umarmen, zögerte aber, als er meine Miene sah.

»Das ist ja echt der Hammer, ich dachte, du bist in Spanien.«

»War ich auch«, sagte ich nur. Ich hatte kein großes Interesse, ihm Genaueres zu erzählen.

»Und seit wann ... Ich meine, was machst du hier?«

Ich hielt demonstrativ den Stapel Bücher hoch, den ich in den Händen hielt. Er starrte ihn einen Moment lang an. »Nicht zu fassen.« Dann, nach einem Kopfschütteln und einem nervösen Blick in Richtung Ausgang: »Scheiße, du, ich hab überhaupt keine Zeit gerade, ich muss zum AStA. Sag mal, kommst du morgen auf die Party?«

»Party?«

»Ja, Holger hat doch seinen vierzigsten Geburtstag und feiert im *underground*, das wird total groß, vier oder fünf Bands, vielleicht spielen die Jungs sogar. Du musst unbedingt kommen!«

»Mhm, ich weiß nicht.«

»Wo wohnst du grade?«, fragte er so unvermittelt, dass ich nur »Bei meinen Eltern« sagen konnte, was ihn zu einem Grinsen veranlasste. »Cool, das liegt auf dem Weg, da kann ich dich mitnehmen. Dann bin ich morgen um acht bei dir, okay?« Er gab mir noch einen flüchtigen Kuss auf die Wange und lief los.

Ich stand da und versuchte, die Situation zu begreifen. Dann drehte ich mich um und rief laut »Bruno«, aber er war nicht mehr zu sehen. Mir wurde schwindelig, ich verließ das Hauptgebäude wieder, suchte mir eine Bank und saß dort fast eine Stunde. Ich registrierte nur am Rande, dass ich gerade zum ersten Mal eine Vorlesung schwänzte. Bruno würde morgen vor meiner Tür stehen, mich ins *underground* mitnehmen, zu Mike, zu Fix, zu den anderen Jungs. Ich spürte, wie Panik in mir aufkam.

»Kind, bist du heute Abend zum Essen da?«

»Nein, Mama. Ich geh noch weg.« Fast hätte ich ein »fürchte ich« angefügt, aber ich beherrschte mich.

Immer noch hoffte ich, dass Bruno unsere – bzw. *seine* – Verabredung vergessen würde. Oder dass ihm vielleicht nicht mehr einfiel, wo ich wohnte. Oder dass er auf der Fahrt zu mir einen Motorschaden haben würde. Als acht Uhr vorbei ging, schöpfte ich Hoffnung. Aber um zwanzig nach hörte ich die Hupe von seinem Passat. Alles wie immer, dachte ich. Ich stieg in sein Auto, er war völlig aus dem Häuschen.

»Hey, das ist echt toll, dass du mitkommst, ich freu mich total.«

»Na ja, eigentlich hab ich gar keine große Lust auf die Party.«

»Ach komm, das wird klasse.« Scheinbar hatte Bruno in den letzten Jahren nichts von seinem unerschütterlichen Optimismus eingebüßt. »Aber jetzt sag mal, wie war es in Spanien? Hast du Musik gemacht?«

Ich berichtete ihm, was ich konnte und wollte. Zum Glück war er so aufgeregt, dass er kaum zuhörte.

»Amigo und ich sind jetzt auch bei einer neuen Band, ich glaube, das wird 'ne ganz große Sache. Vielleicht spielen wir heute Abend auch, also«, er grinste verlegen, »ich natürlich nicht aber ... hast du schon mal was von uns gehört? *Zigg*?«

Bruno umgab sich also immer noch mit Musikern und bezeichnete sich selbst als Bandmitglied. Wir hatten es damals akzeptiert, weil er einfach zu unserer Clique gehörte, aber ich konnte mir nicht vorstellen, dass das mit anderen Leuten lange gut gehen würde.

»*Zigg*? Wie ›Zeit‹? Nee, nie gehört. Was ist das für'n Name?«

»Der ist von Frank, der hat die Band gegründet. Wir singen auf Kölsch.«

Ich dachte, ich hör nicht richtig. »Kölsch? Macht ihr einen auf Karneval oder was?«

»Im Gegenteil, Frank schreibt total politische Texte, und der Gag ist eben, nicht Englisch zu singen, weil das eh keiner versteht.«

»Oh Mann, Kölsch verstehen ja wohl noch weniger Leute!«

»Ja, aber es ist eben die eigene Sprache. Eigenes Kulturgut, sagt Frank. Find ich echt gut.«

Frank schien der neue Held zu sein. Ich bekam Lust, diesen Typ kennenzulernen. Und ich merkte, wie sehr mir das alles gefehlt hatte. Ich tat cool und gelassen, aber ich konnte es kaum erwarten, von Bruno noch mehr Neuigkeiten zu erfahren. Er erzählte, dass Mike und Fix immer noch zusammen spielten, sie hatten Andi dazugeholt, aber keinerlei Interesse mehr an Plattenverträgen oder ähnlichem. Sie nannten sich jetzt nur noch *crows*. Die Trauer traf mich wie ein kurzer, heißer Stich. Aber irgendwie beruhigte es mich, dass die Jungs nicht einfach alles beim Alten gelassen hatten.

Als wir im *underground* ankamen, hatte Bruno tatsächlich erreicht, dass meine Neugier stärker war als meine Angst. Ich sah etliche bekannte Gesichter, tauschte kurze Grüße und etwas längere Gespräche aus, und irgendwann sah ich die zwei, vor deren Begegnung ich mich am meisten gefürchtet hatte.

»Hey, Mike, Fix, schaut mal, wen ich mitgebracht habe«, rief Bruno. Er hatte ihnen anscheinend nichts erzählt, und die Überraschung war ihm wirklich geglückt. Wir starrten uns eine ganze Weile nur an, Mike reagierte als erster: »Tina, oh Mann, das ...«

Es verschlug ihm die Sprache. Er kam auf mich zu und umarmte mich lange, ich hatte sofort Tränen in den Augen. Er hatte jahrelang zu meiner Familie gehört, er hatte mit Ratzes Tod genauso zu kämpfen gehabt wie ich, aber ich war einfach abgehauen, hatte ihn und alle anderen alleingelassen, sodass sie gleich zwei Freunde verloren hatten. Ein Gefühl von Schuld überwältigte mich – und endlose Freude, wieder zu Hause zu sein.

Nachdem Fix und ich uns begrüßt hatten, versuchten wir uns zumindest oberflächlich auf den neusten Stand zu bringen. Ich erzählte kurz von Spanien, kürzer von London und vom Studium, Mike und Fix berichteten von ihren altbekannten Jobs und ihrer neuen Wohnung. Fix gab eine Runde Zigaretten aus und ich fand die Vertrautheit dieser Situation fast absurd. Wir standen im *underground* auf einer Party, so wie wir hunderte Male im *underground* gestanden hatten. Nur die Leute um uns herum hatten sich verändert. »Sagt mal, ist das Bine da vorne?«

»Ja«, antworte mir Fix, »sie macht seit zwei Jahren einen auf Gruftie, ist ziemlich schräg draufgekommen, pfeift sich allen möglichen Scheiß rein.«

»So was passiert manchmal.« Mike blickte mich nachdenklich an, ich sagte: »Hey, das ist vorbei, okay?«

»Was ist vorbei?«, wollte Fix wissen.

»Die scheiß Zeiten.«

»Klar sind die vorbei. Du bist ja wieder zu Hause.«

Ja, das war ich. Aber erst seit einer Stunde. Ich war endlich wieder da, wo ich hingehörte und wo mein Herz war. Ich wollte etwas sagen, aber Bruno kam in diesem Moment vorbei. »Hey, ihr müsst unbedingt nach vorne kommen, wir spielen jetzt.«

Natürlich taten wir ihm den Gefallen. Unterwegs interviewte ich Mike: »Also, Bruno macht immer noch den Hiwi, oder?«

»Klar. Aber bei uns ist es ihm zu langweilig geworden. Ich meine, wir proben auch nur noch drei, vier Mal im Monat. Als Amigo dann erzählte, dass er mit Frank eine neue Band gegründet hat, ist Bruno sofort mitgegangen.«

»Und die singen wirklich auf Kölsch?« Ich konnte es immer noch nicht fassen.

Fix grinste. »Yep. *Zigg* ist die Abkürzung für ›Ziemlich intelligentes Gegröle‹, nicht gewusst?«

»Komm«, beschwichtigte Mike, »so schlecht sind die gar nicht. Schau, da ist Frank.«

Er zeigte auf einen vielleicht sechsundzwanzig- oder siebenundzwanzigjährigen Typen in Jeans und rotem Hemd, der wirklich nicht schlecht aussah, aber auch etwas Arrogantes an sich hatte. Ich betrachtete die anderen Leute auf der Bühne genauer. Den Schlagzeuger kannte ich, er hieß Lenny und war auf meiner Schule gewesen. Ich grüßte Amigo, der vor seinem Keyboard stand, lächelte dem Bassisten kurz zu und blieb natürlich beim Gitarristen hängen. Er hatte einen Lockenkopf, trug eine Lederhose und war mir wesentlich sympathischer als dieser Frank.

Der ging gerade ans Mikrophon. »Hallo Leute, schön, dass ihr da seid. Bevor wir anfangen, wollen wir erst mal demjenigen danken, der diese Party organisiert hat. Ein Hoch auf Holger!« Alle klatschten, Holger kam kurz auf die Bühne und Frank stimmte tatsächlich »Happy birthday« an.

»Oh Mann, was ist das denn«, rief ich.

»Tja«, antwortete Mike, »der Typ weiß, wie man eine Show abzieht. Was glaubst du, warum die jetzt schon mit den großen Labels verhandeln.«

»Na, wenn die wirklich die Kohle für Geburtstagsständchen bezahlen wollen.« Wir lachten alle drei. Und es tat richtig gut.

Dann fingen *Zigg* endlich an, Musik zu machen, und auch wenn ich den Sound im Grunde nicht schlecht fand, hatten sie längst keine Chance mehr bei mir. Fix äffte das Kölsch von Frank nach, das in unseren Ohren nur überzogen klang.

»Im Ernst, kennst du irgendjemand, der so spricht?«

»Ja«, sagte er, »mein Großvater, wenn er besoffen ist. Und weißt du, was das Schlimmste ist? Die haben den großen Proberaum in der *Fabrik* gemietet, das heißt, wir müssen das ab jetzt ständig ertragen.«

»Oh, könnt ihr mal ruhig sein?«, fragte Mike. »Hört euch lieber mal Duke an, der spielt verdammt gut.«

Mike schaute auf den Gitarristen. Duke also. Und er hatte recht, er war wirklich gut. Aber leider machte ein halbwegs guter Gitarrist noch keine gute Band aus. Und so lautete Fix' zusammenfassendes Urteil nach dem Auftritt: »Also, wenn die so weitermachen, kauft denen mit Sicherheit keiner 'ne Platte ab.«

»Du vergisst«, konterte Mike, »dass sie schon zwei draußen haben.«

»Und? Kennst du jemand, der sie hat?«

»Nö.«

Wie hatte ich diese Diskussionen vermisst!

Natürlich entdeckte Holger mich irgendwann und er freute sich unglaublich, mich wiederzusehen. Wir unterhielten uns kurz, dann musste er weiter zu seinen anderen Gästen. »Wir sehen uns noch, oder?«, rief er mir zu.

»Logisch«, antwortete ich. Was denn auch sonst.

Bruno, der sich selber zum Cheforganisator der Party erkoren hatte, war ständig unterwegs. Nach dem Auftritt der nächsten Band, einer Gruppe von Fünfzehn- und Sechzehnjährigen, die mich schwer an unsere erste Zeit erinnerten, kam er kurz bei uns vorbei. »Hey, wie sieht's aus, habt ihr Lust zu spielen?«

»Keine Ahnung, hast du Andi irgendwo gesehen?«

»Ja, der steht vorne an der Bar. Ich glaube, der würde mitmachen.«

Mike und Fix schauten sich an. »Also dann«, sagte Mike. Bruno zögerte. »Was ist mit dir, Tina?«

Sie schauten mich an, alle drei. »Hey, vergesst das. Ich hab seit Ewigkeiten nicht mehr gespielt«, rief ich mit abwehrend erhobenen Händen.

»Die alten Sachen haben wir auch lang nicht mehr gemacht. Wäre aber schon klasse.«

»Hört auf! Ich kann nicht.«

Plötzlich sagte Fix: »Verrückt, oder? Hier ist der Ort, wo alles angefangen hat. Unser erster größerer Auftritt. Wisst ihr noch, Holger war total begeistert, er ist noch hinter die Bühne gekommen.« Er zögerte, als er den Schmerz in meinem Gesicht sah. »Okay, tut mir leid. Vergessen wir das.«

»Nein, warte.« Wieder hatte ich ihre Blicke auf mir. Und ich war erstaunt über meine eigene Reaktion. Ich dachte an den Abend, an dem ich zum ersten Mal auf dieser Bühne gestanden hatte. An Ratze, der mich stolz anlächelte. An Holger, der anerkennend nickte. Und mir wurde klar, dass all die guten Vorsätze, die ich aus England mitgebracht hatte, völlig unsinnig waren. Ich wollte Musik machen. Und ich wollte mit Musikern zusammen sein. Wie hatte ich das nur so lange ignorieren können? Hier, im *underground*, hatte ich zum ersten Mal wieder wirklich gute Gespräche geführt und mich wohlgefühlt. Mich als das gefühlt, was ich wirklich war. Und auch wenn die Erinnerungen hier, wo sie lebendig waren, viel stärker schmerzten als anderswo, war es doch der einzige Weg, um mit ihnen klarzukommen. Hatte Liam nicht so etwas Ähnliches gesagt? Zum ersten Mal wurde mir bewusst, dass ich es ihm zu verdanken hatte, dass ich jetzt hier war und nicht irgendwo in London in der Gosse hing. Was waren doch gleich seine Abschiedsworte gewesen? »In einer erfolgreichen Band in Cologne, Germany.« Meinetwegen!

Ich rief: »Lasst uns spielen« und schaute die drei auffordernd an. Bruno besorgte mir eine Gitarre und ich stand nach sechs Monaten Abstinenz endlich wieder auf einer Bühne. Mit fast genau den Leuten, mit denen einmal alles angefangen hatte.

Fix gab den Takt vor und wir legten los. Fast so wir immer. Natürlich spielte Andi anders als Ratze und ich musste mich erst daran gewöhnen. Wir spielten »Fire«, »One after you«, »Strange Days« und etliche andere Sachen. Zum Abschluss, wie früher, »Gloria« von Patti Smith. Als wir von der Bühne gingen, kam Holger und umarmte mich. Ich hätte ihm das größte Geschenk gemacht, sagte er, und eine noch größere Freude wäre es für ihn, wenn wir wieder richtig zusammen spielen würden.

»Mal schauen«, sagten Mike, Fix und ich gleichzeitig. Und brachen ebenso gleichzeitig in Gelächter aus.

Nach diesem Abend im *underground*, nach Holgers Geburtstagsparty, änderte sich alles. Es kam mir so vor, als erwachte ich aus einem Winterschlaf, von dem ich nicht genau sagen konnte, ob er schon nach Ratzes Tod begonnen hatte oder erst mit meiner Rückkehr nach Köln. Ich hatte wirklich keinen Bedarf mehr nach den Exzessen, die ich in England durchgemacht hatte, aber ich hatte in dieser Zeit wenigstens gelebt, hatte mich gespürt, war an die Grenzen gegangen und war mir – rückblickend – wesentlich näher gewesen als in den letzten Monaten in Köln. Auf einmal gingen mir die Uni und die Leute, die ich dort traf, nur noch auf die Nerven. Durch Bruno lernte ich immerhin die Leute vom Studentenausschuss kennen, die ähnlich drauf waren wie wir und mich davon überzeugten, das ganze Studium nicht sofort zu schmeißen.

Die Zahl der Vorlesungen, die ich schwänzte, steigerte sich während der folgenden Semester enorm, im Grunde hatte ich endlich begriffen, was studieren heißt. Meine Freizeit verbrachte ich fast ausschließlich mit Mike, Fix und den anderen Leuten von damals, wir gingen dorthin, wo wir immer gewesen waren, ins *underground*, ins *Pub*, natürlich in den Südpark, ich weiß nicht wie oft in diesem Sommer. Es ging nicht darum, so zu tun, als wäre alles wie früher, wir wussten ganz genau, dass wir die alten Zeiten nicht mehr zurückholen konnten, und das nicht nur, weil Ratze nicht mehr bei uns war. Ich denke, wir wollten uns vor allem beweisen, dass das, was wir uns während dieser vielen Jahre aufgebaut hatten, nicht verloren war und uns auch von niemandem genommen werden konnte.

Obwohl ich ständig an Ratze dachte, wenn ich mit Mike und Fix zusammen war, redete ich nicht über ihn, und die Jungs akzeptierten das. An diese Erinnerungen und Gefühle traute ich mich einfach noch nicht heran. Mit der Zeit berichtete ich ihnen allerdings über meine Erlebnisse in Spanien und England, zumindest von der Musik, und immerhin von den Drogen. Die Männergeschichten behielt ich weitgehend für mich, weil ich mich für die meisten inzwischen endlos schämte.

Mike wurde bleich, als ich ihm und Fix von meinem letzten Auftritt im *Clusters* erzählte. »Du verarscht uns, oder? Du warst mit Spike auf einer Bühne und hast ihn nicht erkannt?«

»Als ich mit ihm gespielt habe, schon. Aber davor ... Es war nicht wichtig.«

Er schüttelte nur den Kopf, Fix sagte trocken zu ihm: »Tja, Mike, wir haben es doch immer gesagt, diese Frau macht irgendwann große Karriere. Wenn sie schon mal eben mit Spike einen trinken geht ... Aber ehrlich, Tina, ein Autogramm hättest du Mike ja wenigstens mitbringen können.«

Natürlich war ich auch bei der nächsten Gelegenheit mit im Proberaum. Mike, Fix und Andi spielten mir die Lieder vor, die sie in den letzten zwei Jahren geschrieben hatten, und sie gefielen mir wirklich gut. Meine Achtung vor Andi stieg ins Grenzenlose.

Er musste sich permanent anhören, was Ratze anders oder besser gemacht hatte, trotzdem blieb er bei seinem eigenen Stil und konterte auf Anfragen: »Leute, ich bin nicht Ratze, aber ich denke, ich habe eine Menge drauf, und ich denke, dass auch wir richtig gute Musik machen.« Und damit hatte er absolut Recht.

Weil ich die Jungs ständig drängte, trafen wir uns wieder zwei, drei Mal in der Woche. Ich spielte ihnen vor, was ich aus Spanien und England mitgebracht hatte, sie waren so begeistert, dass wir eine komplett neue, mit einem spanischen Flamenco-Rhythmus untermalte Version von »One after you« einspielten. Dass ich auch wieder anfing zu singen, verstand sich von selbst.

In Holgers *Fabrik* hatte sich in den paar Jahren nicht allzu viel verändert. *Zigg* hatten den großen und für unsere damaligen Verhältnisse unbezahlbaren Proberaum gemietet, einige von den alten Bands hatten sich aufgelöst, dafür waren neue gekommen. Kids, die wie wir damals zum ersten Mal etwas zusammen machten, aber auch – das war neu – eine Gruppe von circa vierzigjährigen Typen, die versuchten, sich ihren Jugendtraum zu erfüllen. Sie spielten Soul, und das wirklich nicht schlecht.

Es war etwa drei Wochen nach der Party, als Mike grinsend zur Probe kam. »Hey, Leute, Holger hat mich gestern gefragt, ob wir am Samstag bei ihm spielen.«

»Hat sein Topact abgesagt oder was?«, fragte Fix.

»Nö. Du weißt doch, er hat manchmal seine sentimentalen Phasen.«

»Und? Machen wir, oder?«, fragte ich. Ich gierte danach, wieder live zu spielen. Zum Glück musste ich nicht allzu sehr drängen.

Fix bestand darauf, »One after you« in der neuen Version zu spielen, ich hatte keine Einwände, alles klappte hervorragend und wir hatten einen wirklich guten Abend. Bruno und Amigo waren da, auch die anderen der *Zigg*-Gang, wie wir sie nannten. Natürlich hatten wir uns immer wieder in der *Fabrik* getroffen, ein kurzer Gruß, ein paar belanglose Worte, viel mehr war bisher aber nicht gewesen.

Später am Abend traf ich Duke und Jess, den Bassisten, an der Bar. Jess übernahm die Konversation. »Hi, du bist Tina, oder? Ich bin der Jess. Ich glaube, wir haben uns schon öfter gesehen.«

»Ja, hier und in der *Fabrik*. Ihr habt bei Holgers Geburtstag echt gute Stimmung gemacht.« Ich war nicht auf Streit aus, und obwohl ich Jess damals kaum wahrgenommen hatte, hatte ich immer noch Mikes Aussage »So schlecht sind die gar nicht« im Ohr.

Duke schaltete sich ein. »Wie lange spielst du schon Flamenco?«

»Eine ganze Weile. Hab ich bei meinem Onkel gelernt.«

»Klang ziemlich professionell.«

Ich grinste nur. Oh ja, es tat gut!

Jess sagte: »Frank bastelt grade an ein paar Liedern mit so einem Rhythmus. Aber Duke kriegt das nicht halb so gut hin wie du.«

Dukes Blick in diesem Moment kam durchaus einem Mordanschlag gleich. Aber Jess ließ sich nicht beeindrucken. »Vielleicht kannst du ihm ja was beibringen.«

Es war ein Scherz und ich ging drauf ein. »Weiß nicht, das liegt bestimmt daran, dass ich zur Hälfte Spanierin bin. Die haben das im Blut.«

»Okay, Duke, dann müssen wir dich auch nach Spanien schicken. Aber sag mal, können die da unten auch alle so singen wie du? Patti Smith ist doch Amerikanerin, oder?«

Ich grinste wieder. Es tat *schrecklich* gut.

Jess war mir auf Anhieb sympathisch. Und Duke ... Er schien ganz nett zu sein, wirkte aber sehr verschlossen. Ich kam nicht an ihn heran. Hätte ich früher verstanden, was für eine Konkurrenz mein Auftauchen für ihn bedeutete, wäre vieles vielleicht anders gelaufen. Aber zu diesem Zeitpunkt war er mir im Grunde völlig egal, ich dachte nicht einen Moment daran, dass wir mehr miteinander zutun haben würden.

Das änderte sich genau fünf Tage später. Wir waren in der *Fabrik*, hatten den ganzen Abend Session und viel Blödsinn gemacht, Mike und ich tranken noch ein Bier, als es klopfte.

»Stör ich?«, fragte Jess.

»Nein, gar nicht, komm rein.«

»Ich wollte nur fragen ... Tina, hast du einen Moment Zeit?«

»Ja, wieso?«

Er schaute zu Mike, war unsicher, hatte wohl gehofft, dass ich alleine wäre. »Könntest du mal kurz mit rüberkommen? Wir haben da ein kleines Problem, vielleicht kannst du uns helfen.«

Ich schaute auch zu Mike, er zuckte mit den Schultern und sagte nur: »Ich räum schon mal auf.«

»Okay, bin gleich wieder da.«

Das »kleine Problem«, das *Zigg* an diesem Abend hatte, hieß »Nur für Dich«, ein Song, den Frank aus dem Urlaub mit seiner Freundin mitgebracht hatte, und der seiner Meinung nach dringend etwas südländisches Flair brauchte. Am liebsten in Form meiner Flamencogitarre. Und nicht nur das. Sie erklärten mir, dass einige der neuen Lieder eine weibliche Gesangsstimme sehr gut vertragen würden. Außerdem sei Frank es leid, die zweite Gitarre zu spielen. Nachdem sie mir das alles erläutert hatten, fragte Jess mich rundheraus: »Willst du bei uns einsteigen?«

Ich war vollkommen überwältigt von der Achtung und dem Respekt, den sie mir entgegenbrachten. Natürlich fielen mir all die Dinge ein, die mich an dieser Band störten. Aber eigentlich waren sie doch gar nicht so schlecht. Auch Frank war gar nicht so arrogant. Vor allem waren sie eine Band, die eine für mich neue Musik machte. Mit den *crows* würde ich nicht mehr weit kommen, soviel war klar. Und da ich mich nun mal entschlossen hatte, die Musik nicht aufzugeben ... Irgendwie schien alles zu passen. Ich sagte noch nicht zu, versprach aber, am nächsten Abend wieder vorbeizuschauen.

Es war nach eins, als ich wieder in unseren Proberaum kam, aber Mike war noch da.

»Und?«, fragte er.

»Sie wollen, dass ich bei ihnen mitmache.«

Er war nicht im Mindesten erstaunt. »Du hast hoffentlich ›ja‹ gesagt?«

»Noch habe ich gar nichts gesagt. Ich muss mir das erst mal durch den Kopf gehen lassen.«

Mike fasste mich an den Schultern und sah mir ins Gesicht. »Hey, Kleine, das ist deine Chance! Du bist viel zu gut, um hier mit uns zu versauern. Du musst auf die Bühne. Mach es!«

VI

Drei Monate später hatte dieses »Mach es!« mein Leben mal wieder grundlegend verändert. *Zigg* hatte ein neues Album veröffentlicht und ich hatte darauf mitgewirkt, es war die zweite Platte meiner Karriere. Sie hieß »Ropp un raff« und verkaufte sich, ganz im Gegensatz zu »urban crows« ziemlich gut. Ich war ein offiziell und intern anerkanntes Mitglied von *Zigg* und es erstaunt mich bis heute, wie schnell das damals alles ging. Ich denke, es lag vor allem daran, dass sich die Band bis zu diesem Zeitpunkt fast nur an *den* Orten bewegt hatte, an denen auch ich zu Hause und bekannt war. Bei den ersten Konzerten, die *Zigg* außerhalb eines Fünfzig-Kilometer-Radius von Köln gab, war ich bereits dabei, und da diese Leute kein »Vorher« kannten, hinterfragten sie es auch nicht.

Um noch näher am Bandgeschehen dran zu sein und um dem Genörgel meiner Eltern zu entgehen, die überhaupt nicht mit meinem erneuten Lebenswandel einverstanden waren, zog ich im August in die WG von Frank, Duke und Amigo. Frank nahm mich sofort unter seine Fittiche. Er brachte mir eine ganze Menge Gesangstechnik bei und betonte immer wieder, dass ich nur dann wirklich gut werden würde, wenn ich regelmäßig übte. Ich tat ihm den Gefallen, obwohl ich es für ziemlich überflüssig hielt. Außerdem schleppte er mich zu den meisten offiziellen Terminen mit, die wir damals hatten – ein paar Interviews und die Vertragsverhandlungen bei der Plattenfirma. Mit Sicherheit war es vor allem seinem Engagement zu verdanken, dass alle anderen mich so schnell in der Band akzeptierten, und ich bin sehr froh darüber, dass ich damals noch dachte, er würde es für mich tun. Ein kleines bisschen war ich sogar in ihn verliebt, was ihm vor allem schmeichelte, obwohl ich versuchte, es geheim zu halten. Irgendwie ahnte ich damals schon, dass daraus nichts werden würde.

Wer mit dem Thema Verliebtsein viel offensiver umging als ich, war Amigo. Schon vor meinem Umzug machte er mir deutlich den Hof, als wir dann zusammen wohnten, wurde es stellenweise fast unerträglich. Ich erklärte ihm, freundlich, bemüht aber doch bestimmt, dass ich seine Gefühle nicht teilte, aber er versuchte es immer wieder, fest davon überzeugt, dass ich seinem Charme irgendwann erliegen würde. Nach den ersten vier Wochen in der WG überlegte ich deswegen ernsthaft, ob ich mich nicht doch lieber bei Mike und Fix einquartieren sollte. Aber Frank bekniete mich zu bleiben und sprach ein paar »ernste Worte« mit Amigo. Danach wurde es eine Zeit lang besser, vor allem, als Jess noch zu uns kam, der eine Menge Ruhe mitbrachte.

Mike und Fix blieben enge Freunde. Mike war in dieser Zeit selber schwer verliebt in eine Frau namens Lisa, die er im *Pub* kennengelernt hatte und die gerade ihre Magisterarbeit schrieb und eine Erfolg versprechende Karriere als Journalistin anstrebte, was sie augenscheinlich viel mehr beschäftigte als die neue Beziehung. Ich weiß nicht, wie oft Mike in dieser Zeit bei mir war und mich um meinen Rat als Frau bat. Gerade mich ...

Fix war unzufrieden mit seinem Job und schrieb sich in einen Abendkurs ein, um das Abi nachzumachen. Wir paukten regelmäßig Englisch. Er hatte, als er von meinem Wechsel zu *Zigg* hörte, zunächst ziemlich sauer reagiert, er konnte sie nun mal nicht leiden und es passte ihm gar nicht, dass ich plötzlich zu »denen« gehören sollte. Aber nachdem wir ihm alle guten Argumente erläutert und er sich irgendwann auch angehört hatte, welche Musik *Zigg* tatsächlich machte, beruhigte er sich. Sein lapidares Fazit war: »Ich bin ja nur mal gespannt, ob du dann auch wie meine besoffene Großmutter klingst, wenn du diesen Slang drauf hast.«

Ach, eigentlich war alles prima. Ich konnte Musik machen und fand inzwischen sogar die Sache mit dem »Kölsch« ganz gut, schließlich *war* es unser Slang, zumindest beinahe. Ich hatte mit meiner Musik Erfolg, bekam Anerkennung, hatte viele liebe Leute um mich herum und musste mir keine Gedanken ums Geld machen. Selbst das mit Amigo schien sich zu entspannen. Und trotzdem. Irgendetwas war da, das ich nicht fassen konnte, das mich aber doch immer wieder dazu brachte, mich schlecht und unzufrieden zu fühlen. Irgendetwas ganz tief drinnen, an einem Ort, von dem ich nichts mehr wissen wollte. Ich ahnte, dass Ratze dort war. Und seltsamerweise passierte es häufig, wenn ich in der Küche meiner neuen WG saß und trübe Gedanken mich zu überfallen drohten, dass mein Blick zu der gegenüber liegenden Zimmertür wanderte. Hinter dieser Tür wohnte Duke.

An der Beziehung zwischen ihm und mir hatte sich seit unserer ersten Begegnung im Grunde nichts geändert. Wir kamen nicht aneinander heran und bemühten uns auch nicht darum. Irgendwie hatte ich schon verstanden, dass ihn die Flamenco-Geschichte gekränkt hatte. Aber schließlich hatte ich keinerlei Ambitionen, ihm seinen Platz als Leadgitarrist streitig zu machen, und bis auf ein paar Refrainbegleitungen hatte er nie etwas mit Gesang am Hut gehabt. Es war also nicht etwa so, dass wir uns gegenseitig die Arbeit wegnahmen, im Gegenteil, musikalisch ergänzten wir uns verdammt gut, wie ich bei den Auftritten immer wieder feststellte. Im Proberaum gab es öfter Momente, wo wir, einvernehmlich über die Gitarren gebeugt, an unseren Liedern bastelten. Ich hatte den Eindruck, dass es ihm richtig gut tat, jemanden in der Band zu haben, für den Gitarre spielen nicht nur lästig war. Trotzdem herrschte, sobald wir den Proberaum verließen, der gewohnte distanzierte Ton vor.

Hinzu kam, dass Duke zu dieser Zeit genug eigene Probleme hatte. Zwischen ihm und seiner Freundin Sandy kriselte es seit Monaten, die anderen, so erzählte mir Jess, konnten kaum verstehen, wieso sie überhaupt noch ein Paar waren. Ich für meinen Teil verstand schon nicht, wie sie jemals zusammenkommen konnten. Sie war groß, schlank, hatte rotblonde, lange Haare, schminkte sich, trug enge Klamotten und hochhackige Schuhe und spielte mit ihren weiblichen Attributen auf eine Art und Weise, die mir vollkommen fremd war. Ich hatte die meiste Zeit meines Lebens mit Jungs verbracht, wollte früher oft genug selber einer sein, und hatte mich in Jeans und schweren Schuhen immer wohler gefühlt als in Kleidern oder Pumps. Sie arbeitete in einer Boutique und ich verstand nicht, wieso sie diesen Job so toll fand, verstand nicht, wieso sie so viel Wert auf Äußerlichkeiten legte, und verstand vor allem nicht, was sie bei uns zu suchen hatte. Wir standen vom ersten Tag an miteinander auf Kriegsfuß. Dass diese Situation nicht gerade zu einem besseren Verhältnis zwischen mir und Duke führte, war klar.

Im Oktober gingen wir zum allerersten Mal in unserer neuen Besetzung auf Tour, zumindest bezeichneten wir es damals so, wir hatten insgesamt knapp zwanzig Auftritte, von denen die meisten in kleineren Szeneläden in und um Köln herum stattfanden. Wir fuhren abends hin und nachts wieder zurück. Aber es gab auch Konzerte in Mainz, Heidelberg, Frankfurt und Hannover, und diese vier Tage hatten tatsächlich etwas von einer »Tour«. Wir waren mit zwei Bussen unterwegs, dem alten, klapprigen VW von Lenny und dem etwas weniger klapprigen Mercedes von Amigo, übernachteten in Hotels und feierten jede Nacht eine Party. Frank und Lenny waren schrecklich aufgeregt, was zu einigen peinlichen Pannen führte. Frank vergaß beispielsweise seinen Text und blickte mich hilfesuchend an, bis ich einsprang. Oder Lenny konnte den Rhythmus nicht halten, wir versuchten, auf ihn einzugehen und so wurde der Song wahlweise viel zu schnell oder zu langsam. Aber die Leute verziehen es uns und wir hatten trotzdem eine Menge Spaß.

Nach dem Auftritt in Heidelberg erwischte ich Duke, als er gerade aus der Telefonzelle des Hotels kam. Er sah schrecklich aus. Ich fragte: »Alles in Ordnung?«

Er war überrascht ob meines Interesses, zögerte kurz, musste es aber dann doch loswerden. »Geht so. Sandy ist sauer, weil wir sie nicht mitgenommen haben.«

»Ich dachte, sie muss arbeiten?«

»Ja«, sagte er nur, als wäre das eine Erklärung.

Ich sah ihn an und hatte den Eindruck, zum ersten Mal hinter die Fassade des kühlen, professionellen Gitarristen zu blicken und tatsächlich Duke zu sehen. Ich fragte: »Und was machst du jetzt?«

»Hochgehen, was trinken ... Keine Ahnung.«

Ich fasste einen Entschluss. »Was hältst du davon, wenn ich uns ein, zwei Flaschen Wein besorge und mitkomme?« Daran war definitiv nichts zweideutiges, das wusste Duke auch, aber er war trotzdem verblüfft, so etwas von mir zu hören, und das nicht nur, weil ich mit ihm trinken wollte – bisher hatte ich mich in unserer WG damit eher zurückgehalten.

»Weiß nicht. Ich glaube, ich bin nicht so gesprächig heute.«

»Darum geht's doch gar nicht. Ich denk nur, dass es nicht besonders viel bringt, wenn du dich jetzt verkriechst und das Grübeln anfängst.«

»Na ja, du könntest mir vielleicht noch ein paar Sachen auf der Akustischen zeigen.«

Also verbrachten wir den Großteil der Nacht in Dukes Zimmer, Jess kam später dazu, wir spielten ein bisschen Gitarre, tranken Wein und unterhielten uns fast ausschließlich über Musik. Und das Eis zwischen Duke und mir, von dem wir beide nicht genau wussten, wie es eigentlich entstanden war, bekam kräftige Risse.

Zurück in Köln holte uns der Alltag wieder ein – und die täglichen Streitereien zwischen Duke und Sandy. Wir alle warteten auf das Finale. Wir ahnten, dass es bitter werden würde.

Kurz vor Weihnachten war es dann soweit. Ein Fest, das Duke bekanntermaßen hasste. Er hasste die Scheinheiligkeit, das Familiending und das ganze Gerede von Harmonie, Andacht und Liebe. Sandy wusste das mit Sicherheit auch, trotzdem begann sie, Pläne für Heiligabend zu schmieden.

Am achtzehnten Dezember saßen Frank und ich in meinem Zimmer und bastelten an »Hingerhoftheater«, einem Text von ihm, mit dem er noch nicht richtig zufrieden war. Zu dieser Zeit kam er mit solchen Sachen häufig zu mir, ich hatte ihm auch schon einige meiner alten Texte gezeigt, die ich inzwischen »kölsch-kompatibel« gemacht hatte. Meine Zimmertür war offen, deshalb konnten wir mit halbem Ohr das Gespräch verfolgen, das Duke und Sandy in der Küche führten.

»Ich hab mir gedacht, dass wir am Vierundzwanzigsten zu meinen Eltern gehen könnten, die freuen sich bestimmt.«

»Sandy, du weißt ganz genau, dass ich dieses Familiending nicht abkann. Lass uns meinetwegen hier was machen, aber ...«

»Schon wieder Videos glotzen? Das machst du doch eh ständig. Wie wär's denn, wenn wir zu *deinen* Eltern fahren?«

Selbst Frank schaute entsetzt hoch. Ich hätte wirklich gerne Dukes Blick in diesem Moment gesehen. Aber das war im Grunde nicht nötig, seine Stimme sagte alles: »Vergiss es. Das ist so ziemlich das Letzte, was ich tun werde.«

»Aber«, sie kapierte es einfach nicht, »das wäre doch eine prima Gelegenheit, dass ihr euch endlich mal zusammensetzen und über alles sprechen könnt. Vielleicht ...«

»Hör auf!« Das schrie er fast. Und dann, ein wenig ruhiger: »Lass einfach meine Familie aus dem Spiel, okay?«

Sie schwieg. Ich hatte den Eindruck, dass sie ein paar Mal die Nase hochzog, zumindest klang ihre Stimme kurz darauf ziemlich weinerlich. »Aber ich will doch nur, dass wir ein richtig schönes, gemütliches Fest feiern.«

Dukes Stimme war völlig klar und beherrscht. »Dann musst du dir dafür jemand anderen suchen.«

»Wie meinst du das?«

Und dann endlich brach es aus ihm heraus: »Ich habe keine Lust mehr Sandy. Du findest scheiße, was ich tue. Du findest die Leute scheiße, die ich mag. Du findest die Orte scheiße, an denen ich gerne bin. Du findest meine Musik scheiße«, das war wohl das Wesentliche, aber es war noch nicht alles, »und du verstehst nicht, wie wichtig sie mir ist. Du verstehst überhaupt nichts von mir. Ich habe keine Ahnung, was du hier eigentlich willst!«

Natürlich konterte sie, sehr schrill und sehr laut und nicht annähernd so beherrscht wie er: »Was ich hier will? Glaubst du, es ist ein Vergnügen, ständig hier zu sein? *Du* kriegst doch deinen Arsch nicht hoch, höchstens mal in den Proberaum oder in irgendwelche Läden, wo nur Freaks rumhängen. Ich hasse die *Fabrik*! Und ich hasse all diese Leute, weil sie dir viel wichtiger sind als ich und weil du in einer anderen Band längst viel erfolgreicher sein könntest. Ich hab gedacht, du würdest das irgendwann verstehen. Aber anscheinend«, rhetorische Pause, »habe ich mich geirrt.«

Sie stand auf, einen Moment später knallte die Wohnungstür. Frank und ich holten tief Luft und warteten. Es dauerte vielleicht zehn Minuten. Dann kam Duke den Flur entlang und steckte den Kopf durch meine Tür. Er sagte nur: »Kommt einer mit ins *Pub*?«

Ein Blick, Frank sagte: »Ist wohl besser, wenn jemand mitgeht.«

Ich nickte, und wir gingen beide. Duke sprach den ganzen Abend kein Wort, betrank sich nur gnadenlos. Irgendwann fuhren wir ihn nach Hause und Frank brachte ihn ins Bett, wo er, von einigen kurzen Ausnahmen abgesehen, die folgenden Tage auch blieb. Die Jungs versuchten ein paar Mal, ihn anzusprechen, scheiterten aber regelmäßig und ließen die Sache dann auf sich beruhen. Er würde schon wieder hochkommen, eine Trennung hat noch keinen umgebracht! Ich war mir da ehrlich gesagt nicht so sicher. Er hatte, sofern er nicht nachts den Kühlschrank plünderte (und danach sah es nicht aus) die ganze Zeit nichts gegessen, stattdessen aber eine stattliche Anzahl Weinflaschen in sein Zimmer geholt. Ich fing an, mir Sorgen zu machen und am Nachmittag des zweiundzwanzigsten Dezember beschloss ich, etwas zu tun.

Ich häufte einen Teller mit Essen voll und ging zu ihm ins Zimmer. Er saß auf seinem Bett, in den gleichen Klamotten wie all die Tage zuvor, hatte leise *Pink Floyd* laufen und die E-Gitarre auf dem Schoß, spielte aber nicht. Eine leere Weinflasche lehnte an seinem Schenkel. Es sah so aus, als hätte er sich seit Stunden nicht bewegt.

»Duke?«, fragte ich vorsichtig und setzte mich neben ihn.

Er blickte durch mich hindurch. Also musste ich resoluter werden. »Komm, du musst mal was essen«, sagte ich, und erstaunlicherweise nahm er die Gabel, betrachtete sie kurz, wie um zu überlegen, was man damit anfängt, und aß zwei oder drei Bissen. Dann schüttelte er langsam den Kopf, schaute zu mir und sagte: »Geht grade nicht.«

»Ist okay. Reicht für den Anfang.« Auch wenn ich mir wie eine Mischung aus Krankenschwester und Kindermädchen vorkam: Alles andere wäre in diesem Moment sinnlos gewesen. Ich stellte den Teller zur Seite und fragte ihn dann: »Brauchst du sonst noch was?«

Er lachte kurz und bitter auf. »Ne Menge.«

»Was zum Beispiel?«

Er blickte sich um und hielt dann die leere Flasche hoch. »Was zu trinken.«

Ich rechnete kurz nach und kam zu dem Schluss, dass er sich noch nicht in der Nähe einer Alkoholvergiftung bewegte. »Okay, ich hol dir eine. Rot?« Er nickte nur.

Als ich zurückkam, trank er einen Schluck, bot mir die Flasche an, ich lehnte nicht ab. Nach einer Weile schaute er auf seine Gitarre und sagte leise: »Ich habe gerade versucht, das Intro von ›Shine on you crazy diamond‹ zu spielen. Ich hab's nicht hingekriegt, mir ist kein einziger Griff eingefallen. Hast du das drauf?«

»Halbwegs.«

Er wollte mir seine Gitarre geben. »Spielst du's?«

»Was hältst du davon, wenn ich meine hole und wir zusammen spielen?«

»Okay.«

Und so begann das, was mit der Zeit zur Gewohnheit zwischen uns werden sollte: Wenn Reden nicht ging, dann machten wir zusammen Musik. Es dauerte nur ein paar Takte, bis er einsetzte, natürlich hatte er es nicht vergessen, er brauchte nur einen Anstoß. Wir spielten *Pink Floyd* rauf und runter und ich sang dazu. Er begann mit »Wish you were here«, ein kritischer Blick von mir: Brauchst du das jetzt wirklich?

»Komm, mach!«, sagte er resolut.

Es zog ihm das Herz zusammen, als er mich singen hörte, aber er weinte nicht. Dazu war alles noch zu nah. Und wir uns vielleicht auch noch zu fremd.

Am nächsten Morgen kam er um zehn aus seinem Zimmer und setzte sich zu Jess und mir an den Küchentisch. Er trank einen Kaffee und fragte irgendwann: »Proben wir heute?«

Jess sagte: »Hm, weiß nicht, Frank ist schon zu Nina gefahren und Amigo und Lenny sind wahrscheinlich bei ihren Eltern.«

»Hm. Dann haben wir Bass, Gitarre und Gesang, wenn du zwischendurch Schlagzeug spielst, Jess, reicht das doch.«

Jess war das Multitalent unserer Band. Es gab – interessanterweise mit Ausnahme der Gitarre – kein Instrument, das er nicht mehr oder weniger gut beherrschte. Musik war für ihn nicht Leidenschaft wie für Duke und mich, sondern eine Art Beschäftigungstherapie. Er hatte einfach ungeheuren Spaß daran, immer wieder Neues auszuprobieren, und für eine Session war er immer zu haben.

»Wegen mir. Aber dann recht bald, ich will heut Abend noch zur Ines.«

»Okay, ich brauch nur vorher eine Dusche.«

In dem Moment klingelte das Telefon. Jess ging dran, hörte zu, sagte: »Warte mal« und wandte sich dann an Duke: »Das ist Sandy. Sie will morgen Mittag ihre Sachen holen. Ist das okay?«

Er zuckte mit den Schultern. »Meinetwegen.«

Na prima, dachte ich, da hast du dir ja wirklich den besten Zeitpunkt ausgesucht. Während Duke im Bad war, rief ich meine Mutter an und machte ihr klar, dass ich zum Heiligabend nur auf eine Stippvisite vorbeikommen würde. Unter diesen Umständen wollte ich Duke wirklich nicht alleine lassen. Natürlich war sie sauer, aber ich konnte das Gespräch zügig beenden.

Abends fragte ich Duke, ob ich die Sache mit Sandy übernehmen sollte, er schien erleichtert und fragte nach einer Weile: »Warum machst du das eigentlich alles?«

So genau wusste ich das selber nicht. »Keine Ahnung. Vielleicht, weil ich was gut zu machen habe.« Da er mich offensichtlich nicht verstand, ergänzte ich: »Na ja, das lief ja schon ziemlich schräg, als ich bei euch eingestiegen bin. Ich habe das Gefühl, dass ich dich völlig überfahren habe, auch mit meinen Sprüchen, als wir uns zum ersten Mal getroffen haben.«

»*Diese* Geschichte«, er lächelte, »ja, ich hab dich damals für 'ne ziemlich arrogante Zicke gehalten.«

»Bin ich auch manchmal.«

Wir lächelten beide. Das Eis war weg. Es war einfach nur warm, und obwohl ich nicht dieses Prickeln und diese Spannung spürte wie in Gegenwart manch anderer Männer, genoss ich es sehr. Ihm wurde es, glaube ich, zu viel, deswegen fragte er: »Und was machst du nach dem Essen mit deinen Eltern?«

»Also, traditionsgemäß müsste man ins *Pub* gehen. Wir haben uns dort früher immer alle getroffen. Ich war auch nicht mehr da, seit ... Schon lange nicht mehr. Wenn du Lust hast, hol ich dich ab, wenn ich bei meinen Eltern durch bin. Dann können wir zusammen hin.«

Sandy kam am nächsten Tag gegen drei, einen blonden Schönling im Schlepptau, der ein paar leere Kisten trug. Duke verzog sich in die Küche und Sandy schritt zur Tat. Sie packte in erster Linie Klamotten, ein paar Bücher, Kissen und Stofftiere ein. Außerdem den Radiowecker und den Walkman, was ich bereits übertrieben fand. Als sie sich dann auch noch den Videorekorder schnappte, protestierte ich kurz. »Ich dachte, du hasst Videos.«

»Na und? Ich hab ihn schließlich bezahlt.«

Der junge Mann trug bereitwillig alle Kisten ins Auto hinunter. Als er nach einer halben Stunde fertig war, sagte sie mit äußerst zufriedenem Gesichtsausdruck zu mir: »So, das wär's. Und wo ist Duke jetzt? In der Küche?«

Ich stellte mich ihr in den Weg. »Er will dich nicht sehen, Sandy.«

Ihr Blick war Eis. Sie betrachtete mich von oben bis unten und sagte dann: »Bist du jetzt sein neues Kindermädchen, oder was?«

»Nein. Nur eine gute Freundin.«

»Aha, na dann viel Spaß. Karsten, kommst du?«

Endlich war sie weg. Ich setzte mich zu Duke an den Tisch, minutenlanges Schweigen, bis er irgendwann meinte: »Schau mich nicht so an, okay? Ich werd jetzt nicht zusammenklappen, falls du darauf wartest.«

»Na, Grund genug hättest du ja. Mann, ist die abgegangen!«

Ich musste erst mal meiner eigenen Entrüstung Luft machen, aber das war nicht das, was er hören wollte. »Es ist vorbei, okay? Ich hab wirklich keine Lust, mich darüber zu unterhalten.« Er stand auf und ging in sein Zimmer, ich war enttäuscht, dass er mich so sitzen ließ. Dieser Typ war wirklich schwer zu knacken.

Die fiese Stimme aus dem Hinterkopf meldete sich mal wieder: So, so, du willst ihn knacken? Das hat Sandy auch schon probiert.

Hey, ich bin ja wohl nicht Sandy! Ich will ihm doch nur helfen.

Ach ja? Und wenn er deine Hilfe gar nicht will?

Das war ebenso offensichtlich wie die Tatsache, dass *ich* das Gefühl genoss, gebraucht zu werden und helfen zu können, obwohl oder gerade weil das ganze immer noch keinerlei erotische Komponente hatte. Zumindest nicht bei mir. Ich mochte Duke einfach. Und ich konnte ziemlich gut nachvollziehen, warum er tat, was er tat. Unser Umgang hatte in erstaunlich schneller Zeit etwas sehr Vertrautes bekommen. Er erinnerte mich in vielen Dingen an Ratze. Nur war *der* viel jünger gewesen – und wesentlich seltener enttäuscht worden.

Ich drückte mich die restlichen Stunden in der Wohnung herum und begann, einen Text zu schreiben, mit dem ich die Ereignisse der letzen Tage zu verarbeiten versuchte. Ich nannte ihn »Scherve«.

Meine Eltern waren beide zugeknöpft und reserviert. Sie ließen mich deutlich spüren, dass sie enttäuscht waren, und versuchten auf alle mögliche Arten, mein schlechtes Gewissen zu wecken, indem sie zum Beispiel nach dem Studium fragten, oder ob ich Miguel schon angerufen hätte. Ich ließ das alles an mir vorbeigehen (»Studium läuft prima, Miguel rufe ich die Tage an«) und hoffte, dass es bald vorbei wäre. Als ich ihnen erzählte, dass unser neuer Plattenvertrag endlich abgeschlossen war, fragte mein Vater: »Und was heißt das jetzt?«

»Das heißt, dass wir für die nächsten Platten wesentlich mehr Geld kriegen und dass sie sich wahrscheinlich besser verkaufen werden, weil das Label ... also die Plattenfirma zu den größten in Deutschland gehört.«

»Also wirst du mit dem, was du tust, endlich auch einmal richtig Geld verdienen?«

Ich verabscheute diese Diskussionen. Konnte er es denn nicht endlich einsehen? »Ja, Papa. Aber du weißt genau, dass ich das nicht mache, weil ich damit unbedingt Geld verdienen will.« Ich verfiel ins Spanische: »Ich mache es, weil ich die Musik in meinem Herzen habe und weil es zerspringt, wenn ich sie nicht rauslasse.«

Er antwortete in derselben Sprache: »So reden nur Träumer und Fantasten. Vernünftige Leute haben Ehrgeiz und Verstand in ihrem Herzen.«

»So wie du, Papa, ich weiß. Aber ich bin sehr froh, dass ich den Träumer und nicht den Wissenschaftler von dir geerbt habe.«

»Könntet ihr euch bitte vernünftig unterhalten und wenigstens an Weihnachten die Streiterei lassen«, ging meine Mutter dazwischen. Mein Vater schwieg für die restlichen Stunden.

Ich fuhr zurück in die WG, Duke wirkte wesentlich gelöster als am Nachmittag und so konnte ich ihn schnell davon überzeugen, mit ins *Pub* zu kommen. Ich fühlte mich vom ersten Moment an in die Vergangenheit versetzt. Fast alle waren da: Mike mit seiner Freundin Lisa, Andi, Fix, Micha und Bine, die inzwischen ein Paar waren, und viele andere alte Gesichter. Irgendwann setzte sich Mike zu mir. »Schön, dass du wieder dabei bist, Tina. Ohne dich hat was gefehlt.«

»Wenn Ratze hier wäre, wär's wirklich wie früher.«

Er antwortete nicht und ich fragte kurz darauf: »Vermisst du ihn manchmal?«, womit ich das Tabu brach, das ich selber aufgestellt hatte.

Beinahe empört sagte er: »Klar vermisse ich ihn, er war mein bester Freund! Aber es ist komisch, inzwischen denke ich manchmal tagelang nicht an ihn, und dann passiert irgendetwas, keine Ahnung, es kommt ein Song, der ihm gefallen hat, und plötzlich ist alles wieder da.«

Ja, ich wusste genau, was er meinte.

Dann sagte er: »Als es passiert ist, damals ... und als *du* dann auch noch weg warst, das war echt die Hölle, ich dachte, ich muss sofort alles hinschmeißen. Zum Glück haben deine Eltern mir gesagt, dass du in Spanien bist.«

»Du hast sie angerufen?« Das war mir neu. Es war das erste Mal, dass wir uns über diese Zeit unterhielten.

»Klar, ich musste doch wissen, wo du bist. Ich hatte echt Schiss, dass du dir was antust. Aber als ich dann deine Karte bekommen habe, dachte ich, das Granada wahrscheinlich der beste Ort ist, wo du sein kannst.«

»Tja, solange ich da war, war's auch in Ordnung.«

»Ja, deine Mutter hat mich dann angerufen und mir erzählt, dass du mit einem Typen nach London gegangen bist. Sie hat sich furchtbare Sorgen gemacht, ich habe überlegt, hochzufahren, wusste aber nicht, wie ich dich finden sollte. Du glaubst gar nicht, wie erleichtert ich war, als ich gehört habe, dass du wieder hier bist.«

Ich starrte ihn an. »Du hast mitgekriegt, dass ich zurückgekommen bin? Aber wieso ... «

»Ich dachte mir, dass du ein bisschen Zeit brauchst. Irgendwann hätte ich mich sicherlich bei dir gemeldet. Aber dann war Bruno schneller.«

Ich konnte es nicht fassen, er hatte die ganze Zeit gewusst, wo ich war. Und er hatte nie etwas gesagt, hatte einfach auf den Moment gewartet, wo ich selber bereit war, über alles zu reden. Ich hatte Tränen in den Augen, als ich ihn umarmte, lange, und nichts weiter sagen konnte als: »Danke, Mike. Danke für alles.«

Fix beobachtete uns, und irgendwann wurde es ihm zu viel. »Hey Leute, eigentlich bin ich hier, weil ich *keinen* Bock auf Rührseligkeiten habe.«

Mike und ich sahen ihn an. »Halt die Klappe, Fix«, sagten wir gleichzeitig und lachten dann alle drei.

»Ist ja gut«, sagte Fix, »aber hör mal, Tina, was ist eigentlich mit unserem Billardmatch?«

Stimmt, da war ja noch was. »Hast du noch eine Ahnung, wie es steht?«

»Vier zu zwei, für mich, natürlich.«

Wir spielten unsere drei Runden Billard, und Fix war ziemlich entsetzt über das, was ich im *Clusters* gelernt hatte. Ich gewann alle Spiele.

»Okay«, sagte er und schluckte, »das war nur Glück. Nächstes Jahr hole ich das wieder auf.«

Es wurde drei, bis Duke und ich wieder in der WG waren, trotzdem fragte er, ob ich noch Lust hätte, ein bisschen Musik zu machen, und so setzten wir uns zu ihm rüber und spielten, was uns einfiel. Er wurde ruhiger und nachdenklicher, irgendwann begann er zu erzählen, einfach so. Er hatte die Augen halb geschlossen, zupfte währenddessen eine leise Melodie auf der Gitarre und sprach zum ersten Mal, seit ich ihn kannte, von sich. Und ich tat lange nichts anderes, außer zuzuhören.

Schon mit dreizehn hatte er es kaum noch zu Hause ausgehalten und häufig in der Garage übernachtet, in der er mit seiner Band probte. Mit sechzehn zog er endgültig aus, begann eine Lehre als Schreiner, die er eineinhalb Jahre später aber wieder schmiss. Mit achtzehn ging er nach Berlin, wo er fast fünf Jahre blieb, in verschiedenen Bands spielte und sich ansonsten mit Straßenmusik und Gitarrenstunden für Kinder über Wasser hielt. Irgendwann zog es ihn doch wieder zurück nach Köln, er suchte nach einer Bleibe und fand ein WG-Zimmer in der Südstadt. Das, in dem wir gerade saßen. Außer Amigo wohnte zu diesem Zeitpunkt noch keiner von der Band hier, aber über ihn bekam er die entsprechenden Kontakte zu unserer Szene. Und als Frank ihn spielen hörte, hatte er den Job als Gitarrist bei *Zigg*.

Ich glaube, er redete zwei Stunden lang, unterbrach nur einmal, um neuen Wein zu holen. Ich fand vieles, was mich an Ratze und auch an mich selber erinnerte, ich fühlte mich betroffen und einsam zugleich. Vielleicht war das der Grund dafür, dass ich ihn, als er irgendwann geendet hatte, in den Arm nahm. Er legte die Gitarre weg und erwiderte meine Berührungen. Ohne dass wir genau wussten, wie es passierte (immerhin war ich zum ersten Mal seit langem wieder ziemlich betrunken), begannen wir uns zu küssen. Ich riss ihm fast das T-Shirt vom Leib, er zerrte genauso wild an meinen Klamotten und nahm sich gerade noch die Zeit, aus seiner Nachttischschublade ein Kondom zu holen.

Als ich am nächsten Morgen erwachte und ihn neben mir liegen sah, durchströmten mich die unterschiedlichsten Gefühle. Es war schön gewesen, ja, ich hatte es auch ziemlich nötig gehabt, aber als ich ihn betrachtete, konnte ich immer noch nichts anderes als Wärme und Zuneigung in mir finden. Da war kein Prickeln, keine Schmetterlinge. Ich bereue nicht, was passiert war, aber es fühlte sich nicht richtig an.

Er merkte wohl, dass ich ihn betrachtete, und wurde auch wach. Ich lächelte und sagte: »Guten Morgen«, er nuschelte etwas ähnliches, schaute mich dabei aber nicht an und bemühte sich, möglichst schnell hochzukommen. Als er mit dem Rücken zu mir auf der Bettkante saß und versuchte, sich die Müdigkeit aus den Augen zu reiben, meinte er: »Shit. Tut mir leid, Tina.«

»Was?«

»Dass ich dich gestern so überfallen habe.«

»Ist schon okay, ich hab's ja auch gewollt.«

»Ja, nur ... Es war echt schön mit dir, aber ...«

Das ging ja einfacher, als ich gedacht hatte. Ich umarmte ihn von hinten und sagte: »Ich fand's auch schön, Duke. Aber ich kann mir echt nicht vorstellen, wieder eine Beziehung einzugehen. Und du hast gerade erst eine hinter dir.«

»Dann«, das klang hoffnungsvoll und er schaute mich endlich an, »lassen wir alles so, wie es ist?«

»Ja. Solange du nicht wieder anfängst, mich wie Luft zu behandeln.«

Er lächelte und gab mir einen kurzen Kuss. »Ich glaube nicht, dass ich das jetzt noch kann. Sollen wir frühstücken gehen?«

»Gern.«

Und damit war alles gesagt und alles getan, was in der Folgezeit zur Basis unserer Freundschaft wurde.

VII

In den kommenden zwei Jahren passierte soviel, dass es mir im Nachhinein schwerfällt, das ganze chronologisch richtig zu ordnen.

Sylvester feierten wir im *underground*, fast alle von der Band und viele meiner alten Leute waren da und die Stimmung war prima. Es war offensichtlich, dass Duke seine Depression überwunden hatte, und ebenso offensichtlich, dass sich in der Beziehung zwischen ihm und mir einiges verändert hatte. Meine Kollegen und Freunde ergingen sich in wilden Spekulationen, aber sie merkten schnell, dass es wirklich nur um Freundschaft ging.

Duke hatte gute Laune und war kreativ wie schon lange nicht mehr, mir ging es ähnlich, und das war für alle Beteiligten die Hauptsache. Der einzige, der sich an die neue Situation nicht gewöhnen konnte, war Amigo. Er fragte mich wohl tausendmal, was zwischen mir und Duke laufen würde, ich hatte kein Interesse, ihm die ganze Sache zu erklären, sagte nur, dass ihn das nichts anginge, was ihn natürlich noch misstrauischer machte. Aber ich fand, er hätte es verdient und konnte es mir gelegentlich nicht verkneifen, Duke zu umarmen oder ihm einen Kuss zu geben, wenn Amigo gerade in der Nähe war.

Ja, ich habe nie behauptet, dass ich gänzlich unschuldig an dem ganzen Ärger wäre, den wir im Laufe der Zeit kriegen sollten. Im Gegenteil, es war schon so, dass gerade in dieser Phase eine ganze Menge Trotz und Selbstbewusstsein in mir erwachten. Ich begann endlich, die Dinge zu tun, zu sagen und zu lassen, die mir wichtig waren. Und damit hatten einige Menschen so ihre Schwierigkeiten.

Dieses neu erwachte Selbstbewusstsein hatte tatsächlich eine ganze Menge mit Duke zu tun – aber nicht so, wie Amigo es vermutete. Wir wiederholten unseren »Ausrutscher« von Heiligabend nie, denn das, was wir uns an Zuneigung, Aufmerksamkeit und Bestätigung gaben, war wesentlich wichtiger als der Sex. Wir wuchsen aneinander, wurden offener und mutiger, standen füreinander ein und waren *fast* so glücklich wie ein verliebtes Paar. Ich begann schon bald damit, ihm meine Texte zu zeigen, er spielte mir Sachen von ihm vor, die bisher noch niemand gehört hatte, und nicht selten stellten wir fest, dass das eine zum anderen hervorragend passte.

Noch wichtiger für mich war, dass ich – wohl auch bedingt durch das Gespräch mit Mike an Weihnachten – endlich anfing, den Tod von Ratze und die nachfolgenden Jahre zu verarbeiten. Teilweise, indem ich Texte, teilweise, indem ich seitenlange Briefe an ihn schrieb, in denen ich ihm meine Wut, meine Angst, meine Enttäuschung und meine endlose Sehnsucht schilderte. Ein paar Wochen lang saß ich jede freie Minute an meinem Schreibtisch, Duke brachte mir gelegentlich etwas zu essen oder zu trinken vorbei, fragte, ob alles okay wäre, und ließ mich ansonsten in Ruhe, weil er verstand, wie wichtig es für mich war. Manche dieser Briefe gab ich ihm anschließend zu lesen, manchmal nickte er, manchmal schüttelte er den Kopf, er sagte kaum etwas dazu, aber das war auch nicht nötig.

Zwei Wochen vor Ostern fragte ich ihn aus einer spontanen Laune heraus, ob er Lust hätte, mit mir zusammen nach Spanien zu fahren. Ich war nicht mehr dort gewesen, seit ich aus London zurückgekommen war, hatte aber oft mit meinem Onkel telefoniert, längst mit ihm geklärt, was damals passiert war und ihm ansonsten ausführlich über meine neue Lebenssituation berichtet. Im Gegensatz zu meinen Eltern hatte ich inzwischen wieder sein Wohlwollen und seine Zustimmung, genauer, mir war klar geworden, dass ich beides nie verloren hatte. Ich hatte Duke schon eine Menge über Granada erzählt und ich glaube, er war begierig darauf, Miguel kennenzulernen, deswegen stimmte er unserer gemeinsamen Reise sofort zu.

Natürlich dachte ich viel an Ratze, als wir unten waren, vor allem an die erste Begegnung zwischen ihm und meinem Onkel. Es gab viele Parallelen, aber auch große Unterschiede. Miguel behandelte Duke von Anfang an reservierter und mit sehr viel mehr Respekt, vielleicht, weil er älter, vielleicht, weil er »nur« ein Freund war, vielleicht aber auch, weil er den Musiker in ihm sofort erkannte.

Es gab erneut ein abendliches Treffen auf der Veranda, bei dem ich erneut übersetzte, und – an diesem Punkt wurde es wirklich absurd – Duke spielte nach der Aufforderung meines Onkels erneut einen Blues. Aber Miguel unterbrach ihn nicht, im Gegenteil, er hörte ein paar Minuten lang zu, schloss dann die Augen, setzte ein breites Lächeln auf und stieg mit ein. Ich glaube, sie spielten fast eine Stunde, manchmal machte einer von beiden eine kurze Pause, nahm die Melodie des anderen in sich auf und begann dann, sie zu ergänzen und zu variieren. Ich kam mir vollkommen überflüssig vor, denn ich war Zeuge eines Gesprächs, das ich nicht übersetzen konnte, weil ich es selber nur zum Teil verstand. Aber ich genoss es sehr. Nach dem Spiel lächelten sich die beiden nur an, sie hatten alles gesagt, und mein Onkel schüttelte Duke endlich die Hand und umarmte ihn kurz. Wir hatten ein neues Familienmitglied.

In den folgenden Tagen wurde unser abendliches Treffen zum Ritual. Duke lernte den Flamenco, Miguel einiges über den Blues, und ich hatte eine große Freude daran, die beiden mit meiner Stimme zu begleiten.

Ansonsten liehen Duke und ich uns häufig Paolos Wagen und fuhren viel in der Gegend herum, besuchten die umliegenden Städte und das Meer, ich zeigte ihm die Stelle, wo ich Rick begegnet war und erzählte zum ersten Mal *alles* über die Zeit, die ich in London verbracht hatte. So, wie er mich dabei ansah, glaubte er mir so oder so nur die Hälfte.

Als wir zurück nach Köln kamen, hatte Duke beste Laune. Die Zeit in Spanien hatte ihm ausgesprochen gut getan und er freute sich darauf, dass die Vorbereitungen für die neue Platte bald beginnen würden und er dann nichts anderes mehr zu tun hätte, als ein paar Wochen lang exzessiv Musik zu machen. Mit dieser Meinung stand er allerdings weitgehend alleine, die anderen waren angespannt und nervös und die neue Situation machte sich deutlich bemerkbar. Wir hatten einen neuen Plattenvertrag. Beim größten deutschen Label. Wir hatten ein neues Studio, bei einem der größten Produzenten in Köln. Wir mussten an den Erfolg der letzten Platte anknüpfen, noch mehr, wir mussten ihn steigern. Und wir hatten überhaupt keine Ahnung, wie wir das anstellen sollten.

Das Album sollte irgendwann im Herbst erscheinen. Wir mussten Songs schreiben, proben und uns darüber einig werden, was wir veröffentlichen wollten. Und noch bevor wir überhaupt anfingen, ernsthaft über das alles nachzudenken, fand ich das Haus.

Es war Mitte Juli, Duke und ich fuhren in der Gegend herum, wollten zu unserem See, und weil wir alle Zeit der Welt hatten, nahmen wir den langen Weg durch die alten Viertel. Auf einer dieser kopfsteingepflasterten Alleen machte ich plötzlich eine Vollbremsung.

»Scheiße, was ist denn mit dir los?«, fragte Duke, als er sich von seinem Schreck erholt hatte. Ich antwortete nicht sofort, starrte nur auf das Gebäude gegenüber.

»Tina? Hallo? Hast du grade ein Gespenst gesehen?«

»Nein, ich ... Ratze hat mal einen Entwurf von dem Haus gezeichnet, in dem wir alle zusammen wohnen wollten. Der sah genauso aus wie diese Villa.«

»Ehrlich? Müsste Jugendstil sein, oder?«

»Ja, glaube schon. Komm, lass uns mal schauen.«

Ich lief wie magnetisch angezogen auf dieses alte Haus zu. Eine »Villa« war es vielleicht einmal in den zwanziger Jahren gewesen, inzwischen sah sie recht heruntergekommen aus, zwei Stockwerke, ausgebautes Dach, dunkles Fachwerk mit allerhand Verzierungen, ein hölzerner Balkon zur Straße, ein offensichtlich großer Garten hinter dem Haus. Anscheinend stand sie leer.

»Hey, siehst du das Schild?«

»Was für ein Schild?«

»Da, im unteren Fenster. Das Ding ist zu verkaufen.«

Es war völlig verrückt, aber ich schrieb mir die angegebene Telefonnummer auf und rief noch am selben Nachmittag an. Ich wollte unbedingt in dieses Haus. Als könnte ich Ratzes Traum dadurch lebendig werden lassen. Als könnte ich, nach allem was passiert war, zurück in das ruhige und im Grunde bürgerliche Leben, von dem er und ich immer geträumt hatten.

»Hey, wir können morgen Mittag um drei rein, wenn wir wollen«, sagte ich nach dem Telefonat zu Jess und Duke, die in der Küche saßen.

Duke schüttelte den Kopf »Du machst echt ernst, oder?«

Jess fragte: »Worum geht's?«

»Tina hat sich heute in ein Haus im alten Parkviertel verliebt und will das jetzt unbedingt anschauen.«

»Ehrlich? Cool, ich liebe alte Häuser. Kann ich mit?«

Also fuhren wir am nächsten Tag zu dritt erneut hin. Der Makler war entsetzlich freundlich und in keinster Weise irritiert, als er uns drei sah. Es war offensichtlich, dass er nur an einem interessiert war: Das Haus so schnell wie möglich loszuwerden. Wir konnten uns in aller Ruhe alles anschauen: Die Küche und die zwei großen Wohnräume im Erdgeschoss, einer davon führte auf eine wunderschöne Terrasse, im ersten Stock und unter dem Dach jeweils drei große und ein kleinerer Raum und ein Balkon, auf jeder Etage ein Bad. Alles sehr großzügig und hell. Alles genauso, wie ich es mir vorgestellt hatte.

Jess und ich waren zwei Wochen lang mit Überzeugungsarbeit beschäftigt, während Frank und Duke einen Finanzierungsplan auf die Beine stellten. Sie rechneten zusammen, was jeder einzelne einbringen konnte, was an Bandkapital vorhanden und was sonst noch aufzutreiben war. Wir schafften es. Und obwohl noch längst nicht alle Skepsis beseitigt war, unterschrieben wir Ende Juli den Kaufvertrag. Frank bestand darauf, ein ausgeklügeltes Schreiben aufzusetzen, in dem die Besitzanteile der einzelnen Leute genauestens geregelt wurden, ich unterschrieb und machte mir keine Gedanken, da ich mir damals nicht vorstellen konnte, das wir uns jemals darüber streiten würden.

In den folgenden Wochen verbrachten wir jede freie Minute im Haus und bauten es mit tatkräftiger Unterstützung unserer Freunde und Bekannten nach unseren Vorstellungen um. Mike entdeckte in dieser Zeit sein Talent für handwerkliche Tätigkeiten und redete zum ersten Mal von der Idee, sich eines Tages außerhalb der Stadt einen alten Hof zu kaufen und herzurichten. Fix hatte mit den Bauarbeiten nicht allzu viel am Hut, er kam zwar auch regelmäßig, kümmerte sich aber vor allem darum, dass unsere Busse bei den vielen Fahrten in den Baumarkt nicht den Geist aufgaben.

Wir standen unter Druck wie selten, denn wir wollten so schnell wie möglich fertig werden, um endlich Zeit für die Platte zu haben. Tino Leinert, unser neuer Produzent, war überhaupt nicht begeistert davon, dass wir unsere Zeit mit Renovierungsarbeiten statt mit Proben verbrachten, aber als Duke anfing, ihm seine Pläne für den Proberaum im Keller zu erläutern, gab er sich zufrieden. Immerhin sah es so aus, als würden wir die Musik nicht völlig aus den Augen verlieren.

Frank, Lenny und Amigo zogen in den ersten Stock, Bruno ins Erdgeschoss, Duke, Jess und ich nahmen das Dach in Beschlag, wir bauten in das kleine Zimmer eine Küche ein und ließen uns einen zusätzlichen Telefonanschluss hochlegen. So hatten wir im Haus praktisch unsere eigene Wohnung, was sich im Laufe der Zeit als ausgesprochen hilfreich erwies.

Vor allem wir drei genossen diese Zeit trotz Stress und Druck ungemein. Für Duke und Jess war die Villa mit ihren großen Zimmern und der wunderschönen Atmosphäre Luxus pur, Jess wanderte aus schierem Vergnügen mindestens einmal am Tag durch sämtliche Räume bis in den Keller, kam wieder hoch und rief: »Mein Gott, ist das klasse hier!«

Duke arbeitete von uns allen am meisten, er war entweder oben und baute die Küche ein, oder unten im Keller, wo er mit Frank zusammen den Proberaum plante und nach und nach fertig stellte. Wenn wir vom Renovieren genug hatten, setzten wir uns ins Auto, fuhren in den Wald oder an einen See, machten Feuer und spielten und sangen die ganze Nacht hindurch. Musik machen wurde endlich wieder zu etwas, bei dem wir uns erholen und entspannen konnten. Es waren wirklich gute Zeiten.

Mitte September beschloss Tino, dass wir seine Geduld nun lange genug strapaziert hätten, und erinnerte uns sehr nachdrücklich an die Verpflichtungen unseres neuen Vertrages. Und da der Proberaum und alles andere praktisch fertig waren, stürzten wir uns mit mehr oder weniger ausgeprägter Euphorie auf das nächste Projekt: Die Produktion unserer gnadenlos erfolgreichen, neuen Platte.

Im Grunde fingen die Probleme damit an, dass Duke, Jess und ich gewisse Schwierigkeiten damit hatten, die Leichtigkeit und Unbeschwertheit unserer Sommerstimmung abzulegen. Bei den Proben brachen wir gelegentlich und aus Gründen, die nur für uns nachvollziehbar waren, in wildes Gelächter aus. Oder wir spielten während eines Songs plötzlich ein unangekündigtes Bass- oder Gitarrensolo. Oder wir vergaßen am See die Zeit und kamen zu spät. Unsere Bandkollegen reagierten darauf sehr unterschiedlich. Lenny blieb ruhig, amüsierte sich insgeheim köstlich und unterstützte uns bei unseren Soli hin und wieder mit dem Schlagzeug. Frank freute sich zwar über unsere gute Stimmung, fühlte sich aber doch verpflichtet, uns immer wieder auf die Bedeutsamkeit unseres neuen Projektes aufmerksam zu machen. »So, nachdem jetzt das Dachgeschoss auch anwesend ist, können wir endlich anfangen? Wir haben einen Vertrag zu erfüllen!«

Amigo kochte vor Eifersucht. Nicht nur, dass zwischen mir und Duke irgendetwas lief, das er nicht begriff, nein, jetzt hatten wir auch noch Jess mit hinein gezogen, mit dem er eigentlich immer gut klargekommen war. Er fühlte sich ausgeschlossen und war fest davon überzeugt, dass wir uns permanent über ihn lustig machen würden. Interessant war, dass er die Schuld für all das nicht mir zuschob, sondern Duke. Damit konzentrierten sich seine Wut und seine verbalen Attacken schnell auf ihn. Als wir drei nach einer unserer ersten Proben im neuen Haus nach oben gingen und es uns bei ein paar Bier in meinem Zimmer gemütlich machten, war Duke völlig verwirrt. »Kannst du mir mal erklären, was mit dem los ist?«

Ich versuchte es und er fiel aus allen Wolken.

»Amigo ist in dich verknallt? Davon hab ich ja überhaupt nichts mitgekriegt.«

»Na ja, das hat auch schon im letzten Sommer angefangen, und zu der Zeit hast du von mir eh noch nicht viel mitgekriegt.«

Jess schaltete sich ein: »Ich glaube ja, dass er sich einfach ausgeschlossen fühlt. Ich werde mal sehen, dass ich mich ein bisschen mehr um ihn kümmere.«

Jess bemühte sich, aber es nutzte nicht allzu viel. Amigo setzte seine Angriffe gegen Duke fort, natürlich dauerte es nicht lange, bis der anfing, zurückzuschlagen, und so mussten wir immer wieder unsere Proben unterbrechen, weil die beiden sich harte Wortgefechte lieferten.

Das ging so lange, bis Frank eines Abends der Kragen platzte. »Verdammt noch mal, Duke, Amigo, es reicht jetzt! Falls ihr es vergessen habt: Wir sind hier, um Musik zu machen. Und falls ihr das auch vergessen habt: Wir müssen in zwei Wochen ins Studio, und mit dem, was wir bisher draufhaben, brauchen wir uns da gar nicht blicken zu lassen. Ich hab keinen Bock, dass wegen euch das ganze Projekt den Bach runter geht. Und wenn ihr das nicht kapiert, dann sollte einer von euch beiden ganz schnell die Band verlassen, und es ist mir ehrlich gesagt scheißegal, wer!«

Wir waren alle erschüttert und wie gelähmt. So eine Ansage hätte ihm keiner von uns zugetraut.

»Gut«, sagte Frank in das minutenlange Schweigen hinein. Ich denke, er war selber erstaunt über seine harten Worte. Aber da er nun schon einmal deutlich gemacht hatte, *wer* hier der Bandleader war, behielt er diese Rolle auch bei. »Können wir dann weitermachen? Ich würde mir gern heute noch dieses neue Stück anschauen, das Tina und Duke geschrieben haben und entscheiden, ob es auf die Platte soll.«

»›Traumland‹?«

»Nein, das machen wir auf jeden Fall. Ich meine das andere. Habt ihr das schon so weit?«

Ich blickte kurz zu Duke und nickte etwas unentschlossen, aber er sagte: »Ja, denke schon. Wir probieren es.«

Duke und ich hatten in den vergangenen Monaten an etlichen Stücken herumgebastelt und mit der Zeit hatten sich zwei Lieder herauskristallisiert, »Traumland« und »Ich weeß jenau«, die uns beiden soviel bedeuteten, dass wir uns mit Vehemenz dafür einsetzten, dass sie auf das Album kamen.

»Traumland« entstand weitgehend am See. Seit wir aus Spanien zurück waren, lieh sich Duke häufig meine Gitarre und improvisierte an einer Melodie, die ihm Miguel auf der Geige vorgespielt hatte. Eine ruhige, wehmütige und traurige Melodie. Wenn er sie spielte, schloss ich die Augen, öffnete, wie Miguel sagen würde, mein Herz und ließ die unterschiedlichsten Gefühle auf mich einwirken.

»Was siehst du?«, fragte Duke mich eines Abends.

»Schwer zu beschreiben. Trostlosigkeit ... aber auch Hoffnung. Aufbruch. Unsicherheit. Ich kann's nicht genau sagen.«

»Ja, aber das trifft es schon ganz gut. Findest du einen Text dazu?«

»Bestimmt.«

Kurz darauf fiel mein Blick – Zufall? – auf einen kurzen, eigentlich unscheinbaren Bericht in der Zeitung, die Jess mitgebracht hatte. Über ein sechzehnjähriges Mädchen, das seit drei Tagen vermisst wurde, sie war von zu Hause abgehauen und hatte in ihrem Abschiedsbrief geschrieben, dass dieses Leben so beschissen sei, da würden ihr nicht mal mehr ihre Träume helfen. Und auf einmal hatte ich die Worte. Auf einmal wusste ich, was zu Dukes Melodie gehörte. Es dauerte nur einige Stunden, bis wir es zusammenhatten. Wir waren beide beeindruckt.

»Ich weeß jenau« entstand in ähnlicher Geschwindigkeit, aber unter völlig anderen Voraussetzungen. Ich schrieb es während einer der ersten Nächte, die wir alle zusammen in unserem fast fertigen Haus verbrachten, Anfang September. Ähnlich wie im Jahr davor verkroch ich mich in dieser Nacht in meinem Zimmer, setzte den Kopfhörer auf und hörte Patti Smith und Neil Young. Im Unterschied zum Jahr davor nahm ich nicht nur Zigaretten, sondern auch eine Flasche Wodka und eine Flasche Bitter Lemon mit. Und genauso wie im Jahr davor ließen mich meine Mitbewohner gewähren, denn sie wussten, es war Ratzes Todestag. Ich betrank mich, ließ mich tief in die Musik fallen und sang. Völlig zusammenhanglose Erinnerungsfetzen tauchten wie Schlaglichter vor meinem inneren Auge auf, Dinge, von denen ich dachte, dass ich sie längst vergessen hätte. Irgendwann begann ich, sie aufzuschreiben, genauso, wie sie mir in den Kopf kamen.

Am nächsten Mittag klopfte Duke so lange an meine Tür, bis ich wach wurde und »Ja« stöhnen konnte. Er setzte sich mit einer Tasse Kaffee, die er mir mitgebracht hatte, an mein Bett.

»Alles okay?«, fragte er besorgt.

»Ja ... glaube schon. Kopfschmerzen.«

Er betrachtete die ziemlich leere Flasche Wodka. »Das wundert mich überhaupt nicht.«

Ich fand es außerordentlich unfair, dass er da so grinsend und unverkatert vor mir saß, und bemühte mich daher, möglichst schnell wach zu werden. Während ich meinen Kaffee schlürfte, entdeckte er die Zettel auf dem Boden.

»Scheiße, ist das geil«, sagte er irgendwann.

»Was?«

»Na, das hier. Hast du das heute Nacht geschrieben?«

»Keine Ahnung. Zeig mal.«

Als ich es das erste Mal las, verstand ich überhaupt nichts. Aber dann erinnerte ich mich wieder an alles. An jedes einzelne Bild der letzten Nacht. Und ich fand, dass ich, vielleicht mit Ausnahme von »One after you«, noch nie etwas so Gutes geschrieben hatte.

»Ja. Es geht um Ratze.«

»*Das* sehe ich auch. Aber wer ist Sabine?«

»Seine Schwester. Sie hat uns mal besucht, im Sommer, bevor er gestorben ist, und sie hat erzählt, wie einsam sie sich fühlt und dass sie unbedingt hier weg will.«

»Okay. Und das ist zum einen das Gespräch zwischen ihr und Ratze und zum anderen ein Gespräch zwischen dir und ihm, oder?«

Ich starrte ihn an, weil ich nicht erwartet hätte, dass er das so schnell erkennen würde. »Ja. Irgendwie so was.«

»Wow. Manchmal beneide ich dich echt darum, dass du so Sachen einfach aufschreiben kannst. Weißt du was? Du gehst jetzt unter die Dusche und ich gehe in den Keller. Ich glaube, ich weiß genau, welche Musik zu diesem Text gehört.«

Ich teilte seine Euphorie nicht ganz, was nicht nur an meinem verkaterten Zustand lag. »Wer hat gesagt, dass wir da einen Song draus machen?«

»Ich«, sagte Duke lapidar. »Weil es der beste Text ist, den ich bisher von dir gesehen habe. Und weil ich eine hervorragende Begleitung im Kopf habe. Glaub mir, das wird sogar Frank begeistern.«

»Vielleicht, aber dir ist schon klar, dass da verdammt viel von mir drinsteckt, oder?«

Er wurde ernster. »Ja. Genauso wie bei mir in ›Traumland‹. Auch wenn das vielleicht nicht so offensichtlich ist.«

Ich nickte, er hatte Recht. Es wurde Zeit, dass wir endlich zu dem standen, was uns wichtig war. »Okay. Dann komme ich nach der Dusche runter.«

Ich hatte mich um Dukes Melodie gekümmert, jetzt kümmerte er sich um meinen Text. Was dabei herauskam, begeisterte nicht nur uns und unsere Band, sondern auch eine Menge anderer Leute.

VIII

Ende Oktober war es dann endlich soweit: Wir gingen zu Tino ins Studio. Und wir brachten viele guter Songs mit. Dieses Album wurde experimenteller und besser als alles, was *Zigg* bis dato gemacht hatte, was natürlich an den vielen neuen Einflüssen lag, die seit der »Ropp un Raff« dazugekommen waren: Duke hatte in Spanien seine Vorliebe für die akustische Gitarre entdeckt, was viele Stücke melodiöser und ruhiger machte. Jess war mutiger geworden und probierte sein Talent an verschiedenen Instrumenten aus. Amigo brauchte dringend Bestätigung und Aufmerksamkeit und wollte das Keyboard stärker einbringen, was zu einigen Stücken auch hervorragend passte. Ich, die auf dem letzten Album nur Background gesungen hatte, bestand zumindest bei den Songs von Duke und mir auf die Leadstimme. Und Frank war sich nicht sicher, was er von all dem halten sollte.

»Also, ›Ich weeß jenau‹ willst du auch alleine singen?«

»Ja, zumindest die Strophen, den Refrain machen Duke, du und ich zusammen.«

»Das wären dann drei Songs, wo vor allem deine Stimme zu hören ist. Ich weiß nicht, ob das nicht zu viel ist.«

»Glaube ich nicht«, schaltete Tino sich ein. »Zu ›Traumland‹ passt ihre Stimme wirklich besser und ›Hingerhoftheater‹ wird erst richtig gut, wenn ihr es abwechselnd singt. Ich bin mir sicher, dass das den Leuten gefallen wird.«

»Vielleicht, aber es ist ziemlich ungewohnt für mich, nur Refrain zu singen.«

»Willst du die zweite Gitarre übernehmen?«, fragte ich.

»Nein, da müsste ich erst wieder reinkommen. Vielleicht mache ich 'ne Rhythmus-Begleitung mit dem Tamburin dazu.«

Vor eineinhalb Jahren hatte er mir bereitwillig die zweite Gitarre überlassen, natürlich wollte er sich jetzt nicht mehr damit abgeben, aber dadurch entstand das zusätzliche Problem, dass er nicht nur wenn ich sang, sondern auch während der Soli und Instrumentalpassagen – und davon gab es eine Menge auf der neuen Platte – nichts mehr zu tun hatte. Bisher war er auf der Bühne immer der Hauptakteur gewesen, diese Rolle musste er nun zumindest zeitweise an Duke oder mich abgeben.

Plötzlich schien genau das zu passieren, was er damals, als er mich in die Band holte, eigentlich hatte vermeiden wollen: Wir machten uns Konkurrenz. Auf der einen Seite merkte er zwar, dass das, was ich tat, der Band und damit ja auch letztendlich ihm zugute kam – unsere Songs *waren* gut, das musste selbst er zugeben. Auf der anderen Seite fürchtete er um seine Souveränität und Anerkennung. Und das führte zu zweierlei: Er distanzierte sich von mir, und damit automatisch auch von Duke und Jess, und er suchte sich eine neue Aufgabe und trat immer offensichtlicher als Bandleader auf. Er übernahm praktisch alle Verhandlungen mit der Plattenfirma oder Richie, unserem neuen Manager. Er sprach auf den Pressekonferenzen. Er machte Termine für Interviews aus und gelegentlich führte er sie nach kurzer Rücksprache mit uns auch alleine durch. Da wir anderen im Grunde schrecklich froh darüber waren, dass uns jemand diesen ganzen Mist abnahm, machten wir ihm diese Position nicht streitig, im Gegenteil, wir bestätigten ihn permanent. Er managte das alles auch wirklich prima. Im Studio allerdings, wo es nicht um Öffentlichkeitsarbeit sondern nur um Musik ging, trat die Anspannung, unter der er stand, deutlicher zu Tage und wurde durch ein paar dumme Kleinigkeiten, an denen ich nicht gänzlich unschuldig war, auch noch verstärkt.

Es war so, dass mich weder die neue Plattenfirma noch das neue Studio großartig beeindruckten, vielleicht weil mir alles was dahinter stand, Ruhm, Erfolg, Popularität, nicht wirklich viel bedeutete. Natürlich wollte ich eine großartige Platte machen, natürlich wollte ich, dass die Menschen davon begeistert wären, aber ich wollte es, weil ich daran glaubte, dass wir etwas Wichtiges zu sagen hatten, und nicht, weil ich auf Preise und Anerkennungen aus war.

Frank hatte früher schon gelegentlich Schwierigkeiten mit Lampenfieber gehabt, er wurde dann schrecklich nervös, vergaß seinen Text, verpasste den Einsatz oder ihm kippte die Stimme weg. Wir alle wussten das und niemand hatte ein Problem damit – außer ihm, und es wurde größer, als er merkte, dass ich wesentlich souveräner mit der ganzen Situation umgehen konnte. Ich vergaß meinen Text nicht und verpasste selten einen Einsatz, weil Duke, Jess und ich durch unsere Sommer-Sessions so gut aufeinander eingespielt waren, dass wir fast intuitiv aufeinander reagierten. Mir kippte nur gelegentlich die Stimme, weil ich – ja, ein bisschen nervös war ich auch – im Studio viel zu viel rauchte. Was unter anderem dazu führte, dass sich Amigo als einziger Nichtraucher der Band endgültig mit Frank gegen Duke und mich solidarisierte.

Verschärfend kam hinzu, dass es einige Missverständnisse zwischen uns gab. Ich war oft so sehr in der Musik gefangen, dass ich Franks Texte bei ausgeschaltetem Mikro mitsang. Er hatte den Eindruck, ich würde ihm soufflieren. Aus ähnlichen Gründen dachte Amigo, ich wollte ihn dirigieren, einfach, weil ich in Erwartung seines Einsatzes im richtigen Moment die Hände hob. Das gleiche tat ich bei Duke, Jess oder Lenny natürlich auch, Lenny war sogar häufig dankbar dafür, und Duke verließ sich auf meine Signale genauso wie ich mich auf seine. Er reagierte auf das alles auch ähnlich gelassen wie ich, er war nun einmal Vollblutmusiker und ihm war es völlig egal, ob er in einem Proberaum, in einem Studio oder auf der Bühne stand. Hauptsache, er konnte spielen. Und Jess ließ sich von uns beiden anstecken und war ungeheuer froh darüber, dass wir soviel Spaß hatten.

Ich merkte deutlich, dass die Spannungen größer wurden. Nach der ersten Woche im Studio sagte ich zu Duke: »Hey, wir müssen irgendwas machen, das eskaliert sonst.«

»Und *was* willst du machen? Frank sagen, dass er endlich mal seine Texte lernen soll? Oder Amigo einen Witz erzählen, damit er endlich mal lacht?«

»Mann, ich mein's ernst! Wenn das so weitergeht, gehe ich irgendwann nicht mehr aus dem Haus, weil ich mich nicht mehr am ersten Stock vorbeitraue.«

»Jetzt übertreib nicht! Wir sind im Studio, das ist immer eine Zerreißprobe für eine Band. Wenn die Platte draußen ist, werden wir alle zufrieden sein und uns fragen, wieso wir uns so angestellt haben.«

Nun, er hatte mit Platten und Bands wesentlich mehr Erfahrung als ich. Deswegen glaubte ich ihm und bemühte mich in den folgenden Tagen, mich zu beherrschen (und weniger zu rauchen). Es wurde auch etwas besser, zumindest bis zu dem Zeitpunkt, als die Platte endgültig fertig war und Tino sein abschließendes Urteil abgab. »Also, Leute, diese Scheibe ist gigantisch, sie wird einschlagen wie eine Bombe, glaubt mir.«

»Ja, dafür haben wir auch eine Menge getan«, entgegnete Frank. »Was denkst du, welche Single sollten wir zu erst rausbringen?«

»Also, ich finde, dass ›Traumland‹ der beste Song ist, aber den sollten wir nicht auskoppeln, der sollte das Bonbon bleiben für die Leute, die das Album kaufen. Wir machen zuerst ›Minge Strooße‹ und dann, so in zwei Monaten, toppen wir das noch mit ›Ich weeß jenau‹. Ich sage euch, diese Single reißen uns die Leute von den Ladentischen!«

»Na gut, wenn du das so siehst, dann machen wir es so.« Die Enttäuschung in seiner Stimme war nicht zu überhören, aber mehr sagte er nicht dazu.

Das Album bekam den Titel »Hingerhoftheater«, ein Friedensangebot an alle, weil es der Song war, den Frank und ich zusammen geschrieben hatten.

Ende November brachten wir wie abgesprochen »Minge Strooße« heraus und begannen mit der Promotion für die Single und das Album, das im Januar zusammen mit der zweiten Auskopplung »Ich weeß jenau« folgte. Tinos Prognosen bestätigten sich: Es schlug ein, wie eine Bombe. Die Leute rissen es uns von den Ladentischen. Und spätestens, als wir mit den Vorbereitungen für unsere Tour begannen, wurde auch dem letzten von uns klar, dass das Leben, das wir bisher gewohnt waren, plötzlich sehr, sehr weit hinter uns lag. Wir wurden bekannt, zumindest innerhalb Deutschlands, und wir brauchten verdammt lange, bis wir lernten, damit umzugehen.

Wir wurden auf offener Straße von Fans angesprochen, sie fanden heraus, wo wir wohnten, sie fanden heraus, wohin wir gingen. Natürlich war das ganze noch meilenweit von dem Kult entfernt, der um wirkliche Superstars betrieben wurde. Obwohl wir einige Preise und Auszeichnungen bekamen, waren wir auch nur ganz am Anfang für die Klatsch- und Tratschmagazine interessant. Für mich war es trotzdem mehr als genug. Es irritierte mich vollkommen, plötzlich im *underground* von wildfremden Menschen angesprochen zu werden, oder, noch schlimmer, dass mich Menschen, die ich schon seit Jahren kannte, plötzlich respektvoll behandelten oder einen auf Kumpel machten, nur weil sie ein Autogramm haben wollten.

Aber natürlich wäre es gelogen zu behaupten, dass mich *alles* nervte. Es gab einige Situationen, in denen ich den Respekt und die Anerkennung, die uns auf einmal entgegengebracht wurden, genießen konnte. Auch meine Bandkollegen reagierten zwiespältig auf diese neue Popularität. Jess ließ sich von dieser ganzen Show kaum aus dem Konzept bringen. Wenn wir Fans begegneten, machte er große Augen, schüttelte den Kopf und amüsierte sich insgeheim köstlich. Lenny hingegen wurde das alles bald zu viel, er überließ uns das Reden und versuchte, möglichst nicht aufzufallen.

Duke fiel um Weihnachten herum in ein tiefes Loch, seine bekannte Abneigung gegen diese Zeit hatte sich aufgrund der Erlebnisse im Jahr davor zu einer handfesten Depression ausgewachsen. Er verkroch sich wieder tagelang in seinem Zimmer und ich verkürzte erneut meine verwandtschaftlichen Verpflichtungen auf das absolut notwendige Maß, um für ihn da zu sein. Kurz vor Sylvester ging es ihm, praktisch von einer Stunde auf die andere, wieder gut und er stürzte sich voller Elan in die Verheißungen des neuen Jahres. Er wollte Musik machen, nicht mehr, nicht weniger, und er genoss jede Gelegenheit, wo er das konnte, jede Bühne, jedes Fernsehstudio, jede Radiostation. Das, was ansonsten um uns herum geschah, interessierte ihn wenig und ähnlich wie mir gefiel es ihm gelegentlich sogar.

»Hey, wo ist das Problem, Tina, wir machen Musik, und wir haben immer gewusst, dass dieser ganze Scheiß irgendwann dazugehört.«

»Ich weiß nicht, ich habe nicht damit gerechnet, dass die Leute plötzlich wissen wollen, wie ich meine Kindheit verbracht habe, oder Buch darüber führen, wie oft ich ins *underground* gehe.«

»Und warum sollte das bei uns anders sein als bei anderen Leuten? Du hast doch früher bestimmt auch irgendwelche Zeitschriften gekauft, um herauszufinden, wie deine Lieblingsbands so drauf sind.«

»Hm. Manchmal.«

»Und du eiferst doch auch deinen Idolen nach. Oder ist es purer Zufall, dass dein Outfit so nach Patti Smith aussieht?«

»Nein, aber wir sind doch nur eine Provinzband aus Köln, keine Superstars.«

»Stimmt. Deswegen ist das auch alles ziemlich harmlos, was hier passiert. Hat dich schon mal jemand über dein Liebesleben ausgefragt? Hat dir schon mal jemand eine Affäre mit Was-weiß-ich-Wem angedichtet? Hat dir schon mal jemand exzessiven Drogenkonsum unterstellt, oder ...«

»Ist ja gut. Aber trotzdem hätte ich gerne mal wieder meine Ruhe.«

»Warte ab, bis die Tour rum ist, dann beruhigt sich das alles ganz schnell wieder.«

Amigo war hellauf begeistert von unserem plötzlichen Erfolg und gefiel sich außerordentlich in seiner Rolle als neuer deutscher Musikheld. Sein Gehabe, wenn wir irgendwelchen Fans begegneten, widerte mich manchmal regelrecht an. Dass ich so selten etwas dazu sagte, lag nur daran, dass ich neuen Ärger vermeiden wollte. Außerdem kümmerte sich Frank sehr bald um dieses Problem, und von ihm ließ er sich in die Schranken weisen.

Natürlich war Frank selber auch angetan von der ganzen Entwicklung, endlich waren wir auf dem Weg, den er sich für uns vorgestellt hatte. Da er schon immer darauf spekuliert hatte, konnte er unglaublich souverän damit umgehen. Er etablierte seine Rolle als Bandleader, obwohl er, und das rechnete ich ihm wirklich hoch an, zu keinem Zeitpunkt eine Ein-Mann-Show daraus machte. Er sprach grundsätzlich im Plural, grundsätzlich von der Band als einem Ganzen, und wahrscheinlich wäre das alles hervorragend gelaufen, wenn die Öffentlichkeit sich damit zufrieden gegeben hätte. Aber es gab natürlich Journalisten, die sich nicht nur für den Bandleader, sondern auch für die anderen Musiker interessierten. Für den Gitarristen, zum Beispiel, oder für die Frau, die Gitarre spielte *und* sang. Ich kam nicht umhin, gelegentlich mehr oder weniger ausführliche Statements abzugeben. Und häufig fanden die Leute das, was ich sagte, interessant. Anscheinend kam ich gut an. Obwohl ich das alles liebend gerne Frank überlassen hätte und ihm tausendmal erklärte, wie sehr es mich nervte, war er frustriert, dass ich ihm nun auch in der Öffentlichkeit Konkurrenz machte. Er kapselte sich zunehmend von mir ab, wir sprachen kaum noch ein persönliches Wort miteinander.

Als wir Anfang März auf Tour gingen, deutschlandweit, in teilweise erschreckend großen Hallen, war meine Stimmung alles andere als euphorisch. Und während der zweieinhalb Monate, die wir unterwegs waren, geschah nicht wirklich viel, das sie hätte steigern können.

Die Auftritte, okay. Es war fantastisch, jeden Abend mit bis zu tausend Leuten zu feiern und ihnen erzählen zu können, was wir zu sagen hatten. Aber ansonsten merkten wir sehr schnell, dass sämtliche Geschichten, die wir von erfolgreichen Musikern über das On-Tour-Sein gehört hatten, absolut wahr waren. Du sitzt den halben Tag in irgendwelchen Bussen und legst endlose Kilometer auf den Autobahnen zurück. Du verbringst jede Nacht in einem fremden Bett und wachst oft genug morgens auf, ohne genau zu wissen, in welcher Stadt du gerade bist. Du ärgerst dich mit Hotelangestellten, Hallenbesitzern und Sicherheitsleuten herum. Wenn du einen guten Auftritt hattest, setzt du dich mit deiner Band zusammen und trinkst. Wenn du einen schlechten Auftritt hattest, verziehst du dich in dein Hotelzimmer und trinkst alleine.

Letzteres tat ich relativ selten, weil Duke, Jess und ich uns angestrengt darum bemühten, unser Gefühl von Einigkeit und Solidarität zu erhalten. Aber nach ein paar Tourwochen war auch das manchmal nicht mehr möglich. Ich haderte mit meiner Rolle und meinem Schicksal und die angespannte Situation zwischen Frank und mir machte mich wütend, vor allem deswegen, weil ich keinen Weg fand, sie zu klären.

Unsere Auftritte liefen inzwischen nach einem bestimmten Muster ab: Entweder ich hielt mich zurück, verfiel mehr oder weniger in meine gewohnte Rolle als Background-Sängerin und ließ ihn seine Show machen, oder ich drehte völlig auf und zog mein eigenes Ding durch, ohne groß Rücksicht auf ihn zu nehmen. Entweder hatte er einen guten Abend oder ich hatte ihn. Wenn ich einen guten Abend hatte, schaffte ich es nicht selten, das Publikum mitzuziehen. Und dann ging es Frank richtig schlecht. Er hatte schon genug damit zu kämpfen, dass »Ich weeß jenau« und nicht »Minge Strooße« der Song war, den die Leute hören wollten.

Wenn ich schlecht gelaunt, grüblerisch oder bei einem Gig von Frank überboten worden war, merkten Jess und Duke das natürlich am deutlichsten, denn sie kriegten es ab, wenn wir nach dem Auftritt zusammen in ihrem Zimmer saßen und uns betranken. Ich teilte mir in der Regel ein Hotelzimmer mit Kerstin, die sich um das Catering kümmerte und eine der wenigen Frauen war, die fest zu unserer Crew gehörte. Ich konnte sie gut leiden, aber wir hatten uns nicht viel zu sagen, deswegen geschah es häufig, dass ich bei den Jungs blieb und in Dukes Bett einschlief.

Duke hatte erstaunlich viel Geduld mit mir. Er hörte sich meine ständigen Klagen an und versuchte, mich zu beruhigen. »Tina, noch vier Wochen, dann ist das ganze vorbei. Eine Tour ist nun mal genauso ein Härtetest wie das Studio, da kommen sämtliche Emotionen hoch, das ist einfach so.«

»Duke, das ist der größte Schwachsinn, den ich je gehört habe! ›Das ist einfach so‹, echt super. Entweder ich ertrage diesen ganzen Scheiß oder ich muss aufhören, Musik zumachen, willst du das damit sagen?«

Noch blieb er ruhig. »Wenn dir eine andere Alternative einfällt: Lass hören.«

»Wie wär's zum Beispiel mit Veränderung? Oder Ehrlichkeit? Endlich zugeben, dass unsere Band längst aus zwei Parteien besteht und einem Drummer, der irgendwie versucht, sich zurechtzufinden. Warum steigen wir drei nicht einfach aus und machen unser eigenes Ding?«

»Sag mal, drehst du jetzt völlig ab? Du willst die Band hängen lassen, jetzt, wo es endlich läuft? Kriegt Frau Montez plötzlich Starallüren? Oder ist sie so betrunken, dass sie nicht mehr weiß, was sie sagt?«

»Weder noch«, sagte ich kleinlaut. Ich hatte auch ohne Dukes Zurechtweisung gemerkt, dass mein Vorschlag ziemlich daneben war. »Ich will die Band nicht hängenlassen, was meinst du, warum ich noch hier bin.«

»Also, dann red nicht so einen Scheiß. Wir packen das irgendwie. Und außerdem, ganz im Ernst, ich finde es gar nicht so schlecht, wie das zwischen dir und Frank läuft. Zumindest werden die Auftritte dadurch abwechslungsreicher.«

Wie üblich konnte ich seinem Grinsen nur schwer widerstehen. »Prima, vielleicht sollte ich mit ihm eine Reihenfolge ausmachen, so nach dem Motto: Montags und mittwochs darf er Spaß haben, dienstags und freitags ich.«

»Genau. Und wenn wir samstags spielen, amüsieren wir uns ausnahmsweise alle zusammen.«

»Ja, das wäre doch endlich mal eine brauchbare Alternative«, schaltete Jess sich ein. »Aber im Ernst, Tina, ich weiß gar nicht, ob das mit uns dreien wirklich funktionieren würde. Vielleicht kommen wir nur deswegen so gut miteinander klar, weil wir uns ständig mit den anderen beiden herumärgern können. Sonst müssten wir das alles unter uns ausmachen.«

»Ja, da ist was dran. Ich sollte mich morgen früh als erstes bei Frank bedanken!«

Duke grinste noch breiter. »Und ich mich bei Amigo. Aber davor bedanke ich mich bei dem, der uns noch was zu trinken besorgt.«

»Okay, wenn ich hier pennen kann, übernehme ich das.«

»Meinetwegen.«

IX

Die Tour dauerte bis Mitte Mai, und obwohl ich unglaublich froh darüber war, endlich wieder nach Hause zu kommen, packte ich eine Woche später erneut meine Koffer und flog nach Granada. Flüchtete eher. Ich wollte nur noch weg von all den Gesichtern, die ich andauernd um mich herum gehabt hatte, weg von allem, was die Band betraf, sogar weg von Duke und Jess. Meine Zweifel waren wesentlich größer, als ich es selbst Duke gegenüber zugegeben hatte, und ich brauchte dringend Zeit, um mir darüber klar zu werden, was ich wirklich wollte. Und ich brauchte jemanden, der nicht in dieses ganze Bandgeschehen involviert war, trotzdem verstand, wovon ich redete, und mir zuhörte. Da Mike gerade mit Lisa irgendwo Urlaub machte, brauchte ich meinen Onkel.

Ich erzählte ihm alles: Von meinem Ärger mit Frank und Amigo, von der Schuld, die ich daran hatte, von der Unfähigkeit, eine Lösung zu finden, von der Popularität und meinen diesbezüglich gemischten Gefühlen, von enthusiastischen Fans, von endlosen Autobahnkilometern. Er hörte zu bis ich fertig war und fragte dann: »Nun, wenn alles nicht so ist, wie du es haben willst, und wenn du das Gefühl hast, dass es die Sache nicht wert ist, warum machst du es dann?«

Entrüstet rief ich: »Ich kann doch jetzt nicht aussteigen und meine Band im Stich lassen! Sie brauchen mich!«

»Tatsächlich?«

Ich war irritiert. »Was meinst du?«

»Nun, so wie du es mir erzählt hast, gab es diese Band doch schon, bevor du dazugekommen bist. Vielleicht wären sie auch ohne dich erfolgreich.«

Ich verstand nicht, was er meinte. »Du willst allen Ernstes, dass ich zu Frank gehe und ihm sage, dass er alleine weitermachen soll?«

»Nein, nicht unbedingt. Ich will nicht, dass du die Rolle überschätzt, die du bei all dem spielst. Oder dass du deswegen falsche Entscheidungen triffst.«

»Was glaubst *du*, warum ich es mache?«

»Ich denke, dass du sehr stolz auf das bist, was du inzwischen erreicht hast, und dazu hast du auch allen Grund. Aber Stolz ist ein gefährlicher Antrieb. Du sagst, du willst keinen Streit mit Frank, aber gleichzeitig freut es dich, wenn du dich durchsetzen kannst. Du sagst, dass dich die Reporter stören, aber gleichzeitig bist du von ihren Fragen geschmeichelt. Du sagst, der Ruhm ist dir nicht wichtig, aber verlieren willst du ihn auch nicht mehr.«

Harte Worte, aber er hatte Recht.

»Ja, das ist schon alles sehr verlockend. Aber ich weiß doch genau, dass das alles nur eine Show ist. Es tut eben gut, wenn man Anerkennung bekommt und Erfolg hat. Lenkt einen prima von seinen eigenen Problemen ab. Aber ich werde bestimmt nicht darauf hereinfallen.«

»Nun«, sagte mein Onkel ruhig und ohne die Spur eines Vorwurfs, »es wäre nicht das erste Mal, oder?«

Natürlich redete er von London. Und er traf mich damit sehr.

»Du hast mir das immer noch nicht verziehen, oder?«, fragte ich leise.

Er lächelte. »Es ist nicht an mir, dir etwas zu verzeihen, Liebes, das kannst du nur selber tun. Du warst auf der Suche nach dem, was du verloren hast, und bist dabei eine Zeit lang sehr gefährliche Wege gegangen. Aber du konntest die Stimme in deinem Herzen nicht zum Schweigen bringen, und das wird auch in Zukunft nicht anders sein. Es ist nichts Verwerfliches daran, seinen Erfolg zu genießen, solange man sich dabei nicht belügt.«

»Oder Menschen verletzt, die einem etwas bedeuten.«

»Oder ihn für wichtiger nimmt als die Stimme in seinem Herzen. So ist es.«

Mir wurde klar, dass mein Onkel mir keine simple Lösung für mein Problem liefern würde, wie ich insgeheim gehofft hatte. Aus allem auszusteigen wäre zwar das Einfachste gewesen, aber es war nicht das, was ich wollte. Im Gegenteil. Ich wollte weiter in meiner Band spielen, ich wollte meine Musik machen, ich wollte erfolgreich sein. Es musste einen Weg geben, wie ich mich mit Frank einigen konnte. Irgendwie.

Die folgenden Monate verliefen unspektakulär und rasend schnell. Wir hangelten uns durch die offiziellen Termine, Proben und Auftritte und bemühten uns darum, die bandinternen Streitigkeiten so gering wie möglich zu halten. Wir koppelten »Hingerhoftheater« als dritte Single aus, ein paar Wochen war sie in den Charts, aber sie konnte an den Erfolg von »Ich weeß jenau« nicht heranreichen.

Mike wurde dreißig, wir feierten seinen Geburtstag gebührend mit einer großen Party im *underground*, Frank und Amigo hatten keine Lust, aufzutreten, also machten Jess, Duke, Lenny und ich eine äußerst nette Session, bei der ich zum ersten Mal auf einer Bühne stand und *Zigg*-Lieder sang, ohne dass Frank dabei war.

Später setzten Mike und ich uns zusammen und er erzählte davon, wie satt er inzwischen das Leben und die Leute in der Stadt hatte.

»Das heißt, du willst wirklich ernst machen mit dem Hof?«

»Ja, ich denke schon. Lisa hat auch Bock drauf, sie ist zur Zeit soviel unterwegs, dass sie froh um jedes bisschen Ruhe ist. Sie schreibt wirklich geniale Artikel, als wir in den Staaten waren, hat sie fleißig recherchiert und wenn sie Glück hat, wird sie demnächst USA-Korrespondentin.«

»Das ist unglaublich, was sie für einen Ehrgeiz hat. Aber wenn ihr euch jetzt einen Hof irgendwo in der Pampa kauft und sie ist nie zu Hause, glaubst du nicht, dass dir das schnell langweilig wird?«

»Nein. Es wird sicher eine Menge zu tun geben, außerdem hoffe ich doch, dass ihr mich ab und zu besuchen kommt.«

»Ganz bestimmt. Spätestens wenn wir anfangen, das neue Album aufzunehmen, werde ich dringend einen Fluchtpunkt brauchen.«

Der Herbst war kalt und verregnet und meine Stimmung wurde von Tag zu Tag schlechter. Es wurde Zeit für eine neue Platte und wir alle erinnerten uns nicht gerade mit Freuden daran, was das bedeutete. Frank verhandelte mit Tino und Richie und schlug eine Schonfrist für uns heraus: Der Termin für das Album wurde für

März des nächsten Jahres angesetzt, unter der Bedingung, dass es vorher eine Single gab. Ich atmete innerlich auf und versuchte, die restliche stressfreie Zeit zu genießen und mich auf das vorzubereiten, was mich erwarten würde.

Ich hatte keine Ahnung von dem, was Frank all die Monate entwickelt hatte, denn die Zeiten, wo wir gemeinsam Texte geschrieben hatten, waren längst vorbei. Nach dem Ende der Tour hatten wir uns nur selten gemeinsam im Proberaum getroffen, meistens nur, wenn es darum ging, einen Auftritt vorzubereiten. Es hatte ein stillschweigendes Abkommen gegeben: Jeder machte sein Ding, jeder schrieb seine eigenen Stücke, und wenn die neue Platte anstünde, würden wir uns darüber verständigen. Deswegen war es mir außerordentlich wichtig, selber etwas vorweisen zu können, wenn es soweit war.

Natürlich bekam ich über Duke einiges mit, er spielte nun einmal die Leadgitarre in unserer Band und war von daher für meine *und* Franks Texte verantwortlich, aber das, was er zu berichten wusste, weckte nicht gerade meine Begeisterung.

»Na, das kann ja heiter werden«, rief er eines Abends, als er hoch ins Dachgeschoss kam.

»Was?«

»Ich war gerade unten bei Frank und Amigo. Sie basteln an neuen Songs, ein paar davon ohne Gitarre, wie es aussieht.«

»Wie, ohne Gitarre?«

»Na ja, Bass, Schlagzeug und viel Synthesizer. Ganz was Neues halt.«

»Ist ja prima. Was hast du dazu gesagt?«

»Gar nichts. Wenn es gute Songs werden, meinetwegen. Ich muss nicht ständig die Hauptrolle spielen.«

»Hm. Falls du trotzdem keine *komplett* gitarrenfreie Platte machen willst, hätte ich da auch noch ein paar Texte.«

»Na endlich, ich hab schon befürchtet, du hättest gar nichts geschrieben die letzten Monate. Zeig mal her!«

»Hier, das ist der Beste. Spanien, im Frühjahr.«

»Um was geht's?«

»Um meine Gefühle nach der Tour und ... um dich.«

Er betrachtete mich irritiert, las es und betrachtete mich dann nachdenklich. »Meinst du das ernst?«

»Hab ich je was geschrieben, das ich nicht ernst gemeint habe?«

Er las es erneut. »Ja, das war letztes Jahr, als wir uns gegen jeden Sturm gestellt haben. Aber was meinst du mit: *Noch kann isch nit loslasse, wat uns verbind'?*«

Leise sagte ich: »Ich meine damit, dass ich ohne dich das alles nie aushalten würde, weil du mich immer wieder daran erinnerst, um was es geht, genau, wie es da steht.«

Er kam zu mir, nahm mich lange in den Arm und gab mir einen Kuss. »Weißt du, ich hätte ohne dich nie *gemerkt*, um was es geht. Mach dir keine Sorgen. Du wirst von mir alles kriegen, was du brauchst, okay?«

Es gab relativ wenige Momente, in denen wir so offen über unsere Gefühle sprachen. Aber es tat endlos gut.

Nach einer Weile sagte er: »Okay, ich denke, wir machen einen Song daraus, mit einer satten Gitarrenbegleitung, wenn du nichts dagegen hast.«

»Absolut nicht. Aber nicht zu viel Rhythmusgitarre, ich will auch noch singen.«

»Gut, kriegen wir hin. Übrigens, wenn wir schon dabei sind, hast du noch mehr Sachen über mich in der Schublade, von denen ich nichts weiß?«

»Äh, ja ... Ist aber schon eine Weile her, dass ich es geschrieben habe und es geht mehr um dich als um uns, ich weiß nicht, ob du da Bock drauf hast.«

»Los, zeig her!«

Er wollte es ja nicht anders. Ich holte »Scherve« aus meiner Mappe. Der Text des vorletzten Winters, in dem es um ihn ging, um Sandy und vor allem darum, wie er mit all dem umgangen war. Ich rechnete damit, dass er es entweder völlig scheiße finden oder komplett verleugnen würde, aber er tat beides nicht. Er las eine Textzeile vor. »*Du weißt, dat du dat Spill verliers, längst nit meh' levst, nur noch existierst, die Zigg der Farben es längs vorbei, die Welt voll Scherve, schwer wie Blei.*« Er schüttelte den Kopf. »Irgendwann bringst du mir bei, wie man solche Texte schreibt, okay? Wieso zeigst du mir das erst jetzt?«

»Ich war mir nicht sicher, ob du darüber was hören willst.«

»Wahrscheinlich bist du der einzige Mensch auf der Welt, von dem ich mir so etwas sagen lasse. Aber jedes Wort ist wahr. Ich hab mir das alles viel zu lange schön geredet.«

»Was denkst du – willst du was daraus machen?«

»Schon. Du musst den anderen ja nicht unbedingt erzählen, worum es geht.«

»Das haben wir bei ›Ich weeß jenau‹ auch nicht getan. Ich fänd's einfach wichtig, dass wir mit ein paar guten Songs ins Studio gehen. Und ich kann nun mal nicht über die weltpolitische Lage schreiben, so wie Frank es tut. Ich kann immer nur über mich schreiben und über die Leute, die mir etwas bedeuten.«

Da wir durch die Terminverschiebung noch ein bisschen Luft hatten, verbrachte ich Anfang Dezember einige Tage bei meinen Eltern, ich hoffte, dass sie es mir so nicht übel nehmen würden, wenn ich an Weihnachten wieder nur auf eine Stippvisite vorbeikäme. Ihre Begeisterung über meine musikalische Karriere hielt sich nach wie vor in Grenzen und es fiel ihnen immer noch ungeheuer schwer, sich an die Tatsache zu gewöhnen, dass ihre Tochter eine relativ erfolgreiche und bekannte Sängerin geworden war.

Meine Mutter beschwerte sich zwar regelmäßig über die Reporter, die auch vor meinem Elternhaus nicht halt machten, gleichzeitig fühlte sie sich aber auch geschmeichelt, weil die Öffentlichkeit plötzlich Interesse an ihrem Leben hatte. Sie gab ein paar interessante Statements über meine Kindheit und über die Rolle ab, die sie bei der Entwicklung meiner Talente gespielt hatte. Sie verteilte großzügig Autogrammkarten an die Nachbarschaft und an Verwandte, sammelte sämtliche Zeitungsberichte über mich und meine Band und legte ein ausführliches Archiv an.

Da sie nun einmal meine Mutter war, blieben gelegentliche Ermahnungen und Vorwürfe nicht aus. Meistens kritisierte sie mein Outfit oder sie beklagte sich über gewisse Aussagen, die ich der Presse gegenüber gemacht hatte, aber alles in allem war sie doch stolz auf mich und ich freute mich darüber, dass sie soviel Spaß hatte.

Mein Vater hatte mit all dem wesentlich mehr zu kämpfen. Nicht nur, dass ich mich ihm gegenüber durchgesetzt und Recht behalten hatte, nicht nur, dass ich mit meiner Musik inzwischen tatsächlich

Geld verdiente, nein, ich war sogar erfolgreich geworden. Es war vollkommen absurd, mein Vater war nach wie vor eine anerkannte Koryphäe auf seinem Gebiet, aber er schien tatsächlich eifersüchtig auf die Aufmerksamkeit zu sein, die mir inzwischen zuteil wurde und von der er unfreiwillig auch betroffen war. Er wollte als großartiger Mediziner bekannt werden, nicht als der Vater einer populären Sängerin. Er wollte überhaupt nicht mit Musik in Verbindung gebracht werden, deswegen verweigerte er jegliche Interviews und regte sich schrecklich darüber auf, wenn doch etwas über ihn in der Presse – Musikmagazinen, nicht medizinischen Fachzeitschriften – stand.

Mein Leben und meine Karriere wurden zu Hause, zumindest wenn Albero anwesend war, zum Tabuthema erklärt, und da ich zum einen kein großes Interesse daran hatte, mit ihm Streit anzufangen und es zum anderen genoss, auch einmal über etwas anderes als über meine neue Platte zu reden, akzeptierte ich es. Und wenn mich meine Mutter zwischendurch heimlich in die Bibliothek führte und mir stolz die Ordner zeigte, die sie angelegt hatte, konnte ich sogar darüber lächeln.

Mit Beginn des neuen Jahres verging mir dieses Lächeln immer mehr, denn Anfang Januar trafen wir uns erneut im Studio, genauer gesagt, in *den* Studios, denn wir nahmen einige der Songs in Hamburg auf, weil es dort bessere Bedingungen gab für das, was sich Frank und Amigo so vorgestellt hatten.

Sie schlugen zurück. All die Missverständnisse, Enttäuschungen und Spannungen, all die Dinge, über die wir nie wirklich geredet, die wir totgeschwiegen oder übergangen hatten, spiegelten sich in den Songs wider, die Frank im letzten Jahr geschrieben hatte. Seine »weltpolitischen« Texte waren bitterer und zynischer als jemals zuvor. Seine Balladen waren intensiver und ruhiger als gewohnt. Und der Sound war so technisch, dass ich mich eine Zeit lang fragte, ob es nicht doch sinnvoller gewesen wäre, wenn wir uns getrennt und aus *Zigg* zwei Bands gemacht hätten.

Uns allen wurde sehr schnell klar, dass jeder von uns, sofern wir als *eine* Band eine Platte aufnehmen wollten, Kompromisse eingehen musste. Da ich mich im Frühjahr bei meinem Onkel dafür entschieden hatte weiterzumachen, und da die anderen auch keinerlei

Interesse am Aufhören hatten, gingen wir diese Kompromisse ein. Der Vorteil bei der ganzen Sache war, dass es kaum noch persönliche Auseinandersetzungen gab. Sämtliche Differenzen wurden über die Musik ausgetragen.

Frank und ich warfen uns den Fehdehandschuh zu: »Gitarrenfreie« Lieder bedeuteten natürlich auch keine Rhythmusgitarre, zudem bestand er bei zwei Songs darauf, sie komplett alleine zu singen. Im Gegenzug nahm ich ihm gelegentlich das Tamburin ab und ließ Duke bei »Heut un nit hier«, unserem dritten Song, die zweite Stimme singen.

Wir machten uns Friedensangebote: Ein Song mit satter Lead- und Rhythmusgitarrenbegleitung von ihm, dafür kein viertes Lied von mir.

So schafften wir es tatsächlich, uns auf elf Lieder zu einigen, die, vielleicht gerade aufgrund der ständigen Auseinandersetzungen, gar nicht mal schlecht waren.

Tino war irritiert, als wir zu ihm ins Studio kamen, er hatte nicht erwartet, dass unsere neuen Sachen so sehr von der »Hingerhoftheater« abweichen würden. Aber er fand Gefallen an den Songs, organisierte die Termine in Hamburg, wo wir vor allem die Synthesizerpassagen aufnahmen, und unterstützte uns auch sonst mit der gewohnten Zuverlässigkeit.

Wir schafften es, unseren Zeitplan einzuhalten. Im Februar brachten wir die erste Single heraus – »Verrückte Clowns«, ein bitterböser Song von Frank *mit* Gitarre. »Scherve« sollte dann als zweite folgen. Das Album kam im März, es hieß auch »Verrückte Clowns« und ich sagte nichts dazu, weil ich keine Lust auf Diskussionen hatte. Es hagelte massenweise positive Kritiken, scheinbar hatten wir mit unserer »technischen« Musik genau den Puls der Zeit getroffen.

Eigentlich hätte ich zufrieden sein können. Eigentlich war alles gut. Eine neue Platte, steigende Popularität, zumindest keine offen ausgetragenen Streitereien, nach wie vor eine enge Beziehung mit Duke und Jess, nach wie vor ein wunderbares Haus und viele gute Freunde.

Aber ich war nicht zufrieden. Mir war sehr deutlich bewusst, wie oft ich mich in den letzten Wochen zurückgehalten und »zum

Wohle der Band« irgendwelche Entscheidungen mitgetragen hatte, die mich im Grunde nicht glücklich machten. Die fiese Stimme fragte mich ohne Unterlass, ob ich wirklich okay finden würde, was ich so täte, und ich konnte ihr nur immer wieder die gleichen Phrasen entgegenschleudern: Das Album ist gut, ich habe mich schließlich entschlossen, weiterzumachen, ich habe keine Lust auf Streit, lass mich in Ruhe!

Je euphorischer die anderen wurden, desto stiller wurde ich, und natürlich dauerte es nicht lange, bis Duke merkte, dass etwas nicht stimmte. Irgendwann Mitte März verfrachtete er mich daher trotz meines Protestes und meiner Unlust ins Auto und lud mich bei unserem Lieblingsgriechen zum Essen ein. Und als allererstes orderte er eine Flasche Sekt.

»Hast du zu viel Geld oder einfach nur Lust zum Saufen?«, fragte ich nicht gerade fröhlich.

»Hey, falls du es noch nicht gemerkt hast, wir haben unsere Platte fertiggestellt. Normalerweise ist das ein Grund zum Feiern.«

»Wenn du meinst.«

»Tina, ehrlich, was ist los?«

»Ich habe keine Ahnung. Ich frage mich nur, ob das alles noch Sinn macht.«

»Was? Musik machen? Platten aufnehmen? Bei *Zigg* spielen?«

»Alles!«

»Wow. Bisschen viel auf einmal. Ich dachte eigentlich, dass du dich nach der Tour entschieden hättest weiterzumachen.«

»Habe ich ja auch. Ich denke auch nicht ans Aussteigen, aber es kotzt mich an, dass wir nicht einfach etwas hinkriegen, mit dem *alle* zufrieden sind.«

»Also, im Moment habe ich den Eindruck, dass du die einzige bist, die nicht zufrieden ist. Und das finde ich verdammt schade, weil das, *was* wir hingekriegt haben, wirklich ziemlich gut ist. Nur weil Frank immer noch nicht eingesehen hat, dass du die bessere Sängerin bist ...«

Ich dachte kurz darüber nach. Ging es darum? »Nein, das ist es nicht, im Gegenteil. Ich meine, er schreibt fünfzehn gute Texte in einer Zeit, in der ich gerade mal drei hinkriege. Er schreibt über die Dinge, die in der Welt passieren, während ich ständig in irgendwelchen Gefühlssümpfen rumsuhle. Er ist einfach verdammt gut und wahrscheinlich steige ich nur deswegen nicht aus, weil ich Schiss habe, dass ich es alleine nicht schaffe.«

»Jetzt hör aber auf! Erstens sind deine Texte was ganz besonderes, das bestätigen ja wohl auch sämtliche Kritiken, zweitens hat Frank, was das Schreiben, angeht eine Menge von dir gelernt. Und ich bin mir absolut sicher, dass *Zigg* nie so erfolgreich geworden wäre, wenn du nicht dazugekommen wärst.«

Ich bedankte mich mit einem Lächeln bei ihm, aber er setzte noch einen drauf. »Und drittens wärst du nicht alleine.«

»Wie meinst du das?«

»Du glaubst doch nicht im Ernst, dass ich bei *Zigg* bleibe, wenn du gehst.«

Mir verschlug es kurz die Sprache und einen kurzen Moment lang war ich versucht, sein Angebot sofort anzunehmen. Aber nur einen Moment lang.

»Ich hab ja gar nicht vor zu gehen. Aber trotzdem Danke. Ach, was weiß ich, vielleicht geht's auch gar nicht um die Band, vielleicht habe ich einfach zu lange keinen anständigen Sex mehr gehabt.«

»Ja«, er ging grinsend auf den Themenwechsel ein, »das geht mir auch so. Aber wir sind ja bald wieder auf Tour, vielleicht können wir uns ein paar hübsche Groupies abgreifen.«

»Ich will keine Groupies, ich will ...«, jemanden, der mich liebt, jemanden, der mein Herz zum Klingen bringt, »... einen richtigen Kerl!«

»Hm. Soll ich doch noch mal Amigo fragen?«

Ich verdrehte theatralisch die Augen, Duke grinste noch breiter und meinte dann: »Jetzt mal im Ernst, bald ist Frühling und dann kommt der Sommer, wäre doch gelacht, wenn sich da nicht irgendetwas ergeben würde.«

Ich betrachtete ihn kritisch. »Ich glaube nicht mehr an die Verheißungen des Sommers, Duke. Besonders nicht nach dem letzten.«

Er hob sein Glas und sah mir tief in die Augen: »Ich verspreche dir, irgendetwas Phänomenales wird diesen Sommer passieren.«

»Na dann«, ich nahm mein Glas ebenfalls zur Hand, »auf den Sommer!«

»Auf den Sommer!«

ZWEITES BUCH

hope

When I woke up that gentle stroke in my hair,
an unknown breeze
of something long forgotten in the air.
A touch of sincerity, a touch of faith and trust,
A touch I long for though I know that it's lost.

I

In den folgenden Monaten klammerte ich mich an Dukes hoffnungsvolle Verheißungen, doch nichts deutete darauf hin, dass es besser werden würde, im Gegenteil, ich fühlte mich Tag für Tag in meinen Zweifeln bestätigt. Die Promotion für »Verrückte Clowns« lief auf Hochtouren, wir hatten Unmengen von Radio- und Fernsehauftritten, Interviews und Presseterminen. Wir hetzten in unseren Tourbussen, teilweise auch im Flugzeug, so oft von einem Ort zum anderen, dass ich bald den Überblick verlor und mich nur noch auf Richies Management und Franks Organisation verließ.

Der permanente Termindruck und das ständige Aufeinanderhocken setzten uns allen zu, die alten Spannungen kamen wieder hoch und die Streitereien zwischen Amigo und Duke nahmen mal wieder ein so großes Ausmaß an, dass wir kaum noch zusammen auftreten konnten. Ich beobachtete das alles mit einem immer größer werdenden Gefühl von Resignation. Das Konkurrenzgehabe zwischen Frank und mir und die Wortgefechte von Duke und Amigo gingen mir nur noch auf die Nerven, aber ich wusste nach wie vor nicht, was ich dagegen tun sollte. Deshalb hielt ich mich so gut es ging aus allem raus. Ich vermisste die Freundschaft und Nähe, die es früher zwischen uns gegeben hatte, und sehnte mich nach dem Sommer vor zwei Jahren, als alles noch leicht und sorgenfrei gewesen war.

Wenn wir frei hatten, fuhr ich ins Sauerland, wo Mike und Lisa Anfang März ein wirklich schönes Haus gefunden und gekauft hatten. Mike hatte seinen Job in Köln gekündigt und wollte erst einmal ein paar Monate arbeitslos bleiben, um das Haus zu renovieren. Lisa war inzwischen ständig für ihre Reportagen unterwegs und selten zu Hause, aber das störte die beiden wenig, sie ließen sich die Freiräume, die sie brauchten, und waren glücklich miteinander. Es war der einzige Ort zu dieser Zeit, wo ich wirklich Ruhe finden konnte.

Dann kam der Juli. Und wir erhielten eine Anfrage von unserer Plattenfirma, ob wir Interesse an einem Auftritt bei der Echo-Verleihung in Berlin hätten. Für eine Nominierung, erläuterte Tino, hätte es nicht ganz gereicht, aber eine bessere Promotion könne man sich schließlich nicht vorstellen. Wir sahen das genauso. Plötzlich waren wir aufgeregt, stolz und überdreht und hatten wieder das Gefühl zusammenzugehören. Hey, wir waren eine angesagte Band! Was waren ein paar Unstimmigkeiten und Streitereien, wenn man auf dem Weg zur Echoverleihung war! Auf einmal machten uns die fünfhundert Kilometer Fahrerei gar nichts mehr aus, die Stimmung war prima, und als wir bei Magdeburg im Stau standen, kurbelten wir die Fenster herunter, Duke packte seine Gitarre aus und wir sangen und spielten so laut, dass die Leute aus ihren Autos stiegen und sich Autogramme von uns holten. Duke grinste über das ganze Gesicht, endlich wieder. »Na, geht doch«, schien er zu sagen.

Wir waren Freitag, einen Tag vor der Verleihung, hochgefahren, und am Abend zogen wir zu neunt durch Berlins Kneipen wie eine Horde Jugendlicher, die zum ersten Mal in der großen Stadt war. Wir konnten es nicht fassen, wir waren in einem der wirklich schicken Hotels der Stadt untergebracht, zusammen mit den Großen der internationalen Musikszene, die wir verehrten oder auch verachteten. Wir gehörten selber zu den Großen! Sogar Duke und Amigo einigten sich im Laufe der Nacht darauf, dass es sich dafür doch lohnen würde, weiterhin Musik zu machen und den privaten Stress einfach zu vergessen.

»Habe ich's nicht gesagt?«, fragte Duke mich grinsend, als wir wieder zurück zum Hotel kamen.

»Was?«

»Dass etwas Phänomenales passieren wird.«

»Ja, aber hast du dabei wirklich nur an diesen Auftritt gedacht?«

»Jetzt wart's doch mal ab, den Rest kriegen wir auch noch hin.«

Mein Hochgefühl hielt bis zum nächsten Tag an. Bis ziemlich genau drei Stunden vor der Show. Ich hatte die Jungs aus meinem Zimmer gescheucht, um mich in Ruhe auf den Abend vorzubereiten. Ich war nervös und ging die Klamotten durch, die ich mitgebracht hatte, konnte mich aber nicht entscheiden, was ich anziehen sollte. Als es klopfte, reagierte ich deswegen mit einem ziemlich ungehaltenen »Ja?«

Lenny steckte den Kopf zur Tür rein. »Stör ich?«

»Ja, tust du.«

»Oh, okay, dann geh ich wieder.«

Ich rief ihn zurück. Irgendwie sah es wichtig aus. Er fragte, ob ich ein paar Minuten Zeit hätte. Scheiß auf die Klamotten, dachte ich. »Klar. Was ist los?«

Wir setzten uns an den kleinen Tisch und er begann zu erzählen. Von den chronischen Kopfschmerzen, die er seit drei Monaten hatte. Von den Schmerzen in seinem Handgelenk, von den Tabletten, die er seit Wochen vor jedem Auftritt nahm, um irgendwie durchzuhalten.

»Ich packe das alles nicht mehr, Tina. Diesen ganzen Stress, das dauernde Unterwegssein, die Spannungen zwischen dir und Frank und Duke und Amigo. Ich muss wieder zur Ruhe kommen. Und deswegen«, er machte eine kurze Pause und holte Luft, »werde ich, sobald wir wieder zuhause sind, den anderen sagen, dass ich aufhöre. Hannover nächste Woche ist definitiv mein letzter Auftritt.«

Ich saß da wie gelähmt. Hatte keine Ahnung, was ich sagen sollte. War viel zu schockiert. Was Lenny natürlich merkte. »Tut mir leid, dass das jetzt so plötzlich kommt. Aber der Auftritt heute Abend ... Ich musste es wenigstens einem sagen, sonst wäre ich mir wie ein Verräter vorgekommen.«

»Ist schon okay«, sagte ich matt, »ist gut, dass du's erzählt hast.«

»Gut, dann gehe ich jetzt wieder. Bis nachher. Und ... ich würde es den anderen gerne selbst erzählen.«

»Klar. Ich werde es für mich behalten.«

»Danke. Danke für alles.«

»Für was?«, wollte ich noch fragen, aber da war er schon draußen.

Als Duke eine Stunde später kam, um mich abzuholen, hatte ich mich immer noch nicht bewegt. Lennys Worte fegten durch meinen Kopf. Schmerzen. Tabletten. Letzter Auftritt.

»Tina, bist du soweit? Wir wollen dann ... Was ist denn mit dir los?«

»Meine Welt bricht gerade zusammen« wäre die einzig passende Antwort gewesen, aber dann hätte ich ihm erklären müssen, warum. Die erstbeste Notlüge, die mir einfiel, war: »Oh, Scheiße, ich glaube, ich bin eingeschlafen.«

»Eingeschlafen?«, fragte er entsetzt. »Du hast den wichtigsten Auftritt deiner Karriere vor dir und schläfst ein?«

Klar, dass das nicht glaubwürdig klang. Und waren es nicht genau diese ständigen Lügen gewesen, die uns zu dem gemacht hatten, was wir waren – eine Band, deren Drummer unbemerkt vor die Hunde ging?

»Duke, glaub mir, ich kann es dir nicht erklären«, versuchte ich es.

»Aber dir geht's scheiße, oder?«

»Ja. Du kannst mir aber gerade nicht helfen. Lass uns einfach schnell diese Show hinter uns bringen.«

Und so ging ich in meiner alten, zerrissenen Jeans und einem schwarzen T-Shirt zur Echo-Verleihung. Einen Koffer voll mit Klamotten und Make-up völlig umsonst mitgeschleppt. Wir suchten unsere Plätze und konnten die Verleihung zumindest bis zu unserem Auftritt verfolgen, auch wenn das meiste völlig an mir vorbeiging. Tabletten. Schmerzen. Letzter Auftritt.

Der beste internationale Künstler erregte kurz meine Aufmerksamkeit, weil Spike nominiert war, der sich vor einigen Jahren von seiner Band getrennt und eine erfolgreiche Solokarriere eingeschlagen hatte. Er bekam den Preis allerdings nicht, sondern Dave Roberts, ein englischer Sänger, der vor allem wegen seiner Skandale zur Zeit in aller Munde war.

»Dieses arrogante Arschloch«, kommentierte Jess, als Dave auf die Bühne kam. »Der hat es ja nun wirklich nicht verdient.«

Fand ich auch, obwohl mir seine Musik und seine oft kritisierten harten Worte gegen die Presse und das Musikbusiness ganz gut gefielen. Aber Spike war natürlich um Welten besser. Trotzdem sagte ich zu Jess: »Hey, *du* hast doch letztes Jahr einen Song von Dave Roberts angebracht und vorgeschlagen, ihn zu covern.«

»Ja, und ihr habt das alle abgelehnt. Er hat schon ein paar ganz nette Lieder. Aber bester Künstler ...«

Wir nickten zustimmend.

Bei unserem Auftritt, der angemessen bejubelt wurde, schaute ich immer wieder zum Schlagzeug, versuchte, Lennys Blick zu erhaschen, um zu sehen, wie es ihm ging. Aber er lächelte nur. Auch ihm war klar, wie wichtig das Ganze war.

Natürlich gingen wir anschließend auf die Aftershow-Party. Dort traf ich auch Spike, der mich freudig begrüßte: »Tina from Cologne, Germany! Ich wusste doch, dass wir uns wiedersehen.«

Er wollte unbedingt wissen, wie es mir in den letzten Jahren ergangen war, und wir unterhielten uns lange. Er freute sich über meinen Erfolg, seine eigene Niederlage schien ihm hingegen überhaupt nichts auszumachen. Aber schließlich hatte er inzwischen genug andere Preise bekommen, ein Echo mehr oder weniger spielte wohl keine Rolle.

Ist es das, fragte ich mich irgendwann, muss man erst alles haben, bevor es einem wieder egal wird? Und was ist, wenn man nicht durchhält bis dahin? Und schon fing das Gedankenkarussell wieder an, sich zu drehen.

Um erst einmal zur Ruhe zu kommen, ging ich hinaus auf die große Terrasse, setzte mich dort im Schatten einer Statue auf das Geländer und rauchte eine. Längst vergangene Gespräche gingen mir durch den Kopf, mit Ratze, Mike, meinem Onkel. Wir hatten so oft darüber gesprochen, was die Musik uns bedeutete, warum wir unsere Geschichten erzählten und niemals unsere Ideale verraten wollten. Und was hatte es genutzt? Hatte ich jemals verstanden, was Mike uns schon ganz zu Anfang unserer Karriere sagen wollte?

Ich wurde in meinen Grübeleien unterbrochen, weil ich Schritte hörte. Schnelle. Ein Mann, den ich nicht kannte, kam über die Terrasse und lief auf die Freitreppe zu. Ein zweiter kam hinterher und rief auf Englisch: »Marc, zur Hölle, warte!«

Marc wartete tatsächlich am Fuß der Treppe. Den anderen erkannte ich sofort – es war der frischgebackene beste internationale Künstler, Dave Roberts. Die beiden hatten mich nicht gesehen, und der Streit, der folgte, war mit Sicherheit nicht für fremde Ohren bestimmt. Ich verstand nicht alles, weil sie verdammt schnelles Englisch mit verdammt vielen Flüchen sprachen, aber es ging um eine versaute Pressekonferenz und irgendwelche private Informationen, die Marc, wie es klang, Daves Manager, anscheinend an die Presse weitergegeben hatte. Ich weiß nicht, wie lange sie sich gegenseitig Vorwürfe machten.

Irgendwann schüttelte Marc den Kopf und sagte: »Weißt du was, David? Geh wieder da rein und sauf dir weiter die Birne zu. Wenn du wieder nüchtern und von deiner Paranoia runter bist, dann ruf mich an. Ich habe wirklich keine Lust mehr auf diesen Scheiß.«

Mit diesen Worten ließ er ihn stehen und lief die Treppe endgültig hinunter. Dave schaute ihm nach. Etliche Sekunden lang. Dann fuhr er sich mit den Händen durch das Haar und blickte sich um, als wollte er überprüfen, wo er sich gerade befand. Und dabei sah er mich. Ebenso lang wie er Marc hinterhergeschaut hatte, starrte er nun mich an. Und sagte dann: »Scheiße, hast du das alles mitgekriegt?«

»Mehr oder weniger«, sagte ich nur. Warum lügen? Oder rechtfertigen? War doch eh alles nur eine – mehr oder weniger – schlechte Show.

Was genau in diesem Moment passierte, kann ich nicht sagen. Aber anstatt wütend zu werden oder kommentarlos wieder hineinzugehen, wie ich es eigentlich erwartet hätte, blieb Dave einfach stehen.

»Ach, scheiß drauf«, sagte er dann. »Ist eh alles nur eine schlechte Show.«

Konnte er Gedanken lesen? Oder hatte er das gleiche gesehen wie ich? *Dass* hier irgendetwas passierte, war nicht zu übersehen.

»Ja«, sagte ich, »deswegen sitze ich hier.«

Er schaute mich an. Das war mit Sicherheit nicht der Blick eines arroganten Arschlochs. »Und, bleibst du hier draußen?«, fragte er.

»Weiß noch nicht«, sagte ich, weil ich mir nicht sicher war, wohin das ganze führte. Oder ob ich überhaupt wollte, dass es irgendwohin führte.

Er überlegte kurz und nickte. »Okay. Ich für meinen Teil werde jetzt den Rat meines Managers befolgen und mir was zu trinken besorgen.« Er sah mich an. »Soll ich dir was mitbringen?«

»Hm. Martini wäre nicht schlecht.« Hatte ich ewig nicht mehr getrunken. Aber einem Engländer müsste das doch gefallen.

»Gut.« Ein kurzes Zögern, dann drehte er sich um, ging zwei Schritte, blieb stehen und fragte, ohne sich mir zuzuwenden: »Du bist noch da, wenn ich wiederkomme.«

Es klang mehr nach Feststellung als nach Frage, und die Selbstverständlichkeit in seiner Stimme ärgerte mich. Trotzdem schluckte ich die eher zynische Bemerkung, wann er denn wiederzukommen gedenke, hinunter und sagte nur: »Denke schon.«

Die Schritte, die ich ein paar Minuten später hinter mir hörte, waren zu vertraut, als dass sie zu ihm gehören konnten. Es war Duke.

»Hier bist du, ich suche dich schon die ganze Zeit. Die anderen wollen so langsam aufbrechen, kommst du gleich mit?«

Ich sah ihn an. »Nein.«

Er schaute irritiert zurück. »Wie, nein?«

»Ich kann noch nicht weg, Duke.«

»Du kannst noch nicht weg? Was hast du denn noch vor?«

»Weiß ich selbst noch nicht genau.«

Kopfschütteln und tiefes Luftholen. Dann: »Das klingt, als wolltest du entweder heut Abend noch hier von der Mauer springen – oder als würdest du darauf warten, irgendeinen Kerl abzuschleppen.«

Es war immer wieder erschreckend zu sehen, wie gut Duke mich kannte. Ich grinste ihn an. »Also, von der Mauer springen werde ich bestimmt nicht.«

Und da die Fragezeichen in seinem Blick nach dieser Antwort eher größer wurden, ergänzte ich: »Ich habe keine Ahnung, was das heute Abend wird, aber ich brauche auf jeden Fall noch ein bisschen Zeit. Ich komme später mit dem Taxi nach, okay?«

»Bist du sicher?«

»Jaa«, sagte ich. Das »Papa« fügte ich nur in Gedanken an. Er war überhaupt nicht angetan davon, mich hier in der großen, unbekannten Stadt alleine zurückzulassen, zumal in der Gesellschaft etwaiger unbekannter Männer. Aber er ging nach einer kurzen Umarmung und einem langen »Pass-auf-dich-auf-und-mach-mir-keine-Schande«-Blick.

Dave kam zurück und gab mir schweigend meinen Drink, er selber hatte sich einen ungefähr dreifachen Whisky besorgt. Ich fragte: »Noch was los da drinnen?«

»Nichts Neues«, meinte er ohne Wärme in der Stimme. Und dann: »Wer war der Typ gerade?«

»Ein Freund von mir, der sich verabschiedet hat.«

»Hm.« Ein kurzer Blick, ein kurzes Schweigen. »Und warum bist du nicht mit ihm mitgegangen?«

Das Gespräch nahm nicht gerade die Richtung, die ich erhofft hatte. Mich nervten sowohl seine Coolness als auch seine Eifersucht. Trotzdem fiel mir nichts ein außer der Wahrheit. »Zunächst mal, weil ich dir gesagt habe, dass ich auf dich warte. Und weil ich den Eindruck hatte, dass du der erste Mensch heute Abend bist, der nicht denkt, ich wäre reif für die Klapse, weil ich den ganzen Scheiß da drinnen nicht mehr ertrage.«

Da er nichts erwiderte, setzte ich noch einen drauf. »Und ich bin verdammt froh, dass du wiedergekommen bist.«

»Hey, ich habe gesagt, dass ich wiederkomme.« Seine Verteidigung brachte mich zum Lächeln. Und ihn kurz darauf auch.

»Scheiße, tut mir leid. Irgendjemand hat dir bestimmt schon erzählt, dass ich ein arrogantes Arschloch bin.«

»Ich hörte davon, ja. Nur, wenn du es bist, warum bist du dann zurückgekommen?«

Er versuchte, möglichst gleichgültig mit den Schultern zu zucken. »Es ist wirklich schrecklich öde da drinnen.«

»Und du dachtest dir, dass es spannender ist, sich mit der Frau zu unterhalten, die deine Streitgespräche belauscht?«

»Nein.« Keine Arroganz. Nur sein Blick. »Ich würde nur verdammt gerne wissen, aus welchem Grund du alleine hier draußen sitzt.«

Ich weiß nicht, warum ich es tat. Ich hatte versprochen, nichts zu sagen. Der *Band* nichts zu sagen. Und obwohl es wahrscheinlich viel schlimmer war, es einem Typen zu erzählen, den ich kaum kannte, ich musste es loswerden. »Weil mir unser Drummer heute gestanden hat, dass er gerade vor die Hunde geht. Aber ich denke nicht, dass dich das interessiert.«

Er überlegte – tat zumindest so – und fragte: »Was ist los mit ihm?«

Ich erzählte ihm alles. Die ganze Scheiße und das ganze Chaos der letzten Monate. Er hörte einfach nur zu. Zwischendurch besorgte er uns neue Drinks und da wir beide keine Lust hatten, anderen Partygästen zu begegnen, schlug ich vor, hinunter in den Park zu gehen.

Wir kamen zu einem Spielplatz, ich warf ihm einen kurzen, verschwörerischen Blick zu, wir liefen los und benahmen uns eine Zeit lang, als wären wir tatsächlich Kinder. Wir probierten die Schaukeln, Rutschen und Wippen aus, bis wir vor lauter Lachen nicht mehr konnten. Dann machten wir es uns in einem Turm der Kletterburg gemütlich. Arm in Arm, an die Holzwand gelehnt. Ich erzählte ihm nun auch von Duke, von meiner Musik und wie alles angefangen hatte. Und wie selbstverständlich auch von Ratze und meiner Zeit in London.

»Du warst im *Clusters*?«, meinte er zwischendrin erstaunt. »Da hab ich in den letzten Jahren ein paar üble Abstürze gehabt.«

Er erzählte auch einiges von seiner Geschichte, von Birmingham, wo er lebte, und von der Band, mit der er bekannt geworden war, bevor ihm vorletztes Jahr der Durchbruch als Solokünstler gelungen war. Zögerlicher als ich, aber genauso ehrlich. Und zwischendurch Momente, wo wir nur schwiegen. Zwei, drei Mal ein langer Kuss.

Irgendwann, als die Drinks längst leer waren, begann es zu dämmern. Und die zunehmende Helligkeit holte mich in die Realität zurück. Ich dachte an Duke und die Jungs, die spätestens am Mittag dieses heraufziehenden Tages mit mir zurück nach Köln fahren wollten. Ich brauchte ein paar Stunden Schlaf. Nicht weit weg von dieser Umarmung.

»Dave?«

»Hm?« Er war tief in irgendwelchen Erinnerungen versunken und hatte auf Realität noch weniger Lust als ich.

»Ich sehne mich nach einem Bett. Und mein ›Chauffeur‹ ist schon vor etlichen Stunden gefahren. Kann ich bei dir schlafen?« Wir mussten beide lachen über diese klischeehafte Frage.

»Klar kannst du bei mir schlafen«, antwortete Dave grinsend.

»Aber was viel wichtiger ist«, setzte ich nach, »kannst du uns in dein Zimmer bringen, ohne dass wir irgendwelchen Idioten über den Weg laufen?«

»Hm. Das ist schon schwieriger.« Er streckte sich und stand auf. Schlagartig vermisste ich die Wärme seines Körpers. »Aber das kriegen wir hin.«

Wir schlichen eine Weile wie die Diebe um das Hotel, bis wir einen Lieferanteneingang fanden, der noch oder schon offen war. Als wir auf einen der Angestellten trafen, nahm Dave ihn beiseite, redete mit ihm und steckte ihm wohl auch einen Geldschein zu. So langsam bewunderte ich ihn für die Selbstverständlichkeit, mit der er sich in dieser Welt bewegte. Und um die Lässigkeit oder Arroganz, mit der er seine beiden Trümpfe – Ruhm und Geld – einsetzte. Wir gingen unbehelligt quer durch die Lagerräume des Hotels, in den Lieferantenaufzug und dann irgendein Treppenhaus hoch, einen weiteren Gang entlang, bis wir vor seiner Zimmertür standen. Er zögerte kurz, bevor er öffnete. »Bist du sicher?«, schien er zu fragen. Ich nickte, ohne zu zögern.

Natürlich war es eine Suite, die größte, die ich bisher gesehen hatte. Ich lief beeindruckt durch die einzelnen Räume und gab abschließend mein fachmännisches Urteil ab. »Nett!«

Dave stellte sich vor mich und meinte: »Ja, tut mir leid, das Penthouse mit Swimmingpool war leider vergeben. Aber für eine Nacht müsste es reichen, oder?«

Ich nickte großzügig, er umarmte mich und gab mir einen langen Kuss. Ich unterbrach ihn, indem ich fragte: »Und wo ist die Bar?«

Er zeigte sie mir, und als ich nach ein paar Minuten immer noch auf ihren Inhalt starrte, wurde mir klar, dass hier gerade irgendetwas aus dem Ruder lief. Was war los? Dieser Mann brachte etwas in mir zum Klingen, das ich seit Jahren nicht mehr gespürt hatte, und das machte mich wirklich nervös. Die fiese Stimme in meinem Kopf erzählte ohne Unterlass alle möglichen Dinge, bis ich beschloss, ihr nicht mehr zuzuhören. Ich war heute schon genug Risiken eingegangen. Außerdem war sowieso alles nur eine mehr oder weniger schlechte Show.

»Ich glaube, ich muss dir noch was sagen, Dave.«
Pure Skepsis in seinem Blick. »Das klingt schrecklich.«
»Ist aber wichtig.«
Er seufzte. »Okay.«
Also dann. »Bis du gekommen bist, dachte ich, ich hätte den miesesten Abend meines Lebens vor mir. Und im Moment denke ich, das es einer der besten war, die ich je hatte. Ich habe mich seit Jahren nicht mehr so wohl gefühlt und ... Shit, ich sehne mich

grade endlos nach deiner Nähe und ich will dich wenigstens die nächsten Stunden noch bei mir haben und einen Scheiß drauf geben, was später sein wird.« Ich brach ab und sah ihn an.

Skepsis, Zweifel und ein großes Fragezeichen. »Da kommt jetzt noch ein ›aber‹, oder?«

»Aber ... ich glaube ... ich werde nicht mit dir vögeln heute.«

Alles, Skepsis, Zweifel, Fragezeichen verschwanden. Übrig blieb Erstaunen. Er musste beinahe lachen. »*Darüber* machst du dir Sorgen?« Er schüttelte den Kopf und zog mich in seine Arme. Ich hielt ihn fest, als wäre ich am Ertrinken. Er fragte: »Weißt du, wovor ich Angst habe seit ich dich da vorhin sitzen sah?« Er? Angst? Keine Ahnung!

»Ich habe Angst davor, dass du morgen früh oder wann auch immer aufwachst und neben dir nichts als ein arrogantes, egoistisches Arschloch vorfindest. Weil ich mein Leben lang genau das war. Und was du heute Abend mit mir gemacht hast, weiß ich nicht. Ich weiß nur, dass all das, was du heute gesehen hast, seit Jahren nicht mehr da war, und ich hab keine Ahnung, wie lange es bleibt. Ich will nicht mir dir vögeln.« Ein kurzer Blick. »Klar will ich, aber darum geht es überhaupt nicht. Das einzige, was ich wirklich will ist ... «, er musste schlucken und brauchte Sekunden, bis er es sagen konnte, » ... dass es dir gut geht und dass du deinen Stress für eine Weile vergessen kannst.«

Auf einmal war alles so unglaublich klar. Wir waren beide am Ertrinken. Und hatten überhaupt keine Chance, uns da herauszuhelfen. Das einzige war, uns eine kurze Auszeit voller Wärme und Ruhe zu geben. Und das hatten wir beide von Anfang an geahnt. Eine halbe Stunde später lagen wir, Arm-in-Arm und beide nur *fast* nackt, in seinem Bett und waren so zufrieden, wie zwei Menschen es nur sein konnten. Wir hatten es verstanden. Und ich für meinen Teil war ziemlich stolz darauf.

II

Das erste, was mir klar wurde, als ich gegen zwölf wieder aufwachte, war, dass er nicht mehr neben mir lag. Aber ich hörte ihn einen Moment später im Bad. Ich wollte nicht wach werden, nicht aufstehen, und ich fragte mich, ob er tatsächlich so drauf war, wie er es gestern angekündigt hatte. Als ich ihn dann sah, wusste ich: Er war zumindest nicht weit davon entfernt.

»Morgen«, sagte er kühl, während er sich ein Hemd aus seinem Koffer nahm, »gut geschlafen?«

»Zu kurz«, nuschelte ich. Immerhin lächelte er. »Da drüben steht Kaffee, wenn du willst auch Aspirin.«

Ich versuchte, möglichst schnell wach zu werden. Gut, das war eine Eine-Nacht-Nummer, genauer eine Nacht *ohne* Nummer, und es war der nächste Morgen. Trotzdem konnte ich nicht so ohne weiteres auf cool umschalten.

»Okay«, sagte ich, »als erstes muss ich mal telefonieren, damit meine Leute nicht ohne mich losfahren.« Er nickte und deutete mit dem Kopf zum Telefon.

»Und dann ... ich würde ganz gern duschen, falls noch Zeit ist, oder musst du los?«

Er sah mich zum ersten Mal direkt an. Und da war, irgendwo, noch eine ganze Menge von letzter Nacht. »Nein«, sagte er, »kein Stress. Mach so lange, wie du brauchst.«

Ich stand auf, nahm mir einen Kaffee und setze mich ans Telefon. Zum Glück hatte ich die Nummer von unserem Hotel dabei. Ich erreichte Duke, der verdammt besorgt und verdammt sauer war. Aber ich konnte ihn davon überzeugen, alles später zu klären. Dann ging ich unter die Dusche und fühlte ein kurzes Bedauern, dass ich keine Zeit hatte, in diesem Badezimmer eine ungefähr fünfstündige Wannenorgie durchzuführen.

Als ich fertig war, setzte ich mich für einen Moment auf das Bett und beobachtete Dave, der planlos irgendwelche Dinge in seinen Koffer aus- und wieder einräumte. Er wartete. Er will, dass ich gehe, dachte ich. Also zog ich mich fertig an.

»Ich geh dann mal.«

Er nickte und kam zu mir. Sein Blick in diesem Moment machte mir klar, dass wir es nicht dabei belassen konnten. Und dass ich die Richtung vorgeben musste.

»Hör mal«, setzte ich an, »ich weiß, du wirst mich nicht fragen, und ehrlich gesagt weiß ich nicht genau, ob ich es tun soll, aber gibt es irgendeine Nummer, unter der ich dich erreichen kann?«

Das war zwar auch Klischee pur, aber in diesem Augenblick überhaupt nicht witzig.

Er nickte, ging zum Tisch und schrieb ein paar Zahlen auf, kam wieder zu mir und drückte sie mir in die Hand. »Das ist die Privatnummer von Marc. Darüber kriegst du mich am besten. Und wenn nicht, weiß er auf jeden Fall, wo ich zu finden bin.«

Ich nickte auch. Das war weit mehr, als ich erwartet hatte. Aber er setzte noch einen drauf. »Die nächsten zwei Wochen bin ich fast nur unterwegs, aber danach müsstest du mich erwischen können, wenn du willst.«

Oh ja, ich wollte. Sehr. Wir standen voreinander, sahen uns an. Mit jeder Sekunde wurde sein Blick wärmer. Ich glaube, es irritierte und erfreute ihn gleichermaßen, als er merkte, dass etwas von dem, was ich letzten Abend bei ihm anscheinend geweckt hatte, die Nacht und den Morgen überdauert hatte. Er bewegte sich als erster, als wir uns in den Arm nahmen.

»Ruf an, ja?«, flüsterte er.

»Werde ich.«

Ein langer, langer Kuss. Und noch ein Blick. Und ohne ein weiteres Wort ging ich aus seinem Zimmer.

Zwei Stunden später waren wir auf dem Weg nach Hause. Obwohl ich hundemüde war, konnte ich nicht schlafen. Ich blickte aus dem Fenster und sah kaum etwas von der Landschaft, weil die Bilder des letzten Abends an mir vorbeizogen. Und die Wärme. Und die Klarheit. Zwischendurch schrieb ich einige Zeilen eines neuen Textes auf, in Englisch, und das vorherrschende Wort war »Touch«. Hin und wieder griff ich in meine Hosentasche, um mich zu vergewissern, dass der Zettel von Dave auch wirklich da war. Duke neben mir sah mich immer wieder an, er platzte vor Neugier, und obwohl ich ein großes Bedürfnis hatte, ihm alles zu berichten, hielt ich mich wegen der anderen zurück. »Ich erzähl's dir heute Abend, okay?«, sagte ich zu ihm.

Er grinste. »Alles klar.«

Er kam später auf unseren Balkon, wo ich bereits mit meinen Zetteln saß, der Sonne beim Untergehen zuschaute und in Gedanken weitere Worte fand, die zu dem neuen Text passten. Er setzte sich dazu und versuchte eine Weile herauszufinden, was ich an den Wolkenformationen so spannend fand. Als es ihm nicht gelang, grinste er noch breiter und sah mich an. »Also, da du gestern Nacht eindeutig *nicht* von der Mauer gesprungen bist ... hast du stattdessen beschlossen, dich zu verlieben?«

Oh, oh. Dieses Wort erschien mir als völlig unzureichende Beschreibung meines Zustands. Die fiese Stimme in meinem Hinterkopf fragte: Weil es das nicht sein darf?

Quatsch, wurde ihr geantwortet. Weil es das nicht ist.

»Ich bin nicht verliebt, Duke.« Er schaute zweifelnd, deswegen ergänzte ich: »Aber ich habe seit Jahren nicht mehr eine so schöne Nacht gehabt.«

»Alleine?«, fragte er.

Es machte mir wirklich Spaß, ihn zappeln zu lassen. »Nein ...«

»Sondern?«

Ziemlich leise sagte ich: »Mit Dave.«

Irgendetwas fühlte sich nicht gut an. »Dave?«, fragte Duke irritiert.

Ich sah, wie er im Geiste sämtliche »Daves« durchging, die ihm im Zusammenhang mit der Echoverleihung einfielen. Er kam schnell zu einem Ergebnis und das gefiel ihm überhaupt nicht. »Roberts?«, fragte er mit sehr, sehr großem Zweifel in der Stimme.

»Ja.«

Er starrte mich an. Da war beinahe Entsetzen in seinem Blick. »Du hast mit Dave Roberts gevögelt?«

So ganz kapierte ich es immer noch nicht, deswegen blieb ich erst einmal ruhig. »Ich habe nicht mit ihm gevögelt! Na ja, nicht ganz.« Zumindest kapierte ich, dass mir Dukes Blick nicht gefiel, deswegen brach ich ab. Da *war* Entsetzen in seinem Blick.

»Bist du vollkommen irre?«

Ich war mir nicht ganz sicher. »Wieso?«

Er rang nach Worten. »Da bist du auf einer Party mit zweihundert gut aussehenden Typen und du suchst dir ausgerechnet diesen ... durchgeknallten Kotzbrocken raus? Willst du, dass morgen in jeder scheiß Zeitung steht, wie gut man sich mit dir amüsieren kann oder wie leicht du rumzukriegen bist? Der Typ prahlt doch ständig mit seinen Weibergeschichten, verdammt, der interessiert sich doch einen Scheiß für dich!«

Okay. Duke merkte genau, wie viel mir die Sache bedeutete. Aber er hatte keine Ahnung, was wirklich passiert war. Er hatte ihn nicht erlebt. Und er hatte verdammt noch mal kein Recht, so über ihn zu reden. Vielleicht kannte er Dave Roberts in der Öffentlichkeit, aber er kannte nicht das, was ich gesehen hatte.

Ganz kurz meldete sich die fiese Stimme: Und wenn er recht hat? Und wenn Dave sich wirklich nur einen netten Abend gemacht hat?

»Hör auf«, rief ich, und meinte sowohl sie als auch Duke. »Du weißt überhaupt nicht, was passiert ist! Das war keine Show letzte Nacht. Und bloß weil du seit Ewigkeiten keine Frau mehr hattest ... Bist du eifersüchtig oder was?« Das war ganz schön weit unter der Gürtellinie, und es tat mir sofort leid. Es war aber trotzdem zu spät.

»Auf diesen Arsch? Ganz bestimmt nicht, Tina. Ich dachte nur, dass du dich in London lang genug mit solchen Typen abgegeben hättest. Aber bitte, wenn du weiter rumvögeln willst ...«

»Ich hab nicht mit ihm gevögelt!« Das war fast ein Schrei und er brachte uns beide zum Schweigen. Bis mir nach ein paar Minuten die Tränen kamen, ich wusste nicht, ob vor Wut oder aus Sehnsucht nach der letzten Nacht, oder auch weil ich Angst hatte, dass Duke recht haben konnte.

Wie fast immer reagierte er sofort auf meine Tränen. »Hey, tut mir leid.« Er nahm meine Hand. »Ich will doch nur nicht, dass dir dieser Typ weh tut.«

Freunde? Ja, bitte! »Vielleicht tut er es, Duke. Vielleicht auch nicht. Ich werde es erfahren. Aber ich werde mir von dir nicht einreden lassen, dass diese Nacht nichts bedeutet hat. Weil es verdammt ehrlich war. Okay?«

»Okay.«

»Spätestens in zwei Wochen weiß ich, ob er es ernst meint. Okay?«

»Okay.«

»Und wenn er mich verarscht hat, dann werde ich verdammt dringend einen guten Freund brauchen. Okay?«

Zum Glück fing er an zu grinsen, sagte zum letzten Mal »Okay« und nahm mich in den Arm. Alles wieder gut. Denn kurz drauf sah er mich an. »Also, erzähl endlich. Was ist überhaupt passiert?«

Bevor ich antworten konnte, kam Jess auf den Balkon. »Hey, sorry wenn ich störe. Könnt ihr in den Proberaum kommen? Lenny hat gesagt, dass er uns irgendetwas erzählen muss, keine Ahnung, worum es geht.«

»Oh Scheiße«, sagte ich. Das hatte ich völlig vergessen. Tabletten. Schmerzen. Letzter Auftritt. Das schlechte Gewissen traf mich wie ein Schlag.

»Was ist?«, fragte Duke.

Ich schüttelte den Kopf. »Egal, lass uns runter gehen. Das ist ziemlich wichtig.«

Die folgenden zwei Wochen waren Chaos pur. Lennys Ausstieg brachte Franks propagierte Heile-Band-Welt schlagartig zum Einsturz, und wir wussten lange nicht, wie wir damit fertig werden sollten.

Das rein organisatorische Problem klärte sich erstaunlich schnell, denn Bruno überraschte uns, als er vorschlug, dass *er* das Schlagzeug übernehmen könnte. Ich erinnerte mich, dass er früher gelegentlich gespielt hatte, aber ich hatte keine Ahnung, wie gut er inzwischen war. Und da er die Lieder genauso gut kannte wie jeder andere in der Band, spielten wir nach einigen Proben fast genauso wie früher zusammen.

Was uns zu schaffen machte, war die Tatsache, dass niemand etwas von Lennys Problemen mitbekommen hatte. Alle hatten ein schlechtes Gewissen und die meisten versuchten, die Situation zu verdrängen und so schnell wie möglich in ihre Routine zurückzufinden.

Mir gelang das überhaupt nicht, auch weil mich das Erlebnis mit Dave viel mehr beschäftigte als irgendwelche Bandangelegenheiten. Ich bekam meinen Kopf nicht frei und nahm diese ganze Schlagzeugerwechselphase nur am Rande wahr, was mein schlechtes Gewissen nur vergrößerte.

Der andere, der nicht so einfach auf Normalität umschalten konnte, war Duke. Natürlich bekam er mit, dass ich schon *vor* allen anderen von Lennys Problemen erfahren hatte, und er machte mir Vorwürfe, weil ich ihn nicht eingeweiht hatte. Und dazu kam die – trotz der versöhnlichen Worte auf dem Balkon – immer noch ungeklärte Sache mit Dave und mir, ja, sie bekam dadurch eine ganz neue Qualität. Auf einmal sah es für ihn so aus, dass ich in Berlin mit all meinen Problemen nicht zu ihm gekommen war, sondern diese irgendeinem dahergelaufenen Arschloch erzählt und mir anschließend einen netten Abend mit ihm gemacht hatte. Wir waren Welten von einander entfernt und das machte für uns beide die Situation noch ein ganzes Stück unerträglicher, als sie ohnehin schon war.

Es war der einundzwanzigste Juli. Zwei Tage nach meinem Geburtstag, den ich nicht groß gefeiert hatte, weil keinem von uns danach zumute war. Zwei Wochen und drei Tage nach unserem Auftritt bei der Echo-Verleihung. Seit exakt drei Tagen hörte ich ungefähr jede Stunde eine Stimme in meinem Kopf, die nichts sagte außer: »Ruf ihn an!«

Und ebenso regelmäßig antwortete ihr eine andere Stimme, die allerdings wesentlich kreativer war: Zu früh, zu spät, zu wenig Zeit, zu wenig Ruhe, zu müde, zu nervös. Aber jede Ausrede funktioniert immer nur eine gewisse Zeit lang. Und an diesem Abend wusste ich: Wenn ich ihn jemals anrufen würde, dann musste es heute sein.

Ich habe keine Ahnung, was genau ich erwartete. Dass Marc nach dem dritten Klingeln dranging, ja. Schließlich war es sein Anschluss. Aber dass er mit meinem Namen etwas anfangen konnte und mich scheinbar wiedererkannte, erstaunte mich, schließlich hatte er mich an dem Abend gar nicht gesehen. Und als er wie selbstverständlich sagte: »Ja, David ist hier, ich gebe ihn dir«, war ich wirklich irritiert. Wieso hatte ich drei Tage gewartet, wenn es so einfach war? Dass es eben *nicht* so einfach war, merkte ich dann schnell.

»Ja?«

»Hi Dave. Hier ist Tina.«

Schweigen. Ziemlich lange. Dann: »Hi Tina.«

»Hi, ich ... Wie geht's dir?«

»Alles bestens.«

Das klang überhaupt nicht nach einem erfreuten: »Wow, schön, dass du anrufst, ich hab schon drauf gewartet.« Aber, sagte eine meiner Stimmen, so ist er nicht, das weißt du doch. Also gut. »Hast du deinen Stress gut rumgebracht?«

»Stress?«

»Ja, du hast doch gesagt, dass du die letzten zwei Wochen viel zu tun hattest.«

»Ach so ... Ja, war okay.«

Im Grunde ist es müßig, mehr zu erzählen. Seine Stimme blieb kalt, ich sprach mit dem Mann, der Interviews gab, und nicht mit dem Mann, der mir des Nachts auf einer Kletterburg erzählt hatte, wie leer sein Herz war. Ich startete einen letzten, verzweifelten Versuch, als ich ihn fragte, ob er vielleicht irgendwann in der Gegend wäre.

»Kann sein«, sagte er, »keine Ahnung, aber ich sag dir Bescheid, wenn ich mal wieder nach Deutschland komme.«

Als er nach ein paar Abschiedsfloskeln aufgelegt hatte, spürte ich nichts als Lähmung. Keine Wut, keinen Schmerz. Nur eine große Kälte. Schließlich hatte er mich gewarnt. Und ich hatte es nicht glauben wollen. Der nächste klare Gedanke, den ich hatte, war ein sehr vertrauter. Duke!

Ich ging zu ihm rüber, er saß auf dem Bett und hatte die Gitarre auf dem Schoß, ja, ich hatte ihn sogar während den viel zu langen Gesprächspausen mit Dave spielen gehört. Ich setzte mich schweigend auf seine Couch. Nach einiger Zeit fragte er: »Was gibt's?«

»Ich habe gerade mit Dave telefoniert.« Mehr sagte ich nicht, mehr war zum Glück auch nicht nötig, weil er die Gitarre weglegte und mich in den Arm nahm. Zwei Wochen voller Unklarheit und Vorwürfe waren – nicht vergessen, aber egal in diesem Moment. Er stellte keine Fragen, ich erzählte nichts, weinte nur, bis er irgendwann wieder die Gitarre nahm und anfing, einen Song von Patti Smith zu spielen. Und dass ich ihn damit nicht alleine lassen konnte, war klar.

Jess hörte uns und kam mit seiner Djembe dazu. Wir spielten die ganze Nacht – Patti Smith und *Led Zeppelin* und Cohen und *Pink Floyd*, alles außer unseren eigenen Liedern. Als wären die letzten zwei Jahre nicht gewesen, als würden wir den ersten Sommer in der Villa verbringen, als säßen wir an irgendeinem See am Lagerfeuer. Und niemand stellte irgendwelche Fragen.

Die spontane Versöhnung mit Duke, die mal wieder nicht durch Reden sondern über die Musik stattgefunden hatte, erleichterte mich endlos. Ich hatte keinerlei Problem damit, mir einzureden, dass mir die Unklarheit mit ihm und nicht die mit David solche Schwierigkeiten bereitet hatte. David. Ich benutzte inzwischen den Namen, den ich von Marc gehört hatte. Es machte die Abgrenzung leichter, Dave war der bekannte Musiker, David der Mann, den ich kennengelernt hatte. Und zu vergessen suchte.

In den folgenden Tagen wurde alles was die Band betraf wieder wichtig. Ich hatte ein langes Gespräch mit Lenny, ich genoss die Proben und die sonstigen Termine, spielte mit Duke und Jess zusammen wie früher und selbst mit Amigo und Frank gab es keinen Stress. Alles schien klarer als sonst. Leider begriff ich nicht einmal annähernd, dass es nur deswegen so klar war, weil ich mich nach Strich und Faden verarschte. Ich hatte mich mit Duke nicht versöhnt, ich hatte ihm nur Recht gegeben, weil es einfacher war, ihm zu glauben. Und ich war Welten davon entfernt, David zu vergeben oder ihn zu vergessen. Ich verdrängte ihn nur, so lange ich konnte.

Eine knappe Woche später, Samstagabend, als Jess, Duke und ich gerade von einem sehr schönen Nachmittag am See zurückgekommen waren, klingelte bei uns oben das Telefon.

»Ja?«

»Hallo«, sagte jemand auf englisch, »hier ist Marc Travis. Ich weiß nicht genau, ob du dich an mich erinnerst, ich bin der Manager von ...«

»Ich weiß, wer du bist«, fiel ich ihm ins Wort. Das letzte Gefühl, das ich mit diesem Namen in Verbindung gebracht hatte, war Kälte. Und nichts anderes fühlte ich jetzt.

»Gut, es geht um Folgendes: Nächste Woche ist doch bei euch in Köln diese Musikmesse. David hat da ein paar Pressetermine und er wollte wissen, ob du vielleicht Zeit für ein Treffen hättest.« Er klang sachlich, nett und emotionslos. Er machte Dates für seinen Künstler aus. Er machte seinen Job.

»Ein Treffen? Was hat er sich denn vorgestellt? Eine gemeinsame Pressekonferenz? Oder einen gemeinsamen Tisch beim Empfang?«

»Nein, ich glaube, er dachte an etwas Privateres.« Er war immer noch vollkommen gelassen. Im Gegensatz zu mir. Die Wut, die in mir aufkam, war so groß, dass ich mich fragte, wie ich sie die ganze Zeit hatte übersehen können.

»Was Privateres? Und was wäre das bitte? Soll ich mich mal in Köln nach einem geeigneten Kinderspielplatz umschauen, oder was?«

Immerhin schaffte ich es, ihn zu irritieren. »Ich weiß nicht genau, ich ...« Schweigen. Eine Stimme im Hintergrund, Marc, der sagte: »Einen Moment, bitte.« Und dann ...

»Tina?« Es war David. Und ich hasste das, was diese Stimme mit mir tat.

»Was?« Es klang hart genug, um ihn erst einmal zum Schweigen zu bringen. Aber ich war mir überhaupt nicht sicher, ob ich das wirklich wollte.

Er wohl auch nicht, deshalb fragte er: »Willst du, dass ich auflege?«

»Nein ... Keine Ahnung.« Der Zynismus war dahin. Die Wut noch nicht ganz. »Kommt darauf an, worum es geht.«

»Danke, dass du letzte Woche angerufen hast«, sagte er einfach so. Dieser blöde Arsch.

Damit gab er mir auch noch ein Stichwort: »Hey, ich habe gesagt, dass ich anrufe.« Ja. Und er hatte gesagt, dass ich vielleicht aufwachen und nichts vorfinden würde, als ... Es wurde absurd mal wieder. Und ich hatte keine Lust mehr zu kämpfen, deswegen ergänzte ich: »Ich hätte es nicht getan, wenn's nicht wichtig gewesen wäre.«

»Ich weiß.« Er hätte auch Marc nicht vorgeschickt, wenn es nicht wichtig gewesen wäre, aber darauf ließ er sich nicht mehr ein, sondern fragte direkt: »Was machst du nächsten Donnerstag?«

Ich folgte seinem Kurs. »Donnerstag? Bin ich auf der Messe. Wir haben morgens einen Pressetermin. Anschließend sind wir wahrscheinlich auf dem Empfang oder abends auf der Party.«

»Gut, ich bin irgendwann Mittags bei der Presse.«

»Und danach?«

»Habe ich ein paar Tage Ruhe und ... Scheiß drauf. Überleg dir einfach was.«

Ich? Schon wieder ich? Und was bitte? »Wegfahren?«

»Wenn du möchtest.« Das kam ungewohnt zögerlich. »Das einzige, was ich will, ist, dass es dir gut geht«, hatte er vor ein paar Jahrhunderten zu mir gesagt. Meine fiese Stimme glaubte ihm kein

Wort. Die ruhige glaubte ihm alles. Und musste auch keine Fragen mehr stellen. »Dann sehen wir uns Donnerstag?«

»Ja. Bis dann.«

Kurz hatte ich den Eindruck, dass er froh war, das Gespräch beenden zu können. Und wahrscheinlich war es auch so. Alles andere hätte mich auch verwundert.

Ich saß ein paar Minuten vor dem Telefon. Und traf dann eine Entscheidung. Ich rief Mike an, reduzierte das notwendige »Hallo, wie geht's dir« auf ein Minimum und kam schnell zur Sache. »Sag mal, kann ich nächsten Donnerstag zu dir hochkommen?«

»Klar. Lisa ist grad eh in den Staaten. Kein Problem.«

Mehr, als du ahnst, Mike, dachte ich. »Ich komme vielleicht nicht alleine.«

Das irritierte ihn schon. Und es interessierte ihn auch. »Irgendjemanden, den ich kenne?«

»Nicht wirklich, glaube ich.«

»Wow. Und wie lange bleibt ihr, wenn ihr kommt?«

»Keine Ahnung.« So langsam wurde es unfair. Aber Mike als mein ältester Freund hatte das auszuhalten, beschloss ich. Und er tat es.

»Okay, dann halte ich dir einfach mal das große Zimmer frei.«

»Danke, Mike«

»Keine Ursache. Sag, geht's dir gut?«

»Frag mich das am Donnerstag, okay?«

»Okay«, sagte er und fragte nicht weiter. Genau dafür liebte ich ihn. Dann dachte ich an Duke und daran, wie froh ich war, dass er noch einmal hinunter in den Proberaum gegangen war und daher nichts von diesem Anruf mitbekommen hatte. Keine Ahnung, wie ich ihm *das* erklären sollte. Aber da ich vor nicht allzu langer Zeit beschlossen hatte, dass uns die Lügerei nicht weiterbringt, versuchte ich es noch am selben Abend.

Hätte ich auch nur annähernd geahnt, wie er reagierte, ich hätte es gelassen. Ich wartete auf einen ruhigen Moment und setzte mich zu ihm in die Küche. »Duke, ich muss dir was sagen.«

»Und?«

Es war unglaublich, ich schämte mich fast. Stammelte etwas von Musikmesse und Anrufen und Marc und Dave und einem Treffen und ...

»Du willst dich mit ihm *treffen*?« Er war, milde gesagt, gnadenlos enttäuscht. Diese eine Nacht in Berlin hatte er inzwischen als eine Art Ausrutscher abhaken können. Okay, mir war es mies gegangen, er hatte mich allein gelassen, ich hatte einen Fehler gemacht und diesen Fehler inzwischen eingesehen. Das hatte er zumindest gehofft. Er konnte nicht begreifen, wieso ich mich wieder von diesem Typen hatte einlullen lassen. Wir wiederholten, teilweise fast wörtlich, unseren Streit von vor drei Wochen, aber inzwischen war zu viel passiert, als das es auch diesmal in Tränen und Versöhnung hätte enden können.

Wir erschienen am Donnerstag um zehn auf der Messe und gaben unsere Pressekonferenz, *Zigg*, die grandiose deutsche Band, die bald die Welt erobern würde. Frank managte alles hervorragend. Ich antwortete routiniert auf die Fragen der Journalisten, Duke tat das Gleiche, wir kamen großartig rüber.

Anschließend ließen wir uns von Frank und Jess durch die Hallen lotsen. Ich lief hinter ihnen her, blieb stehen, wenn sie etwas Interessantes entdeckt hatten, und ließ mich von ihnen aufklären. »Tina, schau dir das an, Monkey Records ist jetzt auch von so einer Riesenfirma geschluckt worden, wenn das so weitergeht, haben wir bald gar keine unabhängigen Labels mehr.«

Ich gab einen entsprechenden Kommentar ab und ließ meinen Blick weiter durch die Gänge schweifen, beobachtete die Leute um uns herum, suchte nach vertrauten Gesichtern. Irgendwo war David.

Wir hatten zwei Hallen hinter uns und waren in der dritten, als Frank plötzlich rief: »Hey, da vorne ist Tom Bauer!« Ich freute mich, ihn wiederzusehen, und erfuhr bei dieser Gelegenheit, dass die erste *Zigg*-Platte auch in Toms Studio aufgenommen worden war. Tom berichtete über die Übernahme von Monkey Records, er war ziemlich sauer und spielte mit dem Gedanken, in die Staaten zu gehen und dort ein eigenes Label zu gründen. Wir standen eine Weile zusammen. Irgendwann spürte ich etwas in meinem Rücken – und wie es mir plötzlich heiß wurde. Ich drehte mich um.

Im nächsten Seitengang, vielleicht zehn Meter von uns entfernt, standen Marc und direkt dahinter David, der mir genau in die Augen schaute. Ich war wie gelähmt, wollte zu ihm rennen, ihm festhalten und fragen, was diese Show für einen Sinn habe, aber ich bewegte mich nicht. Erwiderte nur seinen Blick, es kam mir vor wie eine Ewigkeit. Bis Marc ihn am Arm berührte, etwas sagte und ein paar Schritte machte, den Gang hinunter. David nickte, riss sich los und bevor er ihm folgte, formten seine Lippen ein Wort. »Later«? Ich war mir nicht sicher, beschloss aber, dass es »Later« war. Zumindest hoffte ich es.

Als sie weitergegangen waren, drehte ich mich wieder um und traf direkt auf Dukes starren Blick. »Nett«, sagte er kalt. »Warum läufst du ihm nicht nach? Vielleicht gibt er dir ja ein Autogramm.«

»Duke, halt die Klappe, es geht dich echt nichts an.«

»Das geht mich nichts an? Dir zuzuschauen, wie du dich von diesem Arsch zum Affen machen lässt, geht mich nichts an?«

»Wenn ich mich von irgendjemandem zum Affen machen lasse, ist das wohl ganz allein mein Problem.«

»Ach ja? Und hast du dir auch schon überlegt, wer nachher die Trümmer wieder zusammensammelt?«

» *Wenn* es welche gibt, dann macht das hoffentlich ein Freund.« Wo war der tiefste Punkt unter der Gürtellinie? Hier war er: »Also offensichtlich nicht du!«

Das brachte ihn kurz zum Schweigen. Und dann war seine Stimme pures Eis. »Offensichtlich nicht. Vielleicht findest du ja bei den *Tönnes* jemanden. Ich habe gehört, die suchen eine Sängerin.«

Er drehte sich demonstrativ weg und sprach selbst mit Jess kein Wort mehr, bis wir die vierte Halle durchquert hatten. Amigo fragte: »Viertel vor zwei. Wie sieht's aus, wollen wir auf den Presseempfang?« Frank sagte: »Schon, oder?«

Ich und Duke sagten gleichzeitig »Ja.« Keine Ahnung, warum er noch mitging. Keine Ahnung, ob er mich oder sich selber damit ärgern wollte.

Als wir in der Lobby ankamen, stürzten sich die anderen gleich auf das Buffet. Ich hielt mich an den angebotenen Martini, denn beim Anblick des Essens wurde mir beinahe schlecht. Duke besorgte sich Whisky und gesellte sich zu ein paar Leuten, die wir noch von der *Fabrik* her kannten. Auch ich wurde angesprochen und konnte mich halbwegs auf den üblichen Smalltalk einlassen, aber ich habe definitiv keine Erinnerung mehr daran, über was ich gesprochen habe.

Irgendwann ging ich wieder zum Buffet, um mir einen neuen Drink zu besorgen. Eine Zeit lang betrachtete ich mit einer Mischung aus Faszination und immer größer werdendem Ekel, wie sich die Leute Berge von Essen auf ihre Teller häuften. Ich genoss dieses Ekelgefühl regelrecht. Wenigstens *war* es ein Gefühl. Und nicht nur Kälte.

»Ich glaube, wenn ich mir das noch länger anschaue, kotze ich denen direkt auf den Tisch«, sagte plötzlich eine vertraute Stimme auf englisch hinter mir. Ich drehte mich nicht um.

»Mach doch. Dann haben sie wenigstens neuen Gesprächsstoff.«

»Keine Party ohne Dave-Roberts-Skandal«, sagte er zynisch. Und dann, ruhiger: »Eigentlich wär's mir lieber, hier möglichst schnell zu verschwinden.«

So, so, dachte ich. Er stand immer noch halb hinter, halb neben mir. Ein zufälliges Treffen und ein kurzer Smalltalk am Buffet, so sah es von weitem aus. Das war mir entschieden zu wenig, deshalb schwieg ich. Wenigstens einen Schritt, David. Er bewegte sich zwar nicht, machte ihn aber trotzdem. Zumindest einen halben. Er sagte: »Du hast nicht zufällig eine Ahnung, wie man das hinkriegen könnte?«

»Tja, ich hätte ein vollgetanktes Auto anzubieten, unten in der Tiefgarage.«

»Klingt gut.« Eine kurze Pause, dann: »Wann?«

Ich schaute ihn kurz an. Und hatte keine Lust mehr auf Show. »Wann du willst.«

»Gib mir eine halbe Stunde. Wo steht dein Auto?«

»Zweite Ebene, Aufgang D. Der dunkelblaue Mercedes.« Ganz hinten, Dave. Da, wo dich niemand sieht und niemand mitkriegt, wenn du bei mir einsteigst. Das war eindeutig die fiese Stimme. Und sie hatte eindeutig Recht.

»Okay«, sagte er anerkennend. Das mit dem Mercedes schien ihm zu gefallen. »Dann bis gleich.« Er wandte sich ab. Zwei Sekunden lang berührten sich unsere Hände, zufällig, wie es aussah, aber das war es nicht. Dann verschwand er in der Menge.

Oh Gott, oh Gott, oh Gott. Mein Herz raste vor Aufregung und Angst. Ich hatte den kurzen Impuls, einfach zu verschwinden, ja, ich malte mir in einer perversen Befriedigung sogar aus, wie es wäre, ihn einfach da unten stehenzulassen, gar nicht zu erscheinen oder alleine ins Auto zu steigen und wegzufahren. Würde das die Arroganz aus deinem Blick treiben, Dave? Ich verdrängte diese Bilder schnell wieder. Schließlich war es viel wahrscheinlicher, dass *er* mich sitzen ließ.

In der Tiefgarage war es kalt, dunkel und vor allem schrecklich ruhig. Ich fühlte mich wie in einem schlechten Film: Eine Frau alleine in der Tiefgarage, die Tür quietscht unnatürlich laut, sie macht sich auf den Weg zu ihrem Auto und plötzlich stürzt etwas Dunkles hinter der Säule hervor, packt sie, reißt sie um und drückt ihr mit der Hand den Mund zu.

Als ich etwa drei Meter vor meinem Wagen stand, kam tatsächlich etwas hinter einer Säule hervor. Aber es packte mich nicht, sondern lehnte sich lässig gegen den Beton, setzte ein breites Grinsen auf und sagte:»Willkommen im Horrorfilm!«

Langsam begann es mich zu nerven, dass er andauernd meine Gedanken dachte. Oder dachte ich seine? Egal, es gab Wichtigeres. Zum Beispiel seine demonstrierte Lässigkeit. Da ich alles andere als lässig war, nervte es mich noch viel mehr.

»Und du bist der Tiefgaragenmörder, oder was?«

»Mal sehen. Autodieb wäre auch nicht schlecht, oder? Ist das deiner?«, fragte er und deutete auf mein Auto. *Das* war nicht so schwer zu erraten, ich hatte wirklich in der hintersten Ecke geparkt und es standen nur wenige andere Wagen hier.

»Ja.« Ich dachte, es würde ihn enttäuschen, dass ich keine Nobelkarosse, sondern nur einen alten, stellenweise verrosteten 200er Diesel fuhr. Aber das tat es scheinbar nicht.

»Cool.« Unerträglich lässig. »Und wo geht's hin?«

Da waren wir also wieder bei unserer klassischen Rollenverteilung angelangt. Aber damit hatte ich gerechnet, deswegen ärgerte es mich umso mehr, dass sich das, was ich sagte, so unsicher und fragend anhörte:»Ich dachte ... Ein Freund von mir hat ein Haus, etwa eine Stunde weg von hier. Viel Wald und Ruhe und so.«

»Cool.« Pause. »Und, wollen wir los?«

Er warf seine Tasche lässig auf die Rückbank und lümmelte sich auf den Beifahrersitz. Als wir aus der Tiefgarage draußen waren, beobachtete er eine Zeit lang mich und den Verkehr. »Hat euch eigentlich noch niemand gesagt, dass bei euch alles falschherum ist?«

Jetzt musste ich doch lächeln. »Echt? Ich habe immer gedacht, bei euch wäre alles falschherum.«

»Quatsch! Schließlich haben wir das Auto erfunden.«

Das war, soweit ich wusste, nicht *ganz* richtig, aber ich sagte nur »Ach so« und fuhr weiter. Nach ein paar Minuten begann er, meine Cassetten zu durchsuchen, freute sich über Tom Jones und legte sie ein. »Zu laut?«, fragte er immerhin, ich schüttelte den Kopf.

Kurz darauf zog er sein Jackett aus und fing an, sein Hemd aufzuknöpfen. Nach einen Blick von mir nuschelte er: »Sorry, ich muss aus den Klamotten raus.« Er warf beides auf die Rückbank und kruschtelte dann in seiner Tasche herum, wobei er sich soweit nach hinten beugte, dass er fast auf dem Schaltknüppel hing. Dann kam er wieder nach vorne und brachte ein dunkles T-Shirt und eine Flasche Martini mit. Das T-Shirt zog er an, dann blickte er sich kurz um und fand anscheinend alles zu seiner Zufriedenheit. »Siehst klasse aus heute«, sagte er zu mir, beugte sich rüber und gab mir einen kurzen feuchten Kuss auf die Wange. Und grinste breit, als ich ihn anstarrte.

Ich lehnte nicht ab, als er mir einen Schluck aus der Flasche anbot. Hilfe, wo war ich hier gelandet? Er benahm sich, als wären wir ein frisch verheiratetes Ehepaar auf dem Weg in die Flitterwochen. Und wenn ich mir nicht so sicher gewesen wäre oder mir so fest eingeredet hätte, dass er damit nur seine Unsicherheit überspielte – ich hätte angehalten und ihn rausgeschmissen. Aber das, so beschloss ich stattdessen, konnte ich ja immer noch tun.

III

Als wir bei Mike ankamen, hatte David mit meiner Beteiligung die Flasche Martini fast leer gemacht. Er staunte nicht schlecht, als er merkte, dass ich das mit dem »viel Wald und viel Ruhe« wirklich ernst gemeint hatte. Und er staunte noch mehr, als ich meine Gitarre aus dem Kofferraum holte.

Mike war noch nicht da, ich holte den Schlüssel aus dem Schuppen und stellte meine Sachen im Flur ab. »Besichtigung gefällig?«, fragte ich David.

»Klar«, sagte er.

Also führte ich ihn durch die Räume im Erdgeschoss, dann die Treppe hoch in das obere Stockwerk. »Hier ist noch ein Bad, das Arbeitszimmer, das große Gästezimmer und hier das Schlafzimmer von Mike und Lisa.«

»Lisa?« Da war auf einmal etwas Neues in seiner Stimme. Interesse? »Von der hast du noch gar nichts erzählt.«

»Die Freundin von Mike. Sie ist gerade in den Staaten. Komm, lass uns runtergehen, ich brauche einen Kaffee. Da hängt auch ein Foto von ihr.«

Wer ärgerte hier wen? Ich ihn? Ich mich? Er folgte mir auf jeden Fall hinunter in die Küche und beobachtete mich dabei, wie ich Wasser aufsetzte und die Zutaten für den Kaffee zusammensuchte. Ich war wirklich froh, dass ich mich in diesem Haus so sicher bewegen konnte. Mir war völlig unklar, wie sehr ihn irritierte, dass ich es tat. Irgendwann entdeckte er die Fotos an der Wand, ging hinüber und zeigte zielsicher auf eins von mir, Mike und Lisa hinten im Garten.

»Ist das Lisa?«, fragte er. Für jemanden, der Gedanken lesen konnte, war das sicher kein Problem.

»Ja.«

Er begutachtete das Bild. »Verdammt hübsch«, sagte er und meinte nicht mich damit. Das war genug. Was meine Unsicherheit nicht hinbekam, schaffte meine Eifersucht. Ich knallte die Tassen, die ich gerade aus dem Schrank geholt hatte, auf den Tisch. »Verdammte Scheiße, Dave!«

Er zuckte zusammen und sah mich endlich richtig an.

»Ich weiß nicht, wie es *dir* geht. Aber ich bin verdammt nervös. Und ich habe verdammt viel Schiss, dass wir hier zwei Tage mit belanglosen Geplänkel verbringen. Und dass ich es nicht schaffe, dir zu sagen, was ich eigentlich sagen will. Und ...«, vielleicht war das das Entscheidende, »dass ich deswegen gerade eine verdammt wichtige Freundschaft aufs Spiel setze!«

Alles, die Coolness, die Arroganz und das Kleiner-Junge-Gehabe, fielen von ihm ab. Er hätte mir leid getan, wäre ich nicht so wütend gewesen. Er schloss für einen Moment die Augen. »Welche Freundschaft?«, fragte er dann sehr leise.

»Duke«, sagte ich nur.

Er ging die zwei Schritte auf mich zu, umarmte mich, nein, hielt sich an mir fest. »Und warum?«

»Weil ich dir nicht glaube, dass du ein arrogantes Arschloch bist. Weil jemand, der meine Gedanken liest, kein Arschloch sein kann. Und wenn doch ... Muss ich wohl selber eins sein.«

Ruckartig schob er mich ein Stück von sich weg und starrte mich an, dann schüttelte er den Kopf und sagte: »Nein, Tina. Du bist die unglaublichste Frau, der ich seit langem begegnet bin. Sag nie wieder, dass du ein Arschloch bist. Denn wenn es so wäre, wäre *ich* stolz darauf, eins zu sein.«

Ich schloss die Augen und spürte Wärme in mir aufsteigen. Nach einer Weile löste er sich ganz aus der Umarmung, sah sich in der Küche um, breitete die Arme aus und sagte: »Danke für all das hier.« Womit er mich, das Haus, den Wald, die Ruhe und alles andere meinte.

»Es ist der beste Ort, den ich grade kenne«, erwiderte ich.

»Und du traust dich, mich hierher zu bringen?«

Was eine Frage. »Wohin sonst, David?«

Der Rest war Umarmung. Er setzte sich auf einen der Stühle und zog mich auf seinen Schoß, die Zeit stand still, wir waren nicht mehr auf dieser Welt. Zumindest, bis ich das Geräusch eines Schlüssels registrierte, der sich in irgendeinem Schloss drehte. David hörte es auch, wir schauten beide zur Tür. Mit einer Selbstverständlichkeit, für die ich ihn hätte küssen können, kam Mike in die Küche. »Hi, Leute. Ich hoffe, ich störe euch nicht?«

Die zwei verstanden sich auf Anhieb. Mike gab mit keiner Miene zu erkennen, ob ihm klar war, *wen* ich da in sein Haus gebracht hatte, er schien beschlossen zu haben, dass Tinas Freunde auch seine Freunde wären, mehr interessierte ihn nicht. Ich hatte mir ein bisschen Sorgen wegen der Verständigung gemacht, denn Mikes Englisch war nie sonderlich gut gewesen, aber er hatte anscheinend dazugelernt und sie brauchten mich weit aus seltener als Dolmetscher, als ich erwartet hatte. Wir luden gemeinsam sein Auto aus und tranken zusammen Kaffee und Tee, bei dem Mike vor allem von dem Haus und den Renovierungsfortschritten erzählte.

Nach dem Abendessen setzten wir uns ins Wohnzimmer und unterhielten uns über Deutschland und Köln, England und Birmingham und über die Musikszenen an den jeweiligen Orten. Obwohl wir sehr viel von allgemeinen Dingen und sehr wenig von uns sprachen, wurde deutlich, dass Mike sehr *genau* wusste, wen ich in sein Haus gebracht hatte. Aber er ließ sich immer noch nicht anmerken, was er davon hielt.

Es muss gegen eins gewesen sein, ich hatte schon seit einer Weile bemerkt, dass Davids Berührungen enger wurden, er streichelte wie nebenbei mein Bein, das auf seinem Schenkel lag, und war dabei immer höher gerutscht. Mike merkte es auch – und er war schließlich ein Freund. »Okay ihr zwei, ich glaube, ich geh dann ins Bett. War ziemlich viel heute.«

Ich stand auf und umarmte ihn, die beiden Männer gaben sich die Hand, dann waren David und ich alleine. Als ich ihn anschaute, wurde mir klar, dass es an diesem Abend nicht mit einer engen Umarmung enden würde. Aber ich brauchte noch ein bisschen Zeit.

»Holst du uns noch etwas zu trinken?«

Er nickte und ging. Ich stellte mich an die offene Terrassentür und lauschte dem Regen, der irgendwann am Nachmittag eingesetzt hatte. Ich dachte an Duke. An Rick und all die anderen Typen in England. An all das, was mir mit David passieren konnte. An skandalöse Zeitungsberichte. An verleugnende Telefonanrufe.

Was wollte ich wirklich? Ich wollte ihn, was sonst?

Als David wiederkam, drehte ich mich nicht um. Er umarmte mich von hinten, und diese Umarmung hatte nichts Fragendes oder Vorsichtiges mehr. Ich versuchte, ihn zwischen seinen Küssen davon zu überzeugen, wenigstens noch nach oben zu gehen. Wir brauchten mindestens zehn Minuten für die Treppe und sein T-Shirt blieb auf halber Höhe auf einer der Stufen zurück. Von dem, was danach passierte, weiß ich nicht mehr viel. Nichts als Rausch. Der beste meines Lebens.

Als ich am nächsten Morgen nach einer ausgiebigen Dusche die Treppe hinunterkam, hörte ich die Stimmen von Mike und David in der Küche. Sie unterhielten sich angeregt, ich nahm mir einen Kaffee und setzte mich dazu.

»Und dein Vater hatte etwas dagegen, dass du Fußballer werden wolltest?«, fragte Mike gerade. *Das* war mir neu. David erzählte, dass er begeisterter Arsenal-Fan wäre und eigentlich von einer Karriere als Profifußballer geträumt hatte. Sein Vater – selber Künstler – wollte aber unbedingt, dass sein Sohn in seine Fußstapfen trat, und so hatte David eine Gesangs- und Tanzausbildung angefangen, Klavier spielte er schon seit seiner frühsten Kindheit. Der Traum vom Fußball verblasste.

Mike sagte: »Also, wenn du jemand zum Fußball schauen suchst, dann geh zu Tina. Sie ist die einzige Frau, die ich kenne, mit der das wirklich Spaß macht.«

David sah mich begeistert an. »Im Ernst?«

»Klar, schließlich wohne ich seit zehn Jahren mit Männern zusammen. Mike war der erste, der mir erklärt hat, wie das mit dem Abseits und allem funktioniert.«

»Ja, und erstaunlicherweise hat sie es verstanden.« Sie nickten beide wissend. Eine Frau, die etwas von Fußball versteht. Ich hatte eindeutig einen Bonus.

Später begann Mike damit, an einer Mauer hinter dem Schuppen zu arbeiten, David schloss sich ihm bereitwillig an. Ich genoss es endlos, wie gut die beiden miteinander zurechtkamen. Alles hatte eine angenehme Selbstverständlichkeit und eine völlig unerwartete Wärme, als hätte es diese Dreierkonstellation schon immer gegeben. Kurz registrierte ich das leise Flüstern der fiesen Stimme: Das ist aber nicht so, Tina. Da gibt es noch einiges, was geklärt werden muss.

Später, sagte ich zu ihr, wir haben alle Zeit der Welt. Aufgrund dieser bodenlosen Ignoranz verstummte sie einfach.

Während die Männer arbeiteten, zog ich mich an, beseitigte die chaotischen Spuren der letzten Nacht, brachte ihnen zwischendurch etwas zu trinken nach draußen und ließ bewundernde Worte über ihre Fortschritte fallen. Am frühen Abend beobachtete ich beim Kochen, wie sie sich einen Ball aus dem Schuppen holten – anscheinend hatten sie von der Mauer genug – und damit auf dem Hof herumkickten. Ich hatte David noch nie so entspannt gesehen. Wie auch, dachte ich, du kennst ihn ja gar nicht. Selbst unsere Aktion auf dem Spielplatz, bei der wir beide noch gefangen waren von den Erlebnissen des Abends, war nichts gegen diese Ausgelassenheit.

Irgendwann kamen sie, verschwitzt und erschöpft, wieder in die Küche. David umarmte mich und nuschelte: »Baby, ich brauche erst mal eine Dusche. Und danach ganz dringend was zu trinken.«

»Kannst du haben. Bis dahin ist das Essen auch fertig.«

Als es dunkel wurde, machten wir ein Feuer im Garten. Natürlich holte Mike irgendwann die Trommeln und ich meine Gitarre. Wir spielten die alten Lieder der *crows* und ein paar Sachen von *Zigg*. Später, als wir zu den altbekannten Lagerfeuer-Klassikern übergingen, stieg auch David mit ein, ich spielte nur Gitarre oder sang die Refrains mit. Das, was ich hörte, traf mich tief. Seine Stimme berührte meine Seele an einem Punkt, den bisher nur wenige erreicht hatten. Mir kamen beinahe die Tränen, weil alles so schön war. Und weil ich so genau wusste, dass es irgendwann enden würde.

Etwas später, wir hatten die Instrumente weggestellt und es uns gemütlich gemacht, sagte er: »Du singst unglaublich gut.«

Ich schaute ihn an. »Auch nicht besser als du.«

Er lachte kurz auf. »Welten besser als ich. Ich tue nur das, was ich gelernt habe. Was du machst, ist so verdammt ehrlich. Das hört man in jedem Wort, das du singst. Ich mache nur eine gute Show.«

Das anerkannteste, arroganteste Arschloch der Musikwelt fühlte sich einer mehr oder weniger erfolgreichen Provinzband-Sängerin unterlegen. Und das, nachdem er gerade bewiesen hatte, wie gut er singen konnte. Das konnte selbst Mike nicht so stehen lassen.

»Wenn an dem, was du tust, nichts Ehrliches wäre, dann würden dir die Leute nicht zuhören.«

»Die Leute«, antwortete David bitter, »die Leute wollen Entertainment. Ein gutaussehender Typ, der eine gute Show liefert, mehr interessiert sie nicht.«

»Glaub mir«, entgegnete Mike sehr ernst, »selbst wenn du der bestaussehendste Mann der Welt wärst, sie würden irgendwann merken, wenn du sie nur verarschst, und dich gnadenlos fallen lassen. Was sie von dir wollen ist, dass du ihnen das gibst, was sie selber nicht mehr sehen oder fühlen können. Du musst ihnen den Spiegel vorhalten, in den sie selber nicht mehr wagen zu schauen.«

Das war fast wörtlich das, was Ratze und mein Onkel vor mehr als zehn Jahren zu mir gesagt hatten. Und es war mir zu viel.

»Hey, Leute, können wir vielleicht das Thema wechseln? Ich habe keine Lust, mich über das Business zu unterhalten.«

»Was wäre dir denn lieber?«, fragte Mike, »Fußball?«

Wir schafften es, die Stimmung wieder hinzubiegen. Als wir irgendwann am frühen Morgen zusammenräumten und hochgingen, ließ sich David auf das Bett fallen und stöhnte: »Verdammte Scheiße, mir tut jeder Knochen im Leib weh. Wenn du heute Abend noch etwas von mir willst, Baby, dann musst du es dir selber holen.«

Ich ging zu ihm und knöpfte sein Hemd auf. »Okay, dann lass uns doch mal sehen, ob da noch Leben in diesem Körper ist.«

Am nächsten Tag, Samstag, weigerte er sich, aus dem Bett zu kommen, jammerte etwas von Muskelkater und Schmerzen und dass er als alter Mann es sich erlauben könne, auch einmal länger zu schlafen. Ich bedauerte ihn angemessen und versprach ihm ein Frühstück am Bett.

Mike hantierte schon in der Küche, ich erzählte ihm was los war, und er entgegnete lapidar: »Na, dann mach deinem alten Mann mal Frühstück. Obwohl er ja eigentlich ein halbes Jahr jünger ist als du.«

»Hey, woher weißt du das denn?«

»Jetzt komm, ich lebe zwar im Wald, aber ab und zu kriege ich schon noch mit, was in der großen weiten Welt passiert. Und an Dave Roberts vorbeizukommen, ist im Moment ziemlich schwer, wenn man ein bisschen an Musik interessiert ist. Wie hast du ihn eigentlich kennengelernt?«

Es war klar, dass diese Frage irgendwann kommen musste. Aber ich hatte keine Lust auf Erklärungen. Oder Realität. »In Berlin bei der Echoverleihung. Ziemlich lange Geschichte.«

»Und du hast keine Lust, sie zu erzählen, ist schon okay. Hast du wenigstens eine Ahnung, wie es weitergeht?«

»Na ja, er wird wahrscheinlich morgen oder irgendwann zurück nach Birmingham fliegen und dann werden wir sehen.« Den Blick, den er mir zuwarf, erinnerte mich viel zu sehr an Duke. Deswegen ergänzte ich: »Ich kriege das schon hin, okay?«

Er überlegte, ob er noch etwas dazu sagen sollte, und tat es dann. »Weißt du, ich habe dich nicht mehr so zufrieden gesehen, seit ... Du weißt, was ich meine. Aber ich hab Angst, dass du dich da in was verrennst.«

»Mike, bitte, ich habe diese Diskussionen schon mit Duke bis zum Ende durchgekaut. Und werde mir deswegen, wenn ich Pech habe, eine neue Band suchen müssen, wenn das hier vorbei ist.«

»So schlimm?«

»Schlimmer.«

»Und du bist dir sicher, dass es das wert ist?«

»Wenn ich das nicht wäre, wär ich nicht hier.«

Damit gab er sich zufrieden. Er kannte mich gut genug, um zu wissen, dass er mich von meiner Meinung nicht abbringen konnte. Er tat das, was ich mir so sehnlich von Duke gewünscht hatte: Er akzeptierte was ich tat und gab mir damit die Möglichkeit, jederzeit wiederzukommen, auch wenn es schiefging. Und dafür war ich ihm sehr, sehr dankbar.

Trotzdem hatten seine Worte mich nachdenklich gemacht und ich fragte David, als ich mit einem Tablett beladen wieder in unser Zimmer kam, wie lange er eigentlich bleiben wolle. Seine Augen wurden kühl. »Ich muss spätestens Montagabend wieder in Birmingham sein. Aber ich kann auch vorher gehen, wenn du willst.«

»Nein, will ich nicht.« Gab es irgendwas, das ich weniger wollte? »Meinetwegen können wir für den Rest unseres Lebens hierbleiben.«

Das beruhigte ihn sichtlich. »Von mir aus gerne. Trotzdem kann ich Marc nachher anrufen, wenn das von hier aus geht. Der soll sich mal nach Flügen erkundigen.«

»Klar geht das. Du wirst es nicht glauben, aber hier gibt es sogar Telefon.«

»Cool, ich dachte schon, wir müssten Rauchzeichen geben.«

Wir verfielen wieder in den vertrauten Ton, gammelten ein wenig im Bett herum, bis sich der alte Mann irgendwann doch entschloss aufzustehen. Aber etwas an diesem Ton blieb unsauber. Ich hatte mit meiner Frage das Thema »Zukunft« angeschnitten, und wir wussten beide, dass es dazu noch etwas zu sagen gab. Und wir hatten beide keine Lust darauf, er noch weniger als ich, und drückten uns darum, solange es ging.

Am Abend fuhr Mike nach Köln, da er sich mit Fix und ein paar anderen im *underground* verabredet hatte. Er fragte, ob wir mitkommen wollten. Ich überließ die Entscheidung David, der bleiben wollte, wogegen ich überhaupt nichts einzuwenden hatte.

Wir plünderten Mikes Videoschrank, fanden einiges, was uns beiden gefiel, und verbrachten den restlichen Abend vor der Glotze, redeten wenig, aber es war nicht unangenehm, nur endlos vertraut und nah.

Das erste, was mir klar wurde, als ich am nächsten Morgen aufwachte, war, dass er nicht mehr da war. Einen Moment später hörte ich ihn unten in der Küche. Das war neu. Wieso hatte er mich nicht geweckt? Wo war die morgendliche Nähe? Ich ging hinunter, und als ich ihm nach einem Begrüßungskuss in die Augen sah, wusste ich, dass noch viel mehr anders war als sonst. Ich kannte diesen Blick. Zuletzt hatte ich ihn nach der Nacht in Berlin gesehen.

»Wieso bist du aufgestanden?«, fragte ich.

»Konnte nicht mehr schlafen. Ich habe Frühstück gemacht.«

Das war nicht die Antwort, die ich haben wollte. Ich setzte mich an den Tisch, nahm mir Kaffee und ein aufgebackenes Brötchen und beobachtete, wie er still seinen Tee trank. Wie so häufig machte mich sein Schweigen hilflos. Er schaute ein paar Mal zu mir, sah aber sofort wieder weg, wenn unsere Blicke sich trafen. Verdammt, das konnte doch nicht wahr sein!

»Alles okay bei dir?«, fragte ich, obwohl die Antwort mehr als offensichtlich war.

»Ja, alles okay.« Pause. Dann: »Hör zu, ich brauche mal ein bisschen meine Ruhe. Ich denke, ich werde 'ne Runde im Wald spazierengehen, wenn das okay ist.«

»Klar ist es okay.« Seit wann brauchst du eine Erlaubnis von mir, David?

»Gut, dann bis später.« Er machte sich auf den Weg, mit einem Stift, ein paar Zetteln, und einer Flasche Whisky.

Ich hatte keine Ahnung was los war und durchlebte ein völliges Gefühlschaos. Hatte ich etwas nicht mitbekommen? Hatte ich ihn verärgert oder verletzt? Wann und wie? Ich versuchte, ruhig zu bleiben und mir einzureden, dass es völlig normal war, wenn man nach drei Tagen engen Zusammenseins seine Ruhe brauchte. Ich setzte mich mit meinem englischen Liedtext, »Touch« war inzwischen auch der Titel, auf die Terrasse und fand die Worte, die noch fehlten. Die Zeit verging und langsam kam Wut in mir hoch. Verdammt, das waren vielleicht unsere letzten gemeinsamen Stunden, und er hatte nichts Besseres zu tun, als in den Wald zu rennen und sich zu besaufen!

Gute fünf Stunden später – ich schwankte zwischen Polizei alarmieren und Sachen packen und verschwinden – kam er, mit Zetteln in der Hand, aber ohne die Flasche, durch den Garten zurück zum Haus. Mit unsicherem Gang und einer Spur von Verlegenheit in seinem Lächeln.

»Hast du dich verlaufen?«, fragte ich, unfreundlicher als ich wollte.

Das Lächeln verschwand. »Nein. Aber der Wald ist ziemlich groß.« Er lief an mir vorbei ins Haus, ich folgte ihm eine Minute später. Er stand in unserem Zimmer, legte eines seiner Hemden zusammen und packte es in die Tasche. Es sah überhaupt nicht gut aus.

»Kannst du mir erklären, was du da tust?«, fragte ich ihn.

»Packen«, antwortete er nur.

»Das heißt, du hast dich entschlossen, schon heute zu fliegen?«

»Ja, warum nicht.« Entscheidungen zu treffen schien seine neue Lieblingsbeschäftigung zu werden. Und das ärgerte mich maßlos.

»Hast du dir auch überlegt, wie du zum Flughafen kommst?«

»Noch nicht«, sagte er, schob mich zur Seite und ging aus dem Zimmer in Richtung Treppe. Er nötigte mich, ihm zu folgen, und das ärgerte mich noch mehr. »Ich werd's mal mit einem Taxi probieren, falls eins hier raus kommt. Und wenn nicht ... Vielleicht kannst du mir deinen Wagen leihen, ich lass ihn dann am Flughafen stehen.«

»Tolle Idee«, sagte ich zynisch, »und ich warte hier auf Mike, der gerade aus Köln kommt, und frage ihn, ob er Lust hat, mich nach Köln zu fahren! Warum rufst du nicht Marc an und lässt dir eine Limousine herbestellen?«

Ich lief immer noch hinter ihm her, inzwischen waren wir im Wohnzimmer angekommen. Bei meinem letzten Satz blieb er endlich stehen und drehte sich zu mir um. Kälte. Arroganz. Und, neu, eine Spur von Resignation. »Was willst du von mir, Tina?«

»Was ich von dir will? Was willst *du* denn, du ziehst hier doch gerade diesen Geht-mir-alles-am-Arsch-vorbei-Film ab! *Du* bist doch plötzlich wieder der coole Typ, der das Maul nicht aufmacht und einfach verschwindet!«

»Ich habe doch gesagt, dass ich mal Ruhe brauche.«

»Aber du hast *nicht* gesagt, dass du dich dabei besäufst und fünf Stunden weg bist.«

Er sagte nichts, schloss nur kurz die Augen und hoffte wohl, dass alles bald vorbei wäre. Aber ich war noch nicht fertig. »Und du hast *nicht* gesagt, dass du mit besoffenem Kopf mein Auto entführen und vorher noch eine scheiß Szene machen willst!« Genau genommen war ich es, die gerade eine Szene machte. Egal. Er war schließlich Schuld.

Er sah mich an, schüttelte den Kopf und machte zu. »Weißt du was? Ich bin in ein paar Minuten weg, dann musst du das alles nicht mehr ertragen. Und falls du dir Gedanken um dein Auto machst: Ich bin ziemlich gut versichert.«

Das war alles nicht wahr, oder? Was taten wir hier? Wir schlugen um uns voller Panik, obwohl wir doch beide wussten, dass das nicht funktionierte. Das einzige, was funktionierte, war etwas anderes. Es war die einzige Chance, die ich noch hatte.

»Ich mach' mir keine Gedanken um mein Auto, David, ich mache mir Gedanken um mein Herz. Und darum, dass ich es wahrscheinlich bereuen werde, nicht von der Mauer gesprungen zu sein, wenn du jetzt – so – gehst.«

Er sah mich an, eine Spur ruhiger. »Du wusstest genau, dass ich irgendwann gehen werde.«

Als ich das hörte, wurde mir klar, worum es ging. Denn das, was er hier versuchte, hätte genauso gut von mir sein können. Ich schloss kurz die Augen und sagte: »Ja, verdammt, ich weiß, dass du gehen musst. Und auch, dass du gehen wirst. Aber ist es wirklich nötig, dass du vorher all das hier ...«, ich machte die gleiche Geste wie er am ersten Tag in der Küche und meinte auch das gleiche damit, »... zunichte machst, nur um dir einreden zu können, dass es nichts bedeutet? Dass es sich nicht lohnt, darüber nachzudenken? Ich will dich nicht heiraten, David.« Er starrte mich an und wartete auf das »Aber«. »Aber ich glaube verdammt noch mal, dass es einen Weg gibt, wie wir es hinkriegen, ohne es zu zerstören. Und wenn du meine Gedanken lesen kannst, dann weißt du das alles selbst!«

Er wusste es. Und es warf ihn völlig aus der Bahn, dass ich es aussprach. Ich glaube, er hatte mit allem gerechnet, mit Tränen, Vorwürfen oder dass ich ihn anflehen würde zu bleiben, aber nicht mit diesen Worten. Wir standen eine Weile voreinander und sahen uns an, und so nach und nach fand ich in seinem Blick alles wieder, was ich kannte und liebte. Dann kam etwas Neues hinzu. Etwas, das er bisher verborgen hatte. Etwas, das er nicht länger verborgen halten konnte. »Tina ...«, sagte er, und es klang wie ein Flehen. Dann kam er zu mir, zerrte mich in seine Umarmung, drängte mich auf die Couch und begann, mir zwischen wilden Küssen das Hemd vom Körper zu reißen. Das war nicht die Ekstase unserer ersten Nacht, es war pure Verzweiflung. Er ertrank – und ich war nicht bereit, mit ihm zusammen unterzugehen. Ich dachte nur: Nicht so, David, nicht so, und versuchte, ihn abzuwehren. Aber er hielt meine Arme fest und war kurz davor, mir wirklich weh zu tun.

Bis er merkte, was er tat. Oder vielleicht, mal wieder, meine Gedanken spürte. Er erstarrte. Und mit einem Schrei, in dem sich seine ganze Verzweiflung spiegelte, ließ er von mir ab und taumelte weg von der Couch bis zur Terrassentür. Dort blieb er stehen, die Hände gegen das Glas gepresst, den Kopf gesenkt, schwer atmend. Ich bewegte mich nicht. Wartete auf das, was kommen würde.

»Mein ganzes verdammtes Leben lang«, begann er, drehte sich um und starrte mich an, knapp an der Grenze zum Wahnsinn und als sei *ich* Schuld daran, »habe ich den Frauen wehgetan. Ich habe sie verletzt, enttäuscht und benutzt. Erst meine Mutter, dann meine kleine Schwester, dann Linda und alle, die nach ihr kamen. Jedesmal Tränen und Vorwürfe und Schuld, doch ich wollte nie etwas anderes, als sie glücklich zu machen.« Die Tränen, von denen er sprach, hatte er selber in den Augen. »Irgendwann habe ich mir dann gedacht: Scheiß drauf, wenn du sie eh nicht glücklich machen kannst, dann brauchst du ihnen auch nichts mehr vormachen! Ich habe sie benutzt, gevögelt und wieder fallen gelassen. Wenn sie mit ihren Tränen kamen, habe ich nur gesagt: ›Was willst du, Baby, du weißt doch, wie ich bin!‹ Und dann ...«

Er holte ein paar Mal tief Luft. Ich war inzwischen aufgestanden und stand in meinem zerrissenen Hemd vor ihm. Wie anklagend deutete er darauf: »Dann kommst auf einmal *du* und sagst mir, das sei alles nur eine schlechte Show. Ich kann machen, was ich will, du sagst, es ist okay, du bringst mich in das Haus deines Freundes und riskierst deswegen die Freundschaft zu einem anderen und ...« Er brach ab und sah mich an. Nichts als Schmerz und verzweifelte Hoffnung.

»Bitte«, flüsterte er, »sag mir, was ich tun soll!« Ich ging die drei Schritte zu ihm, legte ihm meine Arme um den Hals und sagte: »Das, was du wirklich willst, David. Es ist okay.« Ich ging mit ihm zur Couch, er klammerte sich an mich und heulte, wie er es wahrscheinlich seit Jahren nicht mehr getan hatte. Vielleicht eine halbe Stunde lang war nichts als sein Schmerz im Raum, den ich so sehr spürte, weil es so sehr mein eigener war.

»Wie erträgst du das alles?«, fragte er mich irgendwann.

»Vielleicht weil ich die Liebe, von der ich dachte, dass sie ewig dauern würde, verloren habe, bevor ich wirklich wusste, was Liebe eigentlich ist. Dieses ganze Theater mit ›zusammen alt werden‹ und ›glücklich bis ans Ende ihrer Tage‹ ... Ich glaube einfach nicht mehr daran. Das einzige, was mir keiner wegnehmen kann, sind Momente, warme, schöne, ehrliche Momente. Vielleicht ertrage ich es deswegen nicht, wenn sie mit irgendwelchen Belanglosigkeiten verschwendet werden. Ich habe einen Moment lang gesehen, wer du wirklich bist, alles andere zählt für mich nicht.«

»Und wenn ich vorhin gegangen wäre, hättest du dich an diesem Moment festgehalten?«

»Wahrscheinlich. Zumindest hättest du eine Menge mehr tun müssen, um mich davon zu überzeugen, dass du tatsächlich dieses Arschloch bist.«

»Aber ich bin es, Tina. Und ich hab wirklich Schiss vor dem Moment, wo du das herausfindest. Obwohl«, er sah mich an und endlich war wieder eine Spur von Gelassenheit in seinem Blick, »alles *viel* einfacher wäre, wenn du es mir endlich glauben würdest.«

»Dann«, entgegnete ich ironisch, »streng dich einfach an, Baby.«

Er schüttelte nur den Kopf und zog mich an sich. Und wir überließen uns dem Augenblick.

Etwa zwei Stunden später kam Mike aus Köln zurück. Er bemerkte mit Sicherheit, in welchem desolatem Zustand wir waren, aber er sagte auch diesmal nichts, begrüßte uns nur und erzählte kurz vom Konzert, richtete Grüße von Fix aus und verzog sich recht schnell unter einem Vorwand in sein Arbeitszimmer. Er wusste, dass es unser letzter Abend war und ich dachte bei mir: Irgendwann mache ich's wieder gut, Mike.

David und ich machten uns etwas zu essen und setzen uns in den Garten, permanent darum bemüht, uns nicht mehr als eine Armlänge voneinander zu entfernen. Er begann, von seiner Familie und seiner Kindheit zu erzählen, sehr zögerlich, sehr langsam, immer wieder von Schweigen unterbrochen. Er holte all das nach oben, was er lange vergraben hatte, er lag in meinen Armen und ich spürte, wie schwer es ihm fiel.

Irgendwann war es vorbei. Er schwieg eine ganze Weile und sah mich dann vorsichtig an. »Und? Enttäuscht, dass der Welt größtes Arschloch ein Mamasöhnchen ist?«

Ich sagte: »Nein«, aber ich merkte, dass ihm das nicht reichte. Wie konnte ich es am besten ausdrücken? Auf die Art, auf die ich es immer getan hatte. Ich überzeugte ihn davon, einen Moment alleine zu bleiben und holte von drinnen den Text, den ich vormittags fertig geschrieben hatte. »Hier«, sagte ich, »wenn du wissen willst, wie ich es sehe.«

Er las es, sah mich zwischendurch erstaunt an und schüttelte den Kopf. Wahrscheinlich überlegte er das, was ich mich beim Schreiben auch immer wieder gefragt hatte: Meine ich ihn oder mich damit? Und er kam zu dem gleichen Schluss wie ich: uns beide.

Als er fertig war, zog er kommentarlos einen Zettel aus seiner Hosentasche und gab ihn mir – das, was er im Wald geschrieben hatte. »Animal« hieß dieser Text, und es zog mir das Herz zusammen, als ich all die Bitterkeit und schmerzvolle Hoffnung darin las. Auch ich sagte nichts dazu. Tiefer konnten wir uns sowieso nicht ins Herz schauen.

Er hatte mein Blatt immer noch in der Hand, als er mich ansah und sagte: »Wenn du willst, dann komm irgendwann hoch nach Birmingham. Lass uns einen Song daraus machen.«

Wow, David, du wirst deinen Prinzipien untreu, das war eine Zukunftsperspektive! Ich sagte: »Mach ich« und ergänzte, da wir eh schon beim Thema waren: »Wann geht eigentlich dein Flieger morgen?«

»Viertel nach zwei, wieso?« Wieso wohl?

»Weil es mich schon interessiert, wie viel Zeit wir noch haben. Und weil wir vielleicht Mike fragen können, ob er dich zum Flughafen bringt.«

»Eigentlich«, begann er und blickte dabei in den Himmel, »habe ich gehofft, dass du mich fährst.« Er spürte mein Erstaunen, deswegen setze er nach: »Ja, ich weiß, kann sein, dass da ein paar nervige Leute herumstehen und blöde Fragen stellen, aber das tun sie eh dauernd. Es sei denn, dir ist es unangenehm.«

War es mir unangenehm, mich mit Dave Roberts in der Öffentlichkeit zu zeigen? Kommt darauf an, mit welchem. Falsche Antwort. In der Öffentlichkeit gab es nur einen.

»Und was willst du ihnen sagen, wenn sie blöde Fragen stellen?«

Er grinste mich an. »Dass ich mich gerade von der unglaublichsten Frau der Welt zum Flughafen bringen lasse.«

Ich stellte keine Fragen mehr. Es war nicht nötig. Ich vergrub mein Gesicht in seinen Armen und hoffte inständig, dass er meinen letzten Gedanken nicht gelesen hatte, denn er erschreckte selbst mich. Ich dachte: Gott, für dieses Grinsen lohnt es sich wirklich zu sterben.

IV

Auf Köln-Bonn war an diesem Montagmittag vergleichsweise wenig los. Wir gingen unbehelligt durch die Hallen, es gab keine Horden von kreischenden Fans und auch kein Blitzlichtgewitter von Journalisten. Niemand hatte uns erwartet, schließlich wusste auch niemand, dass David noch in Köln war. Er wurde nur wenige Autogramme los, eines an die Stewardess am Schalter von British Airways, mit der er gutgelaunt herumschäkerte.

Wir standen am Check-In, sein Flug war gerade aufgerufen worden. Wir sahen uns an und für einen Augenblick liefen verschiedene Bilder aus mehr oder weniger schlechten Filmen durch meinen Kopf: David, der, bevor er durch die allerletzte Tür aus dem Blickfeld verschwindet, umdreht, sich durch die Schlange hinter ihm kämpft, auf mich zu rennt und mir in die Arme fällt. Ich, die in einer tollkühnen, lebensbedrohlichen Aktion das Flugzeug im allerletzten Moment am Abheben hindere und dann – nächste Szene – neben seinem Sitz stehe, hektisch die Stewardessen abwehre und ihm erkläre, dass ich ihn niemals gehen lassen werde.

»Und«, fragte er, »sollen wir es ein bisschen melodramatisch machen?«

Ich musste lachen. »Bitte nicht. Schlechte Filme schaue ich mir lieber im Fernsehen an.«

Er nickte und überlegte einen Moment. »Ist das wirklich alles okay so für dich?«

Ich horchte kurz in mich hinein, aber selbst die fiese Stimme hatte im Augenblick nichts zu sagen. »Ja. Wenn du irgendwann mal wieder von dir hören lässt ...«

Ich wollte es so unverbindlich wie möglich klingen lassen, und das brachte ihn zum Lächeln. Er gab mir einen Kuss. »Ich ruf dich an, okay?«

Eine letzte Umarmung, dann ging er ohne sich umzuschauen durch die Absperrung und ich stand da und wartete, bis er durch die allerletzte Tür verschwunden war.

Als ich zu Hause ankam, blieb ich für einige Minuten im Auto sitzen und dachte nach. Das hier war die Realität, in der so einiges auf mich wartete, das ich klären musste. Und auch wollte. Und da in mir gerade alles so wunderbar leicht und klar war, würde ich es auch schaffen!

Duke saß oben auf dem Balkon, trotzdem ging ich zuerst in mein Zimmer, begann, meine Sachen auszupacken und lief dabei ein paar Mal ins Bad und wieder zurück. Er rührte sich nicht. Nach vielleicht zwanzig Minuten und einigen tiefen Atemzügen setzte ich mich zu ihm nach draußen und wartete ab, bis er mich anschaute. Dann sagte ich ruhig: »Falls du einen Moment Zeit hast, tust du mir einen Gefallen?«

»Welchen?«, fragte er, zurückhaltend, aber nicht unfreundlich.

»Sag mir einfach, was du im Kopf hast. Was du denkst, wie es dir geht, was dich ankotzt, scheißegal.«

»Ich dachte, dafür wolltest du dir bei den *Tönnes* jemanden suchen?«

»Ich dachte, das muss ich nur, wenn's schief geht.«

Der Zweifel in seinem Blick war nicht echt, es lag zu viel Hoffnung darin. Ich konnte es nicht fassen: Ich hatte diesen Mann wie Scheiße behandelt und die Freundschaft zu ihm bis zum letzten möglichen Punkt ausgereizt. Und er saß da und schien sich tatsächlich über das zu freuen, was er aus meinem letzten Satz herausgehört hatte.

Ich ergänzte: »Außerdem, ganz ehrlich, ich finde, die *Tönnes* machen eine scheiß Musik.«

»Stimmt.« Eine kurze Pause. Ganz locker machen konnte er sich noch lange nicht. »Auf jeden Fall schlechtere als Dave Roberts. Vielleicht willst du ja in Zukunft mit ihm Musik machen?«

Obwohl David selber so etwas Ähnliches vorgeschlagen hatte, erschien mir die Vorstellung so absurd, dass ich lachen musste. »Nein, ganz bestimmt nicht. Eigentlich«, ich wurde wieder ernster, »hab ich mir etwas mit dieser Kölner Band vorgestellt, die gerade einen Auftritt bei der Echoverleihung hatte. Ich hab gehört, die haben einen ziemlich guten Gitarristen.«

»Ja, ich glaube, eine gute Sängerin können die brauchen. Aber *ich* hab gehört, dass dieser Gitarrist ganz schön schräg drauf ist.«

»Echt? Wieso?«

»Na ja, eifersüchtig und so. Und manchmal will er seinen Freunden vorschreiben, was sie zu tun und zu lassen haben.«

»Manchmal ist es aber auch gut, wenn man jemanden hat, der auf einen aufpasst. Oder einem sagt, wenn man gerade den Boden unter den Füßen verliert.«

Wir nahmen unsere gegenseitigen Entschuldigungen auf und in mir wurde es noch ein Stück wärmer. Aber etwas fehlte noch, und das ging nicht im Plauderton.

»Und wie geht's weiter mit euch?«, fragte Duke.

Ich zuckte mit den Schultern. »Er lebt sein Leben, ich meins. Wir hatten eine verdammt schöne Zeit, vielleicht gibt's eine Fortsetzung, vielleicht nicht. Ich glaube auf jeden Fall nicht, dass er mich verarscht hat.«

Den Zweifel in Dukes Blick registrierte ich sofort und versuchte, ihn zu entkräften. »Ich weiß, das hab ich schon einmal gesagt. Ich behaupte ja auch nicht, dass er mir nicht mehr weh tun kann. Aber ich glaube nicht, dass er es darauf anlegen wird.« Um den letzten Zweifel – auch meinen – zu beseitigen, sagte ich bitter: »Und wenn's nur aus Angst ist, dass ich irgendwas von dem, was ich weiß, an die Presse weitergeben könnte.«

»Wenn er dir Sachen erzählt hat, die du an die Presse weitergeben könntest, dann scheint er sich recht sicher gewesen zu sein, dass du das nicht tust.«

Spontaner Rollentausch: Duke entkräftete *meine* Zweifel!

»Ja. Wie gesagt, ich kann dir nicht garantieren, dass ich nicht irgendwann wieder heulend hier herumhänge. Aber so eine Garantie gibt es nie, oder?«

»Nein, so eine Garantie gibt es nicht«, sagte er nachdenklich. »Wenn du *darauf* wartest, brauchst du dich auf gar nichts mehr einzulassen. Wahrscheinlich ist genau das mein Problem.«

Verdammt viel Ehrlichkeit und Selbsterkenntnis für zwei Tage. Ich grinste. »Soll ich mich mal für dich nach der anerkannt arrogantesten Zicke des Musikbusiness umschauen?«

»Nein. Aber du kannst was anderes tun.« Das klang furchtbar ernst, zumindest bis sich das Lächeln in seine Augen schlich. »Du kannst mir endlich erzählen, wie das in Berlin eigentlich genau angefangen hat.«

Die Tage, die folgten, waren wunderbar. Das Wetter blieb gut, die Pressetermine wurden langsam weniger und die Tour sollte erst am zehnten September losgehen. Wir alle hatten Zeit zu entspannen, und das wirkte sich sofort auf die Stimmung im Haus aus. Wir waren weitgehend freundlich zueinander, bei den Proben gab es wenig Kritik, wir gingen wieder gemeinsam weg und machten einmal sogar ein Feuer im Garten, zu dem im Laufe des Abends alle dazukamen, auch Lenny. Wir sangen die ganze Nacht durch und endeten mit einem von Frank und mir lautstark intonierten – eher gegröltem – »Lady in Black«.

Jess versuchte herauszufinden, was zwischen mir und Duke gewesen war, aber wir schwiegen beide und genossen sichtlich unser gemeinsames, kleines Geheimnis. Und da offensichtlich alles wieder in Ordnung war, dachte sich Jess seinen Teil und ließ es dabei bewenden.

Nach sechs Tagen rief David bei mir an, was mich zunächst maßlos irritierte. Natürlich hatte ich erwartet, dass er sich irgendwann meldet, aber dass er es so früh tat, fand ich doch verblüffend. Er hatte seinen Kleiner-Junge-Plauderton drauf und war offensichtlich bester Laune. Er wollte wissen, wie es mir in den letzten Tagen ergangen war und erzählte von den vielen neuen Songs, die er im Kopf hatte: »Das wird großartig, Baby, ich glaube, ich habe noch nie so gute Sachen geschrieben.«

Ich wusste ziemlich genau, was er meinte. »Geht mir genauso gerade. Duke beschwert sich schon, weil ich ihn dauernd in den Proberaum zerre.«

Kurzes Schweigen. Dann fragte er ernster: »Hast du's wieder klar mit ihm?«

»Denke schon. Ich glaube, er hat's verstanden. Aber es wäre trotzdem hilfreich, wenn ihr euch noch eine Weile aus dem Weg gehen würdet.«

»Ha! Sag ihm, wenn er eine aufs Maul will, dann kann er jederzeit vorbeikommen.«

Ich musste lachen, etwas Besseres fiel mir nicht ein. »Männer! Und danach darf ich euch die Wunden verbinden, oder was?«

»Hm, ja, ich glaube, da könnten wir beide mit leben.« Er machte eine Pause und verblüffte mich erneut, als er sagte: »Ich vermiss dich grade ganz schön, Baby.«

Ich holte tief Luft. »Und?«

»Was und?«

»Was machst du damit?«

Er lachte auf. »Saufen und vögeln, was sonst. Aber irgendwie ... So ein Ding wie Freitagabend bringen die alle nicht.«

Was willst du, David? Dass ich dich frage, ob du es noch einmal haben willst? Vergiss es. Ich werde nicht fragen. Und er tat es auch nicht. Stattdessen kam, schnell und beiläufig: »Ach übrigens, wundere dich nicht, wenn demnächst irgendwelche Leute kommen und dämliche Fragen stellen.«

Oh weia, was kam jetzt? »Wieso?«

»Ach«, er tat entrüstet, »irgendjemand hat anscheinend etwas mitgekriegt. Oder die kleine Schlampe am Schalter hat mit ihrem Autogramm geprahlt. Na ja, ich hab ihnen erzählt, dass ich mir nach der Messe noch ein paar Tage lang die Musikszene bei euch angeschaut habe. Das Problem ist: Ihr seid sicher die einzige Kölner Band, die sie kennen, deswegen kann's schon sein, dass jemand bei euch nachfragt.«

Super, David! »Und was sag ich denen dann?«

»Was weiß ich, erzähl ihnen halt, dass wir uns getroffen und ein bisschen ... miteinander gespielt haben.«

Überdreht wie ich war, prustete ich bei der Zweideutigkeit dieser Aussage lautstark in den Hörer. Er grinste offensichtlich am anderen Ende. »Oder irgend so etwas.«

»Alles klar, ich lasse mir was einfallen.«

Wessen Aussagen es auch immer waren – auf jeden Fall führten sie ein paar Tage später zu einem der peinlichsten Interviews meines Lebens. Vielleicht hatte David doch mehr erzählt. Oder die »kleine Schlampe« hatte sich daran erinnert, dass er nicht alleine unterwegs gewesen war. Auf jeden Fall saßen wir bei Radio Köln im Studio und machten mit Steffen, einem wirklich netten Moderator, eine einstündige Sendung über unsere Band. Live, natürlich. Weil wir ihn gut kannten, hatten wir relativ wenig abgesprochen. Es sollte möglichst locker und spontan rüberkommen. Wir hatten kurz von unseren Anfangszeiten erzählt, ausführlicher über die aktuelle Platte, die bevorstehende Tour und waren bei den letzten zehn Minuten Sendezeit angelangt. Steffen blendete die Musik aus und kam zu seinen abschließenden Fragen. »Gut, da wir jetzt beim Thema ›Zukunftsplanung‹ sind, eine Frage an dich, Tina: Stimmt es, dass du gerade mit Dave Roberts ein neues Musikprojekt planst?«

Im Nachhinein war ich einfach nur froh, dass das ganze kein Fernsehauftritt war. Aber auch so war es schlimm genug: Jess, Bruno und Frank starrten mich an, als wäre ich gerade von einem anderen Stern gefallen. Amigo kriegte eine Art Hustenanfall – er hasste Dave Roberts. Und Duke, der Depp, fing prustend an zu lachen, nuschelte zwischendurch »Tschuldigung, *ich* war's nicht« und kriegte sich überhaupt nicht mehr ein. Ich fand es mindestens so absurd wie er, aber im Gegensatz zu ihm hatte ich noch eine Frage zu beantworten. »Ähm, nein, also ... Von einem gemeinsamen Projekt zu sprechen wäre übertrieben. Wir haben uns nach der Messe kurz getroffen, weil er was über die Kölner Musikszene wissen wollte ... Mehr war eigentlich nicht.«

Wir verließen das Studio, ohne groß zu reden, und da auf dem Parkplatz ein paar Fans auf uns warteten, brachten wir auch das kommentarlos hinter uns. Wir fuhren sogar schweigend nach Hause. Und in dem Moment, wo Duke die Haustür zugemacht hatte, drehten sich Frank und Jess gleichzeitig zu mir um.

»Kannst du mir mal erklären, was da läuft?«, fragte Frank.

»Du hast Dave Roberts auf der Messe getroffen?«, fragte Jess.

Duke fing sofort wieder an zu grinsen. Er gefiel sich außerordentlich in der Rolle des Verschwörers.

Ich schaute sie mit dem unschuldigsten Blick, den ich zustande brachte, an. »Ja, ich habe ihn getroffen. Schon in Berlin bei der Echo-Verleihung. Das mit der Messe war eher Zufall. Wir waren ein paar Tage zusammen unterwegs und haben uns über die Musikszene unterhalten.«

»Ja«, prustete Duke hinter mir, »vor allem über die Musikszene.«

So langsam verlor ich die Geduld. »Und was sonst noch passiert ist, ist mein Ding und hat überhaupt nichts mit euch oder der Band zu tun.«

»Tina«, begann Frank bedeutungsvoll, »in dem Moment, wo du dich in dieser Szene bewegst, hat es *immer* was mit uns und der Band zu tun.«

»Du hättest vielleicht mal was sagen können«, rief Amigo. »Was meinst du, was hier los ist, wenn die das Interview hören? Die rennen uns die Bude ein. Das war echt peinlich!«

»Moment mal«, mischte sich Duke endlich ein, »was Tina in ihrer Freizeit treibt oder mit wem sie sich über die ›Musikszene‹ unterhält ist wirklich ihre Sache. Im Zweifelsfall führt das ganze nur dazu, dass wir ein bisschen mehr Publicity kriegen. Erzähl du mir nicht …«, er starrte Amigo an, »dass du damit ein Problem hättest.«

»Darum geht's doch gar nicht«, sagte Frank und versuchte zu schlichten: »Die Frage ist, was sie aus all dem machen.«

»Wahrscheinlich eine Affäre zwischen unserer Sängerin und diesem englischen Schnösel«, sagte Duke lapidar und zuckte entschuldigend die Schultern, als er meinen entsetzten Blick sah. »Und wenn wir Glück haben, werden sämtliche englischen Zeitungen etwas über die Band dieser Sängerin schreiben. Im Ernst, Leute, einfacher hätten wir das nicht haben können.«

Jess sagte während dieser ganzen Diskussion gar nichts. Er lächelte nur, denn er hatte endlich eine Antwort auf die Fragen gefunden, die er sich die letzten Wochen über gestellt hatte.

Trotz Dukes Einsatz blieb die Situation angespannt. Frank bestand darauf, am Abend die komplette Mannschaft zusammenzurufen, um sie über die Lage zu informieren. Er gab detailliere Instruktionen aus, wie wir uns zu verhalten hätten, wenn irgendwelche Fragen von der Presse kamen. Ich stand daneben, musste nicht viel tun, weil Duke weiterhin für mich das Reden übernahm, und amüsierte mich insgeheim köstlich. Was für eine Show mal wieder.

Die Presse zeigte tatsächlich in den folgenden Tagen eine gesteigerte Aufmerksamkeit, das Haus wurde teilweise regelrecht belagert, aber da wir alle immer wieder das Gleiche sagten und da sich diese Informationen weitgehend mit denen aus England deckten, gab es keinen großen Skandal, sondern nur ein paar zusätzliche Berichte. Einige englische Zeitungen fragten wegen Interviews an, Frank konnte seine Freude darüber nicht wirklich verbergen.

Wenig hilfreich für die Gesamtsituation war es, als ein paar Tage später gegen Mittag das Telefon klingelte. Duke reichte mir mit einem wissenden Blick den Hörer. »Der Manager«, sagte er nur.

Der Manager – Marc – kam schnell zur Sache: »David lässt anfragen, ob du heute Zeit hast. Er würde dich gerne sehen.«

»Wo ist er denn?«

»Im Moment im Dorint.«

»Im *Kölner* Dorint?«

»Nein, in Düsseldorf. Ich könnte so in einer Stunde einen Wagen vorbeischicken, der dich abholt.«

Oh Gott, David, bist du denn völlig irre? Die pressegeplagte Sängerin stöhnte lauthals auf. Das Kind in mir freute sich diebisch. »Okay, hierherzukommen ist schlecht, viel zu viele Leute vor dem Haus. Holt mich an der *Fabrik* ab, David müsste wissen, wo das ist.« Gewagt, aber trotzdem. Sollte er mal zeigen, was er drauf hatte!

Mit Dukes Hilfe gelang es mir, mich aus dem Haus zu schleichen. Ich wurde tatsächlich von einem Fahrer des Dorint an der *Fabrik* abgeholt und gelangte unerkannt ins Hotel. David lümmelte auf dem Sofa herum und hatte einen Whisky vor sich, als er mich sah, stand er auf und kam mir entgegen. Ich begrüßte ihn mit ernster Miene und der Frage: »Sag mal, spinnst du jetzt völlig?«

Der kleine Junge grinste mich an, der lässige Musiker meinte: »Ich sag dir was, Baby, wenn du unerkannt bleiben willst, dann steig im größten Hotel der Stadt ab. *Die* trimmen ihre Angestellten auf Diskretion. Wenn sich einer verplappert, fliegt er hochkant raus!«

»Na toll«, sagte ich, »und du willst es wirklich drauf anlegen, ein paar Leute arbeitslos zu machen?«

Auf so eine Diskussion hatte ich eigentlich überhaupt keine Lust – und er auch nicht. »Jetzt komm«, sagte er und legte mir die Arme auf die Schultern, »ich hab's einfach nicht mehr ausgehalten. Sag nicht, dass du dich nicht freust.«

Natürlich freute ich mich. Viel zu sehr. Ich umarmte ihn meinerseits und sagte: »Und, was hat der Herr sich vorgestellt? Eine Wiederholung von Freitagnacht?«

Das war ziemlich genau das, was er sich vorgestellt hatte – und noch einiges mehr.

Später fragte er in seinem üblichen beiläufigen Ton: »Und, wann startest du es jetzt?«

»Was?«

»Dein gemeinsames Musikprojekt mit Dave Roberts.«

Er warf mich doch immer wieder aus der Bahn. Wollte er es wirklich darauf anlegen? War alles nur ein großartiges Spiel? Es war auf jeden Fall keins, bei dem ich mitmachen wollte.

»Keine Ahnung. Im Moment denk ich vor allem an die Tour nächste Woche.«

»Stimmt, ihr geht auf Tour.« Das klang schrecklich enttäuscht. »Wie lange seid ihr weg?«

»Drei Monate, mindestens. Wenn wir Zusatzkonzerte geben, länger.«

»Drei Monate? Und wann sehen wir uns dann?« *Das* klang entsetzt.

Ich wurde langsam wütend. »David! Wir haben ausgemacht, dass es keine Verpflichtungen gibt, und wir haben gerade dem Rest der Welt klar gemacht, dass nichts Spannendes passieren wird. Ich würde gerne erst einmal Ruhe in die Angelegenheit bringen, bevor ich neue Projekte starte.«

Was tat ich hier? *Ich* überzeugte *ihn* davon, unser Verhältnis unverbindlich zu lassen. *Ich* überzeugte *ihn* davon, es geheim zu halten. Und das, obwohl ich nichts lieber wollte, als mit ihm Arm-in-Arm durch diese Hotelhalle zu laufen, nach Hause zu fahren und ihn meinen Leuten vorzustellen. Es gab einen einfachen Grund dafür: Wenn ich ihn nicht in mein Leben hineinließ, dann konnte er auch nicht plötzlich wieder daraus verschwinden. Ja, mein Gott, soviel Ahnung von Psychologie hatte selbst ich. Aber es wurde mir tatsächlich erst in diesem Moment bewusst, zusammen mit vielem anderen, was in den letzten Jahren passiert war. Und es gefiel mir überhaupt nicht.

Ihm auch nicht. Er sagte:»Ja, Mama« und zog sich zurück. Was ich natürlich auch nicht wollte.»Hey«, versuchte ich es versöhnlich,»komm doch einfach auf eins der Konzerte. Wenn du willst, besorge ich dir Karten.«

Er schaute immer noch skeptisch. Aber die großzügige Geste der national bekannten Sängerin an den international erfolgreichen Star schmeichelte ihm auch.

»Cool«, sagte er grinsend,»vielleicht verkleide ich mich als Rocker und frage deinen Gitarristen, ob er mich ins Backstage lässt.«

»Bloß weil Duke lange Haare hat, ist er noch lange kein Rocker.«

»Aber Lederhosen hat der doch auch immer an.« Er kannte sich inzwischen ziemlich gut bei uns aus.

»Ja, und du hast immer sauteure Anzüge an und bist deswegen trotzdem kein Snob.«

Mit unbändiger Freude im Gesicht rief er:»Klar bin ich einer!«

Am frühen Abend machte Marc uns dezent darauf aufmerksam, dass es Zeit zum Aufbruch wäre, und ich bemerkte, dass ich ihn inzwischen in einem anderen Licht sah. Bedingt durch unsere kurze Begegnung in Berlin und seinem ersten Anruf bei mir, war er mir zunächst wie ein gefühlloser, abgebrühter Geschäftsmann vorgekommen. Aber Marc war alles andere als das. Er war da, wenn man ihn brauchte. Er kümmerte sich um all die Dinge, die

David das Leben schwer machten. Und – vor allem – hielt er uns den Rücken frei. Ich wusste, solange er hier war, war dieses Zimmer sicher. Ich hatte keine Ahnung, ob er mit dem, was David und ich taten, einverstanden oder zufrieden war, aber er mischte sich nicht ein. Und dafür war ich ihm wirklich dankbar.

Als ich zurück zur Villa kam, war ich in nachdenklicher Stimmung. Duke bemerkte es und fragte: »Und, alles glatt gegangen?«

Ich lächelte kurz. »Ja, unerkannt ins Liebesnest und wieder zurück. Alles in Ordnung.«

»Sieht aber nicht wirklich so aus.«

Ich schüttelte den Kopf. »Mit Dave und mir ist alles okay. Mir geht nur gerade eine Menge durch den Kopf, das muss ich erst mal sortieren.«

Ich ging in mein Zimmer, nicht ohne mir vorher das zu besorgen, von dem ich wusste, dass ich es brauchen würde: Jess' Kopfhörer, der Welten besser war als meiner, eine neue Schachtel Zigaretten, eine Flasche Bitter Lemon, eine Flasche Wodka. Duke hatte seine Tür offen gelassen und beobachtete mich mit Sorge. Er kannte das und wusste, dass es nichts Gutes verhieß, aber gerade weil er es kannte, mischte er sich nicht ein. Ich schloss meine Tür, mixte mir einem Wodka Lemon, setzte den Kopfhörer auf, legte Patti Smith ein und versuchte zu sortieren, was in meinem Kopf war.

Mein Leben hatte doch so prima begonnen. Mit Luxus und Sicherheit, klaren Zukunftsplänen – und endloser Langeweile. Mit einem Vater, der nie zu Hause, einer Mutter, die nur mit sich selbst beschäftigt war, und irgendwelchen Leuten, die Kohle dafür bekamen, dass sie mir Liebe gaben.

Irgendwann hatte das Schicksal dann beschlossen, dass das wohl alles nicht das Richtige sei und mich über den großartigsten Jungen der Stadt stolpern lassen. Der mir alles zeigte und alles gab, was ich brauchte. Soviel, dass es für den Rest meines Lebens gereicht hätte.

Aber dann dachte sich dieses Schicksal: Och nö, das ist vielleicht doch ein bisschen zu viel, das wird ja auch langweilig mit der Zeit. Und schwups – war er weg. Sieh mal zu, dass du alleine klarkommst, Mädel!

Und was tat ich? Ich rannte in der Welt herum in der verzweifelten Hoffnung, irgendwo etwas zu finden, das wenigstens im Ansatz dem glich, was ich verloren hatte. Aber es gab nichts, außer kurze Momente, in denen ich mir einreden konnte, dass es auch ohne Ratze ganz gut funktionierte. Mehr oder weniger gute Musik, mehr oder weniger guter Rausch, mehr oder weniger guter Sex. Solange ich mein Herz verschlossen hielt, musste ich mir keine Gedanken darüber machen, dass es mir noch einmal jemand brechen könnte.

Aber das Schicksal ließ sich nicht austricksen. Es machte mich mit dem Ruhm bekannt. Musste aber leider feststellen, dass ich diesen Ruhm zwar nett fand, mich von ihm aber nicht wirklich beherrschen ließ.

Okay, Mädchen, dann halt einen Gitarristen mit Locken und Lederhose, der seine Seele für dich verkaufen würde und keine Frau mehr findet, weil er im Grunde dich haben will.

Netter Versuch, Schicksal, aber dieser Gitarrist gibt sich mit dem zufrieden, was er von mir bekommt, und da er nicht mehr fordert, fordert er mich auch nicht wirklich heraus.

Hm ... So langsam wird's wirklich schwierig. Das einzige, was mir jetzt noch einfällt, ist dieser arrogante Typ aus Birmingham.

Verdammt, Schicksal – jetzt hast du mich erwischt.

Tja, ich sag's doch, mir entkommt keiner, grinst das Schicksal und überlässt mich Dave Roberts.

Sieben Jahre lang war ich damit beschäftigt gewesen, allem aus dem Weg zu gehen, was mich aus der Bahn werfen konnte. Und David tat es mit jedem zweiten Satz. Ich hatte mich sieben Jahre lang bemüht, undurchschaubar und unangreifbar zu werden. Und er las meine Gedanken, als stünden sie mir auf die Stirn geschrieben. Ich kämpfte darum, ihn so weit wie möglich auf Distanz zu halten, und wusste genau – sobald ich ihn an mich heranlassen würde, würde er dicht machen. Meine Angst vor Verlust, seine Angst vor Abhängigkeit – wir beide waren wirklich das Dreamteam.

Und Duke? Ertrug er das alles wirklich nur, weil er mich liebte? Heftig wie selten zuvor überfiel mich das schlechte Gewissen. Klar, ich brauchte ihn. Er war mit Sicherheit der wichtigste Mensch in meinem Leben. Um seines zu retten, würde ich mich sofort von jeder Klippe stürzen. Aber es gab so viel von mir, das er sich zwar anhören, aber nie wirklich verstehen konnte. Soviel, das ich ihm zu erklären versuchte, ohne dass sein Herz es wirklich begreifen konnte. Dazu war er viel zu klar, zu offenherzig, zu duldsam. Deswegen brauchte ich ihn. Und deswegen würde er mir nie das geben können, was ich bei David suchte.

Was suchte ich bei David? Guten Sex? Telepathischen Gedankenaustausch? Liebe?

Verdammt, Schicksal, wenn du es schon darauf anlegst, dann gib mir wenigstens einen Tipp, wie ich's hinkriege.

Das Schicksal öffnet träge ein Auge: Das weißt du doch längst, Mädel.

Ehrlichkeit? Na super! Soll ich ihn anrufen und ihm sagen, dass ich mich gerade besaufe und mir die Seele aus dem Leib schreie, weil ich ihn liebe und mit ihm zusammensein will und tierische Sehnsucht habe?

Na, ich finde es schon bemerkenswert, dass du wenigstens *das* endlich kapierst.

Und plötzlich veränderten sich die Farben in meinem Zimmer. Das war es also. Das war das ganze Problem: Ich liebte ihn! Ja, mein Gott, es war sieben Jahre her, dass ich diese Worte zuletzt zu jemandem gesagt hatte. Ich war ziemlich aus der Übung. Und Duke hatte das sofort erkannt und überhaupt nicht begriffen, warum ich es ihm gegenüber nicht hatte zugeben können. Er dachte, ich würde ihn verarschen, deswegen hatte er so reagiert.

Als ich an diesem Punkt angelangt war, hörten die Sorgen und Zweifel schlagartig auf. Ich hatte keine Ahnung, was daraus werden würde. Ob David und ich jemals etwas anderes haben würden als guten Sex in einem konspirativen Hotelzimmer. Aber darum ging es auch nicht mehr. Ich liebte ihn!

Ich atmete ein paar Mal tief durch und dachte: Ich werde das alles irgendwie unter einen Hut kriegen. Okay, Schicksal, dann zeig mal, was du drauf hast!

Dann machte ich die Musik aus und ging, oder schwankte eher, hinunter in den Proberaum. Für den Rest der Nacht tat ich zwei Dinge: Ich hörte ungefähr hundert Mal den Song von Dave Roberts, den Jess letztes Jahr als Coversong vorgeschlagen hatte. Er hieß »I'll thrill you«, und ich überlegte, wie ich die anderen überzeugen konnte, ihn doch noch zu spielen.

Außerdem schrieb ich einen Text, den ich am nächsten Morgen Duke in die Hand drücken und ihn bitten würde, mit mir daraus einen guten Song zu machen. Einen, der uns allen gefallen würde. Einen, der »Loss uns flüchte« hieß.

V

Die Tour begann wie die letzte – mit einem familiären und entspannten Auftritt im *underground*. Wir taten es in Erinnerung an die guten alten Zeiten und aus Dankbarkeit, denn keiner hatte vergessen, dass die *Fabrik* der Anfang von allem gewesen war.

Alles danach hatte nichts familiäres oder entspannendes mehr. Wir tourten durch ganz Deutschland und hatten einige Konzerte in der Schweiz und in Österreich. Wir spielten in den großen Hallen, teilweise vor drei-, viertausend Leuten, hatten oft genug fünf oder sechs Auftritte in der Woche und legten endlose Kilometer in unseren Tourbussen zurück. Da alles noch eine Spur größer und aufwendiger war als eineinhalb Jahre zuvor, war es auch wesentlich anstrengender und nervenaufreibender. Aber das, was mich damals fast zum Ausstieg aus dem Business gebracht hatte, machte mir dieses Mal kaum etwas aus. Und noch mehr, ich hatte sogar Spaß daran. Es gab da ein nicht unwesentliches Detail, das alles veränderte: Ich liebte jemanden!

Dukes Sorgen hatte ich bereits am Tag nach meinem nächtlichen Exzess beruhigen können. Ich erzählte ihm ungefähr, was los gewesen war – dass mich alte Erinnerungen eingeholt hatten, dass ich ein wenig Angst vor der Zukunft hatte und dass die Gegenwart trotz allem ziemlich gut aussah. Von »Liebe« sprach ich nicht, aber das war ihm gegenüber auch nicht nötig, vor allem nicht, nachdem ich ihm meinen neuen Song gezeigt hatte. Ich sprach auch nicht über die Gedanken, die ich mir über *ihn* gemacht hatte, aber ich zeigte ihm deutlich, wie lange nicht mehr, wie froh und dankbar ich darüber war, dass es ihn gab. Und das tat ihm ausgesprochen gut.

Duke war nicht der einzige, dem »Loss uns flüchte« gefiel. Als Frank den Text las, sagte er: »Wahnsinn! Weißt du, das ist genau das, was ich in der letzten Zeit immer wieder gefühlt habe, seit

›Verrückte Clowns‹ draußen ist und dieser ganze Stress losging und uns keiner mehr in Ruhe gelassen hat.«

Ich freute mich, dass er zufrieden war und sagte nicht, was ich eigentlich gemeint hatte. Aus einem guten Text konnte schließlich jeder das herauslesen, was er gerade brauchte. Wir entschlossen uns, es für die Tour einzuspielen, und selbst als Duke und ich ein sehr rockiges, gitarrenlastiges Stück daraus machten und ich darauf bestand, die Strophen alleine zu singen, gab es keine Einwände. »Gut. Dann hab ich zwischendurch ein bisschen mehr Pause«, sagte ausgerechnet Frank, der sich doch sonst regelmäßig darüber beklagt hatte, wenn ich alleine sang oder wenn Duke eins seiner »viel zu langen« Gitarrensoli spielte.

Kritischer wurde meine Initiative betrachtet, »I'll thrill you« doch noch als Coverversion zu bringen. Amigo lehnte es rundheraus ab, aber Jess entgegnete daraufhin: »Kein Problem, dann übernehme ich das Keyboard, ist ja nicht so schwer bei dem Stück.«

Frank fragte, ob es nicht ziemlich heikel sei, ausgerechnet jetzt einen Dave-Roberts-Song zu spielen, worauf hin ich unschuldig lächelnd erwiderte: »Wir haben doch nichts zu verbergen, ich habe ihm ja nur die Kölner Szene gezeigt.«

»Und außerdem«, half mir Bruno, »ist das eine richtig gute Nummer, die würde hervorragend als Auftakt für die zweite Zugabe passen.«

Wir einigten uns darauf, erst einmal ein paar Proben zu machen. Und die liefen ziemlich gut. Selbst Duke meinte, nachdem wir es zwei, drei Mal durchgespielt hatten: »Also, ich sag's ja nicht gerne, aber das ist echt ein cooler Song.« Dafür schenkte ich ihm ein breites Grinsen.

Die ersten Konzerte waren fantastisch, wir waren gut wie lange nicht mehr, und die Leute gaben uns das sofort zurück. Nach den Auftritten blieben wir oft noch lange im Backstage und feierten unsere eigene, private Party. Auf Tour zu sein war schon eine besondere Show. Und ein sehr, sehr spezieller Rausch.

Am Anfang der dritten Woche gaben wir zwei Konzerte in Berlin und hatten danach einen spielfreien Tag. Und da wir im gleichen Hotel wie während der Echo-Verleihung untergebracht waren, fühlten wir uns beinahe heimisch. Ausgerechnet Berlin. Ich schwelgte in teils euphorischen, teils wehmütigen Erinnerungen. Bei dem ersten Konzert in der Waldbühne kam »Loss uns flüchte« besser rüber als je zuvor. Aber das reichte mir noch nicht. In der kurzen Pause nach der ersten Zugabe sagte ich hinter der Bühne zu den Jungs: »Hey, wie sieht's aus mit ›Thrill you‹? Das würde jetzt hervorragend passen.«

Wir hatten es bis jetzt noch nicht gespielt, weil eben nicht alle damit glücklich waren. Aber ich wollte es, und zwar jetzt! Amigo hob sofort in einer Mit-mir-nicht-Geste die Hände, Frank sagte zweifelnd: »Ich weiß nicht«, Bruno und Jess strahlten. Da von Duke nur ein »Von mir aus« kam, entschied ich, was zu tun war. »Wir müssen ja nicht alle raus! Wir spielen den Song, ihr wartet noch und kommt dann zu ›Minge Strooße‹ erst nach. Das haben wir doch schon oft gemacht.« Es stimmte, gerade die Zugaben hatten wir oft mit ruhigen Liedern oder Covern angefangen, zu denen nur drei oder vier von uns auf die Bühne kamen.

»Was auch immer wir machen«, sagte Jess nach einem Blick hinter den Vorhang, »wir sollten es bald tun, weil die da draußen uns sonst die Bühne zerlegen.«

Frank überlegte und entschied: »Okay, machen wir's so. Ihr geht nach draußen, wir kommen dann nach.«

Ach, Überrumplung war manchmal eine hervorragende Strategie. Ich ging mit einem Gefühl des Triumphes auf die Bühne. »Geht's euch gut Leute?« Die Antwort war eindeutig. »Okay, wie sieht's aus, wollt ihr ein bisschen Thrill?« Sie wollten – und sie bekamen ihn. Es kam gigantisch gut an. Allerdings veränderte ich den Text geringfügig, ich sang »We'll thrill you«. Das war ich meinen Jungs schließlich schuldig.

Nach dem Auftritt entschlossen wir uns, ins Hotel zurückzufahren und es uns noch ein wenig bei Jess und Duke gemütlich zu machen. Amigo war wegen meiner Aktion immer noch verstimmt und verzog sich bald, aber die anderen nahmen es mir nicht übel, im Gegenteil, alle waren davon beeindruckt, wie gut die Nummer angekommen war. Wir beschlossen, »Thrill you« fest ins Programm aufzunehmen.

Als ich zwischendurch in mein Zimmer ging, um mir eine neue Schachtel Zigaretten zu holen, fiel mir der Zettel auf meinem Tisch ins Auge. Es war eine Abschrift von »Loss uns flüchte«, ich hatte den Text mittags noch einmal durchgelesen, wahrscheinlich wegen der vielen Erinnerungen hier in Berlin. Und ich hatte plötzlich eine völlig verrückte Idee im Kopf. Ich ging mit dem Zettel hinunter in die Rezeption.

»Hallo, eine Frage, kann ich von hier aus ein Fax ins Ausland schicken?«

»Überhaupt kein Problem.« Die junge Frau führte mich ins Büro, erklärte mir, was ich tun musste und stellte keine weiteren Fragen. Wir waren zwar nicht im größten Hotel der Stadt, aber Diskretion schien auch hier groß geschrieben zu werden.

Ich faxte David meinen Text. Auf Kölsch, natürlich. Und während der Zettel durch das Gerät lief, dachte ich: »Viel Spaß, Baby!«

Die Antwort ließ nicht lange auf sich warten. Als wir am nächsten Tag beim Frühstück saßen, Duke, Jess und ich, kam einer der Angestellten auf mich zu und sagte: »Frau Montez, das hier ist heute Nacht noch für Sie angekommen.«

In dem Umschlag, den er mir gab, war ein Zettel. Eindeutig ein Fax. Oben, in *seiner* Schrift: To Ms Tina Montez. Der Abdruck einer Karikatur: Eine Prinzessin mit langem Kleid und Krone stand, vornübergebeugt, in einem Park mit Bäumen und Teich. In ihrer ausgestreckten Hand ein feister und ziemlich fetter Frosch. Sie hatte die Augen geschlossen und die Lippen in Erwartung eines Kusses zusammengepresst. Der Frosch hatte einen überaus skeptischen Gesichtsausdruck, in der Sprechblase über seinem Kopf standen seine Gedanken: »Should I? Should I not? Should I? Should I not?« Unter dem Bild standen noch zwei handgeschriebene Zeilen: »*So handsome, so sexy, so chauvinist – don't know how to cope with all of this.*«

Ich fiel fast vom Stuhl vor Lachen. Das war wirklich richtig gut. Wer von uns beiden war der Frosch, David?

Jess bekam den Zettel als erster in die Hand und blickte verständnislos. Duke schaute kurz das Bild, dann mich an: »Ist es jetzt schon so weit, dass ihr euch Liebesbriefe schickt, oder was?«, fragte er in gespielter Entrüstung.

»Tja«, antwortete ich in gespielter Unschuld, »du sagst doch immer, man soll sich die Technik zunutze machen.«

Jess hatte sein neues Puzzleteil gefunden. »Das ist von ...« Er brauchte den Namen nicht auszusprechen, denn wir grinsten ihn beide an. Und nahmen ihn damit großmütig in die Runde der Verschwörer auf.

Am Abend überlegte ich lange, ob ich die Liebesbrief-Aktion fortsetzen sollte, aber ich tat es nicht. Erst die Tour. Erst all das hier. Noch drei Monate, nein, zweieinhalb. Dafür würde ich noch verdammt viel Kraft brauchen.

Also tourten wir weiter, und gegen Ende Oktober begannen sich der Stress, das ständige Unterwegssein und die durchgemachten Nächte, bemerkbar zu machen. Die Stimmung wurde weniger euphorisch, eher routinierter. Man verschwendete keine Energie mehr, wenn es nicht nötig war.

Am dritten November hatten wir unseren Auftritt in Zürich, das erste Konzert in der Schweiz, und wir waren alle gespannt, wie es sich dort spielen ließ. Es gab zwei Dinge, die diesen Auftritt bemerkenswert machten. Zum einen die Qualität der Halle, des Catering und des Backstage-Bereichs, die wirklich besser war als alles, was wir bisher in Deutschland gesehen hatten. Zum anderen die Qualität des Publikums. Wir hatten vier Zugaben gegeben und die Leute dann mit ein paar ernsten Worten davon überzeugen müssen, dass es langsam Zeit wäre, nach Hause zu gehen.

Wir waren alle erschöpft, aber gnadenlos zufrieden. Es versprach, eine gute Nacht zu werden. Dieser Meinung war sicherlich auch Bruno, der in diesem Moment seinen Kopf durch die Tür streckte. »Tina, kannst du mal kurz kommen? Da vorne steht so'n Cowboytyp, der sich nicht abwimmeln lässt. Er sagt, er wäre ein alter Bekannter von dir, hätte mit dir früher mal in London zusammen gespielt, im *Clusters.*«

Ich schaute Bruno an, Jess schaute Duke an, die anderen hatten es nicht mitbekommen. *Clusters?* Klar, ich hatte damals mit vielen Leuten Musik gemacht, nicht nur mit Spike. Aber *Cowboytypen?*

»Okay, ich komme. Wo ist er denn?«

»Ich zeig's dir.«

Bruno führte mich zum hinteren Bühneneingang, wo noch einige Leute standen und sich bezüglich des »Nach-Hause-Gehens« anscheinend immer noch unschlüssig waren. Am auffälligsten war ein großer, schlanker Typ in schwarzer Lederhose, Cowboystiefeln und Holzfällerhemd, mit Sonnenbrille und langen blonden Haaren. Die *fast* echt aussahen. »Tina«, rief dieser Typ und sagte auf Englisch: »Mein Gott ist das lange her!« Dabei grinste er breit.

Oh nein, dachte ich nur, und meine Überraschung war nicht gespielt, als ich ausrief: »Äh ... John! Bruno, das ist ... John Barnes, wir haben in London zusammen Musik gemacht.«

Bruno war sichtlich gerührt und schüttelte »John« die Hand, nachdem ich ihn umarmt und er mir ein dezentes »Hey, Baby« zugeflüstert hatte. Ich fragte ihn, immer noch überrascht und begeistert: »Mensch, wie kommst du hierher, ich meine, hast du ein bisschen Zeit?«

»Jo«, sagte er mit viel zu tiefer Stimme, »ich hab hier ein paar neue Countrysongs aufgenommen und dann euer Konzert gesehen. Klar, ich habe alle Zeit der Welt.«

Ich hätte am liebsten lauthals gelacht. Wie sollten wir das jetzt bitte hinkriegen? »Bruno, tust du mir einen Gefallen? Sag den anderen, dass ich schon vorgegangen bin, ich werde mich mit John«, ich musste mir auf die Zunge beißen, »noch irgendwo in eine Kneipe setzen und das Wiedersehen feiern.«

In diesem Moment kamen Christian, Jan und Amigo nach draußen, Jan sagte: »Wir fahren schon ins Hotel, sind alle ziemlich müde. Wir nehmen den kleinen Bus. Tina, gehst du auch schon?«

Ich dachte nur: Wie gut! Wir konnten mit ihnen fahren, brauchten kein Taxi zu nehmen und würden zu mehreren im Hotel ankommen, wodurch es viel weniger auffiel, dass uns jemand begleitete, der eigentlich nicht dazu gehörte.

Danke, Schicksal!

Keine Ursache.

Wir erzählten den anderen, dass wir in der Hotelbar noch etwas trinken wollten. Da niemand mitkam, konnten wir uns schnell und unauffällig auf mein Zimmer verziehen. David stürzte als erstes ins Bad, riss sich die Perücke herunter und ließ sich Wasser über Kopf und Hände laufen. »Oh Mann«, rief er dabei, »weißt du, wie heiß es unter so einem Ding ist? Ich glaube, ich wäre gestorben, wenn ich die noch länger aufgehabt hätte.«

Ich stand in der Tür, sah ihm zu und dachte: Für mich, David?

Er schaute hoch und blickte mich mit einem Handtuch um den Kopf durch den Spiegel an. »Hast du was gesagt?«

Oh, oh. Vorsicht. Gedankenleser anwesend. Ich sprach laut aus, was ich sonst noch dachte: »Du bist großartig, David!«

Er kam zu mir und küsste mich lange. »*Du* bist großartig, Tina. Was du da heute auf der Bühne gemacht hast ... wow. Wenn du wirklich mal nach England kommst, dann können ein paar Leute einpacken.«

Ich überließ mich einen Moment seinen Komplimenten und seiner Umarmung. Dann schob er mich ein Stück von sich weg. »Hilfst du mir aus den Stiefeln, Baby?«

»Klar, Cowboy! Danach brauche ich aber erst mal 'ne Dusche.«

Er überlegte kurz. »Hm. Vielleicht sollte ich dich da begleiten. Ich hätte es auch nötig.«

Nach der Dusche machten wir es uns auf dem Bett gemütlich, ich bestellte Getränke und etwas zu essen, wir ließen uns Zeit – wir wussten, was noch kam. Und sich darauf zu freuen, war fast genauso gut, wie es zu tun.

»Aber sag mal im Ernst«, meinte er zwischendurch mit mehr oder weniger vollem Mund, »was machst du eigentlich noch hier?« Dabei machte er eine weite ausholende Geste.

Ich war nicht sicher, was er meinte. »Also, im Moment mach ich 'ne Tour.«

»Nein«, das kam langgezogen und spielerisch genervt, »ich meine hier, mit diesen Leuten, in Deutschland, mit dieser Provinzband.«

»Hey, hey, diese ›Provinzband‹ ist zufällig meine! Ich wär heute nicht hier, wenn es sie nicht geben würde. Und zumindest in Deutschland sind ziemlich viele Leute davon überzeugt, dass wir gute Musik machen.« Ich war wirklich ein bisschen sauer. Spar dir deine Arroganz für deine Szene auf, Dave!

»Das meine ich doch gar nicht«, sagte er sofort und überlegte, wie er mich am besten beschwichtigen konnte. »Ich sag ja nicht, dass sie schlecht sind. Dein Gitarrist zum Beispiel ist richtig klasse. Der kann sofort bei mir anfangen, wenn er will.«

Ich musste lachen. »Duke ist nicht *mein* Gitarrist! Und außerdem ... Sorry, aber ich glaube, bei dir würde es ihm schnell langweilig werden.«

»›I'll thrill you‹ scheint ihm doch ganz gut zu gefallen, oder?«

»Das ist aber auch so ziemlich das einzige deiner Stücke, in das man ein zweiminütiges Rockgitarrensolo einbauen kann.«

Jetzt musste er kurz überlegen, ob in meinem Satz eine Beleidigung enthalten war. Er fand keine und machte deshalb weiter. »Weißt du, das Problem bei euch ist die Sprache. Wenn ihr internationalen Erfolg haben wollt, dann müsst ihr anfangen, englisch zu singen.«

»Vielleicht ist uns der internationale Erfolg völlig egal.«

Sein Blick fragte mich, ob ich einen Witz gemacht hätte. »Im Ernst, David«, versuchte ich zu erklären, »was habe ich davon, in Paris oder London oder New York vor Zehntausenden auf der Bühne zu stehen, wenn ich auch hier mit Zweitausend eine prima Party feiern kann? Außer noch mehr Stress, noch weniger Privatleben und noch weniger Zeit für die Leute, die mir wirklich wichtig sind.«

Er verstand zwar meine Worte aber kaum das, was ich sagte. Für ihn war dieses Denken nicht nachvollziehbar, dazu war er viel zu früh in Richtung Ehrgeiz und Erfolg getrimmt worden. Und er hatte diesen Erfolg viel, viel nötiger als ich.

Da er nicht darüber nachdenken wollte, wechselte er das Thema. »Apropos Sprache«, sagte er und fischte aus seiner Lederhose ein gefaltetes Blatt Papier – das Fax, das ich ihm geschickt hatte. »Marc hat zwar jemanden aufgetrieben, der halbwegs euren Slang versteht, aber so ganz hat der es auch nicht begriffen. Übersetz mal bitte.«

Ich tat es. Er wollte es genau wissen und fragte ein paar Mal nach, und seine Fragen machten mir klar, dass er genau verstand, worum es ging. »Mike, oder?« – als ich von meinen Helden sprach, die nie in Geschichtsbüchern auftauchen werden.

»Ja.«

»Wow«, sagte er am Schluss und war ziemlich berührt. Er sah mich an. »Ich sag doch, du bist großartig. Übrigens, was ich dir geschickt habe, stammt auch aus einem neuen Text. Es geht um den bestaussehendsten Mann der Welt.«

»Beeindruckend. Kann dieser bestaussehendste Mann der Welt auch noch etwas anderes als Sprüche machen?« Er zeigte es mir, und wir überließen uns dem, worauf wir uns schon die ganze Zeit gefreut hatten.

Irgendwann am nächsten Mittag klopfte es an meine Tür. »Tina, ich bin's, was ist los, schläfst du noch?«

»Nein, ich bin wach.« Das Gegenteil zu behaupten wäre sinnlos gewesen, da David gerade ziemlich laut im Bad rumort hatte und verstummt war, als er die Stimme hörte.

»Lässt du mich rein?«, rief Duke.

Ich zögerte. Aber dann dachte ich: Na gut, wenn du unbedingt willst ... Ich öffnete die Tür, Duke ging an mir vorbei. »Ich habe gedacht, ich muss mal nach dir schauen, gestern Abend habe ich nichts mehr gehört und Bruno hat gesagt, dass du mit diesem Typ noch was trinken gegangen bist.«

Er erstarrte. Blickte zuerst auf die Lederhose, die als Knäuel auf dem Boden lag, dann auf die blonde Perücke, dann auf mich: »Was ...?«

In diesem Moment öffnete sich die Badtür, David kam, nur mit einem Handtuch um die Hüften, heraus, steuerte auf Duke zu und streckte ihm die Hand hin. »Hi«, sagte er, »Nice to meet you, I'm John Barnes.«

Duke regte sich nicht. Er starrte David an, der fröhlich grinste, und danach mich, die darum bemüht war, irgendwie die Situation zu retten. »Jetzt komm, Duke«, meinte ich vorsichtig, »sag nicht, dass du die Story mit dem ›alten Bekannten aus England‹ geglaubt hast.«

David schaltete sich ein und wollte höflich sein. »Übrigens, hat mir verdammt gut gefallen, was du da gestern gemacht hast. Mein Gitarrist kriegt die Nummer nicht so gut hin«

Duke sah mich an. »Was?« Er war nicht sonderlich gut in Englisch. Und es war überhaupt nicht gut, ihm das aufs Brot zu schmieren.

Ich übersetzte: »Er findet, dass du gestern klasse gespielt hast.«
»Aha.«

Ich musste hier ganz schnell irgendetwas tun. Ich fragte David: »Kannst du uns noch mal für fünf Minuten alleine lassen?«

Er witterte keine Gefahr. »Okay, ich muss mich eh noch rasieren«, meinte er und ging ins Bad, nicht ohne mir vorher einen demonstrativen Kuss zu geben.

Duke setzte sich aufs Bett, ich setzte mich daneben. »Hast du 'ne Ahnung, was los ist, wenn die ihn hier erwischen?«, fing er an.

»Wir haben nicht vor, uns erwischen zu lassen.«

»Oh, Tina, du ...«

»Duke, ja, ich weiß. Wir sind verrückt, unvernünftig und benehmen uns wie kleine Kinder. Aber ich kann grade einfach nicht anders.«

Er sah mich an und dann zur Badtür. »Weiß er, dass du ihn liebst?«

Oh, oh. Das hatte ich nie gesagt, Duke. Aber ich wusste ja, dass es nicht nötig war. Ich wollte, *musste* ehrlich sein. »Nein. Und wenn überhaupt, dann werde ich ihm das auch erst nach der Tour sagen. Bis dahin hätte ich es gerne so stressfrei und unkompliziert wie möglich.«

Er sah mich zweifelnd an. »Also, stressfrei finde ich das, was ihr macht, nicht gerade.«

»Aber für uns beide ist es stressfrei. Hier«, ich deutete auf meinen Kopf, »und hier«, ich legte die Hand auf mein Herz.

Er nickte langsam. Er wusste, dass ich ihm die Wahrheit sagte, das war, was für ihn zählte. Damit gab er sich zunächst zufrieden. »Und wie willst du ihn hier wieder herausbringen?«

»Keine Ahnung, aber wir werden uns etwas einfallen lassen. Ich glaube«, ich deutete mit dem Kopf zur Badtür, »er macht so was nicht zum ersten Mal.«

Duke ging und ich holte David aus dem Bad. Wir bastelten eine Weile an seinem »Fluchtplan« und kamen überein, dass ich erst einmal zum Frühstück gehen, während er sich wieder als John Barnes verkleiden und auf irgendwelchen Schleichwegen das Hotel verlassen würde. Ich seufzte. »Irgendwie nervt mich dieses Versteckspiel ganz schön.«

Er betrachtete mich mit großen Augen. »Ich kann auch mit runter in die Halle kommen, wenn du willst.«

In diesem Moment wurde mir eines klar: Ihm war es inzwischen völlig egal, ob uns jemand sehen würde. Er hatte genug Skandale und Frauengeschichten hinter sich, eine mehr oder weniger würde es nicht herausreißen. Er war bei unseren ersten Treffen noch vorsichtig gewesen, hatte vielleicht herausfinden wollen, ob es die Sache wert war, aber er hatte längst beschlossen, dass sie es war. Es war *mein* Ruf, auf den er Rücksicht nahm, nicht seiner, meinetwegen machte er diese ganze Heimlichtuerei und den Mummenschanz mit, auch wenn er selber eine diebische Freude daran hatte.

Ich achtete in den folgenden Tagen vermehrt auf Presseberichte und Fragen von Journalisten oder Bandmitgliedern, aber scheinbar war unser Abenteuer auch diesmal unerkannt geblieben. Was, wie Duke mir ein paar Tage später demonstrierte, auch nicht verwunderlich war, denn die Presse war gerade mit einer ganz anderen Dave-Roberts-Story beschäftigt. In Linz legte er mir einen Bericht aus irgendeinem Wochenmagazin auf den Frühstückstisch, in dem ein zwanzigjähriges Model namens Sharon Dursley interviewt wurde. Diese beklagte sich bitter über das arroganteste Arschloch der Musikszene, er hätte wochenlang eine Affäre mit ihr gehabt, ihr sogar einen Heiratsantrag gemacht, dann hätte er sie plötzlich fallen gelassen und sie wie Dreck behandelt. Sie gab ein paar nette intime Details ihres gemeinsamen Sexlebens preis, bezeichnete Dave als drogensüchtigen Paranoiker und forderte von ihm einen finanziellen Ausgleich für die Shootings, die sie seinetwegen verpasst hatte.

Ich las es und es versetzte mir einen Stich. Aber ich wollte nicht, dass Duke etwas davon mitbekam, deswegen fragte ich kühl: »Was soll ich damit?«

»Ich dachte, es interessiert dich, was dein Lover sonst noch so treibt.«

»Erstens ist er nicht mein Lover. Zweitens kann er treiben, was er will. Und drittens ist das die Story von irgendeinem Flittchen, das eine Chance wittert, groß rauszukommen, was sie mit ihrem Body alleine anscheinend nicht schafft. Mein Gott, vielleicht hat sie ihn nur auf irgendeiner Party getroffen.«

Duke blieb ruhig und sah mich fragend an. »Das lässt dich wirklich kalt?«

Verscherze es dir nicht schon wieder mit ihm, Mädel. Er ist dein bester Freund. »Nein, tut es nicht. Aber es war ausgemacht, dass es keine Verpflichtungen gibt. Und ich habe genau gewusst, dass mir mit ihm so was passieren kann.«

Mein bester Freund setzte sich neben mich. »Glaubst du, er hat sie deinetwegen gekickt?«, fragte er nachdenklich.

»Keine Ahnung. Wie kommst du darauf?«

»Na, alles in allem finde ich den Aufwand, den er betreibt, um mit dir zusammenzusein, ziemlich bemerkenswert. Ich hab schon den Eindruck, dass du ihm etwas bedeutest.«

»Das ist auch so« – hoffte ich zumindest – »und ich werde das klären, wenn wir wieder zu Hause sind, okay?« Noch vier Wochen.

»Okay. Ich hoffe nur, es klärt sich zu deiner Zufriedenheit.«

Das Bewusstsein, dass das Ende der Tour nicht mehr weit entfernt war, gab uns allen noch einmal zusätzliche Energie, die letzte, die wir aufbringen konnten. Wir kamen wieder nach Deutschland und bewegten uns in einem weiten Bogen zurück Richtung Köln. Abends zählten wir häufig die Kilometer, die wir noch von zu Hause entfernt waren. Wir machten die letzten Aufnahmen für das Livealbum, das ein paar Wochen nach der Tour herauskommen sollte, und begannen, wieder an das »Leben danach« zu denken. Erst einmal vier Wochen Pause für alle, soviel war klar.

Ich überlegte oft, ob ich mich bei David melden sollte, tat es aber nicht. Das Interview mit Sharon hatte große Wellen geschlagen, sie war eine Zeit lang in praktisch jeder Zeitschrift abgebildet, die Interesse an Klatsch und Tratsch hatte. In soweit war ihre Taktik aufgegangen. Zusätzlich wurden natürlich alle alten Geschichten aufgewärmt, die man von Dave Roberts bereits kannte, mir zog es immer wieder das Herz zusammen, wenn ich diesen Kram las.

Aus Birmingham gab es nur wenige Stellungnahmen, Marc dementierte das Verhältnis zu Sharon, und David beschwerte sich in einem kurzen Interview, ob die Leute denn wirklich nichts Besseres zu tun hätten, als sein Privatleben auseinanderzunehmen. Er zog bös über die Presse und seine angebliche Liebhaberin her und sagte zum Schluss: »Wenn ich irgendwann mit der Queen ins Bett gehe, sage ich euch Bescheid, bis dahin lasst mich in Ruhe!« Damit zog er sich ganz nebenbei noch Ärger mit dem britischen Königshaus zu. Aber auch das schien ihm egal zu sein.

Am achtzehnten Dezember gaben wir unser vorletztes Konzert in Frankfurt. Am nächsten Tag würden wir nach Köln fahren, abends zum Abschluss im *Capitol* auftreten und damit unsere Tour beenden. Wir freuten uns wie die Kinder – wir hatten es geschafft! Es hatte keine nennenswerten Pannen gegeben, abgesehen von einigen unnötigen Kilometern, die wir aufgrund mancher grauenhafter Anfahrtsbeschreibungen hatten zurücklegen müssen, und einem kompletten Stromausfall während des Gigs in Halle, bei dem wir einfach »unplugged« weitergespielt hatten. Diese Tour war der Test gewesen, ob wir tatsächlich mit den Großen und Berühmten mithalten konnten, und wir hatten mit Bravour bestanden. Wir feierten nach dem Auftritt zum letzten Mal unsere private Party in der Bar des Hotels, bei der es gegenseitige Komplimente hagelte und reichlich Alkohol floss.

Jess kam irgendwann ziemlich betrunken zu mir und umarmte mich. »Tina, was ich dir schon immer mal sagen wollte: Ich bin *so* froh, dass ich dich damals zu uns in den Proberaum geholt habe.«

»So. Und ich dachte immer, Frank hätte dich geschickt.«

»Quatsch! Ich hab von Anfang an gesehen, was du drauf hast. Was meinst du, warum Frank immer so eifersüchtig auf dich ist. Der hat doch nur Angst, dass du ihm eines Tages die Show stielst.«

»Hab ich eigentlich nicht vor.«

»Mit dieser Dave-Roberts-Geschichte hättest du es ja beinahe geschafft. Wie steht's eigentlich damit?«

»Nichts Neues, ich werde mich mal bei ihm melden, wenn die Tour vorbei ist.«

»Also für mich ist die Tour seit heute Abend zu Ende. Das Konzert morgen ist doch ein Heimspiel.«

Er ging weiter und setzte sich zu Bruno. »Die Tour ist zu Ende« hatte er gesagt. Er hatte recht. In diesem Moment explodierte in mir die Sehnsucht. Und sie riss die Angst und die Zweifel der letzten Wochen mit sich fort. Ohne länger nachzudenken, ging ich hoch in mein Zimmer und wählte Marcs Nummer, obwohl es schon nach eins war.

»Hi Marc, hier ist Tina.«

»Tina!« Das klang irgendwie erleichtert. »Warte, ich gebe dir David.« Das klang eilig.

Und als ich seine Stimme hörte, wurde mir klar, warum.

»Hi.«

Ich wagte ein: »Hi, Babe.«

»Und? Tour vorbei?«

»So gut wie. Morgen der letzte Auftritt in Köln.«

»Gut.«

»Wie geht es dir, David?«, fragte ich vorsichtig.

Er lachte auf. »Hast du Zeitung gelesen die letzte Zeit?«

»Ja. Ziemlich viel Müll drin. Scheinbar brauchen sie vor Weihnachten noch ein paar dramatische Geschichten.«

»Hast du *alles* gelesen?«, fragte er, irritiert ob der Lässigkeit, mit der ich mit diesem Thema umging. Hatte er eine Szene erwartet?

»Ich denk schon. Zumindest die jugendfreien Sachen. Den Playboy hab ich mir nicht gekauft, hab ich da was verpasst?«

»Höchstens Sharon als Playmate des Monats. Falls dich das interessiert.«

»Weniger. Eigentlich stehe ich mehr auf gut aussehende Superstars als auf karrieregeile Zicken.«

Er schwieg eine Weile. Er hatte wirklich nicht mit so etwas gerechnet. Zur Abwechslung warf ich ihn aus der Bahn.

»Vielleicht solltest du dir das noch mal überlegen. Bei gut aussehenden Superstars bleibt nichts geheim, wie du vielleicht gemerkt hast.«

»Scheiß drauf, David. Ich habe tierisch Sehnsucht nach dir.« Hatte ich das gesagt? Ja, ich hatte. Und er konterte schnell, mit einer kaum wahrnehmbaren Spur von Trotz: »Dann komm nach Birmingham.«

Es war die einzig logische Konsequenz. Er hatte dreimal einen Haufen Stress in Kauf genommen, um mich zu sehen. Es war höchste Zeit, dass ich auch etwas tat. Und dass diese ganzen Lügen – gut, Heimlichtuereien – endlich ein Ende hatten.

»Okay.«

»Okay?«

»Ja, ich muss hier noch ein paar Sachen klären, an Weihnachten sollte ich mich auf jeden Fall bei meinen Eltern blicken lassen, aber dann, so am Sechsundzwanzigsten, Siebenundzwanzigsten?«

Wieder Schweigen. Dann meinte er langsam: »Ich dachte ein paar Mal, ich müsste dich anrufen und dir diesen ganzen Scheiß erklären.«

»Erklär's mir, wenn ich bei dir bin. Wenn du mir einen Gefallen tun willst, dann frag Marc, ob er mir ein paar Flüge abcheckt. Aber bitte die Standardsachen, keinen Privatjet mit eingebautem Swimmingpool. Und lass dir was Nettes für Sylvester einfallen.«

Und dann sagte er, der endlich wieder Dave Roberts war: »Du wirst begeistert sein, Baby!«

VI

In den folgenden Tagen kehrte wieder der Alltag bei uns ein, was sich am deutlichsten dadurch bemerkbar machte, dass Duke grüblerisch und schweigsam wurde. Seine übliche Weihnachtsdepression, ich war erstaunt, wie spät sie in diesem Jahr einsetzte, aber durch die Tour hatte er genug Ablenkung gehabt. Ich hatte David nicht die ganze Wahrheit gesagt, als ich ihm von meinen weihnachtlichen Verpflichtungen erzählte. Natürlich war es wichtig, dass ich mich bei meinen Eltern blicken ließ, aber der Hauptgrund war Duke. Es war inzwischen selbstverständlich, dass ich ihn in dieser Zeit nicht alleine ließ.

Heiligabend, Duke war zu Hause und mit den neusten Videos eingedeckt, machte ich einen Abstecher zu meinen Eltern. Sie freuten sich, mich zu sehen und bemühten sich um eine stressfreie Stimmung. Ich erzählte von der Tour und der Live-LP, und zum ersten Mal hatte ich den Eindruck, dass sie sich beide, sogar mein Vater, nicht nur mit dem abgefunden hatten, was ich war, sondern dass sie wirklich stolz waren auf das, was ich erreicht hatte. Meine Mutter schenkte mir ein – für ihre Verhältnisse – ziemlich gewagtes, eng geschnittenes, dunkelgrünes Seidenkleid. Es freute sie maßlos, als ich es gleich anprobierte. Enggeschnittene Kleider waren nun wirklich nicht mein Stil, aber ich stand grinsend vor dem Spiegel und dachte daran, dass es sicherlich noch jemanden gäbe, dem dieses Outfit gefiel.

Am Siebenundzwanzigsten brachte mich Duke zum Flughafen, auf dem an diesem Morgen eine ganze Menge los war. Journalisten sah ich keine, seitdem die Tour vorbei war, interessierten sie sich zum Glück nicht mehr groß für uns. Beim Anflug auf Birmingham merkte ich trotzdem, wie nervös ich war. Mein Gott, ich traf mich mit David, hatten wir doch schon oft genug gehabt, was war bitte diesmal so spektakulär?

Das erfuhr ich in dem Moment, als ich in der Schlange der Zollabfertigung stand. Ich versuchte, die Halle dahinter zu überblicken, sah zuerst Marc, der ein paar Leute um sich herumstehen hatte und sich genauso wie ich umschaute, und dann, mit meinem inzwischen geschulten Auge, mindestens zwei oder drei Journalisten, die ihre Fotoapparate nur oberflächlich zu verbergen suchten. Ich schluckte. Was sollte ich tun? Zu Marc gehen und ihnen damit endlich das geben, was sie seit Wochen herbeigesehnt hatten? Unbeteiligt an ihm vorbeilaufen, um mich später mit ihm zu treffen? Umkehren? Es wurde absurd. Ich war aus einem einzigen Grund hier, um David zu sehen. Und vielleicht einen Song mit ihm aufzunehmen. Wenn euch das begeistert, Leute, dann bitte!

Ich passierte die Kontrolle und ging direkt auf Marc zu. Er ließ mit keiner Miene erkennen, dass ihm an der Situation irgendetwas peinlich wäre, im Gegenteil, er begrüßte mich herzlich, während ich das Klicken der Kameras hinter mir vernahm. »Sorry«, sagte er leise, »war nicht anders möglich, die verfolgen uns momentan auf Schritt und Tritt. Ich hoffe, es ist dir nicht allzu unangenehm.«

»Nein«, sagte ich und meinte es auch so.

Wir fuhren zu Davids Haus am nördlichen Rand von Birmingham, verfolgt von zwei Autos, die vor dem großen Tor, das das Grundstück zusammen mit ein paar Wachmännern abriegelte, halt machten. David wartete in der Halle auf uns, wir wussten beide nicht wirklich, wie wir anfangen sollten.

»Hi, David«, sagte ich immerhin.

»Hi«, sagte er zu mir, um sich dann Marc zuzuwenden. »Alles klar gegangen?«

»Ja. Ein paar Typen von der *Sun*. Nichts Außergewöhnliches.«

»Gut.« Er sah wieder mich an. »Wie war dein Flug?« Ich dachte: Tut mir leid, aber Smalltalk ertrage ich jetzt nicht. »Zu lang. Genauso wie die letzten Wochen.«

Mehr brauchte er nicht, um die letzten Schritte zu machen und mich mit einem langen Kuss zu begrüßen. Als er von mir abließ, fragte er grinsend: »Und, Besichtigung gefällig?«

»Klar«, sagte ich großzügig und er führte mich durch die bescheidenen zwanzig Räume des Hauses. Was ich sah, irritierte mich, denn es war nicht das, was ich erwartet hatte. Dem Haus fehlte, wie soll ich es sagen, die Seele. Alles war ordentlich, repräsentativ, beinahe steril. In seinem Schlafzimmer fand ich die ersten Spuren von Leben: das ungemachte Bett, die Klamotten, die achtlos über einen Stuhl geworfen waren, die Fernbedienung, den vollen Aschenbecher und die halbleere Whiskyflasche auf dem Nachttisch.

»Wie findest du es?«, fragte er mich und erwartete Begeisterung.

»Ich weiß nicht«, sagte ich vorsichtig. »Es hat wenig von dir.«

Erstaunlicherweise zuckte er nur mit den Schultern. »Ich finde es eigentlich ganz nett. Mein Vater hat es gekauft. Für einen Superstar ist es wohl angemessen, aber genau genommen ist das hier der einzige Raum, wo ich wirklich Ruhe habe.« Ich nickte, weil es augenscheinlich so war.

»Und ich hätte fast nicht mehr dran geglaubt, dass du ihn sehen wirst, auch wenn du« – damit klaute er mir meine Antwort – »gesagt hast, dass du kommst.«

Ich hatte zum Glück noch eine weitere parat. »Mir fällt nicht viel ein, das mich hätte abhalten können.«

»Oh«, sagte er bitter, »mir fällt da eine Menge ein. Sharon, Kylie, Sabrina ...«

Ich hatte immer noch keine Lust, auf dieses Geplänkel einzugehen. »Erzählst du's mir?«

Er atmete einmal tief ein und wieder aus. »Mach ich. Aber nur, wenn du endlich deine Tasche ablegst.«

Wir verbrachten die folgenden zwei Tage – mehr oder weniger – zwischen diesem Schlafzimmer und dem angrenzenden Bad. Ich lernte ihn auf eine neue Art kennen, er war da, wo er sich zu Hause und sicher fühlte, und dadurch war er in fast allen Dingen eine Spur direkter als gewöhnlich. Er brachte von sich aus das Thema »Frauengeschichten« zur Sprache.

»Weißt du, diese Sharon hat mich einfach vergöttert, sie kriegte schon einen Orgasmus, wenn ich ihr in die Augen geschaut habe, sie hat überhaupt keine Fragen gestellt und ich dachte eine ganze Weile wirklich, dass sie es verstanden hätte.«

»Und warum hast du es beendet?«

Mit seinem typisch unschuldigen Blick antwortete er: »Sie kam eines Tages an und meinte, sie sei in mich verliebt und wolle bei mir einziehen.«

Diese »Erklärung« hinterließ bei mir einen bitteren Beigeschmack. Aber ich fragte nicht weiter nach.

Am Morgen des dritten Tages war er früh wach, rumorte so lange, bis ich es auch war, und sagte dann: »Baby, ich weiß nicht, wie's dir geht, aber ich brauche ein bisschen Bewegung.«

Ich grinste: »Also bei dem, was mir alles weh tut, hatte ich davon genug die letzten Tage.«

Er wurde kurz unsicher. »Willst du lieber im Bett bleiben?«

Ich lächelte. »Nein, ich würde von deinem Haus schon gerne ein bisschen mehr sehen als nur das Schlafzimmer. Sonst hätte ich daheim echt wenig zu erzählen. Aber erst mal brauche ich eine Badewanne. Und ein paar frische Klamotten.«

Ich tat das, wofür ich in seiner Suite in Berlin leider keine Zeit mehr gehabt hatte, und da sein Badezimmer nicht weniger luxuriös war, wurde ich für alles entschädigt. Danach ging ich zwei Türen weiter, in das Zimmer, das Marc – oder wer auch immer – für mich hergerichtet hatte, und in dem ich bisher nur zweimal kurz gewesen war. Ich zog mich an und nahm mir dann noch Zeit, um meine Tasche auszupacken. Ich legte sogar das Pyjamaoberteil auf das bisher unbenutzte Bett. Das Gefühl, ein eigenes Zimmer zu haben, war einfach beruhigend, auch, wenn ich keinerlei Ambitionen hatte, hier alleine zu schlafen.

Irgendwann ging ich nach unten und fand David im Salon. Marc war bei ihm und beide führten eine relativ ernste Unterhaltung. Ich begrüßte Marc und fragte möglichst unverfänglich: »Und, gibt's was Neues?«

Er zögerte und deutete dann auf den Tisch vor ihm. Offensichtlich gab es etwas Neues. Es war eine Ausgabe der *Sun*, die Schlagzeile auf Seite Zwei lautete: »Was macht deutsche Sängerin in Birmingham?« Ein Foto von mir und Marc am Flughafen, ein kleineres, verschwommeneres von uns im Eingang des Hauses.

Ich war zum ersten Mal in meinem Leben persönlich mit dieser Art von Presse konfrontiert und zunächst brachte es mich nur zum Lachen. »Und, was machen wir damit?«, fragte ich die beiden Männer.

David schaute an mir vorbei. »Ihnen sagen, dass sie uns am Arsch lecken können!«

»Das wäre wahrscheinlich nicht ganz angemessen«, sagte Marc diplomatisch. »Vielleicht sollten wir eine offizielle Erklärung rausgeben, dass du hier bist, weil du auf seinem neuen Album ein Stück mit ihm zusammen singst.«

»Warum sagen wir ihnen nicht einfach, was Sache ist?«

Beide schauten mich ziemlich entgeistert an. »Und was *ist* Sache?«, fragte mich David.

Ich besuche den Mann, den ich liebe. Nein. Stopp. »Ich besuche einen Freund, der mir ziemlich viel bedeutet, und da wir beide zufällig Musiker sind, werden wir vielleicht ein paar Songs aufnehmen.«

Die Blicke änderten sich nicht. Und ich hatte plötzlich das Bedürfnis, mich zu verteidigen. »Sorry, aber ich mache so etwas zum ersten Mal. Bisher hat sich für mein Privatleben kaum jemand interessiert, abgesehen davon, dass irgendeiner mal meine Kindheitsgeschichte ausgegraben hat ... Wenn die glauben, dass es den Lauf der Welt entscheidend beeinflusst, wenn du mit mir zusammen singst oder was auch immer tust – meinetwegen.«

»Das meinst du tatsächlich ernst, oder?«, fragte David skeptisch.

»Ja, verdammt. Mich hat der Müll, den sie über deine anderen Frauen schreiben, nicht interessiert«, er zuckte kurz zusammen, »warum sollte mich das jetzt was angehen?«

»Weil es dich betrifft«, wandte Marc vorsichtig ein.

»Das betrifft mich nicht. Das«, ich deutete auf die Zeitung und wurde beinahe wütend dabei, »bin nicht ich. Meine besten Freunde wissen oft genug nicht, wer ich bin. Und ich kann mir beim besten Willen nicht vorstellen, dass ein paar sensationsgeile Reporter schlauer sind.«

David schaute mich mit großen Augen an. Das hatte er schon wieder nicht erwartet. Und ich auch nicht. Aber ich hatte jedes Wort vollkommen ernst gemeint und das wusste er auch, deshalb stand er nach einer Weile auf und sagte: »Gut, also ... Was hältst du davon, wenn wir heute Abend essen gehen? Ich kenne da einen ziemlich netten Laden. Ziemlich wenig Reporter.«

Ich lachte. »Gern. Hätten wir das Thema dann durch? Ich würde nämlich verdammt gerne mal runter in dein Studio gehen.«

»Okay. Marc, wenn irgendetwas ist, ich bin mit meiner«, er blickte mich fies von der Seite an, »*Produzentin* unten im Studio.«

Sein Studio war technisch auf weit besserem Stand als unser Proberaum. Er spielte mir auf dem Klavier ein paar seiner neuen Songs vor, unter anderem »How to cope«, das Stück, von dem ich bisher nur zwei Textzeilen kannte. Ich lachte nur. Weil ich es so gut verstand.

»Hey, das mit dem ›bestaussehendsten Mann der Welt‹ hast du aber von Mike geklaut. Pass auf, dass der keine Tantiemen von dir fordert.«

Ich hatte unterschätzt, wie ernst ihm das ganze war. Ich hörte es aber an seiner Stimme. »Wenn du es so willst, ist die Hälfte der neuen Songs geklaut. Von Mike, von dir, von dem, was du mit mir gemacht hast. Ich hab dir doch gesagt, dass ich noch nie so gute Sachen geschrieben habe wie im Moment.«

Ich sah ihn an, berührt und stolz, und versuchte, es aufzufangen: »Wenn die alle so gut sind wie dieses Stück, wird es eine großartige Platte.«

»Wenn du mitsingst, wird sie gigantisch. Hey, ich hab auch was Nettes über Sharon, willst du's hören?«

Er begann zu singen. »*All these gorgeous women selling their lives and their conscience.*«

Auch dieser Text war klarer und ehrlicher als vieles, was er mit Worten sagen konnte, darin unterschied er sich kaum von mir. Anschließend zeigte ich ihm, was ich mir bezüglich »Touch« vorgestellt hatte. Er fand es prima. »Wow, das klingt fast, als ob's von mir wäre.«

»Wenn es auf dein Album kommt, dann ist es auch von dir, David.«

»Quatsch, das ist dein Lied!«

»Meine Lieder erscheinen auf meinen Platten. In Deutschland. Auf Kölsch.«

»Ich kann nicht einfach einen Song rausbringen, den du gemacht hast.«

»Klar kannst du. Weil ich will, dass er rauskommt. Und weil ich ihn im Moment nicht machen kann. Kannst ja dazuschreiben, dass der Text von mir ist.«

Das verstand er mal wieder überhaupt nicht. Er fragte: »Warum nimmst du's nicht als erstes Stück für deine Solokarriere?«

»Weil ich kein Interesse an einer Solokarriere habe. Weil ich eine Band habe. Und weil der Song zu dir gehört. Wenn du ›Animal‹ machst, dann muss ›Touch‹ dazu.«

Zögerlich sagte er: »Ich weiß noch nicht, ob ich ›Animal‹ rausbringe.«

Aber ich wusste es. Ich setzte mich zu ihm ans Klavier. »Mach es! Das ist der beste Text, den ich je gelesen habe. Wenn mir den vor sieben Jahren jemand gezeigt hätte« – hätte ich mich in Spanien wahrscheinlich ins Mittelmeer gestürzt, oder spätestens in die Themse. Okay, das war nicht wirklich gut – »dann hätte ich viel früher kapiert, was bei mir abgeht. Bring es raus!«

»Dann sing es mit mir. Und ›Touch‹ auch.«

Ich musste lächeln. »Ich dachte, deswegen bin ich hier.« Wir küssten uns eine Weile, dann stand ich wieder auf: »Komm, lass uns noch was Nettes machen.«

»Was Nettes?«

»Ja, was spielst du so, wenn du einfach Lust zum Spielen hast?«

Er musste eine Weile überlegen. »Weiß nicht, Tom-Jones-Sachen, oder ›You can leave your hat on‹ ...«

»Also dann – auf!« Wir spielten ein paar der alten Songs, übertrieben dabei beide teilweise grauenvoll und hatten einen Riesenspaß. Ich glaube, dass er den in diesem Studio ewig nicht mehr gehabt hatte.

Am frühen Abend ging ich in mein Zimmer, um mich auf unser Dinner vorzubereiten. Dank meiner Mutter hatte ich sogar die passende Garderobe dabei. Und da ich, nachdem ich das Kleid angezogen hatte, ein sehr seltenes, aber in diesem Moment umso dringlicheres Bedürfnis nach Make-up entwickelte, brauchte ich erheblich länger zum Umziehen, als ich geplant hatte.

Marc, David und Geoffrey, der Fahrer, warteten in der Eingangshalle, und als ich die Treppe herunterkam, entschädigten mich die Blicke der drei Männer sofort für alle Strapazen vor dem Spiegel. Geoffrey glotzte mich sprachlos an, Marc lächelte leise und David sagte zunächst nur: »Oh wow!« Dann, als ich bei ihnen angekommen war: »Das ... du siehst großartig aus.«

Ich sagte: »Danke, können wir dann endlich?«, so als wäre ich diejenige gewesen, die eine halbe Stunde gewartet hatte. Ein bisschen peinlich war es mir schon.

Wir gingen zum Wagen, ich blickte mich verstohlen um, sah aber niemand, der nicht hierher gehörte. Wir fuhren in die Stadt und waren etwa eine halbe Stunde unterwegs, dann hielt Geoffrey an. David zögerte einen Moment und sagte zu mir: »Wir müssen noch ein paar Schritte laufen. Bei Vincenzo kommen sie normalerweise nicht rein, aber ...«

Es wurde also ernst. Aber das war es längst. »Lass uns einfach gehen, okay?«

Wir stiegen aus und gingen – flankiert von Marc und Geoffrey – vielleicht zweihundert Meter, bis wir bei »Vincenzo« ankamen. Drei, vier Mal das Aufflackern eines Blitzlichtes. Mehr sahen wir nicht.

Die Atmosphäre, das Essen, die Musik und die Leute in diesem Restaurant waren ausnahmslos großartig. David war augenscheinlich ein gern gesehener Gast, ich als seine Begleitung damit automatisch auch, und ich kam nicht umhin, mich zu fragen, wie viele Orte wie diesen er wohl noch hatte. Vincenzo kam persönlich an unseren Tisch, unterhielt sich einen Moment mit uns und spendierte zwei Grappa – es sollten nicht die letzten bleiben. Wir aßen, tranken, irgendwann forderte David mich zum Tanzen auf, und ich war einmal mehr endlos dankbar für all das, was Ratze, Mike und meine spanische Verwandtschaft mir beigebracht hatten. David war ein bemerkenswert guter Tänzer, ich ließ mich führen und fallen. Er sprach nicht viel an diesem Abend, zumindest nicht mit Worten. Ich spürte seine langen Blicke, sein Lächeln, und gelegentlich einen Ausdruck, den ich nur schwer deuten konnte. Es gab keinen Smalltalk und kein Geplänkel, es gab harmonische Momente und keine einzige Frage mehr.

Viel, viel später verstand ich, dass ihm an diesem Abend bei Vincenzo – vielleicht auch schon, als er mich auf der Treppe gesehen hatte – das klar wurde, was ich mir in einer mühsamen Nacht mit viel Wodka Lemon und Patti Smith erarbeitet hatte. Wahrscheinlich war es gut, dass ich es zunächst nicht kapierte. Vielleicht wäre ich schreiend aus dem Lokal geflüchtet. Vielleicht hätten wir uns aber auch vieles ersparen können.

Als wir nach ein paar Stunden mit vielen guten Wünschen von Vincenzo aus dem Lokal kamen und uns auf den Weg zum Auto machen, stoppte David auf halber Strecke und zog mich zu sich. Ich sah ihn an. »Was ist?«

»Würdest du mich küssen?«

Ich verstand nicht ganz, was er meinte. »Hm. Soweit ich weiß, habe ich das schon öfter gemacht.«

»Ich meine jetzt.«

Ich blickte mich tatsächlich kurz um. Und hasste mich dafür. »Hier?«

»Jetzt und hier.«

Ich fand in seinen Augen eine Spur der Verzweiflung, die ich zuletzt in Mikes Haus gesehen hatte. Und verstand immer noch nichts, nur dass es wichtig war. »Klar.«

Ich küsste ihn, er klammerte sich an mich und ich registrierte die plötzlichen, hellen Lichter um uns herum. Keine Ahnung, wie viele.

Am nächsten Tag, nach einer Nacht, in der er mich wie eine Königin behandelt hatte, vorsichtig, respektvoll und unendlich zärtlich, war er wieder halbwegs der Alte. Nachmittags hatte er einen Termin mit Ash Farmer, seinem Produzenten, ich durchstreifte derweil das Haus, testete die Wassertemperatur des Pools und versuchte, ein paar freundliche Worte mit Geoffrey und Emily, seiner Haushälterin, zu wechseln. Beide waren allerdings nicht sonderlich gesprächig. Als David gegen sechs mit Marc wiederkam, fand er mich lesend in der Bibliothek. »Sorry, ist ein bisschen später geworden«, begrüßte er mich.

»Kann man so sagen.« Er konnte nicht einschätzen, wie ernst der Vorwurf in meinen Augen war. Deshalb half ich ihm. »Und, alles erledigt?«

»Ja. Wir können die Tage rein, wenn wir wollen. Ash ist richtig scharf drauf, dich zu hören.«

»Was Neues von der Presse?«

Er lachte. »Und wie! Ich würde dir raten, erst einmal nicht vor die Tür zu gehen, falls du nicht stundenlang irgendwelche dummen Fragen beantworten willst. Aber das Foto von dir ist wirklich gut geworden.«

»Hast du's dabei?«

Marc überreichte mir die neuste Ausgabe der *Sun*. Mein erstes Titelfoto in der Klatschpresse. Unter der Headline: »Aufreißen und Fallenlassen – die neuste Affäre des Dave Roberts.« Ich kam relativ gut weg. Die naive, aufstrebende Sängerin aus Deutschland, die keine Ahnung hat, auf was sie sich einlässt.

»›Weil er die englischen Frauen nach den neusten Enthüllungen von Sharon Dursley nicht mehr beeindrucken kann‹ – die spinnen ja! Soll ich nicht doch mal rausgehen?«

»Nein, lass, Marc und Allister sind schon dran.« Allister Brown war sein Anwalt.

»Aber irgendwann muss ich denen schon mal klar machen, dass ich kein dummes Flittchen bin.«

Er grinste. »Hatte ich da letztens nicht gehört, dass dir das alles egal wäre, weil sie dich soundso nicht kennen?«

Ich lächelte ebenfalls. »Da wusste ich ja noch nicht, dass sie *so was* aus mir machen.«

»Hab ein bisschen Geduld, okay? Spätestens wenn sie dich singen hören, werden sie ihren Fehler reumütig einsehen. Bis dahin würde ich eigentlich ganz gerne einen ruhigen Sylvesterabend verbringen.«

»Einverstanden. Aber nur, wenn das Essen so gut ist wie bei Vincenzo.«

»Wir können uns ja mal in die Küche schleichen und nachschauen, was uns erwartet.«

Diese Sylvesternacht wurde tatsächlich zu einer der ruhigsten und entspanntesten, die ich seit vielen Jahren erlebt hatte. Emily und die anderen hatten für uns ein Buffet gezaubert, das dem auf der Musikmesse in nichts nachstand, David und ich tauschten Erinnerungen über gelungene oder grauenhafte Sylvesterpartys aus, unterhielten uns über Vergangenes, kaum über die Gegenwart, und fühlten uns beide wohl. Um zwölf, nach einer langen Umarmung, wünschten wir uns ein gutes neues Jahr, daraufhin überlegte er: »Mal sehen, was kann ich dir alles wünschen? Ruhm willst du nicht, Schönheit hast du schon ... Wie wär's mit ewiger Liebe?«

»Klingt gut. Obwohl man auch da nie genau weiß, wie lange sie anhält.«

Er zog mich eng an sich und flüsterte leise: »Dann hoffe ich, dass sie so lange hält, wie du es dir wünscht.«

Er sprach nicht von sich. Zumindest hörte ich es nicht heraus.

Am nächsten Tag wollte er lange nicht aus dem Bett kommen, da ich irgendwann aber nicht mehr schlafen konnte und mich im Haus inzwischen sicher genug fühlte, stand ich auf. Ich setzte mich zuerst in die Bibliothek und las an meinem Buch weiter, dann streifte ich durch die Räume, und als mein Blick auf das Telefon im Arbeitszimmer fiel, dachte ich, dass es an der Zeit wäre, ein paar Neujahrsgrüße loszuwerden.

»Tina«, begrüßte mich Duke. »Endlich meldest du dich. Was zur Hölle treibt ihr zwei eigentlich da oben?«

»Wieso?«, fragte ich möglichst unwissend.

»Wieso? Seit gestern laufen bei uns die Telefone heiß, inzwischen weiß wohl jeder Reporter zwischen hier und Birmingham, wo du bist. Und es interessiert sie brennend, wie lange ihr schon zusammen seid und ob ihr jetzt gemeinsam Karriere macht und was dein Lieblingsessen ist und so weiter.«

»Oh, oh.«

»Ja, und heute Morgen kamen ein paar Fotos per Fax rein. Jetzt mal im Ernst, war das nötig, dass ihr auf offener Straße das Knutschen anfangt?«

Oh weia. »Nein, aber ... wir wussten nicht, dass jemand es sieht. Was sagen denn die anderen?«

Er lachte. »Das kannst du dir denken, oder? Frank ist stinksauer und Amigo dreht total am Rad, erzählt irgendwas von ›Verrat‹ und so. Ich habe ihnen erzählt, dass David ganz unerwartet angerufen und dir vorgeschlagen hat, ein Stück auf seiner Platte zu machen. Und du wärst so perplex gewesen, dass du einfach losgefahren bist.«

»Und drei Tage später knutsche ich mit ihm rum? Das hat dir doch keiner abgenommen.«

»Na ja, ich habe auch noch gesagt, dass es für *Zigg* doch mehr als gut wäre, wenn wir uns mit einer Sängerin mit internationaler Erfahrung brüsten können. Das hat sogar Frank nachdenklich gemacht.«

»Hey – danke, dass du dich so ins Zeug legst.«

Mich überkam das schlechte Gewissen. Ich hatte wirklich nicht geahnt, und schon gar nicht gewollt, dass meine Leute soviel Stress und Ärger hatten, nur weil ich meinen Launen folgte. Und dass Duke es so herunterspielte und so vehement meine Position verteidigte, machte mir nur noch deutlicher, wie ernst die Lage war.

»Meinst du, es bringt was, wenn ich mal mit Frank rede?«

Er überlegte. »Im Moment ist das, glaube ich, ziemlich sinnlos. Vielleicht solltest du demnächst ein offizielles Statement rausgeben, dass du nicht vorhast, dich auf Dauer in Birmingham anzusiedeln. Auf der anderen Seite hat er doch auch schon mit anderen Leuten was aufgenommen, warum solltest du nicht auch mal was Neues machen dürfen?«

»Na ja, Dave Roberts ist um einiges bekannter als die Leute, mit denen Frank was gemacht hat.«

Er lachte. »Stimmt, und ich denke, dass ihn genau das so ärgert.«

Die gute alte Eifersucht? Wenn es wirklich darum ging, dann hätte ich vor meiner Fahrt auch einen schriftlichen Antrag stellen können und Frank hätte nicht anders reagiert. Das einzige, was in diesen Fällen half, war, ihm klarzumachen, dass die Aufmerksamkeit, die mir zuteil wurde, letztendlich dem Wohle der Band diente. Ich fasste einen Plan.

»Okay, Duke, ich muss dann mal Schluss machen. Grüß die anderen und dank dir für alles.«

»Keine Ursache. Schick mir mal ein Demo runter, wenn ihr was aufgenommen habt. Ach, und was ich dir noch sagen wollte: Du siehst großartig aus auf dem Foto!«

Ich legte auf und bemerkte in diesem Moment, dass Marc in der Tür stand. »Tut mir leid«, sagte er, als ich mich zu ihm umdrehte. »Ich wollte dich nicht stören.«

»War nichts Geheimnisvolles.« Viel von unserem Slang hatte er wohl so oder so nicht verstanden. Außerdem fand ich es sehr praktisch, dass er da war. »Ich habe mit Duke gesprochen. Sag mal, wie läuft die Pressesache gerade?«

»Na ja, das Übliche: Allister hat ein paar Klagen eingereicht, jetzt müssen wir abwarten, entweder sie dementieren, oder sie finden irgendetwas, mit dem sie richtig zuschlagen können. Warum fragst du?«

»Meine Leute in Köln werden gerade auch ganz schön mit Fragen bombardiert. Ich glaube, es wäre an der Zeit, der Presse zu sagen, was hier abläuft.«

Er sah mich an. Und das, was in seinem Blick war, hatte eine Menge mit Respekt zu tun. »Ja, ich habe auch schon daran gedacht. Wir würden sehr viel besser dastehen, wenn wir endlich ein offizielles Statement rausgeben. Und seinem Ruf«, er blickte nach oben, »würde es sicherlich nicht schaden, wenn eine Frau mal wieder etwas Positives über ihn berichtet.«

David schien sich da nicht so sicher zu sein. »Eine Pressekonferenz?«, fragte er ein paar Stunden später entnervt und ein wenig irritiert, nachdem Marc und ich unser Vorhaben ausgearbeitet hatten und ihm die Tatsachen präsentierten.

»David«, sagte Marc in väterlich-überzeugendem Ton, »wir müssen etwas machen. Und ich kann mir vorstellen, dass Tina das gut hinbekommt.«

»Dann kann ich mich ja raushalten, wenn ihr euch so sicher seid.« David mochte diesen Ton überhaupt nicht. Und die Vorstellung, dass ich mich mit Marc gegen ihn verbündete, noch viel weniger.

»Das geht nicht, David. Wir können zwar sagen, dass nur sie auf Fragen antworten wird, aber du musst auf jeden Fall mit dabei sein.«

Ich setzte mich zu ihm aufs Bett und probierte es in einem versöhnlich-kumpelhaften Ton. »Hey, das schadet bestimmt nicht, wenn wir sie auf die großartigste Platte dieses Jahres ein bisschen heiß machen. Was meinst du, wie sie reagieren, wenn wir ihnen sagen, dass wir zusammen ein Lied über unsere gemeinsame Freundin Sharon Dursley singen.«

Ich wusste doch, dass ihm das gefallen würde. Er sah mich an und zog skeptisch die Augenbrauen hoch. »Dann werden sie sich fragen, woher du sie kennst«, er grinste, »und ihr dann wahrscheinlich die Hölle heißmachen, weil sie nichts über dich erzählt hat. Das könnte wirklich lustig werden. Meinetwegen, mach einen Termin aus, Marc, aber erst morgen. Heute bewege ich mich nicht mehr.«

»Hast du für morgen nicht schon was mit Farmer ausgemacht?«

Ich blickte auf. Das war mir neu. Und so, wie David reagierte, war es ihm gar nicht recht, dass ich es von Marc erfuhr. »Ja, mein Gott, dieses Presseding dauert doch nicht den ganzen Tag. Mh, Tina, ist das okay, wenn wir danach ins Studio gehen?«

Na, immerhin wurde ich gefragt! Aber ich wollte es ja auch. »Klar. Wird ja auch mal Zeit.«

Ich grinste, er schaute nachdenklich. »Genau. Wo du es gerade erwähnst: Hast du auch mal wieder Zeit für mich, oder hast du vor, dich heute den ganzen Tag im Haus herumzutreiben und mit Marc irgendwelche Attentate auszuhecken?«

VII

Am nächsten Tag um zwölf gaben wir unsere Pressekonferenz, praktischerweise direkt im PR-Raum von Farmers Studio. Marc, Allister, David und ich waren anwesend, natürlich auch Geoffrey, der nicht nur als Fahrer, sondern auch als eine Art Bodyguard arbeitete. Außerdem eine Unzahl von Journalisten. Der Raum war so voll, dass sie bis an die hintere Wand gedrängt standen, einige warteten sogar noch vor der Tür. Marc verlas die offizielle Erklärung und eröffnete dann die Fragerunde, betonte aber, dass nur er und ich antworten würden.

Ich fühlte mich meiner Sache unglaublich sicher und ließ mich nicht aus der Ruhe bringen. Ich erzählte unverfänglich, wie wir uns kennengelernt hatten und log dabei das Blaue vom Himmel herunter, aber es klang plausibel und sie schluckten es. Marc ergänzte, wo es nötig war, beschrieb, wie die Idee entstand, mich wegen der neuen Platte zu fragen, und wie ich nach Birmingham gekommen war. Ich erklärte, dass wir ein oder zwei Songs zusammen einspielen würden, schwärmte davon, wie großartig alles werden würde und konnte mir die leise Andeutung bezüglich eines Supermodels, über das einiges zu erfahren sein wäre, nicht verkneifen. Fragen bezüglich der Zukunft beantwortete ich sehr entschieden, machte nebenbei eine ganze Menge Werbung für *Zigg* und die Kölner Szene, bis ich den Eindruck hatte, dass mir Frank nach diesem Interview eigentlich um den Hals fallen müsste.

David schwieg tatsächlich die ganze Zeit und sah nicht gerade glücklich aus. Ich versuchte ein paar Mal, ihn mit einem Lächeln aufzumuntern, aber es gelang mir nicht. Erst als Marc die Pressekonferenz beendete und die Reporter ohne Rücksicht ihre letzten hektischen Fragen stellten, reagierte David und nahm sich ein Mikrophon. »Wisst ihr«, sagte er kalt, »wenn ihr endlich mit euren dämlichen Fragen aufhören würdet, dann könnten wir endlich anfangen, die Songs für das Album auch aufzunehmen.«

Marc schob uns aus dem Saal, der nach dieser Bemerkung erst recht kochte, und wir versammelten uns ein paar Räume weiter, wo man von dem Tumult nichts mehr hörte. Marc schüttelte mir die Hand. »Tina, das war wirklich sehr, sehr gut. Vielen Dank.«

David warf einen kurzen, genervten Blick an die Decke. Als Allister das sah, sagte er: »Dave, ich glaube, du verstehst das nicht ganz. Diese Frau hat dir heute wahrscheinlich den Hals gerettet. Und ganz nebenbei hat sie dafür gesorgt, dass die Leute das Album von den Ladentischen reißen werden, wenn es rauskommt.«

David schien nicht besonders begeistert davon zu sein, von mir gerettet zu werden. Und auch nicht davon, dass irgendjemand seine Platte kaufte, weil ich dafür Werbung gemacht hatte. Marc merkte es und reagierte: »Wie auch immer. Auf jeden Fall werden wir jetzt eine Weile Ruhe haben. Allister, komm, wir sorgen dafür, dass sich keiner von den Leuten heimlich hier einschleicht. Und ihr beide könnt ja schon mal runter zu Farmer gehen.«

Er war der Manager – und wir gingen. Ich überlegte, ob ich David auf die schräge Situation ansprechen sollte. Aber schließlich hatte ich nichts getan, außer meine Meinung zu sagen und ihm damit nebenbei ein bisschen Luft zu verschaffen. Ich hatte keine Lust auf Diskussion. Dazu war ich viel zu gespannt auf Farmer und sein Studio.

In den folgenden Tagen tat ich in erster Linie zwei Dinge: Songs aufzunehmen und so lange es mir möglich war, zu ignorieren, wie sich die Stimmung veränderte. Ashley Farmer war wie die meisten Produzenten ein wenig mürrisch, ansonsten aber höflich und vor allem sehr, sehr gut. David und ich hatten im Grunde keine Vorstellung, was und wie wir es zusammen machen würden, deswegen schlug Ash uns vor, erst einmal alles auszuprobieren – David alleine, ich im Refrain oder als Begleitung, wir beide im Duett – und hinterher zu entscheiden, was am besten klang. Er war begeistert von »Touch« und wollte es auf jeden Fall bringen, allerdings nur, wenn wir es als Roberts-Song verkaufen würden. Aber das hatten wir ja bereits geklärt.

David war häufig ernst und nachdenklich, er lebte das, was er sang, egal, ob es Bitterkeit, Zynismus, Wut oder Freude war. Oder verzweifelte Hoffnung. Als er mir »Need your love« vorspielte, verstand ich zwar, dass es an mich adressiert war, aber nicht, wie ernst er es meinte. In Songtexten redeten wir schließlich ständig von Liebe.

Am sechsten Tag, nachdem wir »Touch« fast perfekt eingespielt hatten, begann er mit »Animal«. Er hatte sich bereiterklärt, es aufzunehmen, wusste aber immer noch nicht, ob es auf die Platte sollte. Und als ich das Stück zum ersten Mal als Ganzes hörte, wurde mir klar, warum. Es hatte nichts mehr von Zynismus, als er darüber sang, wie sehr er sich selber hasste. Es war das, was er tief in seinem Inneren fühlte. Wir spielten es dreimal durch und jedes Mal kam er ins Stocken oder wurde zu schnell. Ich spürte seine aufkommende Frustration und seine Wut. Beim vierten Mal gab ich ihm daher nach der ersten Textzeile ein Zeichen und sang die zweite alleine, wir machten einen Dialog daraus – und mehr als das.

Ash fielen fast die Augen aus dem Kopf. »Mein Gott, das ist grandios, das ist der beste Song, den ich in diesem Studio je gehört habe. Dave, du *musst* das bringen!«

»Für heute bringe ich gar nichts mehr«, sagte er, während er sich mit einem Handtuch den Schweiß abwischte, »ich mache jetzt nämlich Schluss. Was ist mit dir?« Er sah in meine Richtung, ich zuckte mit den Schultern: Dein Studio, Dave!

»Okay, dann machen wir morgen weiter. Weiß jemand, wo Marc ist?«

David gab sich kühl und verschlossen – arrogant, genau genommen –, und ich wusste nicht, ob es mit seinen Gefühlen bei dem Song zusammenhing oder damit, dass es mal wieder erst dann funktioniert hatte, als ich eingestiegen war. So langsam konnte ich nicht mehr ignorieren, dass er Probleme mit meiner neuen Rolle hatte. Ich war nicht mehr die hübsche, kleine Sängerin mit den tiefgründigen Gedanken, die ihn besuchte. Ich war diejenige, die für ihn eine Pressekonferenz managte und dafür sorgte, dass die Songs gut wurden, und das passte ihm nicht, obwohl er es doch selbst gewollt hatte. Ich dachte: Bitte nicht schon wieder. Das kenn ich doch schon alles. Gibt es denn wirklich keinen Mann, der damit klarkommt, dass die Leute mich mögen und dass ich ganz gut singen kann?

Dann fiel mir auf, dass sich auch sonst einige Dinge in den letzten Tagen verändert hatten. David war zu Hause eher schweigsam gewesen, hatte sich oft zurückgezogen und war nach einem Kuss direkt eingeschlafen – auch, wenn er irgendwann in der Nacht doch noch zu mir herübergekommen war. Ich hatte es auf seine Anspannung wegen der Presse und der Platte geschoben. Und augenscheinlich hatte es genau damit zu tun – mit der Presse, der Platte und der Rolle, die ich bei beiden spielte. Ich musste da dringend etwas tun. Ganz schnell.

Am Abend versuchte ich, mit ihm zu reden, aber er wich mir aus. »Mach dir mal nicht so viele Gedanken, Baby. Ich finde, du machst das alles hervorragend. Und wenn ich dir das gerade nicht so zeigen kann, dann hat das nichts mit dir zu tun, okay?«

Ich sagte: »Okay«, obwohl ich es nicht wirklich so meinte. Ich hatte mir ein bisschen mehr Nähe erhofft, mehr als die körperliche, die er in diesem Moment einzufordern begann.

Dazwischen sagte er: »Übrigens, wenn du Lust hast, dann fahren wir nächsten Samstag nach Leicester. Bis dahin müssten wir mit den Songs durch sein.«

»Und was machen wir da?«

»Jimmy Hamilton gibt 'ne Gartenparty.« Es klang ironisch, deswegen dachte ich, er würde scherzen. Es war zwar nicht sonderlich kalt zur Zeit, aber wir hatten trotzdem Anfang Januar!

»Der neuste Trend. Man macht überall Feuer und heizt den Swimmingpool hoch, sodass man auch im Winter draußen feiern kann. Das wird ziemlich groß, ich glaube, er hat halb England eingeladen.«

Jimmy Hamilton war Mitbegründer der Gruppe, mit der David bekannt geworden war, und die er drei Jahre zuvor wegen viel Streit und Ärger verlassen hatte, um seine Solokarriere zu starten. Wie David mir erzählt hatte, kam Jimmy überhaupt nicht mit seinem Erfolg klar. Aber für eine Einladung reichte es anscheinend noch.

»Wenn du Lust hast, da hinzugehen.«

»Warum nicht? Wird bestimmt lustig, das ganze Gesocks mal wieder zu sehen. Außerdem haben wir uns ein bisschen Spaß verdient.«

In den folgenden Tagen änderte sich nicht viel an Davids Stimmung, abgesehen davon, dass er mir gegenüber aufmerksamer war. Ich ahnte, dass noch längst nicht alles gesagt war, aber ich wollte abwarten, bis die Aufnahmen vorbei waren und wir wieder Zeit für uns hatten. Und ich dachte Freitagabend noch, dass eine Party uns beiden bestimmt gut tun würde. Wir hatten inzwischen acht Variationen von verschiedenen Songs aufgenommen und mussten nun entscheiden, welche Versionen auf das Album sollten. Aber nicht an diesem Wochenende. Da wollten wir Spaß haben.

Den Samstag verbrachten wir größtenteils im Bett, ich las, er sah fern, aber die Stimmung war entspannt. Am späten Nachmittag begann ich meine Party-Vorbereitungen mit einer langen Badewanne und der üblichen Frage nach dem abendlichen Outfit. David äußerte dezent seinen Wunsch nach dem grünen Kleid, aber aus irgendeinem Grund hatte ich keine Lust darauf und entschied mich stattdessen für die Wildlederhose, ein graues Satintop und die Stiefel mit dem – für meine Verhältnisse – hohen Absatz. Er trug das Übliche: schwarze Hose, lässig aufgeknöpftes Hemd und darüber ein schwarzes Jackett. Er sah verdammt sexy aus. Ich anscheinend auch. »Und, sexy Lady, bereit für ein bisschen Entertainment?«

»Jo«, sagte ich so cool wie möglich, »wenn der bestaussehendste Mann der Welt bereit ist, mich mitzunehmen.«

»Der bestaussehendste Mann der Welt würde eine so schöne Frau niemals alleine lassen. Komm, lass uns gehen.«

Bevor wir uns gegen zehn von Geoffrey nach Leicester fahren ließen, verabschiedete ich mich noch kurz von Marc. Er schien nicht annähernd so gute Laune zu haben wie wir. »Wenn irgendetwas sein sollte«, begann er, »du hast meine Nummer, oder?«

»Deine Nummer habe ich inzwischen im Kopf. Aber was sollte schon sein?«

Er überlegte einen Moment. Dann entschied er sich dagegen – ich wusste nur nicht, gegen was. »Kann ja sein, dass ihr kein Taxi mehr bekommt. Oder vielleicht willst du schon früher zurück als er. Habt einen schönen Abend.« Er kannte David einfach viel besser als ich. Vielleicht ahnte er, was kommen würde.

Ich brauchte etwa zehn Minuten, um festzustellen, dass diese Party überhaupt nicht mein Ding war. Wir waren eine knappe Stunde gefahren, bis wir in einem Viertel von Leicester vor einer protzigen, einstöckigen Villa halt machten, vor der schon eine Menge los war. Wir stiegen aus und gingen, Davids Arm um meine Hüfte, zum Eingang, wo Jimmy persönlich seine Gäste in Empfang nahm.

»Davie!«, rief er in allzu deutlich gespielter Begeisterung. »Das ist ja schön, dass du schon da bist. Man hört ja in letzter Zeit allerhand spannende Sachen von dir.«

»Hi Jimmy«, sagte David kühl.

»Und das ist bestimmt die forsche Sängerin aus Deutschland, die unsere Journalisten sprachlos macht. Hallo, ich bin Jimmy Hamilton, ein alter Freund von Davie.«

»Ich weiß«, sagte ich und schüttelte seine angebotene Hand. »Er hat schon eine Menge von dir erzählt.« Das war noch nicht einmal gelogen.

»Gut, dann geht doch schon mal rein und amüsiert euch. Ich habe guten Whisky da, Davie. Ach, und, na ja vielleicht sollte ich es dir gleich sagen.«

»Was?«

Jimmy spielte seine Verlegenheit genauso schlecht wie vorher seine Begeisterung. »Na ja, ich weiß auch nicht genau, wie es passiert ist, ich habe die Gästeliste wohl nicht gründlich genug kontrolliert. Also, um es kurz zu machen: Sharon ist da.«

Davids Blick war pures Eis. Ich spürte, wie sich sein Körper zusammenzog. Ich hatte eigentlich keine Lust, die Party schon am Eingang zu beenden, deswegen sagte ich – und spielte dabei wesentlich besser als Jimmy: »Cool. Dann lerne ich dieses Supermodel endlich kennen. Weißt du, Jimmy«, ich sah ihn verschwörerisch an, »wir machen gerade einen prima Song über sie.« Mit diesen Worten zog ich David ins Haus. Nach einigen Schritten machte er sich von mir los und atmete ein paar Mal durch.

»Alles okay?«, fragte ich ihn.

Er sah mich an. »Frag mich das noch mal, wenn wir Sharon getroffen haben.«

»Willst du lieber gehen?«

»Bist du verrückt? Wegen dieser Schlampe werde ich nicht auf eine coole Party verzichten, den Gefallen tu ich Jimmy nicht.«

»Glaubst du, es war Absicht?«

»Natürlich, solche linken Touren passen zu ihm. Aber sei's drum. Was trinkst du? Martini?«

Er führte mich durch den Flur in Richtung Wohnzimmer und Bar. Das Haus wirkte von innen erheblich kleiner als von außen, was vielleicht an den relativ engen Räumen und den niedrigen Decken lag, vielleicht auch daran, dass alles mit irgendwelchem teurem Krempel vollgestopft war. Jimmy schien eine große Vorliebe für die siebziger Jahre zu haben, es wimmelte von knallbunten Plastiksesseln, grellgemusterten Teppichen und Pop-Art-Plakaten an den Wänden. Die Menschen, die uns entgegenkamen, passten hervorragend in dieses Ambiente, selbst Davids Outfit wirkte dagegen bieder. Ich kam mir vor wie in einem endlosen Werbespot.

Auf unserem Weg wurde David ein paar Mal angesprochen und begrüßt, einmal machte er sich die Mühe, mich vorzustellen, aber es war alles nur oberflächliches Geplänkel. Trotzdem brauchten wir eine gute halbe Stunde, bis wir endlich ins Wohnzimmer kamen. Wir kämpften uns zur Bar durch – und entdeckten Sharon, die direkt davor stand. Sie wurde kreidebleich als sie David sah, anscheinend hatte auch sie nicht geahnt, dass er hier sein würde. Es dauerte nur ein paar Sekunden, dann nahm sie ihren Mantel und ihre Tasche von der Lehne des Barhockers, ging mit einem Longdrinkglas in der Hand auf David zu und postierte sich vor ihm. Es sah so aus, als wollte sie ihm entweder eine knallen oder ihm den Inhalt des Glases ins Gesicht schütten. Dann fiel ihr Blick auf mich. Ich starrte sie an, in meiner Lederhose und meinen Stiefeln, sechs Jahre älter und erheblich erfolgreicher als sie, und sie verstand die Botschaft in meinen Augen sehr genau: »Wage es bloß nicht!«. Ich hatte schließlich ein bißchen Übung darin, meine Freunde vor hysterischen Frauen zu beschützen.

Auf jeden Fall ließ sie sich einschüchtern – vielleicht waren es auch die vielen Blicke um uns herum – und sie beschränkte sich darauf, David den Rest des Drinks vor die Füße zu kippen. Dann starrte sie ihn noch einmal kurz an und verließ schwungvoll das Zimmer und die Party. Einen Moment lang herrschte Schweigen im Raum, aber da es nicht halb so spektakulär gewesen war, wie erhofft, wurden die jeweiligen Gesprächsfäden bald wieder aufgenommen.

David wischte sich schweigend ein paar Spritzer von der Hose, sah sich dann um und grinste mich an. »So. Das erste Problem wäre erledigt. Hast du was abbekommen?«

Ich schüttelte nur den Kopf. Mir war überhaupt nicht nach Lässigkeit zumute.

»Gut. Dann können wir uns ja dem nächsten Problem widmen. Ich brauche was zu trinken.«

Wir gingen an die Bar, er besorgte mir einen Martini und sich einen Whisky, den er in zwei großen Schlucken leer machte, um sich direkt einen neuen zu bestellen.

»Und, wie gefällt es dir?«, fragte er mich dann.

Ich grinste schief. »Na ja, alles ein bisschen grell hier, oder?«

»Jimmys Geschmack war immer schon fragwürdig. Aber ein paar verdammt hübsche Frauen laufen hier herum«, sagte er und folgte dabei mit dem Blick einer großen Blondine in Minirock und hochhackigen Schuhen.

Ich versuchte, es locker zu nehmen. »Hey, seit wann stehst du auf Blonde?«

»Oh, immer schon«, sagte er und gab mir einen Kuss. »Die quatschen weniger und kommen gleich zur Sache.«

»Aha.«

Wieder ein Kuss. Er merkte genau, dass ich mich nicht auf diese Stimmung einlassen konnte. »Hey, mach dich doch mal locker, das wird ein guter Abend, glaub mir. Komm, ich zeige dir den Garten.«

Draußen war es dank der vielen kleinen Feuerstellen und Kohlebecken tatsächlich ziemlich warm. Das Wasser im Pool dampfte und einige nutzten bereits den Luxus, mitten im Winter draußen schwimmen zu können.

Wir trafen auf ein Pärchen, das David mir als Richard und Alice Haley vorstellte. Sie war eine in England relativ populäre Schauspielerin, er machte klassische Musik. Beide schienen nette Leute zu sein. Wir unterhielten uns angeregt, ich bekam meinen zweiten Drink, als ein junges Mädchen mit einem Tablett voller Getränke vorbeikam, und so langsam begann ich, mich zu entspannen. David entdeckte jemanden und verabschiedete sich mit einem »Bin gleich wieder da«, aber ich war sowieso gerade mit Richard in ein Gespräch über spanische Flamencogitarren verwickelt. Als Alice nach etwa einer Stunde Lust zum Tanzen bekam, begleitete ich die beiden nach drinnen, hielt dabei Ausschau nach David, entdeckte ihn aber nicht.

Die Musik war, wie nicht anders zu erwarten, weitgehend aus den Siebzigern, aber sie brachten viele der guten, alten Rocksongs. Ich tanzte lange und ausgelassen und beobachtete dabei einen gutaussehenden Typen, der seine langen, dunklen Haare zu einem Pferdeschwanz gebunden hatte und augenscheinlich mit der Musik genauso zufrieden war wie ich.

Als ich mich ausgetobt hatte, konnte ich weder Richard noch Alice entdecken, und so machte ich mich auf die Suche nach meinem Begleiter. Ich streifte langsam durch die Räume, nahm Bilder und Gesprächsfetzen auf und beobachtete das Geschehen. Das alles erinnerte mich schwer an meine Zeit in London, die Leute, die ich damals getroffen hatte, waren zwar nicht so bekannt, aber die Partys waren genauso exzessiv gewesen. Es war unglaublich, wie sich die Gäste zudröhnten, es wurde gesoffen, gekifft, gekokst und ich weiß nicht, was sonst noch alles geschluckt.

Ich gesellte mich zu einem ziemlich freakig aussehenden Kerl, der gerade eine Graspfeife baute, er ließ mich kommentarlos ziehen und erging sich dann über die Qualität seines Stoffs und über die schreckliche Party, auf der er gelandet war. Ich war höflich und hörte ihm einen Moment lang zu, musste ihm dann aber klar machen, dass ich nur mit ihm rauchen wollte. Da er mich offensichtlich nicht verstand, ließ ich ihn stehen, bestellte mir an der Bar einen neuen Martini und freute mich über die Wirkung des Marihuanas.

»Du siehst nicht so aus, als würdest du dich amüsieren«, sagte plötzlich eine Stimme hinter mir. Ich schaute mich um, es war der Typ mit den langen Haaren von der Tanzfläche. Er fragte, ob er sich neben mich setzen dürfe, ich nickte und sagte dann: »So schlecht finde ich es eigentlich nicht, ich frage mich nur die ganze Zeit, für was hier Werbung gemacht wird.«

Er sah mich irritiert an. »Werbung?«

Okay, nicht alle gut aussehenden Männer konnten Gedanken lesen. Ich erklärte ihm die Sache mit dem Werbespot, er lachte und wir suchten eine Weile nach einem passenden Produkt. Dann stellte er sich vor: »Mein Name ist Simon Farrow, ich komme aus Stratford und spiele da in einer Band, ich weiß nicht, ob du uns kennst, *New Soldiers*?«

»Ja logisch«, rief ich. Jetzt wurde mir auch klar, warum er mir so bekannt vorkam. »Ihr habt letztes Jahr in Köln im *underground* gespielt. Kannst du dich erinnern?«

Er versuchte es. »Ja, wir waren in Köln letztes Jahr, ich glaube, das war ein ziemlich gutes Konzert, der Organisator war recht nett.«

»Holger Hausmann, ein guter Freund von mir. Das Konzert war wirklich klasse!«

»Kommst du von dort?«

»Ja, ich komme aus Köln. Ich bin Tina Montez.« Anscheinend konnte er mit dem Namen nichts anfangen, und das war mir sehr recht.

»Und wie kommst du nach Leicester?«

Ich hatte das großes Bedürfnis, den Zustand der Anonymität solange wie möglich aufrecht zu erhalten, deswegen sagte ich nur: »Ach, ich besuche gerade einen Bekannten in Birmingham, der hat mich mitgenommen.«

»Muss ja ein netter Bekannter sein, wenn er dich so lange alleine lässt. Andererseits sollte ich mich vielleicht bei ihm bedanken, denn sonst hätte ich dich ja nicht getroffen. Ich habe dich übrigens vorhin auf der Tanzfläche gesehen und ich muss sagen, du hast wirklich einen tollen Stil!«

Wir unterhielten uns lange und er flirtete weiter, auf eine unaufdringliche und schmeichelnde Art, die mir extrem gut tat. Er besorgte uns etwas zu trinken und ich begann zu vergessen, dass ich nicht alleine hier war – bis David ins Zimmer kam, mit aufgeknöpftem und aus der Hose gerutschtem Hemd und die Arme um die Hüften zweier Frauen gelegt. Er blickte sich um und entdeckte mich, woraufhin er die eine Frau losließ und der anderen etwas ins Ohr flüsterte, mit ihr lachte und ihr einen Kuss gab, an dem offensichtlich die Zunge beteiligt war. Dann kam er zu mir und begrüßte mich mit einem ähnlichen Kuss, den ich aber unterbrach.
»Hey, Baby«, sagte er, »hier bist du. Geht's dir gut?«
»Ja, kann man sagen. Dir offensichtlich auch.« Er schaute zu den beiden Frauen, Mädchen eher, die auf ihn warteten. Beide waren blond und hatten hochhackige Schuhe an.
»Ja, alles bestens, ich habe doch gesagt, es wird eine coole Party.« Er versuchte wieder, mich zu küssen und wieder wehrte ich ihn ab. Ich merkte, dass er betrunken war und wahrscheinlich gekokst hatte. Mit leicht glasigem Blick sah er mich an. »Bist du sauer oder so?«
Es war mir schon klar, dass eine Diskussion in dem Zustand, in dem wir beide waren, überhaupt nichts bringen würde, aber ich konnte es nicht verhindern. »Nein, wieso sollte ich? Weil du mich den ganzen Abend alleine lässt? Oder weil du mit diesen Weibern rumknutschst? Das ist doch alles kein Grund, um sauer zu sein.«
Er starrte mich an. Dann hob er abwehrend die Hand, sagte: »Moment. Einen ... kleinen ... Moment«, ging zu einer freien Stelle am Tresen und bestellte sich einen Drink. Ich drehte mich zu Simon um. Der fragte zweifelnd: »Das ist dein Bekannter aus Birmingham?«
»Ja, ich wollte das nicht an die große Glocke hängen.« Und weil ich noch ein bisschen Bestätigung brauchte, ergänzte ich: »Verzeihst du mir?«
Er grinste. »Nur, wenn ich dafür einen Kuss bekomme.«
Ich grinste zurück. »Wenn du mich dann für einen Moment alleine lässt, damit ich das hier klären kann?«
»In Ordnung.« Ich gab ihm seinen Kuss, wohl wissend, dass David uns beobachtete. Da Simon im richtigen Moment den Kopf drehte, landete der Kuss praktisch auf seinem Mund, woraufhin er zufrieden aufstand und ging.

David kam zurück. Und wirkte plötzlich nicht mehr halb so high wie vorher. »So, jetzt noch mal. Du bist sauer, weil ich mir ein bisschen Koks durch die Nase gezogen habe und mit diesen kleinen geilen Flittchen rummache?«

Ich sagte gar nichts dazu. Es war zu absurd. Aber nicht für ihn. »Wenn ich mich richtig erinnere«, begann er und ich spürte seine Wut, »warst du es, die was von ›keine Verpflichtungen‹ erzählt hat. Ich habe dich nie gefragt, was du auf deiner Tour so alles getrieben hast. Und außerdem scheinst du dich ja auch ganz gut zu amüsieren.«

Ich wurde auch wütend und fühlte mich hilflos, weil alles, was er sagte, ebenso wahr wie entsetzlich falsch war. Klar hatte ich das mal gesagt, klar hätte ich auf der Tour tun und lassen können, was ich wollte. Aber inzwischen war doch alles anders, wusste er das denn nicht? Auch das war falsch. Wir wussten beide seit Tagen, dass es anders war als sonst. *Ich* wusste es schon, bevor ich hergekommen war. Und ich hatte geschwiegen. Hatte es verleugnet. Und verstand nicht mehr, was er tat. Aber ich sollte es bald erfahren.

Zunächst verteidigte ich mich. »Ich habe mich mit ihm unterhalten, okay? Und er ist verdammt nett. Ich muss nicht gleich rumvögeln, wenn ich mich amüsieren will!«

Sein Blick wurde kalt. »Gut. Dann schlage ich vor, dass du es auf deine Art machst und ich auf meine. Und, nur für den Fall, dass dir deine schneller langweilig wird und du nach Hause willst«, er griff hinter den Tresen nach Stift und Papier und schrieb eine Nummer auf, »ein guter Taxiservice in Leicester.«

Mit diesen Worten ließ er mich stehen und ging zu seinen Flittchen. Einen Moment lang starrte ich auf den Zettel und überlegte, ob ich sofort anrufen sollte. Dummerweise kam mir der Trotz dazwischen. Ich werde nicht nach Hause schleichen und auf dich warten, Dave! Was du kannst, kann ich auch. Wo war eigentlich Simon?

Ich schaute mich um, aber er war nicht mehr im Raum. Ich musste mich sowieso erst einmal abreagieren, also ging ich in das Zimmer mit der Siebziger-Jahre-Musik und tanzte bestimmt eine Stunde, bis ich meinen Kopf wieder frei hatte. Danach machte ich mich erneut auf die Suche nach einem Joint oder einer Pfeife, an der ich mich beteiligen konnte. Während der Zeit, die ich auf der

Tanzfläche verbracht hatte – es musste inzwischen gegen vier sein – war die Stimmung auf der Party komplett gekippt. Es waren deutlich weniger Leute da, die, die noch anwesend waren, waren stoned und lagen teilweise im Koma auf diversen Sesseln und Sofas. Als ich am Badezimmer vorbei kam, sah ich durch die offene Tür, wie ein blutjunges Mädel die Schüssel vollkotzte. Na prima, dachte ich. Willkommen in der High Society!

Im Wohnzimmer und auf der Terrasse war noch relativ viel los, aber auch hier gab es die ersten Spuren von Chaos. David saß mit einer rothaarigen Frau auf der Couch und knutschte mit ihr. Ich weiß nicht, ob er mich bemerkte, aber kurz darauf zog er sie hoch, um mit ihr zu der schnulzigen Musik zu tanzen, die hier schon den ganzen Abend gelaufen war. Sie konnte sich kaum noch auf den Beinen halten – aber er konnte schließlich gut führen.

Kurz darauf kam Simon aus dem Garten, sah mich, lächelte, winkte und steuerte durch das Feld der Tanzenden auf mich zu. Und dann ... Ich weiß nicht genau, wie es passierte. Kann sein, dass er angerempelt wurde. Kann auch sein, dass es Absicht war. Auf jeden Fall stieß Simon plötzlich mit David zusammen, und da der schon hinreichend damit beschäftigt war, seine Tanzpartnerin aufrecht zu halten, verlor er kurz das Gleichgewicht und stolperte. Das Mädchen rutschte ihm aus den Armen und wurde von einem anderen aufmerksamen Tänzer aufgefangen. David drehte sich zu Simon um. »Verdammte Scheiße, kannst du nicht aufpassen?«, rief er so laut, dass ich es hören konnte.

Simon blieb stehen und fixierte David. Er sagte irgendetwas von »Pass *du* doch auf« und »Nicht meine Schuld« und hatte dabei einen ausgesprochen gelassenen Ausdruck im Gesicht, der, ich konnte es spüren, David zum Kochen brachte. Er stand einen Moment da, den Kopf und die Schultern gesenkt, dann sagte er leise etwas – und ging auf ihn los. Und eine Sekunde bevor seine Faust in Simons Gesicht krachte, spürte ich seinen Blick. Er wusste genau, dass ich da war. Und zusah.

Simon ging kurz zu Boden, aber er war durch Davids Schlag nicht ausgeknockt, im Gegenteil, obwohl er aus dem Mund blutete, stürzte er sich mit gleicher Heftigkeit auf seinen Gegner. Die Umstehenden brüllten und flüchteten aus der Kampfzone, ich stand da und war wie gelähmt. »Geh sofort dazwischen«, schrie etwas in mir, aber ich war mir nicht sicher, ob ich sie hätte auseinanderbringen können. Sie kämpften wie wahnsinnig, und als ich fast wie in Zeitlupe sah, wie David unter Simons Schlägen in die Knie ging, wusste ich, dass ich es mir nicht länger anschauen konnte. Ich flüchtete durch den Flur, während ich das Splittern von Glas hörte, rannte zur Haustür hinaus und erstarrte, als ich die Leute in der Auffahrt sah, die wohl auf Taxis oder ähnliches warteten und mich erstaunt anglotzten. Alles was ich sah, waren verzerrte Fratzen.

Also lief ich um das Haus herum, durch die Gartentür an der Mauer entlang, bis ich am hinteren Ende angekommen war. Hier gab es ein größeres Feuer, das noch brannte, aber es waren zum Glück keine Menschen mehr da. Wahrscheinlich sind sie alle drinnen und geilen sich an der Unterhaltung auf, die ihnen geboten wird, dachte ich. Ich blieb einen Moment stehen und versuchte, meine Panik unter Kontrolle zu bringen. Dann nahm ich mir ein paar Decken, die herumlagen, kauerte mich an die Mauer und starrte in die Flammen. Spürte Davids Blick, sah, wie seine Faust in Simons Gesicht krachte. Vom Haus her erschallten Lärm und laute Rufe, die sich nach einer Weile wieder legten. Ich hatte keine Ahnung, wie es ausgegangen war. Wartete auf das Geräusch von Sirenen, das nicht kam. Scheinbar keine Schwerverletzten. Vielleicht merkte es aber auch keiner mehr. Ein paarmal dachte ich »Du musst wieder rein, du musst sehen, wie es ihnen geht«, aber ich konnte mich nicht bewegen und starrte weiter in die Glut.

Sein Blick, bevor er zuschlug. Warum, David? Wie kannst du mit irgendwelchen Weibern rumvögeln und dann dem Typ, der ein bisschen nett zu mir war, den Schädel einschlagen? Oder war alles bloß Zufall? Hatte ich mit dem ganzen gar nichts zu tun, außer dass ich mich ausgerechnet für die beiden durchgeknalltesten Typen auf der Party interessierte?

Ich habe keine Ahnung, wie lange ich dort saß. Irgendwann begann es zu dämmern. Ich registrierte, dass die Glut heruntergebrannt und dass ich völlig durchgefroren war. Aber auch das interessierte mich nicht.

Als ich dann eine Stimme hörte, dachte ich kurz, ich würde mich in einem beginnenden Erfrierungs-Delirium befinden. Aber dazu war diese Stimme zu klar. Und sie rief meinen Namen: »Tina!« Ich schaute hoch, konnte, da es noch nicht richtig hell war, aber nur Umrisse erkennen. Also stand ich auf, was mir erst beim dritten Anlauf gelang, weil meine Beine vom Sitzen und von der Kälte steif waren, und ging mit der Decke über den Schultern auf das Haus zu. Erneut die Stimme: »Tina!«

Und dann erkannte ich ihn. David war ein paar Schritte in den Garten gelaufen, sah sich immer wieder um und rief nach mir – Wahnsinn und Verzweiflung in den Augen. Als er mich entdeckte, stolperte er auf mich zu und ließ sich in meine Arme fallen, da ich aber selbst noch nicht ganz sicher auf den Beinen war, kippten wir beide nach hinten. Er lag in meinem Schoß und klammerte sich an mir fest, ich sah sein zugeschwollenes Auge, das Blut im Gesicht und an den aufgeplatzten Fingerknöcheln und die Abschürfungen an seinen Rippen. Ich konnte nicht anders, ich hielt ihn fest. Und hoffte, dass er nicht hochschauen würde, weil ich nicht wollte, dass er meine Tränen sah.

Nach einer Weile flüsterte er etwas, das ich nicht verstand. »Was?«, fragte ich leise.

»Hast du was dagegen, wenn wir ... Kannst du mich nach Hause bringen?«

Ich konnte nicht wirklich lachen, deswegen klang es schief. »Das ist so ziemlich die beste Idee, die du heute Abend hattest.«

Ich wickelte ihn in die Decke und machte mich im Haus auf die Suche nach einem Telefon. Nichts bewegte sich mehr. Im Wohnzimmer sah ich den zersplitterten Glastisch und einen Blutfleck und überlegte, von wem er wohl stammte. Ich sah mich nach Simon um und hatte die kurze Befürchtung, ihn mit eingeschlagenem Schädel in irgendeiner Ecke zu finden, aber er war nicht mehr da. Im Flur fand ich hinter ein paar Kissen vergraben das Telefon und bestellte ein Taxi. Ich fühlte mich inzwischen wieder ziemlich nüchtern und dank der Wärme im Haus auch wieder beweglicher.

Dann ging ich zurück in den Garten. »David?«

»Hm?«

»Du musst aufstehen, wir müssen nach vorne, das Taxi kommt gleich.«

»Ich gehe da nicht mehr rein.«

Jetzt konnte ich mir das Lächeln doch nicht verkneifen. »Musst du auch nicht, wir können außen herumgehen. Aber ich brauche deine Hilfe, allein krieg ich dich nicht hoch.«

Ich war gottfroh, dass er nicht eingeschlafen war, sonst hätte ich wahrscheinlich den Taxifahrer um Hilfe bitten müssen. David kam mit meiner Unterstützung hoch und wir gingen den gleichen Weg, den ich gekommen war. Das Taxi kam, wir setzten uns nach hinten und ich nannte dem Fahrer die Adresse. Er schaute zwar schräg, stellte aber keine Fragen.

Geoffrey öffnete uns das Tor und half David aus dem Wagen, aber an der Treppe zum ersten Stock signalisierte ich ihm, dass wir es alleine schaffen würden. David schwankte, als er sich die Stufen hochzog, Geoffrey blickte zweifelnd, blieb stehen und wartete, bis wir oben angelangt waren. Im Schlafzimmer fiel David auf das Bett, nuschelte etwas, das verdächtig nach »Danke« klang, und schlief ein. Ich zog ihm noch die Schuhe aus, deckte ihn zu, dann ging ich zwei Türen weiter, um zum ersten Mal, seit ich in Birmingham war, in meinem eigenen Bett zu schlafen.

VIII

Als ich gegen zwei Uhr mittags erwachte – schweißgebadet und mit rasenden Kopfschmerzen –, hatte ich nur den Wunsch, sofort wieder einzuschlafen. Aber es gelang mir nicht, also gab ich mich irgendwann geschlagen, stand auf und schlurfte ins Bad. Irgendwo am Rande meines Bewusstseins registrierte ich die Stimmen, die aus Davids Schlafzimmer kamen, vielleicht schloss ich deswegen die Tür ab. Ich weigerte mich, in den Spiegel zu schauen, nahm zwei Tabletten und ließ mir dann in der Dusche eine halbe Stunde lang lauwarmes Wasser über den Kopf laufen, bis sich die Schleier vor meinen Augen und in meinem Hirn halbwegs gelichtet hatten.

Auf dem Rückweg hörte ich die Stimmen deutlicher, es waren Marc und Allister, beide redeten hektisch und laut. Ich schloss meine Zimmertür und lehnte mich kurz dagegen. Was sollte ich tun? Ich hatte überhaupt keine Lust, nach draußen zu gehen und mir irgendwelche Erklärungen anzuhören oder selber welche abzugeben. Ich hatte überhaupt keine Lust, David zu sehen und darauf zu warten, dass seine Blicke mich wieder weichgekocht würden. Warum hatte ich ihn heute Nacht nicht einfach liegen gelassen? Warum war ich nicht längst auf dem Weg nach Hause?

Weil du ihn ...?

Nein! Kann sein, dass ich mich mal in irgendein romantisch-verklärtes Bild von ihm verguckt hatte. Aber daran war nichts mehr real.

Trotzdem konnte ich jetzt nicht so ohne weiteres verschwinden, schließlich hatten wir noch ein laufendes Projekt. Also zog ich mich an und ging zögernd hinüber. Die Tür stand offen, ich sah David, der, immer noch in seinem zerrissenen und blutigem Hemd und der Hose, zusammengekauert auf dem Bett saß und das Muster auf dem Teppich betrachtete. Allister stand mit einem schnurlosen Telefon in der Hand am Fenster, Marc mit dem Rücken zu mir vor Davids Bett. Ich hatte ihn noch nie so aufgebracht gesehen. »Verdammt, David, das ist alles kein Spaß mehr, du hast ihm zwei Zähne ausgeschlagen! Wenn er damit zur Polizei geht, dann hast du eine Anzeige wegen Körperverletzung am Hals, ist dir das eigentlich klar?«

So wie David reagierte – nämlich überhaupt nicht –, war es ihm entweder nicht klar, oder völlig egal. Er sah ganz kurz zu mir auf und senkte den Blick sofort wieder.

Allister schaltete sich ein. »Ganz zu schweigen von dem Skandal in der Presse, wenn der Typ damit rauskommt. Selbst wenn wir ihm die Fünfzigtausend zahlen, wird er sich das wahrscheinlich nicht nehmen lassen. Er sagt, er hätte mindestens zehn Leute, die bezeugen können, dass du grundlos auf ihn losgegangen bist, darunter Jimmy Hamilton und Sharon Dursley.«

»Die war zu dem Zeitpunkt doch gar nicht mehr da.« Das war ich. Eigentlich wollte ich mich ja raushalten. Eigentlich ging mich das alles nichts mehr an. »Was genau ist eigentlich los?«, fragte ich trotzdem.

Marc seufzte kurz und drehte sich dann zu mir um, offensichtlich froh, endlich mit jemandem sprechen zu können, der ihm auch zuhörte. »Der Anwalt von diesem Farrow macht uns seit ein paar Stunden die Hölle heiß. Der Typ hat einiges abgekriegt letzte Nacht, zwei Schneidezähne verloren und eine Platzwunde, die genäht werden musste. Natürlich machen sie uns verantwortlich, fordern Schmerzensgeld und behalten sich vor, Polizei und Presse zu informieren. Und das ist so ziemlich das letzte, was wir uns im Moment leisten können.« Seine Stimme wurde vorwurfsvoll und er blickte wieder zu David. Der sah ihn kurz an und fragte nur: »Hat hier irgendeiner was zu trinken für mich?«

Marc riss die Augen auf und griff sich verzweifelt an die Stirn. »Das ist nicht wahr, oder? Du bist gerade auf dem besten Weg, deine Karriere zu beenden und denkst immer noch ans Saufen! Wenn du dir gestern nicht so den Kopf zugedröhnt hättest, wäre das alles vielleicht nicht passiert und ...«

»Warte mal«, unterbrach ich ihn, »so unschuldig, wie er tut, war Simon an der Sache auch nicht. Und bestimmt nicht viel nüchterner. Es muss doch irgendeine Möglichkeit geben, das ganze zu klären.«

Eigentlich hatte ich wenig Gründe, David auch noch zu verteidigen. Aber offensichtlich keine andere Wahl. Und so nett ich Simon fand, diese Tour mit Drohungen und Anwälten und Lügen nervte mich gewaltig. Ich registrierte sogar am Rande, dass David – was die Verletzungen anging – anscheinend als Sieger aus diesem Kampf hervorgegangen war. Was auch immer das zu sagen hatte.

»Es wäre zumindest hilfreich, wenn Dave sich offiziell entschuldigen würde«, sagte Allister. Ich musste Davids abwehrend erhobene Hand gar nicht sehen, um zu wissen, dass er das nie im Leben tun würde. Und ich war mir auch nicht sicher, ob es etwas nutzen würde. Hier ging es schließlich um etwas ganz anderes. Es ging um ...

»Hast du die Privatnummer von Simon?«, fragte ich Allister.

»Nein, nur die von seinem Anwalt, warum?«

»Dann ruf diesen Anwalt an und sag ihm, dass ich Simon persönlich sprechen möchte.«

»Du? Aber wieso?«

»Mach es einfach.«

Er blickte kurz zu Marc, der nickte langsam. Allister zweifelte immer noch, aber er stellte sich ans Fenster und wählte eine Nummer. David hatte überhaupt nicht reagiert, abgesehen davon, dass er den Kopf noch tiefer zwischen die Schultern gezogen hatte. Marc sah mich an und ich erwiderte lange seinen Blick. Hörte im

Hintergrund meinen und Simons Namen, die Worte »persönlich«, »dringend« und »sofort«, und dann Allister, der zu mir sagte: »Hier, er ist dran.«

Ich nahm den Hörer und ging aus dem Zimmer ein paar Schritte den Flur entlang. Ich wollte nicht, dass es geheimniskrämerisch aussah, aber ich wusste, dass ich dieses Gespräch nicht führen konnte, wenn die drei – vor allem David – mir dabei zusahen.

»Simon?«

»Tina, Hallo, das ist großartig, dass du anrufst, ich hätte nie gedacht, dass du ...« Er nuschelte und sprach etwas verschwommen, ich hoffte, es lag nur an der Zahnlücke.

»Wie geht's dir, Simon?«

»Wie's mir geht? Na, das hast du bestimmt schon mitgekriegt, oder? Gott, so was ist mir wirklich noch nie passiert, ich habe gedacht, der bringt mich um.«

Erstaunlicherweise glaubte ich ihm kein Wort. Er sah trotz seines charmanten Umgangstons nicht gerade wie jemand aus, der jedem Streit aus dem Weg geht. Vor allem hatte er nicht so gekämpft. Aber ich wollte höflich bleiben. »Und was denkst du, wie das ganze jetzt weiter geht?«

»Was meinst du?«, fragte er vorsichtig.

»Na, ob ihr euch in den nächsten Wochen weiter die Köpfe einschlagt, per Anwalt und Presseberichte und so.«

»Das kommt ganz darauf an, wie er sich verhält.«

Okay, mit Vernunft war hier nicht beizukommen. Also mussten die weiblichen Waffen ran: »Simon, du hast doch gesagt, dass du mich nett findest, oder?«

Das war so unfair, dass er anfing zu stottern »Äh, ja, natürlich, ich finde, du bist wunderbar und großartig und ...«

Ich unterbrach ihn schnell. »Würdest du mir dann einen großen Gefallen tun?«

»Ja ... ja, natürlich, was immer du willst.«

Na, also! Aber jetzt vorsichtig: »Lass dir von Davids Anwalt das Geld bezahlen und damit die Sache auf sich beruhen.«

Er schwieg, *das* gefiel ihm überhaupt nicht. Also musste ich noch ein bisschen überzeugender werden: »Weißt du, eigentlich würde ich gerne bald nach Köln zurückfahren, aber das geht nicht, solange wir hier noch dieses Musikprojekt laufen haben. Und wenn ich mir vorstelle, dass ihr beide ständig zu irgendwelchen Gerichtsterminen rennt ...«

»Ich könnte mir auch etwas Besseres vorstellen.« Das klang doch schon nicht schlecht.

»Was denn zum Beispiel?«

»Na ja«, er wagte sich ein Stück nach vorne, »gegen Musikprojekte mit wunderschönen Frauen hätte ich auch nichts einzuwenden.«

»Das hängt ganz entschieden davon ab, wie schnell ich hier fertig werde, schließlich habe ich noch eine eigene Band. Aber ich könnte mir schon vorstellen, dich mal besuchen zu kommen.« Ganz ohne Zugeständnisse würde ich hier nicht herauskommen, das war von vornherein klar gewesen.

»Das wäre riesig, ich freue mich auf dich.«

»Aber dann muss ich sicher wissen, dass die andere Sache klar geht.«

»Wenn er das Geld zahlt, werde ich nichts weiter unternehmen, ich versprech's dir!«

»Und ich verspreche dir, dass ich hochkomme, sobald ich Zeit habe. Ich ruf dich wieder an, okay?«

»Ja ... ja dann bis bald.«

Ich ging mit dem Telefon zurück ins Schlafzimmer und drückte es Allister in die Hand. Er und Marc sahen mich erwartungsvoll an. Eigentlich hätte ich Triumph verspüren müssen. Aber es klang eher nach Resignation, als ich sagte: »Überweise ihm das Geld. Er wird nichts weiter unternehmen.«

Dann ging ich in mein Zimmer, holte meinen Rucksack aus dem Schrank und begann, all das einzupacken, was ich erst vor ein paar Tagen sorgfältig in die Regale geräumt hatte. Ich hatte ein kurzes Deja-Vu: Wie er in Mikes Haus vor dem Bett stand und sein Hemd zusammenlegte. Und wie ich es gehasst hatte, dass er kommentarlos verschwinden wollte.

Es war nicht David, der nach ein paar Minuten in mein Zimmer kam. Es war Marc. Er sah mir kurz zu und stellte dann fest: »Du packst?«

»Ja. Es wird Zeit, dass ich mich mal wieder um meine Leute kümmere.« Er schwieg, deswegen sprach ich weiter. »Wegen der

Songs ... Ich finde eigentlich alles gut, was wir aufgenommen haben, sag ihm, er soll das mit Farmer entscheiden. Ihr könnt mir dann ja Bescheid sagen, was ihr ausgesucht habt.« Während ich redete, packte ich weiter meine Sachen zusammen und schaute ihn nicht an.

Nach einer Weile sagte er einfach: »Tu's nicht.«
Ich erstarrte und fragte langsam: »Was?«
»Fahren. Lass ihn jetzt nicht alleine.«

Ich feuerte das Hemd, das ich in der Hand gehabt hatte, aufs Bett und drehte mich mit funkelnden Augen zu ihm um. Es tat mir schrecklich leid, dass ausgerechnet er es abkriegte, aber ich glaube, er hatte damit gerechnet. »Ich soll ihn nicht alleine lassen? Verdammt, Marc, er hat mich gestern Abend alleine gelassen, ich habe mich seit Ewigkeiten nicht mehr so hilflos gefühlt! Ich habe keine Lust mehr, für ihn das Kindermädchen und den Manager zu spielen, ich habe echt genug andere Sachen am Hals!«

Er blieb vollkommen ruhig. »Er braucht kein Kindermädchen und keinen Manager, Tina. Er braucht Leute, die ihn lieben.« Damit traf er mich wahrscheinlich tiefer, als er ahnte. Vielleicht wusste er es aber auch genau. »Und zwar das, was er ist, und nicht nur das, was er darstellt.«

Meine Wut war wie weggeblasen, ich stand am Fenster und mir kamen schon wieder die Tränen. Aber ein bisschen Trotz hatte ich noch. »Das, was ich gestern gesehen habe, war nicht gespielt. Das war er.«

»Ich weiß. Er kann auch das sein, zumindest wenn er mit Drogen vollgepumpt ist. Und du hast ihn trotzdem noch nach Hause gebracht.«

Ich blickte kurz über die Schulter und entgegnete: »Hätte ich ihn liegen lassen sollen?«

Marc antwortete nicht. Einen Moment später sagte er – und sprach dabei mehr zu sich selbst als zu mir: »Weißt du, ich glaube, du weißt wirklich nicht, was du ihm bedeutest. Bevor er dich getroffen hat, hat er monatelang keine einzige Zeile geschrieben und war nur zugedröhnt und hat sich mit jedem angelegt, der ihm über den Weg gelaufen ist.« Er unterbrach sich. »Gott, das klingt jetzt, als wäre ich nur daran interessiert, dass er gute Songs schreibt und Karriere macht.«

Ich drehte mich zu ihm um. »Wenn es das nicht ist, warum bist du dann hier?«

Er suchte einen Moment lang nach den richtigen Worten, um es mir zu erklären. »Sein Vater hat damals zu mir gesagt: ›Sorge dafür, dass der Junge keine Schwierigkeiten macht und erfolgreich wird.‹ Und irgendwann habe ich gemerkt, dass David überhaupt nicht der ist, den sein Vater in ihm sieht. Musikalisch gesehen ist er ein Genie. Menschlich ... ist er auf der Suche nach Anerkennung und Liebe und allem anderen, was er zu Hause nie bekommen hat. Dummerweise hat ihm noch niemand gesagt, dass er beides weder in Konzerthallen noch auf Szenepartys finden wird. Obwohl er das im Grunde längst weiß.«

Das kam mir schrecklich vertraut vor. Warum war ich nie dieser Versuchung erlegen? Weil ich Menschen wie Mike, Ratze und meinen Onkel um mich gehabt hatte, die mir gezeigt hatten, wo ich es finden konnte.

»Marc?«

»Ja?«

»Hast du irgendeine Ahnung, wie ich an ihn herankomme?«

Er sah mich erstaunt an und lächelte dann. »Tina, ich glaube, es gibt keinen Menschen auf der Welt, der näher an ihm dran ist als du.«

Ich nickte nur. Sah ihn einen Moment lang an, sprach das »Danke« nicht aus, aber er konnte es in meinen Augen lesen. Dann ging ich zwei Türen weiter.

Allister war verschwunden, David saß in nahezu derselben Haltung auf dem Bett, die Beine hochgezogen, den Kopf auf den Knien. Ohne ein Wort setzte ich mich neben ihn. Minutenlang geschah nichts. Dann ließ er sich langsam zur Seite fallen, bis er in meinem Schoß lag. Ich fing ihn auf. Hielt ihn. Strich mit der einen Hand über seine Haare, mit der anderen vorsichtig über den Rücken und schwieg.

Ich weiß nicht, ob es Minuten oder Stunden später war, aber irgendwann hörte ich seine Stimme: »Bist du schon mal mit einem Affen unterwegs gewesen?«

Ich überlegte kurz und hätte beinahe aufgelacht, weil ich an die deutsche Redewendung dachte. Aber er meinte es bitterernst.

»Manchmal sehe ich ihn wochenlang nicht. Dann taucht er plötzlich wieder auf, meistens auf irgendwelchen schrägen Partys. Er hat immer einen schwarzen Zylinderhut auf.« Es war mehr als deutlich, dass er zum ersten Mal darüber sprach. Und dass es ihm verdammt schwer fiel. Man redet nun mal nicht gerne von Dingen, für die einen die meisten Leute sofort in die Psychiatrie einliefern würden. »Er quatscht mich immer zu und hat manchmal ziemlich coole Ideen. Manchmal baut er auch Scheiße und ich habe dann das Gefühl, ich müsste ihm raushelfen.«

Nun, ich hatte keinen Affen. Aber ich hatte fiese Stimmen in meinem Kopf, mit denen es mir oft ähnlich ging.

»Hat er den Streit mit Simon angefangen?« David sah mich an, um sicherzugehen, dass ich mich nicht über ihn lustig machte.

»Nein. Aber er hat mich angefeuert und sich köstlich amüsiert.«

Ich schwieg. Und verstand es viel zu gut.

Er ertrug es irgendwann nicht mehr, setzte sich auf und sagte: »Sorry, vielleicht hätte ich dir vorher sagen sollen, dass ich in die Klapse gehöre.«

Ich sah ihn an und sagte resigniert: »Dann solltest du mich mitnehmen.«

Er konnte meine Reaktion nicht verstehen und lachte bitter. »Hey, wenn du mir jetzt immer noch erzählen willst, dass das alles okay ist ...«

Ich verteidigte nicht nur ihn, als ich rief: »Verdammt, Dave, keine Ahnung, ob es okay ist oder nicht. Du hast 'nen Affen, ich habe anderen Müll in meinem Kopf, der mich manchmal wahnsinnig macht. Meinetwegen, wenn es dir hilft: Du hast auf der Verrücktheits-Liste ein paar Punkte Vorsprung, denn ich schlage normalerweise keine Leute zusammen. Aber falls es dir immer noch darum geht, mir zu beweisen, wie scheiße du bist, dann lass dir verdammt noch mal was anderes einfallen!«

Ich musste aufstehen. Ich spürte alles: Wut, Hass, Verzweiflung – und eine Menge Selbstmitleid. Ich lief zwischen dem Bett und dem Fenster hin und her und versuchte, irgendwie meine Gefühle in den Griff zu bekommen. Und dann sagte er einen Satz, klar und beinahe unbeteiligt: »Ich liebe dich.«

Langsam drehte ich mich zu ihm um und starrte ihn an. »Was war das?«

Er wäre rot geworden, wenn er sich das nicht schon vor Jahren abgewöhnt hätte. »Ich ... oh shit, ich hätte nie gedacht, dass ich das noch einmal zu jemandem sage.« Dann, genauso klar, aber sehr viel wärmer: »Ich liebe dich Tina. Ich glaube, schon von Anfang an. Du bist ... das Großartigste, was mir je begegnet ist. Ich ... ich liebe dich.«

Ich hatte es vorausgesehen: Wenn er aufmachte, würde ich flüchten.

»Super, David. Und damit ist alles erledigt, ja? Du baust Scheiße, schmeichelst mir ein bisschen und dann ist alles wieder gut?«

»Keine Ahnung.« Ich hatte erwartet, dass er auf meine Wut reagieren würde. Aber er blieb vollkommen ruhig. »Ich kann dir nicht sagen, warum ich das gestern getan habe ... alles. Vielleicht war ich eifersüchtig, vielleicht habe ich gehofft, dass du endlich deine Koffer packst und verschwindest, ich weiß es nicht. Ich weiß nur, was ich mir *eigentlich* wünsche: dass du hier bleibst und dass du ... nicht nur das Arschloch in mir siehst.«

Ich kämpfte tatsächlich immer noch mit mir. Ich hatte Tränen in den Augen, schüttelte den Kopf und ging dann endlich auf ihn zu, blieb vor dem Bett stehen und sagte: »Du bist kein Arschloch, David. Kannst du gar nicht sein. Schließlich liebe ich dich auch.«

Er zog mich an sich. Und wir ertranken gemeinsam für eine ganze Weile.

Als ich zehn Tage später auf Köln-Bonn wieder deutschen Boden betrat, hatte ich das Gefühl, in einer völlig fremden Welt zu sein. Ich kam nicht nach Hause. Ich kam irgendwohin, wo ich nicht wirklich sein wollte. Und ich war auch nicht hier, weil ich so große Sehnsucht nach Köln verspürt hatte. Ich war hier aufgrund eines Hilferufs meines besten Freundes.

»Sorry, wenn ich störe«, hatte Duke vor drei Tagen am Telefon zu mir gesagt, »wie geht's dir?«

»Gut soweit, alles nicht so einfach. Was gibt's?«

»Ziemlich viel. Um genau zu sein: Hier bricht gerade das Chaos aus, und ich denke, du solltest möglichst bald zurück nach Köln kommen.«

»Duke, was ist los?«

»Sie diskutieren über eineinhalb Jahre Bandpause. Und Frank will ein Soloalbum aufnehmen.«

Eine Sekunde lang dachte ich, er würde scherzen. Aber das tat er nicht. Die erste Frage in meinem Kopf war: Oh Gott, was hast du da nur angerichtet?

Ich erzählte David, dass ich auf dem schnellsten Wege zurück zu meiner Band musste. Er verstand es nicht – wir waren beide noch meilenweit davon entfernt zu verstehen, was auf und nach Jimmys Party tatsächlich passiert war. Und wir hatten beide in erstaunlicher Geschwindigkeit Mittel und Wege gefunden (an denen meine fiese Stimme und sein Affe mit Sicherheit nicht unbeteiligt waren), das ganze Erlebnis harmlos und undramatisch erscheinen zu lassen. Wir hatten ein paar Tage voller Klarheit und Nähe, hatten gehofft, dass sämtliche Probleme durch das gegenseitige Eingeständnis unserer Liebe von alleine verschwinden würden, aber so nach und nach hatte sich der vertraute, lässige Umgangston wieder eingeschlichen.

»Verdammt, was willst du noch da unten, war doch klar, dass das irgendwann den Bach runter geht.«

»Mag ja sein, aber es ist immer noch meine Band, und wenn die darüber diskutieren, sich aufzulösen oder Pause zu machen, dann muss ich dabei sein. Mann, du hast doch selber mal in einer Band gespielt, du weißt doch, wovon ich rede!«

»Ja, und ich war ziemlich froh, als ich sie los war. Aber du musst wissen, was du tust. Ich habe nur gedacht wir könnten das Video für die erste Single zusammen machen.«

»Tja, das muss noch ein bisschen warten. Wenn's dumm läuft, habe ich bald soviel Zeit, dass wir hundert Videos drehen können.«

»Cool. Vielleicht fallen uns auch noch ein paar andere nette Sachen ein.«

»Hm, ich wüsste da schon was. Lass uns zusammen nach Spanien fahren. Zu meinem Onkel. Raus aus dem ganzen Chaos hier.«

Er explodierte nicht gerade vor Begeisterung. »Mal sehen. Jetzt bring erst mal dein Chaos in Köln hinter dich.«

Videos drehen und nach Spanien fahren, das waren die einzigen Perspektiven, die wir hatten. Ansonsten kein Wort darüber, wie wir unsere Beziehung in Zukunft gestalten würden. Wir liebten uns, alles andere würde sich schon ergeben. Tja – wir hatten beide nicht viel Übung mit diesem Zustand.

Duke holte mich vom Flughafen ab und erzählte mir auf der Fahrt, was in den letzten Wochen geschehen war: »So genau kann ich dir das auch nicht sagen. Es fing kurz nach Sylvester an. Das, was du auf der Pressekonferenz gesagt hast, hat Frank und die anderen erst einmal beruhigt, aber dann begannen sie plötzlich davon zu reden, dass sie auch schon immer eigene Projekte machen wollten. Ich glaube, Frank war schwer beeindruckt von dir und wahrscheinlich gefiel ihm die Vorstellung, selber so eine Pressekonferenz geben zu können. Na ja, und letzte Woche kam er dann mit der Idee ›Soloalbum‹. Anscheinend hat er mit den Leuten vom Hamburger Studio schon alles klar gemacht.«

»Was haben die anderen dazu gesagt?«

»Amigo ist aus allen Wolken gefallen, aber ich glaube, Frank hat ihm inzwischen versprochen, dass er bei ihm mitmachen kann. Bruno ist stinksauer geworden und Jess hat dann das mit der Pause vorgeschlagen, er meinte, es täte allen gut, sich ein bisschen auszutoben.«

»Und was denkst du?«

»Keine Ahnung. Vielleicht ist es wirklich das Beste, wenn wir erst mal Ruhe in die Sache bringen. Habe ich dir erzählt, dass Tom Bauer mich angerufen hat? Er ist inzwischen in den Staaten und will da was mit ein paar Nachwuchsbands aufziehen. Er hat gefragt, ob ich rüberkommen und mir das anschauen will.«

Es klang, als wäre alles längst beschlossene Sache. David hatte Recht gehabt, wieso war ich eigentlich runtergekommen? Nun, einen Grund gab es: Ich musste meine Enttäuschung und meine Wut loswerden.

Daher knöpfte ich mir Frank vor, sobald wir in der Villa angekommen waren: »Ehrlich, Frank, ich finde das zum Kotzen, dass du auf einmal diesen Egofilm fährst!«

»Na, das sagt ja genau die Richtige. Du warst doch plötzlich weg und hast dein eigenes Ding gemacht, was wir dann netterweise durch die Presse erfahren haben.«

»Ich hab ein paar Songs aufgenommen, kein Soloalbum. Das ganze hatte überhaupt nichts mit *Zigg* zu tun. Mensch, du hast doch nur Angst davor, dass ich dir die Show stehle, weil ich plötzlich mit Dave Roberts in Verbindung gebracht werde.«

»Wenn du meinst, dass es förderlich für deine Karriere ist, dich an solche Typen zu hängen ... Ich mache lieber was eigenes, ich brauche keine Skandalberichte in der Presse.«

»Meine Karriere ist mir scheißegal, Frank. Und es ist mir auch scheißegal, wer von uns beiden besser oder beliebter oder berühmter ist. Mir geht's um die Band!«

»Dann freu dich auf nächsten Sommer, wenn wir uns wieder treffen.«

Die Tage vergingen mit mehr oder weniger sinnlosen Diskussionen. Ich konnte tun und lassen, was ich wollte, es gab kein Zurück. Anfang Februar verkündeten wir auf einer Pressekonferenz die »von allen getragene« Entscheidung (was für ein Hohn), dass *Zigg* Pause machen und erst wieder im übernächsten Sommer zusammenkommen würde. In der Zwischenzeit sollte es einige Projekte geben. Der öffentliche Aufschrei war groß, die Reporter rannten uns tagelang die Türen ein, aber Frank brachte das ganze so souverän und überzeugend rüber, dass die Gerüchte über eine endgültige Trennung bald verstummten. Man wartete auf die neuen Projekte, vor allem auf das gerüchteweise angekündigte Soloalbum von Frank.

Zu allem Überfluss erhielt ich von Richie dann auch noch die Nachricht, dass ein Simon Farrow versucht hatte, mich zu erreichen. Den hatte ich vollkommen verdrängt. Im Grunde hatte ich gehofft, er würde die Geschichte einfach vergessen, aber ich hatte wohl unterschätzt, wie wichtig ihm das Ganze war. Immerhin hatte er sich, soweit mir bekannt war, an seinen Teil der Abmachung gehalten, die Aktion auf der Party war weder von Anwälten noch von der Presse je wieder erwähnt worden.

Als mein schlechtes Gewissen zu groß wurde, meldete ich mich bei ihm. Er war vollkommen aus dem Häuschen, ich konnte mit seiner Euphorie und seinen Schmeicheleien überhaupt nichts anfangen, wollte das alles so schnell wie möglich hinter mich bringen und schlug ihm deswegen vor, ihn bereits am kommenden Wochenende zu besuchen.

»Ja, das wäre großartig, macht dir das auch nicht zu viel Stress, so kurzfristig?«

»Nein, im Moment bin ich mehr oder weniger arbeitslos.«

»Ja, ich habe davon gehört. Ich kann's kaum erwarten, bis du da bist!«

Oh, oh, das konnte ja heiter werden. Auf der anderen Seite – schön, wenn sich zur Abwechslung mal wieder jemand über meine Anwesenheit freute. Ein paar Tage nur, dann könnte ich ihn und die blöde Geschichte zwischen ihm und David einfach vergessen.

David. Mit Schrecken stellte ich fest, dass wir seit fast zwei Wochen nichts mehr voneinander gehört hatten. Es war dieses Gefühl von Schuld, was mich daran gehindert hatte, ihn anzurufen.

Im Gegensatz zu Simon war er nicht euphorisch, sondern ziemlich beleidigt. »Hey, ich dachte schon, du meldest dich gar nicht mehr.«

»Bin *ich* seit neustem für die Kontaktpflege verantwortlich?«

»Klar, als meine inoffizielle Managerin ...«

»Super. Irgendwie hatte ich mir unsere Beziehung anders vorgestellt. Außerdem hab ich hier genug zu managen gehabt die letzten Tage.«

»Das hast du ja nicht anders gewollt. Ich habe doch gesagt, dass die Sache gelaufen ist.«

Ich war nicht sonderlich begeistert davon, dass er mir das auch noch aufs Brot schmierte, aber es schien ihm Spaß zu machen. »Du hättest genauso gut hierbleiben können.«

»Ja, ist gut, du hattest Recht, ich hab mich getäuscht, in Ordnung?«

»Nicht ganz, schließlich hab ich dich seit Ewigkeiten nicht gesehen.«

Ich konnte sein Grinsen hören, fand seine Übertreibung zwar etwas maßlos, ließ mich aber trotzdem darauf ein. »Was glaubst du, warum ich anrufe. Ich hätte da zum Thema ›Kontaktpflege‹ was anzubieten. Anfang nächster Woche, falls du in Birmingham bist.«

»Ich denke schon. Aber warum erst so spät, du bist doch jetzt arbeitslos.«

Warum? Warum hielt ich nicht die Klappe, warum erfand ich nicht irgendeinen Grund? Welches durchgedrehte Schicksal, welche wahnsinnige Stimme hatte mir eingeredet, dass es zwischen David und mir nur mit Ehrlichkeit funktionieren könne?

»Ich bin über's Wochenende in Stratford und komme dann direkt zu dir.«

»Du bist ... wo?« Noch klang es zweifelnd. Noch war er sich nicht sicher, ob er es richtig verstanden hatte.

»In Stratford«, sagte ich und verstand, dass ich einen Fehler gemacht hatte.

»Was bitte machst du in Stratford?«

»Meinen Deal einlösen.«

»Was für einen Deal? Tina, verdammt, worum geht es gerade?« Er klang nicht wütend, er klang völlig irritiert. Eine Sekunde lang überlegte ich. Aber ich konnte nicht mehr zurück, er hätte gemerkt, wenn ich ihm eine Geschichte erzählt hätte.

»Simon gibt sich mit dem Geld zufrieden, dafür schau ich irgendwann bei ihm vorbei. Das war der Deal.«

Schweigen. Dann, so kalt, dass es wehtat: »Das ist nicht dein Ernst, oder?«

Ich versuchte, es zu retten und bemühte mich um Lässigkeit. »Doch, leider, deswegen will ich es ja so schnell wie möglich hinter mich bringen.« Er sagte nichts, ich wurde eindringlicher. »Es ging nicht anders, David, er hätte sonst keine Ruhe gegeben, aber, mein Gott, ich lass mich ein paar Tage von ihm zutexten und dann ist die ganze Sache vergessen.«

Nicht nur kalt, sondern böse: »Du hast dich tatsächlich verkauft? An diese feige Sau?«

Das war entschieden zu viel. »Verdammt, David, glaubst du, ich hab Bock auf diesen Scheiß? Ich hab nur versucht, dir den Arsch zu retten!«

»Ich kann mich nicht erinnern, dass ich dich darum gebeten hätte.«

»Wär's dir lieber wenn du eine Anzeige wegen Körperverletzung am Hals hättest?«

»Das wäre mir scheißegal, Tina, dieser Typ hätte so und so vorher den Schwanz eingezogen, und wenn nicht, dann hätte er es sehr bald bereut, sich mit mir anzulegen.«

Ich musste beinahe kotzen, als ich seine Machosprüche hörte. Sollte ich ihn wirklich daran erinnern, wie er zusammengesunken, voller Selbstzweifel, Scham und Vorwürfen auf dem Bett gesessen hatte? Wie Allister, Marc und ich um ihn herumgestanden waren und nur eins im Sinn hatten: Ihm irgendwie da herauszuhelfen?

Ich tat es nicht. Ich fragte, ohne Wut aber mit viel Zynismus: »Und was soll ich deiner Meinung nach tun?«

»Ihm absagen natürlich. Ruf ihn an, quatsch, geh einfach nicht hin.«

»Das kann ich nicht, David. Ich hab's ihm versprochen.«

Einen Moment Schweigen. Dann ruhig, bitter: »Überlege dir bitte ganz genau, was du jetzt machen wirst, Tina. Wenn du wirklich zu diesem Typ fährst ...«

Ich sagte nichts. Ich spürte nur den Sturm, der mich und das Kartenhaus meiner Liebe zum Wanken brachte.

» ... dann bleib am besten gleich dort. Wenn du dich verkaufen willst, mach das ohne mich. Viel Spaß dabei!«

Er legte auf. Und mit dem Klicken in der Leitung fiel das Kartenhaus in sich zusammen.

IX

»Tina, ich kann dir gar nicht sagen, wie sehr ich mich freue, dass du hier bist.«

»Hi, Simon, ja ich ... freu mich auch.«

Die letzten Tage in Köln hatte ich in vollständiger Agonie verbracht. Es war nicht nur ein Kartenhaus, meine ganze Welt war zusammengebrochen, und ich verstand nicht, wie es hatte geschehen können. Nach sieben Jahren hatte ich endlich wieder einen Menschen getroffen, den ich liebte, hatte ihn in mein Herz gelassen, vollkommen davon überzeugt, dass ich ihn halten könnte – schließlich brauchte er mich ja auch. Und von einer Sekunde auf die andere war nichts mehr davon übrig. Er hatte die Türe zugeschlagen, und das nur, weil ich ihm helfen wollte. Ich hatte alles getan, was ich konnte, es war nicht meine Schuld, noch nicht einmal die Schuld des Schicksals, es lag einzig und allein an ihm.

Ich machte zu, so schnell es ging, ich verdrängte, so weit es möglich war. Ich schlich um das Telefon, dachte: Ha! Glaube nur nicht, dass ich dich anrufe, und hoffte insgeheim, dass *er* es tun würde. Ich sagte Duke, dass wir uns gestritten hätten und dass er bloß nicht nachfragen soll, und wartete darauf, dass er es trotzdem tun und mir die Chance geben würde, meinen Schmerz loszuwerden. David rief nicht an, Duke fragte nicht. Deswegen fuhr ich zu Simon. Vor allem, weil ich den Anblick des Telefons und Dukes skeptische Miene nicht mehr ertrug. Ich konnte wenigstens mein Gewissen beruhigen. Und ich konnte meinem Trotz nachgeben. Hättest du nicht solche Scheiße gebaut, David, wäre das alles nicht nötig gewesen!

Simon wohnte in einem kleinen, typisch englischen zweistöckigen Haus in einer relativ ruhigen Gegend von Stratford, alles etwas enger und bescheidener als ich es erwartet hatte. Er merkte schnell, dass ich nicht besonders gute Laune hatte, ich schob es auf den Stress und die Schwierigkeiten und war erstaunt darüber, wie leicht mir das Lügen und das Verschweigen auf einmal wieder fielen.

Er nahm mich in den Arm, strich mir über die Haare und meinte: »Ich kann verstehen, dass dich das alles ganz schön fertig gemacht hat. Aber jetzt bist du hier und kannst das alles für eine Weile vergessen. Willst du etwas trinken? Martini?«

»Whisky wäre mir lieber.«

Er war nett und ungeheuer zuvorkommend. Ich genoss es und fühlte mich geschmeichelt. Am Sonntag fragte er mich, ob ich ein paar Tage länger bleiben wollte, und ich blieb. Nach Birmingham konnte ich nicht, nach Köln wollte ich nicht, ich wollte meine Ruhe haben und nicht nachdenken. Als wäre ich wieder neunzehn Jahre alt, als hätte ich nicht längst gelernt, dass es verdammt gefährlich werden konnte, wenn ich vor meinen Erinnerungen flüchtete.

Simon umgarnte mich und es war offensichtlich, dass er darauf hoffte, irgendwann von mir erhört zu werden. Eine Zeit lang wies ich ihn ab. Knapp zwei Wochen lang. Dann rief ich Duke an, um ihm zu sagen, dass ich noch eine Weile in Stratford bleiben würde. Er war enttäuscht, weil ich ihm keinen konkreten Zeitraum nannte, er selber wollte Ende März in die Staaten aufbrechen und war deswegen ziemlich nervös, fragte mich sogar, ob ich nicht mitkommen wollte. Ich dachte kurz darüber nach, entschied mich aber dagegen. Ich hatte keine Energie für neue Leute und neue Projekte, außerdem war ich alles in allem ganz zufrieden mit meiner Lage. Zumindest bis zu dem Moment, wo Duke mich fragte: »Hat Dave

dich eigentlich erreicht?« Mir schoss das Adrenalin in den Körper.
»Er hat vorgestern hier angerufen. Ich hab ihm gesagt, dass du noch in Stratford bist.«

»Und?«, fragte ich und hörte, wie meine Stimme zitterte.

»Nichts und. Ich glaube, er hat gesagt, dass er versuchen wird, dich zu erreichen, aber ich bin mir nicht sicher. Hey, willst du nicht doch herkommen und mit mir Englisch pauken? Alleine ist das so schwierig.«

Ich antwortete ihm nicht, weil ich nicht konnte. Meine Welt war doch bereits zusammengebrochen – wieso schwankte der Boden unter meinen Füßen so? David hatte angerufen, hatte vielleicht sogar eingesehen, was schief gelaufen war, wollte vielleicht alles wieder hinbiegen. Stattdessen hatte er erfahren, dass ich noch in Stratford war. Und dass sich seine Vermutungen und Unterstellungen allesamt bestätigt hatten.

Hey, jetzt tu mal nicht so, als ob er ein Engel wäre! Du wärst nicht hier, wenn er sich nicht so mies verhalten hätte. Er ist Schuld!

Ich bin ... mir nicht sicher.

Duke merkte natürlich, dass etwas nicht stimmte. Vorsichtig fragte er: »Sag mal, was läuft da eigentlich gerade zwischen euch beiden? Beziehungsweise zwischen euch dreien?«

»Nichts, Duke. Zwischen mir und Dave läuft gar nichts mehr. Und mit Simon ... weiß ich nicht. Ich glaube, er liebt mich.«

»Und dann bist du noch bei ihm?«

»Ich glaube, ein bisschen verliebt bin ich auch.«

Er war irritiert. »Hast du grade vor, innerhalb von ein paar Monaten all das nachzuholen, was du die letzten sieben Jahre verpasst hast?«

»Na ja, Simon ist nett, charmant, höflich, er kümmert sich um mich, er sagt mir offen, was er denkt, er behandelt mich nicht ... wie ein Arschloch.«

»Kann ich schlecht beurteilen, aber ich hatte schon den Eindruck, dass das mit dir und Dave ... aber vielleicht hast du mir ja nicht alles erzählt.«

»Duke, bitte, lass es gut sein.«

»Ja, okay. Also, ich melde mich dann, wenn ich in den Staaten bin. Und wenn du mich vorher brauchst ...«

»Dann sag ich Bescheid. Danke, und viel Erfolg.«

Als ich aufgelegt hatte, hörte ich Simons Stimme hinter mir, seltsam ernst und lauernd: »Mit wem hast du telefoniert?«

Ich überhörte seine Tonlage. »Mit Duke, unserem Gitarristen. Ich habe mich von ihm verabschiedet, er fährt demnächst in die Staaten.«

»Ach so. Aber du siehst ziemlich fertig aus.«

»Na ja, ich habe keine Lust, ständig an die Band erinnert zu werden«, ich umarmte ihn, »vielleicht kannst du mich auf andere Gedanken bringen.«

Es ging erstaunlich lange gut. Fast drei gedankenlose Monate lang. Simon wurde in seinem Verhalten, als ich endlich nachgab und mit ihm ins Bett ging, ein wenig offensiver, blieb aber ansonsten so charmant und schmeichelnd wie gewohnt, überhäufte mich mit kleinen Aufmerksamkeiten, war immer um mich herum und ging mit mir, wohin ich wollte.

Eines Tages machten wir mit Robin, dem Schlagzeuger der Band, einen Abstecher nach London ins *Clusters*. Katie führte den Laden immer noch und freute sich riesig, mich zu sehen. Da es ein offener Abend war und ich vorsorglich meine Gitarre mitgenommen hatte, ging ich irgendwann auf die Bühne und spielte ein paar Songs, vor allem alte Sachen von den *crows* und zum Abschluss »Touch«, weil mir dieses Lied wirklich verdammt viel bedeutete. Natürlich dachte ich dabei an David, aber ich sang es nicht für ihn. Nach meinem Auftritt war Simon verstimmt. »Musste das sein?«

»Was denn?« Mir war nicht klar, was er meinte.

»Dass du was von diesem Typ aus Birmingham spielst.«

Davids Platte war inzwischen draußen, soviel wusste ich, aber mir war nicht klar gewesen, dass Simon das Lied kannte. Ich überlegte kurz, ob ich ihm erzählen sollte, was es damit auf sich hatte, aber ich sagte nur: »Ich finde, das ist ein toller Song und ich habe ihn doch für dich gesungen.«

»Mag sein, aber ich habe keine Lust, an *den* erinnert zu werden. Ich fänd's echt gut, wenn du ihn in Zukunft nicht mehr erwähnst.«

»Okay«, sagte ich, irritiert ob der plötzlichen Härte in seiner Stimme.

Er entschuldigte sich sofort: »Tut mir leid, ich wollte dich nicht so anfahren. Du hast das auch klasse gesungen, aber ich ...«

Sein um Verzeihung heischender Blick war nicht zu ertragen. »Ich verstehe schon«, sagte ich und redete mir ein, dass ich mir das kurze, aggressive Funkeln in seinen Augen nur eingebildet hatte.

Ich redete mir eine Menge ein. Ich redete mir ein, dass er einfach auf unsere Musik stehen würde, als ich in seinem Wohnzimmer sämtliche *Zigg*-Platten fand, auf denen ich mitgesungen hatte. Es irritierte mich auch nicht, dass diese Scheiben alle neu und augenscheinlich noch nicht lange in seinem Besitz waren. Genauso wenig irritierten mich die beiden Poster im Schlafzimmer von mir und meiner Band. Als ich ihn darauf ansprach, lächelte er nur. »Sie hängen hier weil ich dich liebe. Das weißt du doch.«

»Okay ...«

»Okay« wurde zu meinem Lieblingswort für all das, was ich nicht wirklich verstand, worüber ich aber auch nicht nachdenken wollte. Für die meisten Erlebnisse der ersten Monate reichte es. Irgendwann reichte es nicht mehr. Und daran war das Album schuld.

Simon, Robin und die anderen waren bei ihrem Manager und verhandelten über ihren Plattenvertrag, ich hatte mich mit in die Stadt nehmen lassen, allerdings nicht, um mich in Simons Bandangelegenheiten zu mischen. Das »Musikprojekt«, über das wir bei unserem ersten Telefonat gesprochen hatten, war nur ein Vorwand gewesen – er wollte nie mit mir arbeiten, sondern mich bei sich haben.

Ich bummelte auf der Suche nach Klamotten durch die Straßen und entdeckte den ersten Plattenladen. Ich ging daran vorbei und versuchte, die Auslage zu ignorieren. Beim zweiten blieb ich stehen und betrachtete das so schrecklich vertraute Gesicht. In den dritten ging ich ohne länger nachzudenken hinein und kaufte mir »Captured«, Davids neues Album. Ich musste unbedingt wissen, was er mit Farmer ausgesucht hatte, wie unsere gemeinsamen Lieder klangen. Und vor allem, was es mit den beiden mir noch unbekannten Songs auf sich hatte, die auf der Platte waren. Ich organisierte mir ein Taxi und fuhr zu Simons Haus. Und verbrachte die folgenden zwei Stunden vor der Musikanlage, mit einem Kopfhörer, Zigaretten und einer Flasche Martini, die ich irgendwann dazuholte.

Einer meiner ersten Gedanken war: Du hast es wirklich getroffen, Ash. Von unseren gemeinsamen Songs waren genau die Versionen auf dem Album, die ich auch ausgewählt hätte. Allerdings waren es nur vier. »How to cope« und »Animal« hatte er alleine gemacht. Es schmerzte mich, obwohl ich es ihm nicht wirklich verdenken konnte.

Dann hörte ich die Lieder, die ich noch nicht kannte, und es schmerzte noch viel mehr. Sie waren so offensichtlich an mich adressiert, dass er sie auch »For Tina« hätte nennen können: »*Remind me when I try love again, there's nothing for me or you to gain, I'm sorry, really sorry for the pain.*«

Ich denke, wenn ich auch nur zehn Minuten länger Zeit gehabt hätte, hätte ich das Telefon genommen und ihn angerufen. Aber ich hatte sie nicht, denn plötzlich stand Simon im Zimmer. Mit einem aggressiven Funkeln in den Augen, das ich nicht länger ignorieren konnte.

»Scheiße, hast du mich erschreckt«, sagte ich und stand auf. Es war mir peinlich, dass er mich in diesem Zustand sah. Und mir war klar, dass er nicht begeistert sein würde.

Er kam auf mich zu und riss mir das Plattencover aus der Hand. »Kannst du mir erklären, was du da machst?«

»Hey, du weißt doch, dass ich mit ihm gesungen habe, ich wollte wenigstens ...«

Eine Sekunde. Zwei. Drei. Ungefähr so lange dauerte es, bis ich den Schmerz auf meiner rechten Wange wirklich spürte – und bis ich realisierte, woher das Blut auf meiner Lippe kam.

»Verdammt, ich habe dir gesagt, dass ich nichts mehr von ihm hören will! Und du schleppst seine Platte hier an. Geh doch zu ihm, wenn's dir so wichtig ist!«

Er schleuderte mir das Cover vor die Füße. Ich stand da und tat gar nichts. Ich, die Weltmeisterin im Flüchten, konnte mich nicht bewegen, konnte nur hilflos seinen Wutausbruch über mich ergehen lassen. Er dauerte nur eine Minute. Dann ein kurzes Schweigen. Dann: »Oh mein Gott, Tina, es tut mir leid, ich wollte dich nicht ...«

Er kam zu mir, nahm mich in den Arm. »Ich weiß auch nicht, wie das passieren konnte, Tina, ich habe so schreckliche Angst, dich zu verlieren. Ich liebe dich so!«

Meine Stimme sagte: »Ich liebe dich auch, Simon.«
»Dann lass uns schnell dieses Album wegräumen und das alles vergessen, okay? Verzeihst du mir?«

Ich kann es nicht erklären, egal wie oft ich darüber nachdenke. Es gibt so einiges in meinem Leben, auf das ich nicht wirklich stolz bin. So manches, bei dem ich mich heute frage, ob ich es wirklich nötig hatte. Und verdammt viele Fehler, die ich begangen habe. Einer der größten war, dass ich blieb.

Ich wusste nicht, wohin ich sollte, das war ein Grund. Meine Träume in Köln und in Birmingham waren zerstört. Die Vorstellung, nach Granada zu fahren und meinem Onkel zu erklären, dass ich schon wieder die Stimme in meinem Herz erstickt hatte, machte mir Angst. Duke war so oder so schon sauer, weil ich ihm nicht die Wahrheit gesagt hatte, außerdem war er dabei, sich eine neue Existenz aufzubauen. Er konnte endlich frei von mir werden und vielleicht jemanden finden, den er liebte. Sollte ich ihm schon wieder im Weg stehen?

Also Stratford. Zusammen mit einem Mann, der mich wirklich liebte. Hatte ich mir das nicht immer gewünscht? Und vielleicht waren seine Angst, seine Wut und seine Gewalt nur Ausdruck seiner Liebe. Oder so ähnlich.

Ich blieb und hoffte darauf, dass sich alles wieder beruhigen würde. Aber das tat es nicht. Es wurde schlimmer von Tag zu Tag. Er ließ mich praktisch nicht mehr alleine weggehen, wurde eifersüchtig, wenn ich mich einen Moment länger als nötig mit Robin unterhielt, wurde wütend, wenn ich einen Kellner auch nur anlächelte.

Ich erduldete es, wehrte mich kaum. Vier Wochen lang.

Es war inzwischen Ende Juni, ein ziemlich schöner Sommermorgen. Wir saßen in einem Straßencafé, Simon unterhielt sich mit Robin wütend über das Schriftstück, das er in der Hand hielt – die Neufassung des Plattenvertrages, die er gerade abgeholt hatte, die aber nicht seinen Vorstellungen entsprach.

Ich hielt mich aus der Diskussion heraus und beobachtete stattdessen ein vielleicht achtjähriges Mädchen, das an der gegenüberliegenden Straßenecke stand und augenscheinlich wartete. Wahrscheinlich auf ihre Eltern, dachte ich, da ich ansonsten niemand sah, der zu ihr gehörte. Fast zehn Minuten stand sie da und blickte immer wieder in die schmale Seitengasse. Und als sie dann plötzlich anfing zu lächeln, verstand ich zunächst nicht warum, denn der einzige, der in diesem Moment aus der Gasse kam, war ein mittelgroßer, grauer und ziemlich abgemagerter Hund. Ein Straßenköter. Ein Streuner. Die beiden begrüßten sich mit allen Anzeichen von Freude und Vertrautheit. Und nach einem auffordernden Blick des Mädchens gingen sie gemeinsam die Straße hinunter, in Richtung Park.

Diese Szene berührte mich tief und irgendetwas in mir wachte auf. Das Mädchen und der Streuner. Ich dachte an David. Der Text von »Scherve« ging mir durch den Kopf.

»Tina, kommst du? Wir müssen nach Hause, ich brauche ein paar Unterlagen, ich will mich nachher noch einmal mit diesem Anwalt treffen.«

Wir fuhren zu Simon, er ging ins Wohnzimmer und suchte nach seinen Papieren, ich erzählte ihm, dass ich Kopfschmerzen hätte und legte mich oben ins Bett. Aber ich schlief nicht. Das Mädchen und der Streuner. Ich und ... Scherben schwer wie Blei.

Mit dem Gefühl, etwas Verbotenes zu tun und trotzdem nicht anders zu können, nahm ich das Telefon vom Nachttisch und wählte Marcs Nummer. Keine Ahnung, was ich erwartete. »Marc, hier ist Tina.«

»Oh, hm ... einen kleinen Moment bitte.« Es klang, als würde er in ein anderes Zimmer gehen. Dann, leise und nicht gerade erfreut: »Hallo, Tina.«

»Ist David da?«

»Nein.«

»Hast du eine Ahnung, wann er wieder kommt?«

»Ich weiß nicht genau, ich ... Es tut mir leid, Tina, aber er will nicht mit dir sprechen. Und gerade ist wirklich ein schlechter Zeitpunkt.«

Hatte ich tatsächlich erwartet, dass es reichte, eine Nummer zu wählen und alles wäre wieder gut? »Meinst du, es macht Sinn, wenn ich später noch mal anrufe?«

»Vielleicht«, sagte er vorsichtig.

»Marc, verstehst *du* wenigstens, warum ich es getan habe?«

Er schwieg einen Moment. »Nun, um ehrlich zu sein ... Er hat wegen diesem Farrow sicher etwas überreagiert, aber stimmt es, dass du noch in Stratford bist?«

»Ja, aber glaube mir, es ist ...«

Im Hintergrund hörte ich Schritte, Davids Stimme: »Ist *sie* das?« Und dann ...

»Tina?« Er klang betrunken. Sehr sogar. Er sagte: »Verschwinde aus meinem Leben!« Und legte auf.

Ein paar Minuten lang hielt ich einfach nur den Hörer in der Hand. Hätte beinahe sogar das Atmen vergessen. Dann kam Simon ins Zimmer. »Mit wem hast du telefoniert?«, fragte er lauernd.

Ich sah ihn an und dachte daran, dass David – noch nicht einmal hundert Kilometer von hier entfernt – wahrscheinlich gerade genau denselben wütenden Ausdruck im Gesicht hatte. Und sagte lächelnd: »Mit David.«

Selbst als er mein Handgelenk packte, mich hochriss und mir den ersten Schlag ins Gesicht versetzte, merkte ich kaum etwas.

DRITTES BUCH

feel

Hell turns to heaven and pale turns to bright,
Thunder is lightning your face in a candlelight.
Now that I found you I'll never let you go,
I love you that's all I want you to know.

I

Ich lief.

Nein, es war mehr ein Schweben, ein Gleiten, ich bewegte meine Füße kaum und wurde doch immer schneller, so schnell, dass ich die Pferde einholte, diese strahlenden, dunklen, wilden Pferde. Ich lief mit ihnen, wurde eins mit ihnen, spürte das gewaltige Pulsieren ihrer Körper. Plötzlich merkte ich, dass sich die Herde nicht mehr draußen in der Prärie befand, sondern dass wir über Asphalt liefen, auf einer Straße. Rechts und links standen Häuser, die mir seltsam vertraut vorkamen. Ich bin hier schon gewesen, dachte ich, das ist ... England, das ist Stratford! Ich wollte aus der Herde ausbrechen und kam doch nicht gegen diese Kraft an, gegen diese Masse, die sich jetzt direkt auf Robins Haus zu bewegte. Ich sah Simon mit einem irren Grinsen im Eingang stehen, in einer Hand meine Gitarre, mit der anderen wild winkend. Wie hypnotisiert liefen die Pferde auf ihn zu, ich sah, wie er die Gitarre hochnahm und gegen die Wand schmetterte, ein ohrenbetäubendes Scheppern und Klingeln ertönte. Wieder und wieder zerschlug er sie und dieses Geräusch wurde unerträglich ...

Das Klingeln hörte nicht auf, selbst als ich schweißgebadet die Augen aufriss. Es kam auch nicht aus meinem Traum, es war das Telefon. Ich brauchte einen Moment, um klarzukommen. Das hier war nicht Stratford, sondern Atlanta, und ich lag auf der Couch in Britts Wohnzimmer.

Das Telefon beruhigte sich irgendwann wieder und meine Gedankengänge wurden nach und nach klarer, dieser Traum hatte mich weitaus heftiger in die Realität zurückgeholt als mir lieb war. Fast sechs Wochen war es jetzt her, dass ich Simon zuletzt gesehen hatte. Und natürlich wollte ich nicht darüber nachdenken, wollte vergessen und verdrängen, was mir vielleicht sogar gelungen wäre, wären da nicht meine Träume – und mein bester Freund gewesen.

Nach meiner reichlich turbulenten Ankunft, von der ich selber kaum etwas mitbekommen hatte (ich schlief fast fünfzehn Stunden und erwachte in einem frisch bezogenen Bett), nach einigen kurzen Erklärungen meinerseits und längeren Erläuterungen von

Duke, versicherte Britt mir, dass ich selbstverständlich bleiben könne. Ich bezog das zweite Gästezimmer und hielt mich dort die ersten Tage auch fast ausschließlich auf, zumindest bis mein Gesicht wieder eine halbwegs normale Farbe angenommen hatte und die Schmerzen weitgehend abgeklungen waren.

Natürlich gab es Fragen und besorgte Blicke, vor allem Duke konnte sich anfangs mit meinen ausweichenden Floskeln »Lass mir Zeit« und »Ich will nicht darüber sprechen« überhaupt nicht abfinden. Er machte sich schreckliche Sorgen, er hatte die Verletzungen an meinem Körper gesehen, er drängte mich, zum Arzt zu gehen, er drängte mich, endlich zu reden.

Ich war vielleicht vierzehn Tage in Atlanta, als Britt abends ein paar Leute zu sich einlud, es wurde Musik gemacht, ein bisschen getanzt und viel gelacht, und obwohl ich zunächst froh um die Ablenkung war und mich für eine Weile dazusetzte, hielt ich es nicht lange aus, entschuldigte mich und ging nach oben. Duke kam kurz darauf nach.

»Tina, alles okay mit dir?«

»Ja, klar, ich brauche nur einen Moment meine Ruhe.«

»Ich dachte, es tut dir gut, wenn du dich ein bisschen ablenken kannst.«

»Ich will grade einfach nicht, okay?«, antwortete ich, schon leicht gereizt.

Duke konnte nicht mehr schweigen. »Tina, wie lang soll das denn noch so gehen? Du redest nicht, du gehst nicht vor die Tür, du verschwindest, wenn Leute da sind. Ich will endlich wissen, was mit dir los ist, was dieser Typ in Stratford mit dir gemacht hat.«

»Und ich habe dir gesagt, dass ich nicht darüber reden kann, okay?«

Schweigen. Er wollte schon gehen, drehte sich dann aber doch noch einmal um und fragte, wie nebenbei: »Hat er dich vergewaltigt?«

Ich dachte, hoffte, ich hätte mich verhört. »Was?«

»Simon. Hat er dich vergewaltigt?«

Ich konnte diese direkte Frage nicht fassen. Mir stiegen die Tränen in die Augen, vor Wut, verletztem Stolz, der Angst nachzudenken. Ich wollte irgendwas sagen und konnte nicht, schüttelte nur den Kopf, bis Duke mich in die Arme nahm und ich mich an ihm festklammerte.

»Nein, hat er nicht. Aber er hätte es wahrscheinlich getan, wenn ich länger geblieben wäre.«

»Und was *hat* er getan?«

Ich erzählte ihm das meiste. Von Jimmys Party, von dem Deal, von dem Telefonat mit David in Köln und von den Monaten danach. Ich war mir nicht sicher, ob er alles verstehen oder nachvollziehen konnte, aber das war auch nicht wichtig. Er stellte kaum Fragen und teilte meinen Schmerz, mehr brauchte ich nicht.

Irgendwann sagte er: »Ich hoffe, ich treffe diesen Typ nie irgendwo auf der Straße. Kann sein, dass ich ihn umbringe.«

»Das erledigt David wahrscheinlich vorher.«

»Kann ich ihm nicht verdenken. Weiß er eigentlich, dass du hier bist?«

»David? Nein. Er wird es auch nicht erfahren. Ich habe dir doch erzählt, was er gesagt hat.« Selbst darüber zu reden tat weh.

»Er war betrunken, hast du gesagt.«

»Trotzdem, es ist vorbei, Duke. Er hat Scheiße gebaut, ich habe Scheiße gebaut, Schuld sind wir wahrscheinlich beide. Aber das spielt jetzt auch keine Rolle mehr.«

Eine Weile schwiegen wir, dann fragte er: »Und jetzt? Irgendeine Vorstellung, wie es weitergeht?«

Ich konnte sogar lächeln. »Na ja, spätestens nächsten Sommer werde ich wohl in Köln vorbeischauen, vielleicht kriegen wir ja doch noch was zusammen hin. Bis dahin kann ich hoffentlich bleiben. Was meinst du?«

»Das dürfte kein Problem sein, ich glaube, Britt kann dich ziemlich gut leiden.«

»Und wie sieht's bei dir aus? Deine Pläne meine ich?«

»Bis die Songs fertig sind, bin ich auf jeden Fall hier, und das dauert noch 'ne ganze Weile. Dann werden wir nach Nashville fahren und mit Tom das Album aufnehmen und dann ... Mal sehen, wer sonst noch alles einen guten Studiogitarristen braucht.«

»Klingt gut. Vielleicht braucht ja auch jemand eine gute Backgroundsängerin.«

Nach diesem Gespräch wurde alles ein wenig leichter, ich atmete innerlich auf und beschloss, die Vergangenheit nicht zu verdrängen, aber sie erst mal ruhen zu lassen und mich endlich wieder um die Gegenwart zu kümmern. Ich informierte meine Eltern und Kölner Freunde darüber, wo ich war, und rief kurz darauf auch meinen Onkel an. Ich traute mich nicht, ihm alles zu sagen, aber ich log ihn nicht an, und damit war er zufrieden.

An dem Nachmittag, als mich das Telefon aus meinem Traum riss, war ich ausnahmsweise alleine im Haus, Duke und *The Falling* übten im Proberaum. Als es nach einer halben Stunde erneut klingelte, zögerte ich kurz, dachte dann: Warum nicht? und nahm den Hörer ab. Ray war dran, der Drummer von *Chronicle*, einer noch relativ unbekannten Band aus der Gegend. Ich hatte ihn ein paar Tage zuvor bei einer kleinen Feier hier im Haus kennengelernt, die Britt und Duke spontan organisiert hatten, um mich unter die Leute zu bringen. Es war ein schöner Abend gewesen, ein Abend, an dem ich mich entspannen konnte und keine Angst vor falschen Fragen hatte. Und dieses Gefühl hatte eine ganze Menge mit Ray zutun – mir war noch nie vorher ein Mensch begegnet, der eine solche Ruhe, eine solche Gelassenheit ausstrahlte wie er.

»Sorry, Ray, aber von den Jungs ist keiner zu Hause.«

»Kein Problem, ich wollte auch nur wissen, wann und zu wievielt ihr jetzt kommt«, sagte er in seinem breiten Südstaatenslang, mit dem ich inzwischen zumindest halbwegs klar kam. Ich selber weigerte mich nach wie vor standhaft, meinen britischen Akzent aufzugeben, was bei meinen Gastgebern gelegentlich große Erheiterung auslöste.

Rays Frage bezog sich auf den kommenden Samstag. In Blue Hill, dem neuen Haus von *Chronicle*, sollte eine große Party steigen, und es war die Idee aufgekommen, bereits am Donnerstag hinzufahren und dort ein paar nette Tage zu verbringen.

»So weit ich weiß, wollten Tex, Britt, Duke, Joey und Sheryl übermorgen kommen.« Tex und Joey waren die Bandkollegen von Britt, Sheryl war Joeys Freundin.

»Und was ist mit dir?« Diese Frage hatte ich befürchtet.

»Ich weiß noch nicht genau, ob ich dabei bin.«

»Hast du was Besseres vor?«, meinte Ray, nicht ohne Ironie in der Stimme.

»Nein, vor habe ich gar nichts. Aber ich weiß nicht, ob ich das packe.« Wieso war ich eigentlich so ehrlich? »Ich habe in letzter Zeit eher schlechte Erfahrungen mit Partys gemacht. Außerdem, nach dem, was ihr erzählt habt, wird es ziemlich voll, oder?«

»Och, so hundert Leute werden schon kommen, aber das verläuft sich.«

Was war das nur für ein Haus?

»Und man findet immer irgendwelche Rückzugsmöglichkeiten, wenn's zu viel wird. Vielleicht ist es auch einfacher, wenn du vorher kommst und das Haus erst einmal in Ruhe kennenlernst. Und wenn du merkst, dass es dir zu viel wird oder dass du keine Lust auf die Party hast, wird sich bestimmt jemand finden, der dich wieder zurück nach Atlanta bringt.«

Wo er recht hat, hat er recht, dachte ich. »Ich überlege es mir, Ray. Vielen Dank.«

Sehr, sehr viel später habe ich erfahren, dass dieses Gespräch nicht halb so zufällig war wie ich dachte. Ray wollte nicht mit den Jungs reden, sondern mit mir, denn Britt und Duke hatten ihm einiges von mir erzählt, auch von meiner Angst, auf die Party zu kommen. Und Ray wollte, dass ich komme. Weil wir beide uns gut verstanden hatten. Weil ich mich mit den anderen beiden, Alan und Chris, gut verstanden hatte. Weil Julian – der Sänger – und ich uns lange beobachtet hatten. Und weil ich eine Musikerin war, die gerade sehr viel Zeit hatte.

Wieso sind es immer diese kurzen Momente, die ein ganzes Leben entscheiden? Dass Ray mich an diesem Nachmittag überzeugte, nach Blue Hill zu kommen, sollte allem eine Wendung geben. Und ich bin ihm heute noch unendlich dankbar dafür.

Blue Hill, das bescheidene Domizil von Ray und den anderen, überraschte mich in mehrfacher Hinsicht. Wir fuhren am frühen Donnerstagabend los, eine knappe Stunde Richtung Osten. »Sie wohnen gleich um die Ecke, eigentlich sind wir fast Nachbarn«, sagte Joey vor der Fahrt, aber Duke hatte mich schon vorgewarnt, dass man das hier mit den Entfernungen nicht ganz so eng nehmen würde wie bei uns.

Britt erzählte allerlei Geschichten über die Provinzler hier draußen, aber ich hörte ihm nicht richtig zu, weil ich mittlerweile wirklich aufgeregt war. Dann rief er: »Da vorne ist es.«

Dieser Moment, als ich Blue Hill zum ersten Mal sah, ist schwer zu beschreiben, er hatte etwas Magisches – und ich verliebte mich sofort. Die Sonne stand schon tief und tauchte das Haus in ein rötliches, fast unwirkliches Licht, die ganze Umgebung schien aus sich heraus zu strahlen. Es handelte sich um ein altes Herrenhaus, in einem Stil gebaut, den ich viel eher in Schottland denn in den Südstaaten erwartet hätte. Es war wirklich groß, ein dreigeschossiges, sandsteinfarbenes Haupthaus mit einem Turm auf der linken Seite, trotzdem wirkte es in dieser Landschaft eher klein, gedrungen, fast als wäre es nicht gebaut worden, sondern dort gewachsen. Mein erster Eindruck von Prunk und Luxus relativierte sich, als wir näherkamen und das Baugerüst und die Schutthaufen sahen. Das Dach wirkte marode, einige Fenster hatten Sprünge, offensichtlich gab es hier noch jede Menge zu tun. Trotzdem: Hätte ich die Möglichkeit gehabt, in dieses Haus zu ziehen, ich hätte es sofort getan.

Auch das Innere des Hauses entsprach dem Stil eines schottischen Landsitzes. Die große Eingangshalle, der breite, offene Treppenaufgang, die hohen, großen Räume strahlten etwas Herrschaftliches aus und ich fühlte mich sofort heimisch. Es erinnerte mich an Birmingham, nur hatte dieses Haus die Wärme und Behaglichkeit, die ich dort vermisst hatte. Ich war begierig, alles zu sehen, und nach einem Kaffee im Salon, der etwa doppelt so groß war wie unser gemeinsames Wohnzimmer in Köln, erklärte Julian sich bereit, mich herumzuführen.

Auch wenn die Fassade noch baufällig war, im Inneren hatte sich bereits eine Menge getan. Die Aufenthaltsräume – Salon, Wohnzimmer, Küche, Bibliothek – waren so gut wie fertig, im Gästetrakt auf der linken Seite lagen zwar teilweise nur Matratzen in den Zimmern, aber es wirkte trotzdem gemütlich.

»Irgendjemand übernachtet hier eigentlich immer«, kommentierte Julian. »So ein Haus verführt halt dazu, Leute einzuladen, zum Glück kommen auch viele zum helfen.«

Am beeindruckendsten war das untere Stockwerk. Hier befand sich die Lounge, ein großer Raum mit unverputzten, steinernen

Wänden, einer Bar, allerhand Sitzgelegenheiten und einer Soundanlage samt Bühne. Die Atmosphäre lud dazu ein, sofort alles stehen und liegen zu lassen und eine Session zu veranstalten. Die gesamte Außenwand war verglast und gestattete einen herrlichen Blick ins Tal. Julian erzählte mir die Geschichte des englischen Landlords, der Ende des neunzehnten Jahrhunderts nach Amerika gekommen war und sich dieses Haus bauen ließ, um wenigstens etwas zu haben, das ihn an seine Heimat erinnerte. Ich fragte ihn, wie sie daran gekommen waren.

»Na ja, irgendwann gab es keine Erben mehr und das Haus sollte verkauft werden. Aber die Leute hier scheinen viel lieber in ihren Südstaatenhäusern zu wohnen als in einem englischen Landsitz, deswegen stand es etliche Jahre leer und ist ziemlich verfallen. Der Bruder von Alan ist Makler und hat letztes Jahr die Verwaltung übernommen. Er hat Alan davon erzählt und eines Tages sind wir hergefahren, um es uns anzuschauen. Und, ich weiß nicht genau, wir haben es gesehen und gewusst, dass wir es haben wollen.«

»Kann ich gut verstehen. Mit dem Haus in Köln, wo Duke und ich wohnen, ging es mir ähnlich.« Ich musste lächeln bei der Erinnerung. »Wir haben damals innerhalb von ein paar Tagen sämtliches Geld ausgegeben, das wir bis dahin als Band verdient hatten.«

Julian nickte. »Ich wäre froh, wenn wir soviel gehabt hätten. Wir haben uns mit diesem Haus so dermaßen verschuldet, wenn die nächste Platte nichts wird, können wir einpacken.«

Ich wusste, wovon er sprach. Ich kannte dieses berauschende »Jetzt haben wir es geschafft«-Gefühl, das ein Versprechen darauf abzugeben schien, dass es von nun an nur noch besser werden würde. Wir hatten Geld rausgeschmissen, von dem wir nicht wussten, ob wir es jemals besitzen würden. Bei uns war es gut gegangen, zumindest was das Finanzielle anging.

Julian zeigte mir noch den Bandraum, der großzügig, gemütlich und gut ausgestattet war. Irgendetwas daran kam mir seltsam und fremd vor, und ich brauchte eine Weile, bis ich es erkannte: Als wir unseren Proberaum in Köln bauten, ging es uns vor allem darum, jede Störung von außen zu verhindern. Er ließ sich von innen verschließen und ein Warnlicht außen an der Tür signalisierte jedem, wenn hier gerade geprobt wurde: Betreten verboten! Vor allem Frank und Amigo hatten sich im letzten Jahr regelmäßig da unten eingeschlossen, aber auch Duke und ich – es war die einzige Chance, wenigstens für eine gewisse Zeit ungestört spielen zu können.

Hier in Blue Hill war es umgekehrt. Die Tür war nicht zu verschließen, sie führte in einen Vorraum, sodass man von innen noch nicht einmal sehen konnte, wenn jemand hereinkam. Der, der kam, hatte sich selbst davon zu überzeugen, ob er gerade störte oder nicht.

Als ich das sah, begriff ich zum ersten Mal, wie sehr sich das Miteinander dieser Band von dem unterscheiden musste, was ich in Köln – und auch in London, Birmingham und eigentlich bei fast allen mir bekannten Musikern – erlebt hatte. Gut, Britt hatte mit erzählt, dass sich die vier schon eine Ewigkeit kannten, aber ich hatte so oft gesehen, was Musik, ohne die wir alle nicht leben konnten, aus Freundschaften machte. Scheinbar hatten es diese vier geschafft, sie bis jetzt zu erhalten, auch wenn die Situation, in der sie steckten, alles andere als einfach war. Auf dem besten Weg, wirklich bekannt zu werden, mit einem Haufen Schulden am Hals und der einzigen Hoffnung, dass die nächste Platte der Durchbruch wird – was gleichzeitig bedeutete, dass jeder einzelne sein Leben völlig neu würde gestalten müssen. *Zigg* hatte diesen Sprung nicht überstanden. Aber wir hatten auch von Anfang an einen abschließbaren Proberaum.

Die nächsten zwei Tage vergingen wie im Fluge, ich nutzte die Annehmlichkeiten von Blue Hill aus, wo ich konnte, ging stundenlang spazieren und genoss die Freundlichkeit und Wärme, mit der wir miteinander umgingen. Freitagabend machten wir ein Feuer im Garten, und als Ray die Trommeln holte und Duke und Chris anfingen, uralte Lieder auf der Gitarre zu spielen, hatte ich zum ersten Mal seit vielen Wochen wieder Lust zu singen. Ich fand, es klang furchtbar zunächst, wie eingerostet, aber es schien sich niemand daran zu stören, im Gegenteil forderte uns Ray immer wieder auf weiterzumachen. Julian stieg bald mit ein und ich fand seine Stimme großartig, sie passte wirklich gut zu meiner, wir ergänzten uns hervorragend. Ich hatte jede Menge Spaß, es war wie damals, als Duke, Jess und ich fast jeden Abend an den See gefahren waren und wild musiziert hatten, in diesem Sommer, als wir in die Villa gezogen waren und gedacht hatten, wir wären die großartigsten Musiker auf der Welt.

Ich spürte das Bedürfnis, von meinen Erfahrungen zu berichten, diesen vier Jungs klar zu machen, dass ihre Vorstellungen und Wünsche relativ wenig mit der Realität eines Bandalltags auf dem Karrierehöhepunkt zu tun hatten. Aber ich behielt meine düsteren Prognosen für mich und genoss den Abend. Der ganze Druck mit *Zigg*, David und Simon ließ nach, und was übrig blieb, war Erleichterung und Dankbarkeit dafür, dass ich anscheinend doch noch irgendwie die Kurve gekriegt hatte.

Als wir schlafen gingen, umarmte ich Duke vor meiner Zimmertür und sagte: »Das war ein prima Abend, oder?«

»Ja, allerdings. Ich bin gespannt auf die Party morgen.«

Daran hatte ich gar nicht mehr gedacht. Morgen Abend würden hundert Leute hier sein. Was mich in diesem Moment allerdings nicht mehr störte. »Ich auch. Wir werden bestimmt eine Menge zu sehen bekommen.«

»Oh ja. Ich glaube, die Staaten haben so oder so noch einiges für uns zu bieten.« Er zögerte kurz und meinte dann kopfschüttelnd: »Ehrlich, je länger ich hier bin, desto weniger Lust habe ich, wieder nach Deutschland zu gehen.«

»Dann lass es doch.« Ich hatte es scherzhaft gemeint, er allerdings nicht.

»Vielleicht tue ich das. Weißt du, ich glaube nicht, dass *Zigg* jemals wieder eine Platte herausbringt.«

Diese klare Aussage erstaunte mich. *Er* hatte doch so sehr darauf bestanden, dass wir es im nächsten Jahr noch einmal probieren sollten. Ich schaute ihn skeptisch an, er fuhr fort: »Frank wird wahrscheinlich weitermachen und Amigo und Bruno mitziehen, aber selbst Jess ist sich nicht mehr sicher. Der würde viel lieber heute als morgen seine Hütte in Norwegen kaufen.« Er grinste mich an. »Vielleicht sollten wir uns möglichst schnell nach neuen, längerfristigen Projekten umsehen.«

Mit diesen Worten verschwand er in seinem Zimmer. Ich wusste nicht, was ich davon halten sollte. Duke wäre der einzige, der mich dazu bewegen könnte, mich noch einmal mit Frank zusammen in ein Studio zu stellen. Wenn er tatsächlich in den Staaten bleibt und Jess in Norwegen ist, dachte ich mir, was zum Teufel soll ich dann in Köln? Aber es war ja noch nichts entschieden. Ich beschloss, diese Gedanken auf später, sehr viel später zu verschieben, und mich erst einmal auf das zu konzentrieren, was mich hier erwartete.

Die Party war ein voller Erfolg. Aus den angekündigten hundert Leuten wurden im Laufe der Nacht hundertfünfzig, die meisten waren Musiker und ich erhielt einen wunderbaren Einblick in die Szene der Südstaaten. Überall wo Instrumente standen wurde gejamt, gespielt, improvisiert, getanzt, trotzdem reichte, wie Ray versprochen hatte, der Platz aus, sodass ich mich jederzeit zurückziehen konnte, wenn mir danach war.

Bei einer dieser Gelegenheiten, ich war gerade auf dem Weg in mein Zimmer, sah ich Julian, der mit gesenktem Kopf in der Halle stand und den Wortschwall einer rothaarigen, grell gekleideten Frau über sich ergehen ließ. Ich kannte sie nicht persönlich, ihr Gesicht war mir aber schon auf irgendeinem Foto begegnet. Ein wenig erinnerte sie mich an Sandy. Sie war mir unsympathisch vom allerersten Moment an, wobei ich nicht genau hätte sagen können, ob es an ihrer Aufmachung lag, an der Stimme, die so grell war wie ihre Klamotten, oder daran, dass Julian sich von ihr so abkanzeln ließ.

Sie wurde so laut, dass ich ihre Worte verstehen konnte. »Ich lass mich von dir nicht wie eine eurer Background-Miezen behandeln, Julie, ich habe dir schon letzte Woche gesagt, dass ich endlich fertig werden will. Wenn ihr euch nicht einigen könnt, müsst ihr euch jemand anderen suchen. Glaube bloß nicht, dass ich euch noch länger hinterherrenne!«

Sie lief nach draußen und knallte die Haustür hinter sich zu, bevor Julian reagieren konnte. Er schaute ihr kurz hinterher und verschwand in Richtung Küche.

In diesem Moment hörte ich Chris' zynische Stimme hinter mir: »Wie ich sehe, hast du soeben Maggie Jones kennengelernt.«

Ich sah ihn an. »Und wer zum Teufel ist Maggie Jones?«

»Unsere große Wohltäterin, die Sängerin von den *Bombers*.«

Das erklärte zumindest, woher ich sie kannte. Die *Bombers* waren eine Punkband aus Atlanta, die auch in Deutschland recht populär war.

»Sie wird ein paar Stücke auf unserer neuen Platte mitsingen. Und alles weitere«, seine Stimme wurde noch etwas fieser, »lässt du dir am besten von ›Julie‹ erzählen.«

Er schenkte mir ein schiefes Grinsen und ließ mich verwirrt stehen. Was war hier los? Was lief zwischen Julian und dieser Maggie Jones? Was für ein Problem hatte Chris damit? Und – vor allem – was für ein Problem hatte *ich* damit?

Ich ging zurück zu den anderen, versuchte, die gute Stimmung wieder einzufangen, aber so sehr ich mich auch bemühte, die Gedanken an die Szene im Flur ließen mich nicht los. Ich musste wissen, was dahintersteckte. Ich wollte Chris nicht noch einmal darauf ansprechen, und zu Julian zu gehen kam erst recht nicht in Frage. So versuchte ich es mit Britt, der gerade alleine auf dem Balkon stand. »Sag mal, Britt, kennst du Maggie Jones?«

Er war nicht einmal erstaunt und antwortete: »Klar, hast du ihren Auftritt vorhin auch mitbekommen?«

»Ja, zumindest den Schluss. Eigentlich geht's mich ja nichts an, aber was ist das für ein Ding mit ihr und Julian?«

Er lachte. »Wenn ich das so genau wüsste. Es fing an, als sie das Haus hier entdeckten. Du hast ja mitbekommen, dass sie es unbedingt haben wollten, aber eigentlich nicht das Geld dafür hatten. Sie haben wochenlang rumgerechnet, aber am Schluss fehlten immer noch hunderttausend Dollar.«

»Und was hat Maggie damit zu tun?«, fragte ich, obwohl ich es ahnte.

»Von ihr stammt das Geld. Frag mich nicht, wie sie davon Wind bekommen hat. Ihre Eltern sind ziemlich reich und eines Tages stand sie im Proberaum von *Chronicle* und sagte irgendwas von: Sie hätte die Lösung für alle Probleme.«

»Und als Dank wollte sie bei der nächsten Platte mitmachen?«

»Nein, damals verkaufte sie es als nette Geste unter Kollegen. Aber wahrscheinlich ging es genau darum. Auf jeden Fall hing sie von dem Tag an ständig hier oder bei uns rum, eigentlich waren alle genervt von ihr ...«

»... aber keiner wollte ihr das sagen, weil *Chronicle* das Geld brauchte.«

»Genau. Ich denke, es hätte wesentlich stressfreiere Wege gegeben, an hunderttausend Dollar zu kommen. Und das mit Julian ... Sie ist wohl enttäuscht, weil nicht mehr daraus geworden ist. Ich kann den Jungs nur wünschen, dass sie bald das Geld zusammenhaben, um sie auszuzahlen.«

Ich bedankte mich bei Britt und verkroch mich erst einmal in den Garten. Ich verspürte eine absurde Wut auf diese Maggie Jones, denn sie hatte mir innerhalb von ein paar Minuten gezeigt, dass es auch hier, im sorgenfreien Paradies von Blue Hill, Probleme gab, und davon wollte ich wirklich nichts wissen.

Hey, was soll's, hörte ich in meinem Kopf, du kannst doch jeder Zeit wieder fahren.

Schon, aber was ist, wenn ich das gar nicht will?

Irgendwann riss Duke mich aus meinen Gedanken. »Hey, Tina, wo steckst du denn? Julian und die Jungs wollen ein bisschen Musik machen, das solltest du dir anhören.«

Ich ging mit ins Haus, vernünftige Antworten hätte ich sowieso nicht gefunden. Und ich wollte auch nicht mehr darüber nachdenken.

Als Duke und ich in die Lounge kamen, stand *Chronicle* schon auf der Bühne. Es war das erste Mal, dass ich sie live spielen sah, und ich war fasziniert von der Art, wie sie es taten. Sie waren konzentriert und vertieft in ihre Instrumente, wirkten aber trotzdem völlig entspannt. Natürlich war das hier nur eine Session, dazu noch im eigenen Haus, kein Grund also, nervös zu werden, aber immerhin standen um die dreißig Leute dabei, die etwas hören wollten und sich gerade wegen der familiären Atmosphäre auch nicht mit lautstarken Kommentaren zurückhielten.

Nachdem sie einige ihrer eigenen Stücke gespielt hatten, kamen ein paar Coverversionen. Es war unglaublich: Ich war mir sicher, dass sie die Lieder spontan und willkürlich auswählten, trotzdem gab es keine großen Absprachen untereinander, von wegen: »Lass uns doch ›Red Rain‹ spielen«, sondern sie schienen sich nur anzuschauen und sich einig zu sein, was als nächstes kommen musste. So nach und nach kamen auch Forderungen aus dem Publikum, »Spielt doch was von den Stones« und ähnliches, und irgendwann rief Tex: »Hey, mir wär grade nach Beach Boys.«

Die Zustimmung war groß, aber Julian schüttelte den Kopf und meinte: »Nein, ohne zweite Stimme bringt's das nicht.«

Dummerweise sagte ich in diesem Moment etwas zu laut zu Duke: »Schade, Beach Boys wären jetzt echt nett gewesen.«

Duke nickte und Ray, der mich leider verstanden hatte, fing breit an zu grinsen und rief: »Tina, könntest *du* nicht mitsingen?«

»Ja, genau«, rief Tex, »sing du doch mit!«

Ich konnte nicht, ich wollte nicht, ich wehrte mich nach Kräften, aber sie ließen mir keine Chance. Bevor ich es richtig begriff, stand ich auf der Bühne, Alan baute ein Mikro vor mir auf und Ray rief: »›Surfin' USA‹, oder? Das kennen wir alle.«

Sie fingen an zu spielen, ich dachte noch: Wenigstens ein Soundcheck wäre nett gewesen, als es auch schon losging.

Erstaunlicherweise klappte es. Gut sogar. Julian und ich brauchten nur einige Sekunden, bis wir einen gemeinsamen Rhythmus gefunden hatten, wir hatten ja bereits am Abend vorher ein bisschen geübt. Die Sicherheit, mit der die anderen zusammenspielten übertrug sich schnell auf mich und es muss wirklich so geklungen haben, als hätten wir tagelang geprobt. Ich sah die erstaunten Blicke von Duke, sah, wie Britt und Tex miteinander tuschelten und uns anstarrten, und ich sah das zufriedene Grinsen von Ray.

Wir spielten einige Songs von den Beach Boys und improvisierten dann weiter, spielten, was uns einfiel, immer mit einem kurzen Blick in die Runde, ob jeder das neue Lied kannte und Lust drauf hatte. Duke kam mir zuvor, als er »Manhattan« vorschlug, mich dabei anschaute, genau wissend, wie bedeutsam mir dieses Lied immer gewesen war. Die anderen waren begeistert, ich ließ Julian die erste Stimme, setzte in der zweiten Strophe ein. Dieses Mal schloss ich die Augen, ließ mich fallen und vergaß sämtliche Nervosität. Es war gigantisch.

Der größte Erfolg für einen Musiker ist natürlich ein tosender Applaus am Ende des Stücks. Aber es gibt noch etwas Beeindruckenderes, und das ist das Schweigen, die absolute Stille, der Augenblick, in dem du dein Publikum so gefesselt hast, dass es zu keiner Regung mehr fähig ist. Bis zu diesem Abend hatte ich es erst einmal erlebt, bei einem Konzert in Nürnberg, wo wir eine Improvisation auf »Nur für Dich« spielten und Frank spontan einen neuen, sehr persönlichen Text gesungen hatte.

Als die letzten Takte von »Manhattan« verklungen waren, bewegte sich niemand, weder auf der Bühne noch unten im Publikum. Es kam mir vor wie eine Ewigkeit. Ich schaute zu Julian und dachte, dass ich noch nie in meinem Leben so gut mit jemandem gesungen hatte.

Dann sah ich Duke, sah, wie er mich anstarrte, zuerst den Kopf schüttelte und dann zögerlich anfing zu klatschen. Und mit ihm die anderen, die im Raum standen. Sie tobten regelrecht. So, als müssten sie sich von dem befreien, was sie gerade erlebt hatten.

Wir fünf waren unfähig weiterzuspielen. Das konnte einfach nicht gesteigert werden. Chris ging als erster von der Bühne, Alan folgte ihm, kurz darauf legte jemand Musik auf. Die Party ging weiter. Und es dauerte lange, bis wir uns darüber unterhielten, was in diesen Minuten passiert war.

II

Die Tage, die folgten, glichen im Nachhinein dem sorgfältigen Zusammensetzen eines Puzzlespiels. Die einzelnen Teile wurden eingefügt, und obwohl wir das Bild im Ganzen noch nicht sehen konnten, war das Ergebnis längst klar.

Die Party dauerte bis zum frühen Sonntagmorgen, die letzten Gäste reisten montags ab. Als Britt und die anderen begannen, ihre Sachen zusammenzusuchen, erwähnte Ray beiläufig, dass es in Atlanta doch ziemlich eng und von daher viel sinnvoller sei, wenn Duke und ich in Blue Hill bleiben würden. Das erschien allen logisch. Duke entschied sich trotzdem dafür zurückfahren, weil er weiter mit *The Falling* proben wollte, und so verabschiedeten wir uns am frühen Abend.

»Kommst du klar?«, fragte er mich.

»Ich denke schon. Zumindest habe ich hier nicht so sehr das Gefühl, ständig jemandem im Weg herumzustehen wie bei Britt. Und eigentlich ist mir die Musik, die hier gemacht wird, auch angenehmer.«

Er grinste. »Siehste, ich fahre vor allem mit, um endlich wieder gute Musik zu machen. Aber ich komme am Wochenende vorbei und bring dir deinen restlichen Kram. Und wenn vorher was ist, meldest du dich, okay?«

Seine Besorgnis war wirklich süß. »Hey, mach dir keine Gedanken, ich bin hier doch nicht alleine in der Wildnis. Ehrlich gesagt könnte ich mir kaum einen Ort vorstellen, wo ich grade lieber wäre.«

Sein Grinsen wurde noch eine Spur breiter. »Wundert mich nicht, so wie sie dich anhimmeln.« Er gab mir einen Kuss und stieg zu den Jungs ins Auto. Meine Frage, wen er denn meine, hörte er nicht mehr.

Tatsächlich fühlte ich mich trotz der Episode mit Maggie inzwischen in Blue Hill so wohl, dass ich kaum noch einen Gedanken an Atlanta, Köln, Birmingham oder Stratford verschwendete. Inzwischen war mir die Situation, in der sich die Band befand, auch klarer geworden – durch zahlreiche Gespräche auf der Party, durch beiläufige Kommentare. Sie steckten wirklich mitten in den Vorbereitungen für eine neue Platte. Eigentlich hätten die Aufnahmen schon in dieser Woche beginnen sollen. Aber es gab nicht nur Schwierigkeiten mit Maggie Jones, sondern auch mit der Plattenfirma. *Chronicle* hatte im Jahr zuvor einen neuen Vertrag abgeschlossen und die Firma wollte jetzt etwas sehen, das ihren Vorstellungen entsprach. Etwas, das nach Erfolg aussah. Etwas, das den Durchbruch bringen würde.

Ich kannte diese Situation nur zu gut, der Druck war enorm. Und zum ersten Mal seit sie zusammen spielten, konnten sie sich nicht einigen. Die meisten Songs, die auf die Platte sollten, waren für eine zweite, weibliche Stimme ausgelegt. Aber Maggie war mit nichts einverstanden und wollte ihre eigenen Ideen einbringen. Julian war bereit, ihr entgegenzukommen, aber die anderen weigerten sich.

Ray fragte mich an diesem Abend, ob ich mir die Probe anhören wolle. Natürlich kam ich mit. Schon während der Session auf der Party hatte ich festgestellt, wie gut mir ihre Songs gefielen. Und mehr als das. Julian drückte sich in seinen Texten längst nicht so deutlich aus wie David oder ich, er umschrieb, er deutete an, aber ähnlich wie ich machte er heftigste Gedankensprünge, und als ich sie las und hörte, hatte ich das Gefühl, er würde mir direkt aus der Seele sprechen. Und ich dachte bei mir: Sollte ich tatsächlich irgendwann ein Soloalbum machen, dann wird meine Musik genau so klingen.

Im Proberaum wollten sie natürlich meine Meinung hören, mein Urteil als professionelle Musikerin.

»Was meinst du, soll ich in A oder G weitermachen?«

»Klingt es besser, wenn ich mit der Stimme hochgehe?«

Wir verbrachten die halbe Nacht im Studio und ich versuchte zu helfen, wo ich konnte. Auch als Ray meinte: »Da muss dann unbedingt die zweite Stimme in den Refrain ... Tina, könntest du vielleicht?«

Natürlich konnte ich. »Loss of faith«, so hieß der erste *Chronicle*-Song, den ich mitgesungen habe.

Als wir wieder nach oben gingen, irgendwann gegen vier, sprach Ray aus, was alle dachten: »Endlich sind wir ein Stück weiter.« Aber die naheliegenste aller Fragen war immer noch nicht gestellt worden.

»Das Verrückte ist, dass ich nie im Leben auf die Idee gekommen wäre, Musik zu machen. Ich habe im College immer Panik gehabt, wenn ich vor Leuten reden musste. Aber die drei waren völlig überzeugt davon, und es war klar, wenn sie eine Band gründen, bin ich mit dabei. Bei unseren ersten Konzerten habe ich immer die Augen zugemacht und versucht, mir einzureden, dass niemand da sei.«

Es war ziemlich genau vierundzwanzig Stunden später. Ich saß mit Julian in der Küche, seit Ewigkeiten, so kam es mir vor. Ich hatte ihm von meiner Familie erzählt, von Ratze, Spanien, London und von den letzten Jahren in Köln. Und erstaunlicherweise auch einiges über David und Simon, obwohl ich mich darum bemühte, alles möglichst undramatisch klingen zu lassen. Ich kannte inzwischen seine Kindheit, wusste, wie er Chris kennengelernt hatte, wie die Anfänge der Band waren und sogar, was es mit Maggie auf sich hatte.

Sie hatte mittags angerufen und endgültig abgesagt. Es versetzte mir einen Stich, als ich merkte, wie betroffen Julian und die anderen waren. Ein paar Stunden später war er zu mir ins Zimmer gekommen und hatte gefragt: »Ich setze mich jetzt in die Küche und werde mich betrinken. Kommst du mit?« Natürlich kam ich.

Und mit jeder Erinnerung, die wir austauschten, wuchs das Gefühl von Vertrautheit und Nähe.

Trotzdem stellte Julian seine Frage erst, als es langsam hell wurde: »Könntest du dir vorstellen, mit uns eine Platte aufzunehmen?«

Ich schaute ihn an, sagte zunächst nichts.

»Ich will nicht, dass du das Gefühl hast, für irgendjemanden einspringen zu müssen. Es ist nur so ... Diese ganzen Spannungen in der letzten Zeit ... Seit du hier bist, ist das alles anders geworden. Wir haben seit Wochen nicht mehr so gut geprobt wie gestern. Ich möchte wirklich, dass du bleibst. Und mit mir singst.«

Natürlich hatte ich auch schon daran gedacht. Trotzdem war ich irritiert in diesem Moment, völlig überfordert, eine Antwort zu geben. »Lass mir ein bisschen Zeit, okay?«

»Solange du willst.«

»Also gut, Tina«, sagte Duke. »Was ich an der ganzen Sache wirklich nicht verstehe ist, warum du überhaupt darüber nachdenkst.«

Wir saßen in Atlanta bei *Willie's*, ein paar Tage später. Ich hatte die Zeit mit viel sinnloser Grübelei verbracht und irgendwann Duke angerufen, weil ich wissen wollte, wie er die Sache sah. Es irritierte ihn völlig, dass ich so zögerte. »Ich meine, du hast mit so vielen Leuten zusammen Musik gemacht, was bitte ist diesmal anders?«

Genau das wusste ich selbst nicht. »Keine Ahnung. Vielleicht will ich nicht für Maggie Jones einspringen.«

»Das ist doch Quatsch. Maggie Jones ist draußen. Und nach allem was du erzählt hast, geht's nicht darum, dass sie *irgendjemand* suchen, sondern dass ihr verdammt gut Musik zusammen macht, was ich übrigens nur bestätigen kann. Du musst die Jungs ja nicht gleich heiraten«, er grinste, »zumindest nicht, wenn du nicht willst.«

Ich kommentierte seine letzte Bemerkung nicht, musste ihm ansonsten aber Recht geben. Wir konnten hervorragend Musik zusammen machen. Alles passte. Unsere eigene Band würde, wenn überhaupt, erst wieder in einem knappen Jahr zusammenkommen, und ich hatte sicher nicht vor, diese Zeit damit zu verbringen, am

Lagerfeuer alte Lieder auf der Gitarre zu klimpern. Langsam gingen mir die Argumente aus – und die Ausreden.

»Ich habe einfach Angst, Duke.«

»Wovor?«

»Oh Mann, kannst du das nicht sehen? Jedesmal, wenn ich mit irgendjemand eine Platte aufnehme, gibt's anschließend Ärger.«

»Hm. Interessante Sichtweise. Ich hätte jetzt gesagt: Jedesmal, wenn du mit jemandem eine Platte aufnimmst, verkauft sie sich anschließend gut.«

»Hey, ich finde das nicht lustig.«

»Also mal im Ernst, mit wem hast du denn schon alles aufgenommen? Deine erste Band – hat's da Ärger gegeben?«

»Nein, aber ...«

»Dann *Zigg*, okay. Aber für *den* Ärger bist du nun wahrlich nicht alleine verantwortlich, oder?«

»Nein, ich ...«

»Dann Dave. Der hat vielleicht ein bisschen gebraucht, bis er kapiert hat, was du drauf hast. Und sonst? Hast du in Stratford was aufgenommen?«

»Zum Glück nicht. Aber das ist doch genau das Problem: Sowohl Frank als auch David haben die Krise gekriegt, spätestens als sie vom Produzenten gesagt bekommen haben, wie gut ich bin. Und ich will auf keinen Fall, dass das ... mit Julian auch passiert.«

»Ach, um Julian geht's? Also, ehrlich gesagt glaube ich nicht, dass ihr Probleme miteinander bekommt. Er weiß genau, wie gut du bist, vergiss nicht, du bist inzwischen keine unbekannte Provinzbandsängerin mehr, du bist erfolgreicher als er. Und was den Produzenten angeht ... Weißt du, wer das ist?«

»Ich weiß nur, dass er Eric Lees heißt und irgendwo hier in Atlanta wohnt.«

»Eric Lees? Hm. Joey hat mal von ihm erzählt. Scheint ganz okay zu sein. Ich glaube, ich weiß, wo der sein Studio hat. Wie wär's, wenn wir dort mal vorbeischauen?«

»Und dann?«

»Kannst du dir ihn und das Studio anschauen und dir überlegen, ob du dich mit ihm einlassen willst. Das ist zumindest besser als hier herumzuhocken und deinem Gejammer zuzuhören. Komm schon!«

Also setzten wir uns ins Auto und kurvten eine Stunde lang durch die Stadt auf der Suche nach Erics Studio. Duke murmelte hin und wieder: »Hier muss es doch irgendwo sein«, ich begann mehrmals mit: »Komm, lass es uns ein anderes Mal versuchen«, aber er ließ sich nicht abbringen. Und dann standen wir tatsächlich vor einem Laden namens *Lees' Music*, Duke sagte: »Bingo« und warf mir einen triumphierenden Blick zu.

Wir gingen hinein. Ich weiß nicht, in wie vielen Aufnahmestudios ich in meinem Leben gewesen bin, aber sie sind sich alle so ähnlich, dass ich mich oft gefragt habe, ob es für angehende Musikproduzenten einen universellen Leitfaden »So muss ein Studio aussehen« gibt. Und ob da auch Dinge wie »möglichst dunkel« und »so verwinkelt, dass sich keiner außer Dir zurecht findet« drinstehen. Das Studio von Eric war etwas heller als gewöhnlich, aber es gab auch hier Unmengen unbeschrifteter Türen und Flure, die ins Nirgendwo führten. Wir schauten uns eine Weile auf der Suche nach einem Hinweisschild um, bis eine der Türen aufging und uns ein Typ entgegenkam, relativ jung, kurze Haare, mit einem Mikrophonständer und einem Koffer in der Hand. Er kam auf uns zu.

»Was gibt's?«

Leitfaden für Produzenten: »Sage Deinen Mitarbeitern, sie sollen möglichst unfreundlich sein.«

Duke sagte nichts. Sein Amerikanisch war inzwischen zwar erstaunlich gut, aber er hatte wohl beschlossen, dass das hier meine Sache sei. Also musste ich ran: »Ähm, hi, wir ... ich suche Eric.«

Ein abschätzender Blick. Der mich ganz schön nervös machte. Ich kam mir vor wie bei einem Casting für Mittelklasse-Background-Sängerinnen.

»Was willst du von ihm?«

Ich warf Duke einen hilfesuchenden Blick zu, aber der schwieg beharrlich. »Äh, es geht um die neue Platte von *Chronicle*.« Etwas Besseres fiel mir nicht ein.

»Die ist erst in ein paar Wochen fertig, und dann kannst du sie auch im Laden kaufen«, sagte der Typ und wollte weitergehen.

Irgendwie lief es gar nicht so, wie ich wollte. Was tat ich hier? Verdammt, ich war fast berühmt und ließ mich von irgendeinem Roadie runtermachen! »Hey, warte mal. Ich weiß, dass die Platte erst rauskommt, darum geht es ja. Sie brauchen doch noch eine Sängerin und ich ...«

Er dreht sich um. Wieder dieser Blick. »Und das wärst dann du?«

»Vielleicht.«

Er schaute an mir vorbei auf die Wand, als würde dort eine Antwort auf die Frage »Warum muss ich mich ständig mit solchen Leuten auseinandersetzen?« stehen. Dann sah er mich wieder an und sagte ruhig: »Hör mal, wenn du irgendwo singen willst, dann geh zu einem Casting, ich kann dir da nicht helfen. Und was *Chronicle* angeht, die haben schon jemanden gefunden. Okay?«

Duke und ich schauten uns an. Sie hatten jemanden? Das konnte doch alles nicht wahr sein. Hatte ich wirklich zu lange gezögert? Aber warum taten sie dann so, als wollten sie mich unbedingt haben? Mein erster Impuls war, mich umzudrehen und wegzurennen. Zum Glück tat ich es nicht. Denn in diesem Moment ging die Tür noch einmal auf und – Chris kam heraus und sagte zu dem Typ: »Hey, Eric, was ist los, du ... Tina? Was machst du hier?«

Ich kann nicht sagen, wie lange wir vier da standen und uns einfach nur anstarrten. Irgendwann hörte ich, wie Duke hinter mir anfing zu lachen, zuerst leise, dann, als auch Chris anfing zu grinsen, lauter werdend. Eric schaute mich zuerst ungläubig, dann auf eine wunderbare Art lächelnd an. »*Du* bist Tina Montez?«

»Ja«, sagte ich. Mir fiel immer noch nichts Vernünftiges ein. »Und du bist dann wohl Eric.«

Als wir das Studio vielleicht drei Sunden später wieder verließen, grinsten Duke und Chris immer noch. Erstaunlicherweise hatten wir uns trotz dieses seltsamen Einstiegs mit Eric hervorragend einigen können. Wir waren zunächst in sein Büro gegangen und er meinte: »Also, ich würde sagen, wir vergessen das im Flur und fangen noch mal ganz von vorne an«, kam dann grinsend auf mich zu, gab mir die Hand und sagte: »Hallo Tina, ich bin Eric Lees, der Produzent von *Chronicle*, und ich habe gehört, dass du vielleicht bei der neuen Platte mitsingen willst.«

Ich erzählte ihm, was ich bisher gemacht hatte, Duke ergänzte zunächst verbal, und als Eric erwähnte, dass er gerne was von mir hören würde, organisierte er eine Gitarre und wir spielten ein paar unserer Lieder, ein bisschen Patti Smith und anderes. Zwischendurch dachte ich: Prima, Lady, du hast mit Spike und Dave Roberts Musik gemacht, verdienst zu Hause gute Kohle mit deinen Platten und stehst jetzt in einem drittklassigen Studio beim Vorsingen. Aber dieser Gedanke hielt sich nicht lange. Es ging weder um das Geld noch um den Ruhm. Das, was sich hier ergab – mit guten Leuten gute Musik machen zu können –, war wichtiger als alles andere. Tatsächlich entpuppte sich Eric als humorvoll und charmant, bis heute halte ich ihn mit Abstand für den nettesten Produzenten, der mir je begegnet ist. Auch er war angetan von mir und vor allem froh darüber, dass Maggie aus der ganzen Sache draußen war. Da uns so langsam die Zeit davonlief, machte er einfach Nägel mit Köpfen und sagte, nachdem alle Informationen ausgetauscht waren: »Okay, kommt doch Anfang nächster Woche vorbei, dann können wir mit den ersten Aufnahmen anfangen.«

»Äh, Eric, eigentlich bin ich mir noch nicht sicher, ob ich wirklich mitmache.«

Duke schaute entnervt zur Decke, Chris schaute mitleidig an mir vorbei, Eric sah mich direkt an. »Was spricht dagegen?«

Ich konnte nur mit den Schultern zucken. Weil mir wirklich nichts mehr einfiel – außer der Wahrheit. »Ich habe Angst, dass es schief geht.«

»Ob es schief geht oder nicht, erfährst du nur, wenn du es ausprobierst. Aber das glaube ich nicht, nach dem, was ich heut von dir und von Chris gehört habe. Du musst ja nicht gleich einen Plattenvertrag unterschreiben.«

Ja, wusste ich doch alles. Und dann wurde mir endlich klar, dass sie Recht hatten, alle miteinander. Und dass ich im Grunde nichts lieber wollte, als mit diesen Jungs diese Platte aufzunehmen. »Okay«, ich strahlte die drei der Reihe nach an. »Wann sollen wir da sein nächste Woche?«

Als wir in Blue Hill ankamen, waren wir immer noch völlig überdreht. Ray und Julian saßen in der Küche, Ray fragte irritiert: »Hey, wo kommt ihr denn her?«

Chris sagte: »Aus der Stadt, Tina hat grade bei Eric einen Plattenvertrag unterschrieben.«

Duke sagte: »Ja, und jetzt muss sie sich noch überlegen, wen von euch sie heiratet, damit sie hierbleiben kann.«

Ich sagte: »Oh haltet doch die Klappe« und erzählte den beiden, was wirklich passiert war.

»Tja, dann müssen wir wohl nachher ein paar Stunden in den Proberaum«, kommentierte Ray grinsend.

Julian lächelte zufrieden und sagte einfach nur »Danke«. Spätestens zu diesem Zeitpunkt wurde mir klar, dass ich mich richtig entschieden hatte.

An dieser Überzeugung änderte sich auch nichts mehr, im Gegenteil. Es hat viele Orte in meinem Leben gegeben, an denen ich mich wohlgefühlt habe. Ich habe verdammt viele nette Leute kennengelernt, ich habe gute Musik mit ihnen gemacht. Aber was in dieser Zeit dazukam, war etwas völlig Neues, es war das Gefühl, endlich angekommen zu sein, und ich konnte mir lange nicht erklären, wie es dazu kam. Ich war nur in den Staaten, weil ich vor Simon flüchtete und Duke sich zu diesem Zeitpunkt zufälligerweise in Atlanta aufhielt. Ich hatte eine Band in Köln, zu der ich im nächsten Sommer zurückkehren würde. Bis dahin war ich Gast in Blue Hill und vertrieb mir die Zeit mit Musik machen. Dennoch schien alles, was hier passierte, zueinander zu passen. Alles, was mir begegnete, schien auf mich gewartet zu haben. Alles, was ich tat und sagte, war richtig.

Ich misstraute diesem Gefühl ziemlich lange, hielt es für die Einflüsterung irgendeiner Stimme, aber je länger ich blieb, desto weniger fand ich, was mich skeptisch machte.

Wir begannen mit der Aufnahme des Albums und ich hatte – ungelogen – nie zuvor eine solch stressfreie Zeit im Studio verbracht. Zum einen erinnerte es mich an meine ersten Erfahrungen mit den *silent crows*, weil die Stimmung ähnlich freundschaftlich und warm war und die vier mir eine ähnliche Sicherheit gaben wie damals Ratze, Mike und Fix. Zum anderen war ich inzwischen viel gelassener und konnte mich mehr einbringen – was ich tat, obwohl ich doch eigentlich nur zum Backgroundsingen hier war. Ich machte Vorschläge und sagte meine Meinung selbst zu Dingen, die mich eigentlich nichts angingen. Die anderen hörten zu und gaben nicht selten ihre Zustimmung. Auch Eric war einfach großartig. Er behandelte mich, als hätte ich schon immer zur Band gehört. Das Ergebnis war, dass ich bei praktisch jedem Song mitsang oder zumindest eine instrumentale Begleitung machte. Einen Teil davon auf der Gitarre meines Großvaters.

Es war Mitte September, wir waren seit etwa einer Woche im Studio und saßen nach diesem langen Tag noch auf ein gemütliches Bier bei *Willie's*, als Chris plötzlich sagte: »Hey, es ist gleich acht, wir müssen los.«

Die anderen nickten wissend, ich fragte: »Wohin?«

»Heim«, antwortete Chris nur.

Das war mir entschieden zu wenig. »Um was zu machen?«

Julian lächelte mich an. »Lass dich überraschen.«

Ich sagte erst einmal nichts mehr, wir fuhren zusammen nach Blue Hill. In der Einfahrt standen ein mir unbekannter Van und der Dodge von Britt, mit dem Duke meistens unterwegs war. »Hey, wir haben Besuch.«

Ich bekam keine Antwort und so langsam ging mir das verschwörerische Grinsen der vier Männer ziemlich auf die Nerven.

Duke saß, als hätte er sein Leben lang nichts anderes getan, in unserer Küche, hatte ein Glas und eine geöffnete Flasche Sekt vor sich und das entsprechende verschwörerische Grinsen im Gesicht.

»Hi Tina«, sagte er.

»Hi. Kannst du mir verraten, was hier gerade abgeht?«

»Ja.« Er stand auf und nahm den Sekt. »Aber dazu müssen wir erst nach unten gehen.«

»Hey, ich war den ganzen Tag im Studio, ich hab einen tierischen Hunger und ...«

»Das«, sagte er und gab mir grinsend einen Begrüßungskuss, »ist mir völlig egal.«

Er ging, Chris, Ray und Alan folgten ihm, Julian wartete immerhin, bis ich mich seufzend auch auf den Weg machte. Sie warteten vor der Lounge. »Nach dir«, sagte Ray zu mir und blickte mich auffordernd an. Ich verstand es immer noch nicht, bis zu dem Moment, als ich die Tür öffnete und mir ein vielstimmiges »Überraschung« entgegen schall. Ich sah Britt, Tex, Joey, Sheryl, Eric und etliche andere Leute, die ich auf den diversen Partys hier und in Atlanta kennengelernt hatte. Und dann tauchte hinter Eric tatsächlich noch ein vertrautes Gesicht auf: Jess!

Mit einer Mischung aus Entsetzen und Verwunderung blickte ich Duke an. Und er erklärte: »Irgendwie sind deine letzten beiden Geburtstage doch ziemlich in die Hose gegangen, oder? Wir dachten uns, dass wir das dringend nachholen müssen. Außerdem haben wir schon seit über drei Wochen keine Party mehr gefeiert.«

Ich war wirklich gerührt und freute mich riesig, sie hatten sich verdammt große Mühe gegeben. Viele hatten Geschenke dabei, ich war eine ganze Weile mit Auspacken und Dank sagen beschäftigt. Dann sagte Duke zu mir: »Ich habe auch etwas für dich. Eigentlich ist es vor allem Jess zu verdanken, der hat sie mitgebracht.«

Jess grinste breit, ich blickte beide fragend an, Duke sagte: »Da hinten« und deutete in die Ecke, wo die Instrumente standen. Ich machte ein paar Schritte in die entsprechende Richtung, suchte, erkannte etwas, das vorher nicht da gestanden hatte, zögerte, schaute Duke erneut an. Und dann konnte ich es nicht länger anzweifeln: Dort stand mein Gitarrenkoffer. Der, den ich in Stratford gelassen hatte.

»Woher, ich meine, wie ...?«, stotterte ich.

»Ich habe bevor ich hergekommen bin einen kleinen Abstecher nach Birmingham gemacht und mich auf dem Flughafen mit Robin getroffen. Deine Tasche ist auch dabei«, erklärte Jess.

Ich sagte nichts mehr, weil ich fürchtete, in Tränen auszubrechen. Ich umarmte erst den einen, dann den anderen, und da die Tränen dann doch kamen, sagte ich: »Verdammt, das ist das Größte, was je einer für mich getan hat.«

Julian und Ray kamen dazu, beide lächelten warm.

»Ihr habt das gewusst, oder?«

Sie nickten, Ray sagte: »Klar, wir mussten das alles ja irgendwie arrangieren.«

Ich umarmte auch sie, dann nahm ich den Koffer und packte die Gitarre aus. Sie sah aus wie immer, Robin hatte sein Versprechen gehalten, mein Alptraum war nicht Wirklichkeit geworden.

»Und?«, fragte Duke. »Spielen wir?«

Ich grinste ihn an. »Natürlich spielen wir!«

III

»Different World«, das neue *Chronicle*-Album, kam Mitte Oktober auf den Markt und wir waren alle ausnahmslos zufrieden damit. Die Verkaufszahlen übertrafen unsere Erwartungen, es *war* der große Durchbruch, Maggie bekam ihr Geld zurück, die finanziellen Sorgen entspannten sich, dafür kamen ganz neue hinzu. Eine Zeit lang beschäftigten mich meine alten Ängste, als ich die Kritiken las, in denen häufig meine Beteiligung an dem Album hervorgehoben wurde. Was würden Julian und die anderen sagen? Was wäre, wenn plötzlich jemand behauptete, die Platte sei nur deswegen so erfolgreich, weil sie sich eine bekannte Sängerin dazugeholt hatten?

Aber ich hatte unterschätzt, wie sehr sich der amerikanische Musikmarkt vom europäischen unterschied. Man kannte mich hier kaum, wusste nur, dass ich in Deutschland (wo immer das lag) in einer Band spielte, und höchstens noch, dass ich schon mit Dave Roberts gesungen hatte. Aber auch er war hier längst nicht so populär wie in Europa.

Außerdem hatte ich unterschätzt, wie eng unsere Freundschaft inzwischen geworden war und wie selbstverständlich mich die anderen in die Band integriert hatten.

»Tina, hast du den Artikel im *Rolling Stone* gelesen? Die vergleichen dich mit Patti Smith, das ist wirklich genial.«

»Findest du, Julian?«

»Natürlich. Du nicht?«

»Doch, aber ich habe schließlich nur Background gesungen.«

»Du hast viel mehr als das gemacht, von dir steckt genauso viel in dem Album wie von Chris, Alan, Ray und mir, deswegen ist es ja so gut geworden.«

»Und das macht dir wirklich nichts aus?«

Er schaute mich mit großen Augen an. »Nein, wieso sollte es? Das einzige, was ich schade finde ist, dass du im Sommer wieder nach Köln gehst. Ich hätte nichts dagegen, wenn wir ...«

Er sprach es nicht aus. Keine längerfristigen Zukunftsperspektiven. Ich war nur Gast hier. Zumindest war das die offizielle Variante, die wir auch bei Interviews und Pressekonferenzen vertraten, was einige Journalisten ganz schön irritierte.

»Ms. Montez, werden Sie auch auf zukünftigen Platten von *Chronicle* zu hören sein?«

»Nein. Ich werde nächstes Jahr wieder mit meiner eigenen Band in Deutschland eine Platte aufnehmen.«

»Aber stimmt es nicht, dass sich die Band, bei der Sie mitgespielt haben, aufgelöst hat?«

»Nein, wir machen nur Pause, weil wir Zeit für eigene Projekte haben wollten.«

»Zum Thema ›Projekte‹«, das war Joe Spencer vom *Stone*, und er hatte gut recherchiert. »Sie haben doch Anfang des Jahres mit dem englischen Superstar Dave Roberts ein Album gemacht. Wie man hörte, hat es einige persönliche Differenzen gegeben. Sind Sie deswegen nach Amerika gekommen?«

»Nein.« Ich versuchte, möglichst gelassen zu klingen und mir meine Betroffenheit nicht anmerken zu lassen. »Dave und ich waren uns in einigen Punkten uneinig und haben deswegen beschlossen, es bei dieser einen Platte zu belassen. In die Staaten gekommen bin ich, weil ein Bekannter aus Köln, Tom Bauer, hier ein Studio eröffnet hat und ich mir das anschauen wollte.«

Ich hasste es, ich hasste es, ich hasste es. Aber was hätte ich ihnen sagen sollen? Dave ist ein Arschloch und ich bin hier, weil ich vor einem anderen Arschloch geflüchtet bin?

»Sorry«, sagte ich nach der Pressekonferenz zu Julian und Chris.

»Wofür?«, fragten sie erstaunt.

»Für diese blöden Lügen. Ich wusste nicht, was ich sonst hätte sagen sollen.«

Julian sagte: »Hey, das geht sie ja auch wirklich nichts an! Außerdem, abgesehen davon, dass Duke sich das Studio angeschaut hat, war es doch nicht gelogen.«

Ich lächelte ihn an und war dankbar für sein Verständnis.

»Wie läuft's eigentlich bei denen, hast du was gehört?«, fragte Chris.

Duke war gerade mit *The Falling* in Nashville, um bei Tom deren neues Album aufzunehmen. »Gut, soweit ich weiß. Ich wollte sie heute anrufen und fragen, wie weit sie sind.«

»Dann sag allen liebe Grüße. Sie sollen sich keine Sorgen machen. Wenn sie einen Musiker aus Köln dabei haben, kann es nur eine gute Platte werden.«

Womit hatte ich das alles verdient? Diese Vertrautheit, diese Nähe, diese unverhüllte Freundschaft? Gut, ich hatte bei der Platte mitgemacht, ich konnte durch meine bisherigen Erfahrungen mit dem »Erfolgreich-Sein« Hilfe und Ratschläge geben, ich tat, was ich konnte, um sie zu unterstützen. Aber dem, was *sie* für mich taten, konnte ich gefühlsmäßig nicht annähernd gerecht werden.

An diesem Abend, wir saßen alle in die Küche, fragte Ray beiläufig: »Sag mal, alles in allem hast du schon vor, bis zum Sommer hierzubleiben, oder?«

Ich wusste nicht, welchen Hintergrund die Frage hatte. »Ja, schon. Wenn das für euch okay ist. Ich kann natürlich auch Britt fragen, ob ...«

»Nein, nein. Das sind ja noch ein paar Monate und du musst jetzt schon seit Wochen in diesem Gästezimmer hausen, deswegen haben wir uns gedacht ... Komm, wir gehen einfach mal hoch.«

Ich war zwar schon ein paar Mal im Obergeschoss gewesen, aber eigentlich war das der Privatbereich von Julian, Alan, Chris und Ray. Ich hatte dort bis jetzt nichts zu suchen gehabt. Sie zeigten mir ein leerstehendes Zimmer mit Holzboden und hohen Wänden, auf der einen Seite begrenzt durch eine riesige Fensterfront, auf der anderen Seite durch die gewölbte, unverputzte Mauer des Turmes. Ich hatte eine gewisse Vorstellung davon, warum sie mir es zeigten – aber ich wollte es nicht wahrhaben.

»Das ist nicht euer Ernst, oder?«

»Doch«, sagte Ray.

»Wir brauchen es eh nicht«, sagte Alan.

Julian grinste nur. In diesem Moment wusste ich ganz genau, was ich für meine Zukunft wollte, auch wenn es noch eine Menge aus meiner Vergangenheit gab, das geklärt werden musste. Und das war viel, viel schwieriger, als ich es mir vorgestellt hatte.

Inzwischen war es Ende November, wir waren zwei Wochen lang auf Promotion-Tour gewesen und hatten einige Konzerte und Fernsehauftritte hinter uns. Es war nicht annähernd so nervenaufreibend gewesen wie zu »Verrückte Clowns«-Zeiten, hatte aber trotzdem Spuren hinterlassen, vor allem bei den Jungs, die an diesen Medienrummel überhaupt nicht gewöhnt waren. Die eigentliche Tour zum neuen Album sollte im Februar starten, Eric meinte, es sei viel zu früh, aber ich erinnerte daran, dass ich nur bis zum Sommer Zeit hätte. Ich wollte auf jeden Fall noch dabei sein.

Wir waren alle erschöpft nach diesen zwei Wochen und froh, wieder zu Hause zu sein. Auch ich, denn spätestens nach meinem Umzug in den zweiten Stock, dem einige Fahrten in umliegende Möbelhäuser und tagelanges Blättern in Einrichtungskatalogen vorausgegangen waren, *fühlte* ich mich in Blue Hill zuhause, mindestens so sehr wie in Köln.

Julian war nachdenklich und schweigsam, er setzte sich schwer mit seiner neuen Rolle auseinander. Dabei konnte ich ihm nicht wirklich helfen, zumal ich selber nicht gerade allerbester Laune war. Zum einen war ich erkältet und das machte mich unleidlich – weil ich verdammt schlecht damit umgehen konnte und weil ich bei unserem Auftritt in der Letterman-Show, auf den ich mich sehr gefreut hatte, grauenhaft heiser gewesen war.

Zum anderen hatte ich am Tag zuvor von Eric Neuigkeiten aus Birmingham erfahren. Begeistert erzählte er mir: »Tina, hast du schon gehört, Dave Roberts hat sich anscheinend entschlossen, auch in Amerika berühmt zu werden. Er gibt Ende Januar ein Promotion-Konzert in Atlanta.«

»Captured« hatte in rasender Geschwindigkeit den europäischen Markt erobert, war seit seinem Erscheinen in den Album-Charts und »How to cope«, die aktuelle Singleauskopplung, war fast überall in den Top Ten. In den Staaten waren die Verkaufszahlen nicht ganz so gut und anscheinend hatte David nun beschlossen, daran etwas zu ändern. Und das ausgerechnet in Atlanta.

Warum, fragte ich mich. Er wusste inzwischen mit Sicherheit, dass ich hier war. In den Staaten, bei *Chronicle*. Und er suchte sich für seinen Auftritt ausgerechnet die nächstgelegenste Stadt aus. Zufall? Botschaft? Ich verstand es nicht. Was ging es mich überhaupt noch an? Das Thema »David« war Vergangenheit und es lag bestimmt nur an meiner Erkältung, dass mein Herz anfing zu rasen, als Eric sagte, er würde Karten für uns alle besorgen.

Kurz gesagt – an diesem Tag Ende November saß ich in der Küche, war verschnupft, hatte Kopfschmerzen und grübelte über die Vergangenheit nach. Das plötzliche Klingeln des Telefons nervte mich völlig. Entsprechend war mein Ton. »Ja?«

»Du warst wirklich großartig.«

Das war, was ich als Erstes hörte, und was mir den kalten Schweiß auf den Rücken trieb. Natürlich wusste ich, wessen Stimme es war. Aber ich konnte es nicht glauben. »Wer ist da?«

»Weißt du, wir haben dich bei Letterman gesehen. Selbst Robin meinte, dass du unheimlich gut rübergekommen bist. Du weißt ja, dass er schon immer eine Schwäche für dich hatte.«

»Simon.« Tausend Fragen schossen mir durch den Kopf: Wo bist du? Warum rufst du an? Was willst du von mir?

Mit der altbekannten Euphorie und in schmeichelndem Ton erzählte er, wie es ihm die letzten Monate ergangen war und fragte nach meiner Befindlichkeit. Kein einziges Wort über unsere letzten Wochen. Als hätten wir uns damals darauf geeinigt, dass es für meine Karriere das Beste wäre, wenn ich nach Amerika ginge. Als wäre ihm schon immer klar gewesen, dass ich diesen Schritt früher oder später machen würde.

Und genau dieses Verständnisvolle, dieses Weiche, auf das ich schon bei Jimmys Party hereingefallen war, machte es mir unmöglich, irgendetwas zu sagen. In mir tobte es: Leg auf! Schrei ihn an! Hol jemanden, der ihm die Meinung sagt! Ich tat es nicht. Ich rief mir alle Erinnerungen vor Augen – das aggressive Funkeln, die Wut, mein zugeschwollenes Auge –, doch ich schwieg. Bis zum Ende. Bis er sagte: »Weißt du, wir sind nächste Woche für ein paar Tage in den USA, ein bisschen Urlaub machen. Ich dachte, wir könnten uns vielleicht sehen.«

Habt ihr euch alle gegen mich verschworen, schrie ich – in Gedanken.

»Um genau zu sein, wir wollten Mittwoch und Donnerstag einen Abstecher nach Atlanta machen und danach noch ein paar Tage in New York verbringen. Hättest du da eventuell Zeit?«

Die Schlinge zog sich enger und enger. Und endlich konnte ich reagieren. »Mittwoch? Donnerstag? Ich weiß noch nicht, vielleicht müssen wir ...«

»Ja, ich weiß, das ist alles etwas kurzfristig. Aber ich könnte es mir nie verzeihen, in den Staaten gewesen zu sein, ohne dich gesehen zu haben.« Ein Meister im Erzeugen eines schlechten Gewissens. Das war er schon immer gewesen. »Ich glaube, Robin würde sich auch sehr freuen. Wenn es dir zu knapp ist, dann können wir vielleicht auch direkt zu euch kommen.«

»Nein!« Simon in Blue Hill, in meinem Paradies, das durfte nicht passieren. Niemals. »Nein, wir treffen uns in Atlanta. Mittwochabend. Das schaffe ich.«

Simon kam in die Staaten. Nach Atlanta. Und er hatte hier angerufen. Ich stand in der Küche, hatte den Telefonhörer noch in der Hand und zitterte am ganzen Körper, als Chris hereinkam, mich ansah und eher rhetorisch fragte: »Alles okay?«

Ich starrte ihn an und begann wieder, zu funktionieren. »Ja, ja, alles bestens«, sagte ich, legte den Hörer auf und ging nach oben in mein neues, wunderschönes Zimmer. Sobald ich die Tür hinter mir geschlossen hatte, brach mein Paradies zusammen.

»Leute, was haltet ihr davon, wenn wir morgen mal wieder vernünftig essen gehen, vielleicht bei *Willie's* oder bei dem neuen Inder?«

»Tut mir leid, aber morgen kann ich nicht«, sagte ich zu Alan. Es war Dienstagabend, wir saßen zu fünft in der Küche und die Stimmung war gut, endlich wieder. Wenn man davon absah, dass ich seit drei Tagen versuchte, die Dämonen meiner Vergangenheit zu bekämpfen, ohne dass die anderen etwas davon mitbekamen. Mit mäßigem Erfolg. Sie wussten alle vier, dass etwas geschehen war. Und zumindest Chris hatte mitbekommen, dass es mit einem Anruf zusammenhing, den ich vor drei Tagen bekommen hatte. Aber sie fragten nicht, sondern warteten auf den Moment, wo ich darüber reden wollte, so, wie es in diesem Haus üblich war. Ein großer Teil der Harmonie in Blue Hill beruhte auf dem Vertrauen, das man in die anderen setzte. Früher oder später würde jeder ansprechen, was ihm auf der Seele lag. Ich brauchte eine ganze Weile, bis ich erkannte, wie wertvoll diese Haltung war. Und es gab Zeiten, wie in diesen Tagen, wo ich es schamlos ausnutzte.

Es wurde Mittwoch. Und mein Kopf explodierte fast. Ich wollte Simon nicht sehen. Aber ich wusste, dass er, wenn ich nicht käme, irgendwann bei uns vor der Tür stehen würde, und das musste ich um jeden Preis verhindern. Ich hatte die Nacht damit verbracht, mir zu überlegen, was ich ihm sagen wollte. Lass mich in Ruhe.

Verschwinde aus meinem Leben. Ich will dich nie wieder sehen, irgendetwas in dieser Art.

Als ich gegen sieben das Haus verließ, sah ich Julian auf dem Balkon stehen. Er schaute mir nach und ich zögerte. Geh hoch und erzähle ihm alles, dachte ich. Aber ich konnte nicht. Ich winkte ihm kurz zu, stieg ins Auto und fuhr nach Atlanta. Stand etliche Minuten vor der Tür von Simons Hotelzimmer. Hörte Stimmen. Seine. Und hatte selbst in diesem Moment noch das Bedürfnis, mich umzudrehen und zu verschwinden. Aber ich klopfte. Die Tür öffnete sich. »Tina«, rief Simon strahlend, »ich wusste, dass du kommst.«

Was in den folgenden Stunden passierte – und wie es passieren konnte –, ist mir bis heute nicht wirklich klar. Wir gingen hinein, Simon war so zuvorkommend und charmant wie ich ihn selbst in unserer ersten Zeit in Stratford kaum erlebt hatte. Robin kam dazu, ich wäre ihm zwar lieber bei einer anderen Gelegenheit begegnet, aber ich freute mich dennoch, ihn zu sehen. Wir unterhielten uns und wir tranken. *Ich* trank eine Menge. Ich hoffte, es würde mich lockerer und mutiger machen. Zwischendurch setzte ich an: »Simon, wir müssen reden.«

»Ich weiß«, sagte er, »aber nicht jetzt so etwas Ernstes, okay? Hab ich dir eigentlich schon unser neues Album vorgespielt? Warte, du musst natürlich eins haben, hier, nimm das hier mit, das ist signiert.«

Ich schwieg. Es hatte keinen Zweck. Eigentlich konnte ich sofort wieder verschwinden.

»Willst du noch einen Whisky, Tina?«

»Ja.«

Ich betrank mich – und der Druck ließ nach. Eigentlich war es doch gar nicht so schlimm gewesen, erzählte irgendjemand in meinem Kopf, eigentlich hatten wir auch eine gute Zeit gehabt, eigentlich ist doch alles klar zwischen uns. Und als sich Simon zu mir auf die Couch setzte, als er mir erzählte, was für eine tolle Frau ich sei, als er mein Haar berührte und mich küsste, ließ ich es geschehen. Und genoss es vielleicht sogar.

Als ich aufwachte, war es sieben Uhr morgens. Ich musste mich erst orientieren. Hotelzimmer, Doppelbett, Simon neben mir. Schlagartig war ich wach. Und nüchtern. Im selben Moment setzten die Vorwürfe ein. Und das schlechte Gewissen. Ich hatte mit dem Mann geschlafen, vor dem ich vor ein paar Monaten geflüchtet war, den ich nur aufgesucht hatte, um ihm zu sagen, dass er mich in Ruhe lassen soll. Die Hilflosigkeit, die mich überkam, war so vertraut, wie oft hatte ich dieses Gefühl in Stratford gehabt, wenn er all meine Zweifel mit einem Lächeln und einschmeichelnden Worten abtat. Und ich mich wie jetzt nicht dagegen wehren konnte.

Ich musste raus hier, so schnell wie möglich. Leise stand ich auf und zog mich an. An der Tür zögerte ich, ging zurück zum Tisch und schrieb, da ich nichts anderes fand, auf das Inlett der Platte, die er mir geschenkt hatte, endlich meine Botschaft: Lass mich in Ruhe. Es ist vorbei. Tina. Die Platte ließ ich liegen.

Irgendwo kurz hinter der Stadt stoppte ich den Wagen auf dem Parkplatz eines Imbissrestaurants. Was jetzt, war die Frage. Und diese Frage öffnete die Erinnerung, Bilder der letzten Nacht schossen mir durch den Kopf, vermischt mit Szenen aus Stratford und Blue Hill, immer wieder Julian, wie er am Abend vorher meine Abfahrt auf dem Balkon beobachtet hatte. Wie sollte ich das alles erklären? Wie sollte ich so tun, als wäre nichts gewesen? Ich fing an zu zittern und das so entsetzlich vertraute Bedürfnis nach Flucht überkam mich mit Macht. Verschwinde von hier. Fahre zum Flughafen. Fahre nach Hause oder sonst wo hin. Fahre ... Nein!

Dieses Nein überraschte mich fast mehr als alles, was in der letzten Nacht passiert war. Aber es war deutlich. Du kannst hier nicht weg, die Jungs brauchen dich, vor allem, du brauchst die Jungs, du kannst nicht alles kaputtmachen, nur weil du Scheiße gebaut hast!

Ein kurzes, trotziges Aufbäumen: Es ist doch eh schon alles kaputt!

Dann musst du es wieder ganz machen.

Prima, verrätst du mir auch, wie?

Warum probierst du es zur Abwechslung nicht mal wieder mit Ehrlichkeit?

Ich war alles andere als überzeugt, trotzdem fuhr ich nach Blue Hill und brachte sogar ein halbwegs überzeugendes Lächeln zustande, als ich Julian in der Küche traf.

»Tina. Da bist du ja.«

»Ja, ich habe in Atlanta übernachtet, ist ein bisschen später geworden.«

Er sagte nur »Mhm«, ich ging zur Kaffeemaschine, um ein bisschen Zeit zu gewinnen.

»Übrigens, vorhin hat ein Simon hier angerufen.«

Die Tasse, die ich gerade aus dem Schrank geholt hatte, zerschellte auf dem Boden. Ich drehte mich zu Julian um.

»Er wollte sich für die schöne Nacht bedanken. Und er meldet sich, wenn er wieder in den Staaten ist, meint er.«

Ich musste mich setzen. Das konnte alles nicht wahr sein. Julian sah mir eine Weile dabei zu, wie ich hilflos den Kopf schüttelte und auf meine Hände starrte und fragte dann mit seiner unerschütterlichen Ruhe: »Willst du darüber reden?«

Ich schluckte. Und befolgte den Rat meiner Stimme. »Ich habe dir gesagt, dass ich Simon auf einer Party kennengelernt habe, aber ich habe dir nicht erzählt, warum ich tatsächlich im Februar zu ihm gefahren bin. Es fing mit der Schlägerei an ...«

Julian hörte sich meine Geschichte an, und das Gefühl von Nähe und Vertrautheit, das ich von Beginn an zu ihm gehabt hatte, bestätigte sich aufs Neue – ganz im Gegensatz zu meiner Angst, ich würde in seiner Achtung sinken, wenn er die Wahrheit erführe.

»Und was wirst du jetzt machen?«, fragte er, nachdem ich geendet hatte.

»Hoffen, dass er mich in Ruhe lässt. Und das ganze möglichst schnell vergessen.«

»Sag Bescheid, wenn er sich noch einmal meldet. Dann werde ich ihm mal die Meinung sagen.«

Ich sagte: »Danke, mach ich«, auch wenn ich Schwierigkeiten hatte, mir Julian dabei vorzustellen, wie er jemandem die Meinung sagte.

»Und«, er zögerte, »was ist mit David? Ich meine, das ist doch kein Zufall, dass er nach Atlanta kommt, oder?«

»Nein, wahrscheinlich nicht. Aber ich weiß trotzdem nicht, ob ich auf sein Konzert gehe. Das entscheide ich, wenn es soweit ist, okay?«

»Okay.«

Ich sagte es ja schon, die meisten Amerikaner, die ich kennenlernte, akzeptieren mich so, wie ich war und mischten sich nicht ein. Zumindest zu dieser Zeit noch.

Zum Glück hörte ich lange nichts mehr von Simon, dafür intensivierte sich die Freundschaft zu Julian und den anderen parallel mit meiner Unlust, das Haus, die Band und das Land jemals wieder zu verlassen.

Die Dezembertage vergingen ruhig und entspannt, wir bereiteten »Loss of faith« als zweite Singleauskopplung vor und drehten zu diesem Song ein Video, was für mich eine neue und sehr spannende Erfahrung war. Natürlich hatten wir bei *Zigg* auch schon welche gemacht, die meisten waren aber nur Mitschnitte von Auftritten gewesen, in die ein paar zusätzliche Bilder eingespielt wurden. Ich hatte kaum etwas damit zu tun gehabt. Jetzt überlegten wir uns gemeinsam, welche Geschichte wir erzählen wollten, und drehten einen richtigen, vierminütigen Film.

Mitte Dezember kam Duke aus Nashville und blieb bis Sylvester in Atlanta. Ich wartete auf seine Depression und bereitete alle anderen darauf vor, aber erstaunlicherweise änderte sich seine Stimmung überhaupt nicht. Er war vielleicht ein wenig nachdenklicher als gewöhnlich, aber es gab keinen vollständigen Rückzug, es gab keine Nächte voller sentimentaler Lieder, es gab keine Alkoholexzesse. Er sagte nichts dazu und ich sprach ihn nicht darauf an, ich ließ mir in keinster Weise anmerken, dass hier etwas Besonderes passierte. Ich freute mich für ihn und genoss seine Anwesenheit. Heiligabend trafen sich *Chronicle* und *The Falling* mit ihren jeweiligen Kölner Musikern bei Britt in Atlanta, Sylvester feierten wir alle in Blue Hill. Wunderbare Tage.

Anfang des Jahres fuhren Duke und ich nach Köln, ich besuchte meine Eltern, Mike und alle, die mir am Herzen lagen. Franks Soloalbum war inzwischen auf dem Markt, es verkaufte sich, na ja, mäßig. Er war, vielleicht aus diesem Grund, dabei, seine Autobiographie zu schreiben, die er im Frühjahr veröffentlichen wollte. Ich hatte diesbezüglich ziemlich gemischte Gefühle, war vor allem gespannt darauf, wie er unsere Bandgeschichte darstellen würde. Ich traf ihn kurz in der Villa, wir hatten uns nicht viel zu sagen und verabschiedeten uns mit den Worten: »Also dann, spätestens bis Juni.«

Da ich schon in Europa war, besuchte ich anschließend endlich meine Verwandten in Granada. Es war harmonisch wie immer, mein jüngster Cousin, inzwischen zwanzig und zwei Köpfe größer als ich, war begeistert von »Different World«, er freute sich darüber, dass er endlich verstand, was ich sang.

»Schade, dass du nicht bei *Chronicle* bleibst, ich studiere doch jetzt in Barcelona und ich wollte wenigstens ein oder zwei Auslandssemester in den USA machen, wäre doch toll, wenn du dann noch da wärst.«

»Ich werde mit Sicherheit öfter zu Besuch da sein, dann können wir uns treffen. Und wenn du willst, erkundige ich mich mal an den Colleges in Georgia nach den Bedingungen für Austauschstudenten.«

Natürlich sprach ich viel mit meinem Onkel. Obwohl ich nach wie vor die Zeit in Stratford verharmloste und meine Begegnung mit Simon in Atlanta ganz verschwieg, konnte ich ihm von meinen Ängsten erzählen.

»Weißt du, ich habe ein paar wunderbare Jahre mit Ratze gehabt, vielleicht sollte ich einfach akzeptieren, dass wir füreinander bestimmt waren. Und dass ich so eine Liebe in diesem Leben nicht mehr finden werde.«

»Das ist schwierig, Liebes. Vielleicht wirst du nicht mehr genau das finden, was du verloren hast, aber es gibt viele Spielarten der Liebe: Es gibt die, die sich aus einer tiefen Freundschaft heraus entwickelt, so etwas habe ich gespürt, als du mit Duke hier warst. Dann gibt es Verbundenheit und Vertrautheit, so wie ich sie inzwischen mit deiner Tante habe. Aber wir lieben uns nicht weniger, auch wenn die Leidenschaft nicht mehr so heftig glüht wie früher«, er lächelte verschmitzt. »Zumindest nicht mehr so oft. Als wir uns kennengelernt haben, da war die Liebe wie ein Beben und ein Vulkan. Und so etwas habe ich in deinen Worten gehört, als du mir von diesem englischen Musiker erzählt hast.«

»Aber das mit David ist nun mal vorbei und ehrlich gesagt heirate ich lieber Julian und verzichte auf diese ganze Leidenschaft, die sowieso nur weh tut.«

»Oh, du denkst ans Heiraten?«

»Nein. Ich denke an das Gefühl von Nähe und Verbundenheit.«

Er schüttelte lächelnd den Kopf. »*Diese* Nähe und *diese* Verbundenheit entstehen aber nur, wenn sie aus der Leidenschaft erwachsen. Und das braucht viele Jahre.«

»Aber bei Julian und mir waren sie von Anfang an da, glaub mir. Und was die Leidenschaft angeht: Ich bin schließlich lang genug ohne ausgekommen.«

Ja, so dachte ich mir das. Und ich hatte noch knapp eineinhalb Wochen Zeit, um es mir einzureden, bis das Schicksal beschloss, mir eine allerletzte Chance zu geben. Und da es mich inzwischen gut genug kannte, fuhr es heftige Geschütze auf.

IV

»Also, ich bin wirklich gespannt auf morgen, Eric hat gesagt, dass die Halle ausverkauft ist und dass es eine ziemlich geniale Lightshow geben wird. Vielleicht können wir uns noch was abgucken.«

»Mensch, Alan, seit wann bist du Dave-Roberts-Fan?«, fragte Chris.

»Seit ich mir sein Album in Ruhe angehört habe. Der hat wirklich was drauf! Vor allem die Sachen, die er mit dir zusammen gemacht hat, Tina.«

»Danke«, sagte ich so unbeteiligt wie möglich. Davids Konzert in Atlanta war schon seit ein paar Tagen Thema. Und ich war nach wie vor davon überzeugt, dass ich nicht hingehen würde.

»Ich habe gestern ein Interview von ihm gehört, in dem er über sein neues Video spricht. Er hat ziemlich offen erzählt, dass er so Sachen schon selber erlebt hat, diese Party hat wohl tatsächlich stattgefunden.«

Ich wurde hellhörig: »Was für eine Party?«

»Das Video zu seiner neuen Single ›Animal‹ spielt auf einer Party, auf der alle nur saufen und Drogen nehmen und er sich mit jemandem prügelt. Es läuft im Moment auf MTV rauf und runter.«

Ich schluckte. Party? Saufen? Prügeln? Das kam mir verdammt vertraut vor. Julian blickte mich nachdenklich an, auch er kannte die Zusammenhänge. Ich schüttelte kaum merklich den Kopf. Nicht jetzt.

Chris fragte: »Wie sieht's eigentlich aus, Tina, hast du dich inzwischen entschlossen mitzukommen?«

»Ich habe doch gesagt, dass ich nicht mitgehe. Ich kenne seine Show schließlich gut genug.« Genaugenommen kannte ich sie überhaupt nicht. Aber ich kannte seine Songs. Und ihn.

»Schade«, sagte Alan, »ich dachte, ich hätte dich ein bisschen heiß gemacht.«

Das hast du, Alan, dachte ich. Mehr als du ahnst.

Später am Abend kam jemand auf die Idee, bei *Willie's* noch etwas trinken zu gehen, ich blieb in Blue Hill. Als sie fort waren, lief ich zunächst eine Weile mehr oder weniger ziellos durch das Haus. Ich ging in mein Zimmer, um zu lesen, hatte aber keine Ruhe dafür. Ich ging in die Lounge, klimperte ein bisschen auf der Gitarre herum, hatte aber auch dazu keine rechte Lust. Dann ging ich in die Küche, machte einen Wein auf und setzte mich mit dem Buch ins Wohnzimmer. Las zehn Zeilen, blickte zum Fernseher, trank einen Schluck, las wieder ein paar Zeilen – und stand dann endlich auf und machte ihn an. Ich wollte es wirklich wissen.

Ich musste nicht allzu lange warten. Der Moderator auf MTV schwärmte in den höchsten Tönen von Daves neuem Video, erwähnte das bevorstehende einzige Konzert in den USA und den Erfolg, den das Album in Europa hatte. Und dann ...

Er hatte noch nicht einmal das Setting verändert. Die Einrichtung des Hauses, die Klamotten der Gäste und die gesamte Stimmung waren exakt getroffen. Er erzählte die ganze Geschichte. Und ich fühlte die ganze Wut, die ganze Eifersucht, den ganzen Ekel, das ganze Entsetzen. All das, worüber er und ich nie geredet hatten. All das, was dazu geführt hatte, dass er zu mir sagte: Verschwinde aus meinem Leben!

Ich ließ den Fernseher laufen, stand auf und ging, stolperte eher, in Richtung Halle. Ich hörte den Moderator noch, als ich am Fuß der Treppe stand, er kündigte gerade das nächste Video an. Es war »Loss of faith«, und das war ziemlich genau das, was mir gerade passierte. Ich ging in den Proberaum. Legte »Captured« ein. Ließ den ersten Titel laufen und stürzte mich in die Musik. Zum zweiten Mal, diesmal aber ohne die Angst, dass mich jemand dabei erwischen könnte. Und ich fiel wesentlich tiefer.

Er ist weg, er ist weg, hämmerte es durch mein Hirn, er hat dich verlassen, so wie alle anderen auch, du kannst sie nicht halten, du kannst niemand halten, jeder, der dein Herz sieht, muss flüchten. Ich weinte, schrie, sang die Texte mit, spürte Hass und Wut – auf mich, nur auf mich. Weil ich den Schmerz in meinem Inneren irgendwann nicht mehr ertrug, hämmerte ich mit den Fäusten gegen den Betonpfeiler in der Mitte des Raumes. Ich spürte nichts, noch nicht einmal, als mir die Fingerknöchel aufplatzten.

Am äußersten Rand meines Bewusstseins hörte ich irgendwann eine Stimme. Und dann zog mich jemand von diesem Pfeiler weg.

»Tina, hör auf! Tina!«

Ich wollte aber nicht weg von diesem Pfeiler, ich schlug um mich, blind vor Wut, aber der, der mich hielt, war stärker als ich, wehrte meine Hand ab und zog mich zur Couch. Irgendwann erlahmte mein Widerstand. Irgendwann ließ ich die Stimme in mein Bewusstsein.

»Tina, beruhige dich, es ist okay, es ist alles okay.«

Ich fiel in Julians Arme und heulte weiter, versaute ihm das T-Shirt mit Blut und Tränen, aber das interessierte uns beide nicht. Wir schwiegen lange, er hielt mich nur fest, dann fragte er ruhig:

»Hast du das Video gesehen?«

Ich hatte den Fernseher angelassen, und so schlecht im Gedankenlesen war er auch nicht.

»Ja. Er hat die ganze Geschichte erzählt, genau wie sie war. Warum, Julian, warum gerade jetzt? Warum bringt er den Song raus, warum das Video, warum kommt er nach Atlanta?«

»Wahrscheinlich, weil er es vorher nicht konnte.«

»Aber ich war gerade dabei, ihn zu vergessen, ich war gerade dabei, mir etwas Neues aufzubauen und zu begreifen, dass ich ihn nie geliebt habe und ...«

Er schob mich ein Stück von sich weg, um mich direkt anzuschauen. »Das ist doch Quatsch, Tina. Du hast nie aufgehört, ihn zu lieben. Und vergessen hast du ihn auch nicht. Höchstens verdrängt.«

Ich heulte weiter, weil mich seine Worte so trafen. Aber er hatte Recht. »Und was soll ich deiner Meinung nach jetzt tun?«

»Als erstes mich nach deinen Händen schauen lassen. Shit, das sieht wirklich übel aus.«

»Dabei konnte der Pfeiler gar nichts dafür.«

Er lachte. »Manchmal trifft es eben Unschuldige. Kannst du die Finger bewegen? Tut es weh?«

»Eigentlich nicht, ich ... Au! Doch, jetzt, wo du es erwähnst.«

»Sollen wir zum Arzt?«

»Nein, wird schon gehen.«

»Okay. Aber lass uns hochgehen, ich mach dir einen Verband drum.«

»Und dann?«

»Was dann?«

»Du hast gesagt, du willst als erstes nach meinen Händen schauen. Und dann?«

»Dann sollten wir morgen zusammen nach Atlanta fahren. Du musst mit David sprechen, Tina. Und ehrlich gesagt glaube ich, dass er darauf wartet.«

»Ja. Wahrscheinlich hast du Recht.«

Es gab keine Ausflüchte mehr. Und keine Entschuldigungen. Wenn ich seinetwegen schon Pfeiler zusammenschlug, wurde es wirklich allerhöchste Zeit.

Julian verarztete mich professionell, und obwohl ich zwei Tabletten nahm, wurden die Schmerzen stärker. Er brachte mich in mein Zimmer, aber ich blieb an der Treppe stehen. »Vergiss es, Julian, ich kann jetzt nicht schlafen.«

»Was willst du stattdessen?«

»Weiß nicht. Ein bisschen mit euch zusammensitzen, noch etwas trinken. Bloß nicht alleine sein.«

Die anderen drei saßen im Wohnzimmer und schauten besorgt. »Alles okay mit dir?«, wollte Ray wissen.

»Was zur Hölle ist passiert?«, fragte Chris mit Blick auf meine bandagierten Hände.

»Ich habe Scheiße gebaut«, sagte ich schlicht.

»Nichts Dramatisches«, ergänzte Julian trocken, »sie hat nur versucht, das Untergeschoss mit den Händen einzureißen.«

»Na wenn's weiter nichts ist. Willst du was trinken?«

»Klar. Gerne.«

Chris ging in die Küche um mir ein Glas zu holen, zögerte kurz an der Tür und fragte frech: »Brauchst du 'nen Strohhalm?«

Es war der Versuch, das ganze harmloser wirken zu lassen, und hier, in dieser Runde, funktionierte es sogar. Wir mussten alle lachen.

Julian und ich setzten uns auf die Couch, wir schauten noch ein oder zwei Filme, unterhielten uns, und ich war wieder einmal froh darüber, dass ich mit diesen Leuten zusammensein durfte.

Irgendwann muss ich eingeschlafen sein, denn ich erwachte am nächsten Morgen in meinem Bett und hatte keine Ahnung, wie ich dort hineingekommen war. Ansonsten wusste ich noch alles, das dumpfe Pochen in meinen Händen erinnerte mich auch nachdrücklich an die Erlebnisse der letzten Nacht. Ich ging zunächst ins Bad und entfernte die Verbände, um mir mein Werk genauer anzuschauen. Rechts war es noch verhältnismäßig harmlos, nur ein paar Abschürfungen, aber die linke war angeschwollen und die Knöchel sahen böse aus. Na wunderbar, dachte ich. Und ausgerechnet in diesem Zustand willst du David treffen?

Och, lästerte die fiese Stimme, er sah damals wesentlich schlimmer aus.

Mag ja sein, aber in *der* Kategorie wollte ich ihn nicht unbedingt übertreffen!

»Oh Mann, hier ist ja die Hölle los. Können Sie uns zum hinteren Bühneneingang fahren?«

»Selbstverständlich«, sagte der Taxifahrer.

Eric, Julian, Chris und ich saßen im Wagen, hinter uns, in einem weiteren Taxi, Alan, Ray, Britt und Joey. Wir waren am frühen Nachmittag nach Atlanta gekommen, hatten uns alle bei Eric getroffen und waren dann gemeinsam aufgebrochen. Als ich diese ganzen Menschenmassen sah, war ich ziemlich froh darum, dass wir als VIPs ein paar Privilegien hatten.

Wir kamen unbehelligt auf den mittleren Rang, auf dem sich schon allerhand Prominenz versammelt hatte. David – bzw. Marc – hatte wirklich ganze Arbeit geleistet und so ziemlich jeden eingeladen, der im amerikanischen Musikbusiness etwas zu sagen hatte. Viele der Anwesenden kannte ich inzwischen persönlich, ein paar

Worte hier, ein kurzer Smalltalk dort, ich wurde des öfteren auf meine Verbände angesprochen und erfand einen Treppensturz, bei dem ich mir erstaunlicherweise nur die Hände aufgeschürft hatte. Ein Bekannter von Chris sagte besorgt: »Was ein Glück, dass nicht mehr passiert ist, sonst hättest du vielleicht monatelang kein Instrument mehr spielen können.«

Ich schluckte bei seinen Worten, das war ein Aspekt, den ich bisher überhaupt nicht bedacht hatte. Ich hatte nicht nur sinn- und willenlos auf einen Pfeiler eingeschlagen, ich hatte dafür gesorgt, dass ich eine ganze Weile nicht mehr Gitarre spielen konnte – und wir hatten in neun Tagen einen Auftritt. Mann, Mann, dachte ich, vielleicht überlegst du dir so was in Zukunft, bevor du ausflippst!

Es dauerte nicht lange, bis die Vorgruppe zu spielen anfing, während im hinteren Teil der Bühne die Vorbereitungen für den späteren Auftritt von David weitergingen. Als ich das erste vertraute Gesicht sah, erstarrte ich.

»Was ist?«, fragte Julian.

»Da vorne beim Schlagzeug, das ist Geoffrey.« Ich spürte, wie mir der Schweiß ausbrach.

Julian blickte mich eindringlich an. »Geh schon«, sagte er ruhig.

»Wohin?«, fragte ich, obwohl es klar war.

»Du kommst von hier aus ohne Probleme ins Backstage, das weißt du doch. Geh zu ihm.«

»Vielleicht sollte ich bis nach dem Konzert warten.«

»Und dann springst du vor lauter Begeisterung hier vom Balkon, wenn er auf der Bühne steht? Tina, du erträgst es doch jetzt schon nicht mehr. Wieso willst du es noch hinausschieben?«

Wir schauten uns einen Moment lang schweigend in die Augen. Du hast Recht wie immer, Julian. Und ich bin unglaublich froh, dass du hier bist.

»Okay«, sagte ich, stand auf, umarmte ihn kurz und machte mich auf den Weg.

Vor dem Eingang zum Backstage-Bereich standen zwei Security-Leute, die mir unbekannt waren und die mit ein paar Fans diskutierten, die irgendwie den Weg hierhergefunden hatten. Ich blieb einen Moment im Hintergrund stehen. Was sollte ich den beiden sagen? Würden sie mich erkennen? Würden sie mich durchlassen? Was, wenn sie David fragten und der mich nicht sehen wollte?

Verdammt, Schicksal, du hast mir keine Wahl gelassen, jetzt hilf mir gefälligst!

Also gut.

In diesem Moment öffnete sich die Tür, Geoffrey kam heraus und unterhielt sich einen Moment mit den beiden Sicherheitsbeamten.

»Hi, Geoffrey«, sagte ich zu ihm.

Er war völlig verblüfft. »Tina, wie kommst du hierher?«

»Ich wollte David kurz ›Hallo‹ sagen. Lässt du mich rein?«

»Natürlich, aber ich muss schnell zu den Bussen und ...«

»Kein Problem, ich kenne mich aus.«

»Gut, dann geh. Im Moment ist er hinten in der Maske.«

Na also, dachte ich triumphierend. Die erste Hürde wäre geschafft. Ich lief den Gang hinunter, und je näher ich dem hinteren Bereich kam, desto lauter hörte ich Marcs und Davids Stimme. Offensichtlich hatten sie schon wieder eine Meinungsverschiedenheit. Na, das konnte ja heiter werden.

»Mein Gott, sie wird sich wieder beruhigen, Marc, was soll sie schon erzählen.«

Ich war ein paar Meter vor der Tür zur Maske stehen geblieben. Weniger um zu lauschen, als um die Stimmung auszuloten, was – okay – de facto aufs Gleiche hinauslief. Und das Ganze klang nach einem durchaus bekannten Thema.

»Hast du gelesen, was sie dem *Mirror* erzählt hat? Glaub mir, die wird das richtig groß aufziehen, sie ist kein unbekanntes Model, David, sie weiß, wie sie sich verkaufen muss! Kannst du nicht wenigstens mit ihr reden?«

»Spinnst du? Darauf wartet sie doch nur. Ich lass mich bestimmt nicht erpressen. Setz Allister darauf an. Oder mach, was du willst.«

Kurzes Schweigen, dann sagte Marc resigniert: »Ich bin wirklich gespannt auf den Tag, wo du endlich erwachsen wirst, David.«

Mit diesen Worten verließ er die Maske, bog mit wütendem Schritt in den Gang ein und erstarrte, als er mich erkannte. Wir brachten beide kein Wort heraus. Aus der Halle war Jubel zu hören, es klang nach Zugabe-Rufen, scheinbar war die Vorgruppe bei ihren letzten Songs. Die Zeit drängte. Da ich aber immer noch keine Worte fand, blickte ich Marc bittend an und deutete mit dem Kopf auf die Tür: Ich muss da rein, Marc! Er schwieg ebenfalls, nickte langsam und machte einen Schritt zur Seite: Dann geh! Ich sagte noch nicht einmal Danke, ich ging einfach.

David stand mit dem Rücken zu mir an einem der Tische und goss sich etwas zu trinken ein. Als er die Schritte hörte, sagte er: »Meinetwegen, sag Allister, er soll ihr ein Angebot machen, irgendwas in Richtung ...«

Er zögerte. Sekunden. Dann drehte er sich langsam um und sah mich an. Auch wir standen eine Ewigkeit voreinander, unfähig zu reagieren. Mir wurden die Knie weich, als ich in seine Augen blickte. Wie hatte ich mir nur einreden können, dass hier irgendetwas vorbei wäre.

Du musst etwas sagen, dachte ich, schließlich hast du ihn überfallen, du musst den Anfang machen, du musst etwas sagen.

Er unterbrach den Blickkontakt, lief ein paar Schritte zurück, drehte sich wieder um und sagte, um jedes Wort kämpfend: »Könntest du ... bitte ... *irgendetwas* sagen?«

Die Hilflosigkeit in seinen Worten brachte mich beinahe zum Lächeln, zumindest bekam ich endlich den Mund auf. »Ja. Sogar eine ganze Menge. Ich weiß nur nicht, wie ich anfangen soll. Und ob du es hören willst.«

Vorsichtig, ohne mich anzuschauen. »Was zum Beispiel?«

Ja, was denn eigentlich? »Alles. Warum es so scheiße gelaufen ist. Warum ich soviel Mist gebaut habe. Und warum ich mich leider nicht an das halten kann, worum du mich zuletzt gebeten hast.«

Er überlegte kurz. »Oh, das.« Zögern. »War ein Scheiß-Satz.«

Endlose Erleichterung. Obwohl ich es im Grunde gewusst hatte. Immer. Aber wir beide wussten immer noch nicht genau, was wir miteinander anfangen sollten. David betrachtete mich einen Moment lang. »Was ist passiert?«, fragte er mit Blick auf meine Hände.

»Ich sag doch, ich habe Mist gebaut.«

Ein ungläubiges, fast spöttisches Lächeln. »Hast du dich geprügelt?«

»Genau genommen«, ich lächelte auch, »ja. Aber nur mit einem Betonpfeiler. Habe ihn allerdings nicht klein gekriegt.«

»Vielleicht hättest du mit Holz anfangen sollen.«
»Danke. Ich merke es mir fürs nächste Mal.«
Die Wärme war fast wieder zurück in seinen Augen. Er machte einen Schritt auf mich zu und vielleicht hätte er mich umarmt, wenn in dem Moment nicht Andy hereingekommen wäre, ein Mann aus seiner Crew. Marc folgte ihm.
»Dave, wo bleibst du denn, du musst auf die Bühne!«
Ich konnte in seinem Gesicht sehen, wie er versuchte umzuschalten, von dem Mann, dessen Gefühle in Aufruhr waren, zu dem professionellen Entertainer, auf den ein paar tausend Leute warteten. Er schaffte es nicht ganz.
»Okay, dann«, er blickte kurz in den Spiegel, er hatte nicht die Zeit gehabt, sich in Ruhe zu stylen, aber es schien ausreichend zu sein, »lass uns gehen. Tina, was ist mit dir?«
»Ich bleibe hier, wenn du willst.«
»Gut. Dann bis später. Lauf nicht weg, okay?«
Ich schüttelte nur den Kopf, er schaute mich noch einen Moment lang an und ging mit Andy in Richtung Bühne. Ich sah ihnen nach und wandte mich dann an Marc. Er lächelte endlich und sagte: »Danke, dass du gekommen bist.«
»Viele andere Möglichkeiten hatte ich nicht. Das ganze war kein Zufall, oder?«
»Natürlich nicht, obwohl er das wahrscheinlich nicht zugeben wird. Es hätte einige Orte gegeben, wo sich dieses Konzert viel besser hätte organisieren lassen und wo wahrscheinlich auch die Publicity besser gewesen wäre, aber er hat sich überhaupt nicht auf eine Diskussion eingelassen. Als du angerufen hast damals ... Ich glaube, er hat wirklich nicht gewusst, was er sagt.«
»Mag sein, aber es war trotzdem hart.«
Er nickte und wollte etwas erwidern, aber ich merkte, dass ich schon wieder dabei war, mich mit dem Manager über das zu unterhalten, was ich eigentlich von David wissen wollte. Deswegen unterbrach ich ihn. »Meinst du, wir können hoch zur Bühne?«

Ich hatte David noch nie bei einem Liveauftritt erlebt, aber ich kannte natürlich etliche Konzertmitschnitte aus dem Fernsehen und hatte in Birmingham einige private Aufzeichnungen gesehen. Seine Professionalität, die scheinbare Lässigkeit, die er auf der

Bühne verbreitete, hatte mich immer schon beeindruckt. Deswegen merkte ich auch schnell, dass er sich dieses Mal wesentlich schwerer tat. Er war nicht annähernd so locker wie sonst, schaute öfter auf die Set-Liste oder auf die Texte und seine Kommentare zwischen den Songs kamen eher einstudiert rüber. Im Publikum merkte es wohl kaum jemand, aber ich wusste, dass *er* es merkte und dass es ihn mit Sicherheit nicht glücklich machte.

»Ich hätte vielleicht doch bis nach dem Konzert warten sollen«, murmelte ich leise, Marc hatte mich trotzdem gehört und er wusste, was ich meinte.

»Das hätte wahrscheinlich nicht viel geändert, er ist so oder so ziemlich nervös wegen Amerika und so, und wenn er sich jetzt noch fragen würde, ob du überhaupt kommst, hätte ihn das nicht sicherer gemacht.«

»Vielleicht. Sag mal, hast du eine Setlist?«

Keine Ahnung, ob er meinen Gedankensprung nachvollziehen konnte, aber er gab sie mir. David hatte gerade mit einem seiner älteren Hits angefangen, als übernächstes würde »How to cope« kommen, direkt danach der Song über Sharon. Sah gut aus. Ich fasste einen Entschluss und sagte zu Marc: »Ich muss noch mal ganz kurz in die Maske runter, kannst du mir ein Mikro besorgen, das ausgesteuert ist?«

»Du willst raus?«, fragte er skeptisch.

»Ja. Das soll doch ein großartiges Konzert werden, oder? Gäste kommen da immer gut.«

Ich beeilte mich, hielt mich nur kurz am Schminktisch auf, ein bisschen Mascara, ein bisschen Rouge mussten reichen, dann blickte ich mich suchend im hinteren Teil um, wo Kostüme und Requisiten standen. Ich fand schnell, was ich brauchte, zerrte den Verband von meiner Hand und zog ein paar schwarze, glänzende Handschuhe über. Es tat ziemlich weh und passte überhaupt nicht zu meinem sonstigen Outfit, aber mit bandagierten Händen wollte ich mich nicht auf der Bühne sehen lassen. Wenigstens kannst du mit rechts das Mikro halten, dachte ich bitter.

Auf dem Weg nach oben meldete sich die fiese Stimme kurz: Weißt du, was du da tust?

Klar, wieso?

Na ja, du mischt dich mal wieder kräftig in seine Angelegenheiten.

Stimmt. Und ich habe lange genug gebraucht, um zu merken, dass seine Angelegenheiten auch meine sind. Er wäre nicht in dieser Situation, wenn ich nicht gekommen wäre, also lass mich in Ruhe!

Als ich zur Bühne kam, begann gerade das Intro zu »How to cope«. Marc gab mir das Mikro, nickte mir noch einmal zu, ich stellte mich in Position – und probierte zum ersten Mal bewusst das aus, was längst Gewissheit für mich war: Ich blickte zu David und dachte: Bitte dreh dich kurz um, damit du mich siehst und weißt, was ich vorhabe.

Mag sein, dass er einfach nur meine Bewegung wahrnahm, aber er schaute nach hinten, sah mich, sah das Mikro und verstand sofort. Er hatte allerdings keine Zeit mehr, um groß zu reagieren, denn er musste die erste Strophe anfangen. Ich wartete noch einen Moment bis zur Bridge, setzte mit der zweiten Stimme ein und ging langsam nach vorne.

David war großartig, er spielte den vollkommen Überraschten, starrte mich mit weit aufgerissenen Augen an, blickte ins Publikum und zuckte entgeistert mit den Schultern, als käme da plötzlich jemand auf die Bühne, den er noch nie gesehen hatte. Die Leute erkannten mich schnell und äußerten ihre Begeisterung lautstark, David tat, als wäre ihm plötzlich ein Geistesblitz gekommen, er schlug sich an die Stirn und schaute wieder in die Menge: Ach so, *die* ist das! Und das alles, während er sang. Phänomenal.

Im kurzen Instrumentalteil nach dem Refrain rief er, wieder ganz der Entertainer: »Ladies and Gentlemen, please welcome the world's most beautiful woman – Miss Tina Montez!«

»Good evening, Atlanta!«, rief ich in das Getöse, und wir begannen mit der zweiten Strophe.

Nach dem Song ein kurzer Blick, ich sagte: »›Gorgeous women‹«, er nickte und wir machten weiter, als sei das alles seit Wochen abgesprochen und geprobt. Auch die Band reagierte entsprechend professionell, selbst als sich David anschließend an das Klavier setzte und mit »Touch« begann, das eigentlich erst bei der Zugabe kommen sollte. Ich blickte zwischendurch ein paar Mal in den mittleren Rang, konnte Julian und die anderen aber nicht erkennen.

Wir spielten noch »You can leave your hat on« und »Need your love«, letzteres so intensiv, wie ich es gewohnt war, danach gab ich ihm ein Zeichen – es war genug. Meine Hand schmerzte inzwischen heftig, natürlich hatte ich im Eifer des Gefechts das Mikro immer wieder in die linke Hand genommen und es jedes Mal sofort bereut. Ich hatte kein Interesse, mit schmerzverzerrtem Gesicht auf der Bühne herumzulaufen.

»Alles okay?«, fragte er kurz.

»Ich muss aus den Dingern raus.«

»Ja, so langsam fällt es auf, wie unförmig die eine Hand aussieht.« Er grinste entschuldigend, dann wandte er sich an das Publikum und kündigte an, dass ich, da ich ja noch so viele wichtige Termine hätte, leider schon wieder gehen müsse. Ich sagte »Good bye«, ließ mich noch ein bisschen feiern, er gab mir demonstrativ einen Kuss und flüsterte: »Du wartest, oder?«

»Ja doch. Bis gleich.«

Marc lächelte, als er mich hinter der Bühne in Empfang nahm, schaute aber sofort besorgt, als er mein Gesicht sah. »Bist du in Ordnung?«

»Nein, ich muss sofort aus diesem Handschuh raus.«

Wir gingen zurück in die Maske, er schaute sich die Sache einen Moment an und nahm dann kurzerhand eine Schere. Der mittlere Knöchel war wieder offen, kein Wunder, dass es so wehtat.

»Oh«, sagte Marc, »das ist nicht gut. Warte, hier muss irgendwo Verbandszeug sein. Brauchst du sonst noch etwas?«

»Nein, solange ich kein Mikro mehr halten muss. Aber was zu trinken wär nicht schlecht.«

Dank Marcs Pflege war ich wieder relativ fit, als David vor der ersten Zugabe kurz nach hinten kam. Er setzte sich zu mir, fragte, was die Hand mache, und sagte: »Dass du nach draußen gekommen bist, war klasse. Gibt fette Kritiken, außerdem könnte ich mich daran gewöhnen, mit dir zusammen aufzutreten.«

»Freut mich. Können wir das vielleicht später klären?«

»Klar. Also, ich muss wieder rüber.« Er stand auf, trank meinen Martini zur Hälfte leer, grinste und verabschiedete sich. Irgendwie ging mir das alles ein bisschen zu schnell. Waren wir schon wieder beim lässigen Plauderton angelangt?

Er gab noch eine zweite Zugabe und brach dann ab, obwohl die Leute ihn sicherlich für eine weitere auf die Bühne geholt hätten. Stolz, erledigt und über das ganze Gesicht grinsend kam er nach hinten und ließ sich in einen der Sessel fallen.

»Was eine Show!«, rief er. »Ist doch gut gelaufen, oder?« Andy, Geoffrey und die anderen, die mit ihm ins Backstage gekommen waren, gaben ihre Zustimmung.

»Tina, glaubst du, dass das den Amerikanern gefallen hat?«

»Keine Ahnung, ich bin keiner.« Marc grinste, ich ergänzte: »Aber ich fand, dass du hervorragend warst.«

»Na, das ist doch schon was.« Er holte sich einen Drink, lief, immer noch vollkommen aufgedreht, ein paar Mal hin und her und meinte dann: »Also, was machen wir mit dem angebrochenen Abend? Es gibt doch bestimmt ein paar nette Kneipen hier, oder?«

»Schon«, sagte ich langsam, »aber ich habe jetzt nicht unbedingt Lust auf Leute. Tut mir leid, David, vor zwei Stunden wusste ich noch nicht, ob ich es überhaupt schaffe herzukommen, oder ob du mir zuhören wirst, ich kann nicht so tun, als wäre alles bestens und als wäre im letzten Jahr nichts passiert.«

Er wurde ernster. »Was schlägst du vor?«

»Irgendwo hingehen, wo wir Ruhe haben, wo ich dir alles erzählen kann.«

»Hotel?«

»Meinetwegen.«

David nickte, Marc stand auf. »Ich sag Geoffrey Bescheid.«

»Und sag den Security-Typen, dass sie den Ausgang freihalten sollen, ich habe keine Lust, noch fünfhundert Autogramme zu geben.«

Mir fiel noch etwas ein. »Oh, und Marc, vielleicht kannst du mir noch einen Gefallen tun? Am hinteren Backstage-Eingang stehen meine Leute, zumindest Julian Hayes, könntest du ihm sagen, dass er nicht auf mich warten muss?«

»Natürlich, kein Problem.«

V

Wir kamen halbwegs unbehelligt aus der Halle, zumindest musste David keine fünfhundert, sondern höchstens zwanzig Autogramme geben. Er blieb – wie meistens den Fans gegenüber – lässig und freundlich und freute sich sogar, als auch ich zum Unterschreiben aufgefordert wurde. Vor dem Hotel standen auch einige Fans und Journalisten, wir fuhren zum Hintereingang und waren zum Glück schneller als sie.

Marc brachte uns nach oben in die Suite, wir bestellten Essen und Trinken, plauderten bis es kam vor allem über den Auftritt, aßen zusammen, und irgendwann kam der Moment, wo Marc sich verabschiedete und David und ich uns gegenüber auf der Couch saßen, mit dem obligatorischen Whisky und dem obligatorischen Martini vor uns. Und er mal wieder darauf wartete, dass ich anfing.

»Worüber habt ihr euch vor dem Auftritt gestritten, Marc und du?«

Genau, sollte er doch anfangen. War viel einfacher, als über mich zu reden. Erstaunlicherweise ließ er sich darauf ein. »Ach, dumme Geschichte. Ich habe ein bisschen rumgeknutscht auf der letzten Party.« Ein schiefes Grinsen. »Scheinbar hat das Alice gut gefallen, zumindest macht sie jetzt eine Mordsstory daraus.«

»Alice Haley? Die bei Jimmys Party war?«

»Stimmt, du kennst sie. Mein Gott, sie war allein und sah umwerfend aus. Ich weiß, Richard ist ein netter Kerl, ich habe ja gehofft, sie würde keinen großen Wind darum machen und es einfach vergessen.«

Langsam sagte ich: »Mit dir zu knutschen, das vergisst man nicht so schnell, David.«

Er sah mich an, ernster. »Tatsächlich? Erstaunlich, dass du das sagst. Ich habe gehört, du wärst jetzt mit diesem Amerikaner zusammen, Hayes oder wie er heißt.«

Ich lachte auf. »Wer hat das erzählt?«

Unschuldig sagte er: »Hab ich gelesen.«

»Ach so, und was in der Presse steht, stimmt immer, oder?«

»Stimmt's denn nicht?« Eine Spur von Hoffnung in seiner Stimme.

»Nein. Wir mögen uns und ich kann mit ihm zusammen die Musik machen, die ich immer machen wollte, mehr ist nicht. Wenn du morgen noch ein bisschen Zeit hast, können wir gerne nach Blue Hill fahren und ich stelle dir ihn und die anderen vor.«

»Mal sehen. Was ist mit deiner anderen Band?«

»Keine Ahnung. Vielleicht gibt es noch ein Album im Sommer, aber ich kann es mir fast nicht mehr vorstellen. Am liebsten würde ich hierbleiben. Schon verrückt, du hast damals gesagt, dass ich englisch singen muss, und du hast gesagt, dass *Zigg* sowieso keine Zukunft hat. Mit beidem hast du recht gehabt.«

»Das war auch alles nicht so schwer zu erraten. Im Gegensatz zu manchem anderen.«

So langsam näherten wir uns dem Kern der Sache. Ich beschloss, in die Vollen zu gehen. »Du hast auch gesagt, dass ich nicht nach Stratford fahren soll. Und ich wär verdammt froh drum, wenn ich dir wenigstens das geglaubt hätte.«

Er blickte mir direkt in die Augen und der alte Schmerz war wieder da. »Immerhin hast du es eine ganze Weile ausgehalten.«

Ich spürte ihn auch und fing sofort an, mich zu verteidigen. »Weil ich nicht gewusst habe, wohin ich sollte! Köln war kaputt, du wolltest mich nicht sehen, und als Duke mir gesagt hat, dass du Bescheid weißt ... Immerhin habe ja ich versucht, mit dir zu reden.«

Auch er wurde lauter. »Nach *vier* Monaten! Ist es dir plötzlich zu langweilig geworden, oder was?«

»Nein, ich habe irgendwann dein Album gehört, die neuen Lieder, und dann das Mädchen getroffen ...«

»Was für ein Mädchen?«

»Auf der Straße ... Egal, auf jeden Fall habe ich dann den Absprung geschafft.«

Fast schadenfroh kam von ihm: »Tja, er war wohl doch nicht so gut im Bett wie du dachtest, was?«

Ich hatte das enorme Bedürfnis, ihm eine zu knallen. Mit unverhülltem, bitterem Zynismus antwortete ich: »Oh, er war toll, sehr männlich und ... sehr wild.« Mit diesen Worten schob ich mein Hemd hoch und zeigte ihm meine rechte Seite. Die Narben von dem Glas, das unter mit zersplittert war, als Simon mich gegen den Nachttisch geschleudert hatte, waren immer noch gut zu sehen.

David starrte meinen Körper an und ich setzte noch einen darauf: »Ich habe leider keine Fotos gemacht, aber frag Duke, der kann dir sehr detailliert beschreiben, wie mein Handgelenk und mein Gesicht ausgesehen haben. Es hat *wirklich* Spaß gemacht in Stratford.«

David rang nach Worten: »Das ist nicht wahr, oder? Sag mir, dass das nicht wahr ist!«

Ich schrie ihn an: »Glaubst du, ich mache über so etwas Witze?«

Er versuchte irgendwie, seine Fassung zu bewahren, stand auf, lief durch den Raum, suchte nach den richtigen Worten, aber er fand sie nicht. Er kochte vor Wut und Hilflosigkeit. Plötzlich packte er sein leeres Glas, ich erwartete, dass er es an die Wand schleudern würde, aber er bremste sich im letzten Moment.

»Ich bring ihn um, Tina«, sagte er stattdessen, »ich fahre morgen zurück nach England und ich schwöre dir, ich werde ihn umbringen!«

Ich sprang auf. »Verdammt, das wirst du nicht tun. Glaubst du, ich habe Lust, dich die nächsten zwanzig Jahre im Knast zu besuchen?«

Er ging nicht darauf ein. »Warum hast du mich nicht angerufen? Wenn ich das gewusst hätte, ich hätte dich da rausgeholt und ...«

»Ich konnte dich nicht anrufen! Bitte, lass es, Dave, es ist vorbei. Ich habe Scheiße gebaut und ich werde irgendwie damit klarkommen.«

Schlagartig verschwand die Wut aus seinen Augen. Übrig blieben Hilflosigkeit und Mitgefühl. Und er kam endlich zu mir. »*Du* hast Scheiße gebaut? Du gibst *dir* die Schuld?«

»Ja.« Auch meine Wut verschwand. Übrig blieben Trauer und Selbstmitleid. »Wem soll ich sie denn sonst geben?«

Er berührte mich vorsichtig an den Schultern. »Vielleicht dieser feigen Sau, diesem Psychopathen, der Frauen prügelt. Oder meinetwegen mir, weil ich dich alleine gelassen habe und weil du nur zu ihm gefahren bist, weil du mir helfen wolltest. Ich bin so ein Idiot!«

Ich musste lächeln, zwischen meinen Tränen hindurch, die in erster Linie aus Erleichterung kamen und endlich diesen Brocken aus

Eis wegspülten, den ich die ganze Zeit in meinem Herzen getragen hatte. »Stimmt, das bist du manchmal. Aber ich auch, und wenn ich nicht Schuld bin, dann bist du es auch nicht.«

Und endlich verstand ich all das, was Duke, mein Onkel und Julian versucht hatten, mir zu sagen. Das Problem war nicht meine Angst. Und auch nicht Davids Eifersucht. Das einzige Problem war der Typ, der beides so schamlos ausgenutzt hatte. Diese Erkenntnis und die damit einhergehende Erleichterung waren so groß, dass ich mich von David losmachen musste. Ich platzte fast, deswegen öffnete ich die Balkontür, stützte mich, irgendwo im zwölften Stockwerk, auf das Geländer, holte Luft und schrie so laut ich konnte: »Ich hasse dich, Simon! Ich will, dass du auf ewig in der Hölle schmorst!« Etwas Sinnvolleres fiel mir wirklich nicht ein.

David stand hinter mir in der Tür, nach einem kurzen Moment drehte ich mich zu ihm um und sagte: »Tut mir leid. Ging nicht anders.«

Er grinste – dieses Grinsen, das ich so liebte und so lange nicht gesehen hatte – und sagte: »Oh, ich fand es angemessen. Mir wären wahrscheinlich noch ein paar schlimmere Sachen eingefallen.«

»Es fehlt auch noch etwas«, sagte ich, holte erneut Luft, musste lachen, atmete wieder aus und sagte in relativ normaler Lautstärke: »Ich liebe dich, David. Vielleicht gibt's irgendeine Chance, das alles zu vergessen und neu anzufangen.«

»Vielleicht gibt's auch die Chance, das alles *nicht* zu vergessen und weiterzumachen. Das Problem ist, wenn man Fehler vergisst, dann passieren sie einem wieder, und ich werde das nicht noch mal ertragen, dich ein ganzes Jahr nicht zu sehen«, sagte ausgerechnet er, der coole, lässige Musiker, den ich so liebte.

Wir küssten uns lange, und ich signalisierte ihm deutlich, dass ich erheblich mehr wollte als das. Er vergewisserte sich kurz: »Bist du sicher?«

»Klar. Solange ich nichts mit der linken Hand machen muss.«

Der Rest der Nacht verbrachten wir mit Reden – über alles, was in den vielen Monaten passiert war, die wir uns nicht gesehen hatten, über alles, was davor geschehen war, über das, was zu den vielen Missverständnissen geführt hatte, und immer wieder über unsere Gefühle füreinander. Es war so klar, so offen, so frei von irgendwelcher Show, dass ich mich fragte, was mit David im letzten

Jahr geschehen war. Hatte er seinen Affen endlich zum Schweigen gebracht? Zumindest wusste ich eines mit Sicherheit: Alles fühlte sich wunderbar und richtig an. Und ich würde tun, was immer mir möglich war, um es zu erhalten.

Am nächsten Tag machten wir uns auf den Weg nach Blue Hill. Ich hatte ihn morgens gefragt, ob er ein bisschen Zeit mitgebracht hätte.

»Klar. Alle Zeit der Welt.«

Ein schräger Blick von mir. »Geht's ein bisschen konkreter?«

»Oh, ist ja gut. Eine Woche, zehn Tage, wenn nötig.«

»Cool. Hast du Lust, mit zu uns zu kommen? Ich würde dir gerne das Haus zeigen. Und meine Band.«

Er sagte spöttisch: »Deine Band! So, so.«

»Na ja, die Band, mit der ich was aufgenommen habe. Ich bin mir sicher, dass es dir in Blue Hill gefällt.«

»Bisher habe ich ja gute Erfahrungen gemacht mit den Häusern deiner Freunde. Also lass uns hinfahren.«

Wir wurden von einigen Journalisten verfolgt. An dieses Problem hatte ich überhaupt nicht gedacht und ich fragte mich kurz, wie Julian und die anderen damit klarkommen würden. In Blue Hill gab es keine Mauern und Tore und wir hatten schon mehreren Leuten erklären müssen, dass ein Privatgrundstück auch dann ein Privatgrundstück ist, wenn es nicht von einem Zaun begrenzt wird. Widerstrebend hatten die Jungs inzwischen sogar unten an der Auffahrt ein entsprechendes Schild angebracht. Zwei der Wagen stoppten auch tatsächlich an der Straße und Geoffrey, der uns gefahren hatte, stieg als erster aus dem Auto und erklärte dem Fahrer des dritten noch einmal die rechtliche Lage, anscheinend sehr eindrücklich, denn er wendete und verschwand.

Chris und Ray, die unsere Ankunft beobachtet hatten, kamen uns entgegen, ich begrüßte sie mit verlegenem Lächeln. »Hi Ray, Chris, tut mir leid, dass wir die Presse mitgebracht haben, sie ließen sich nicht abschütteln.«

»Kein Problem, sie sind ja schon wieder weg«, sagte Ray ebenfalls lächelnd und ging dann auf David zu. »Hi, ich bin Ray Morgan, willkommen auf Blue Hill.«

Sie schüttelten sich die Hände. »Danke. Ich bin David Roberts. Nettes Haus habt ihr hier.«

»Ja. Du wirst es ja gleich von innen sehen. Übrigens, phänomenaler Auftritt gestern – von euch beiden.«

Ich grinste inzwischen breit. Da hatten sich wirklich die beiden Weltmeister im Smalltalk gefunden. Chris war entschieden zurückhaltender, immerhin fragte er: »Brauchst du Hilfe mit dem Gepäck?«

»Nein, ich hab nur eine Tasche dabei, du musst niemanden holen.«

»Holen?«

Na, das fing ja prima an. David schaute zu mir und begriff seinen Fehler zum Glück recht schnell. »Äh, vergiss es! Geoffrey, ich ruf dich dann an, ja?«

»Alles klar«, sagte Geoffrey, stieg in die Limousine und fuhr zurück.

Wir standen eine Weile schweigend herum, bis ich, immer noch grinsend, vorschlug: »Sollen wir vielleicht hineingehen?«

»Brilliante Idee«, sagte Ray.

Wir verbrachten ein paar entspannte Tage in Blue Hill, gingen spazieren, machten Musik und fuhren gelegentlich in die Stadt für einen Bummel oder ein Bier bei *Willie's*. David fühlte sich wohl, er liebte das Haus, er liebte mich und er mochte die Leute, die mit mir hier wohnten. Chris wurde aufgeschlossener, obwohl er sich nie wirklich um eine Freundschaft mit David bemühte. Ganz im Gegensatz zu Ray übrigens, die beiden kamen hervorragend miteinander aus, und ich genoss es, auch wenn ich bei einigen ihrer ausgiebigen Diskussionen einfach abschaltete.

Duke kam fünf Tage nach dem Konzert aus Nashville zurück. Natürlich hatte ich längst mit ihm telefoniert und ihm die Neuigkeiten berichtet, nur die Pfeiler-Episode hatte ich verharmlost, weil ich nicht wollte, dass er sich Sorgen machte. Er hatte auf meine Versöhnung mit David erstaunlich positiv reagiert. Die beiden begrüßten sich in Blue Hill mit einem langen, abschätzenden Blick und anschließendem Nicken, so als hätten sie eine stillschweigende Vereinbarung getroffen, deren Inhalt mir nur teilweise klar war.

Abends saßen wir alle zusammen am Kaminfeuer in der Lounge, ich schaute lange in die Runde und spürte eine so tiefe Zufriedenheit, wie ich sie bisher kaum gekannt hatte. Ich folgte Julian, als er für einen Moment auf die Terrasse ging, er fragte: »Na? Alles okay?«

»Oh ja, ich hätte nie gedacht, dass es so schön sein kann.«

»Ich habe dich auch noch nie so glücklich gesehen.«

»Was hältst du von ihm?«, fragte ich mit einem Blick nach innen.

»David? Er ist großartig. Kaum zu glauben, dass manche Leute ihn für ein arrogantes Arschloch halten.«

»Oh, er kann schon eins sein, wenn er will.«

»Davon ist aber nicht viel zu merken, im Gegenteil, ich kann verstehen, dass du dich in ihn verliebt hast, er ... hat was.« Bei seinen letzten Worten wurde sein Lächeln anzüglich.

»Hey, lass ja die Finger von ihm.«

»Keine Sorge, da werde ich mich nicht einmischen. Schließlich will ich mit dir noch ein paar Platten aufnehmen. Übrigens, was macht die Hand?«

Damit sprach er einen wunden Punkt an. Die Verletzungen waren zwar halbwegs verheilt, aber die Hand war immer noch geschwollen und ich konnte nach wie vor auf der Gitarre nicht sauber greifen. Und wie üblich bei körperlichen Beschwerden, war ich viel zu ungeduldig.

»Im Moment klingt es so, als hätte ich erst vor einer Woche spielen gelernt. Keine Ahnung, ob ich das bis Dienstag hinkriege.«

»Sind doch noch vier Tage. Und wenn es nicht klappt, lassen wir uns etwas anderes einfallen, mach dir keine Gedanken.«

Duke und David kamen auch auf die Terrasse und wie immer schaute David ein wenig skeptisch, als er Julian und mich zusammen sah.

»Hey, müsst ihr euch wirklich zum Flirten in die Kälte stellen?«, fragte Duke auch noch.

»Klar«, sagte ich, »dann wird's nicht so heiß.«

»So, so«, sagte David.

Ich umarmte und küsste ihn und fragte dann: »Sag mal, kommst du am Dienstag noch mit nach Seattle zu unserem Auftritt?«

»Hm. Wird knapp. Ich muss Donnerstagabend auf jeden Fall in London sein. Aber vielleicht kann ich Mittwoch früh von Seattle aus fliegen. Ich rufe Marc nachher mal an.«

»Apropos Auftritt«, begann Julian langsam. »Duke, hast du die nächsten Tage was vor?«

»Nein, wieso?«

Ich schaute Julian an und ahnte, warum er diese Frage stellte. »Hey, das ist eine großartige Idee!«

»Was denn?«, fragte Duke irritiert.

»Na ja, Tina hat noch ziemlich Probleme mit der Gitarre, und ich will nicht, dass sie es jetzt übertreibt und dann vielleicht in zwei Wochen zum Touranfang nicht fit ist. Vielleicht könntest du am Dienstag ein oder zwei Stücke übernehmen?«

Ich wusste, dass Duke gut genug war, um innerhalb von ein paar Tagen ein paar Griffe zu lernen, ich wusste nur nicht, wie ihm die Vorstellung gefiel, bei *Chronicle* die zweite Gitarre zu spielen.

»Kein Problem. Dann stehen wir endlich wieder zusammen auf der Bühne, Tina.«

Ich lächelte beide an, es war wirklich eine hervorragende Lösung. Und David sagte: »Dann muss ich ja wohl mitkommen. Das ist mir viel zu riskant, Tina mit euch beiden alleine zu lassen.«

»Tja«, meinte Duke, »während der Tour wird dir wohl nichts anderes übrig bleiben.«

David sah nicht gerade begeistert aus, ich versuchte, ihn zu beruhigen. »Glaub mir, das wird anders ablaufen als beim letzten Mal. Ich kann halt zwei Monate lang nicht weg. Aber ich hoffe, dass du ab und zu vorbeikommst. Wenigstens brauchen wir diese ganze Heimlichtuerei nicht mehr.«

»Ja, ich hätte nie gedacht, dass die so einen Spaß daran haben.«

Natürlich wusste die weltweite Presse inzwischen, dass David in Atlanta und bei mir war, wir machten auch kein Geheimnis mehr daraus und hatten uns längst zusammen gezeigt. Interessanterweise waren die Berichte nicht halb so reißerisch, wie wir erwartet hatten. Es wurde über eine »neue alte Liebe« spekuliert, es wurde gefragt, ob es »doch mehr als nur eine Affäre« sei und es wurde erklärt, dass David »trotz einjähriger Funkstille wieder Kontakt zu der Kölner Sängerin« aufgenommen hatte. Natürlich kam auch das letzte Ereignis mit Alice Haley zur Sprache, aber anscheinend hatte sie beschlossen, sich erst einmal mit weiteren Kommentaren zurückzuhalten.

Weder David noch ich hatten irgendwelche Probleme mit der Publicity, im Gegenteil, wir machten uns häufig sogar einen Spaß daraus.

»Hey, da hinten steht ein Reporter«, sagte er, als wir am nächsten Tag mit Ray und Julian in der Stadt waren. Alan, Chris und Duke saßen im Proberaum und machten sich Gedanken um die Gitarrenbegleitung.

»Wo?«, fragte ich und drehte mich um.

»An der Telefonzelle.«

»Oh, der sieht echt süß aus. Bestimmt ein Praktikant, so jung, wie er ist.«

Wir küssten uns lange genug, dass er ausreichend Zeit für ein paar vernünftige Fotos hatte. Danach sagte Julian lapidar: »Ich find's schon toll, dass ihr so viel für den Nachwuchs tut.«

Bei unserem Auftritt in Seattle lief alles glatt, Duke hatte sich hervorragend eingespielt. Am nächsten Tag flogen David und Marc zurück nach London, allerdings kamen sie beide kurz vor der Tour noch einmal für zwei Tage vorbei. David erzählte mir im Verlauf des Abends, dass er mit Alice gesprochen hatte.

»Ich habe irgendwann gedacht: Scheiß auf den Stolz und habe sie angerufen.«

»Und? Wie hat sie reagiert?«

»Na ja, sie hat so getan, als wäre sie an der ganzen Sache überhaupt nicht beteiligt gewesen. Aber das musste sie wahrscheinlich wegen Richard. Er ist immer noch stinksauer, aber ich glaube, sie hat sich wieder beruhigt.«

»Schön. Ich find's toll, dass du sie angerufen hast.«

»Weißt du, was viel schlimmer ist? Wir waren vorgestern auf einer Party in London, verdammt viele hübsche Frauen waren da, aber sie haben mich überhaupt nicht gereizt.«

»Oh. Das tut mir echt leid für dich.«

»Hey, ich habe eine Menge Nachhochbedarf.«

»Dann sollten wir vielleicht nach oben gehen, Mister bestaussehendster Mann der Welt.«

»Hervorragender Vorschlag.«

Unsere Tour durch die Staaten war lang, anstrengend und nervenaufreibend – für mich aber trotzdem die entspannteste, die ich je gemacht hatte. Es gab keine Konkurrenz, keine internen Machtkämpfe und praktisch keinen Streit. Die Auftritte machten uns allen Spaß und die wenigen kleinen Pannen konnten wir und das Publikum problemlos verkraften.

Meine Hand war inzwischen wieder in Ordnung, ich spürte zwar noch gelegentlich ein Ziehen wenn ich bei einem Auftritt zu sehr aufgedreht hatte, aber es wurde von mal zu mal besser. Auch mit den neuen Liedern kamen wir gut zurecht. Wir hatten uns natürlich vor der Tour überlegt, welche alten *Chronicle*-Songs wir bringen wollten und viele davon so eingespielt, dass ich dabei auch etwas zu tun hatte. Entweder übernahm ich die zweite Stimme von Alan oder wir bastelten eine Gitarrenbegleitung dazu. Ich hatte bei keinem der Auftritte das Gefühl, überflüssig zu sein, im Gegenteil, nach diesen zwei Monaten fühlte ich mich endgültig als Teil der Band.

Ich fing an, englische Texte zu schreiben und wir ertappten uns immer wieder dabei, wie wir Zukunftspläne schmiedeten, die meistens von irgendjemanden durch den Satz »Oh, stimmt, du bist ja im Sommer gar nicht mehr hier« in die Gegenwart zurückgeholt wurden.

David und ich telefonierten regelmäßig, zweimal kamen er und Marc uns besuchen. Unser entspannter, lässiger Umgangston hatte wieder die Oberhand gewonnen, aber nicht, weil wir vor etwas davonliefen, sondern weil wir verstanden hatten, wie das mit uns beiden funktionieren konnte, und vor allem, weil wir endlich wussten, dass wir uns brauchten und auch keine Schwierigkeiten mehr hatten, das vor uns selbst oder jemand anderem zuzugeben. Es gab immer noch genug Kleinigkeiten, die mich an ihm nervten, vor allem aber gefiel mir nicht, dass wir uns nur so selten sehen konnten. Ihm ging es ähnlich, meistens spielte er es herunter.

»Wann fährst du eigentlich wieder nach Köln?«, fragte er mich nachts in einem Hotelzimmer irgendwo in Dallas, zwei Wochen vor Ende unserer Tour.

»Spätestens Anfang Juni. Warum?«

»Und was machst du bis dahin, es ist doch erst Mitte April.«

»Wir wollen in Atlanta noch ein oder zwei Songs aufnehmen, die Julian und ich geschrieben haben, was auch immer daraus wird. Und ich dachte mir, dass ich dann einen Abstecher nach Birmingham machen könnte, ich kenne da einen netten Musiker.«

»Wie heißt der Typ?«, fragte er entrüstet.

»Oh, du kennst ihn, er ist der englische Superstar. Hast du Zeit?«

»Im Mai? Da muss ich erst Marc fragen.«

»Den solltest du jetzt besser nicht stören, er ist mit Julian noch etwas trinken gegangen.«

»Die zwei verstehen sich recht gut, oder?«

»Ja, den Eindruck habe ich auch.«

Wir lächelten beide. Diese Entwicklung gefiel uns ausgesprochen gut.

David wurde wieder ernst. »Klar kannst du im Mai kommen, ich habe zwei oder drei Auftritte. Kannst ja mitmachen, wenn du willst. Den Typen von der *Sun* würdest du auf jeden Fall einen großen Gefallen tun, wenn du dich mal wieder in England blicken lässt.«

Genauso machten wir es. Ich blieb noch zwei Wochen in Blue Hill, wir nahmen bei Eric die Songs auf und irgendwann kam der Tag, an dem ich mich von Alan, Ray, Chris und Julian verabschieden musste, ohne sicher zu wissen, wann ich wiederkommen würde.

»Was auch immer passiert«, sagte ich am letzten Abend zu Julian, »Ich werde euch spätestens Mitte Juni Bescheid sagen. Tut mir leid, dass das alles so unklar ist. David versteht das mal wieder überhaupt nicht.«

»Der würde sich auf solche Diskussionen auch nicht mehr einlassen. Es geht doch nur darum, dass du dein Wort nicht brechen willst, und ich finde das fair von dir.«

»Tja, ich sollte in Zukunft mit Versprechen ein bisschen vorsichtiger sein. Aber versprich du mir bitte, dass ihr keine Platte rausbringt, bevor ich nicht angerufen habe.«

Er lachte. »Versprochen.«

Ich blieb zehn Tage bei David und war erstaunt, wie beengt ich sein Haus anfangs fand. Er hatte zwei Gigs in dieser Zeit, bei denen ich jeweils einen kurzen Gastauftritt hatte, was bei Publikum und Presse hervorragend ankam. Vor allem die *Sun* hatte wie erwartet eine große Freude an meinem Aufenthalt, es gab einige Interviewanfragen, aber ich bat David und Marc darum, das ganze zu verschieben, bis ich meine Zukunft klarer sehen konnte.

Und in der letzten Maiwoche machte ich mich trotz Davids Unverständnis und Murren auf den Weg nach Köln. Duke und ich hatten unsere Flüge aufeinander abgestimmt, sodass er nur zwei Stunden nach mir ankam, ich wartete auf ihn und wir begrüßten uns an der Abfertigung. »Und, wie war es noch in den Staaten?«

»Alles bestens. Ich soll dir Grüße aus Blue Hill sagen, ich war gestern noch einmal dort. Ach, und Tom hat zwei vielversprechende Bands aufgetan, die diesen Sommer bei ihm produzieren wollen.«

»Klingt so, als hätten wir beide noch einiges in den Staaten zu erledigen.«

»Ja. Aber jetzt bringen wir erst einmal diese Sache hinter uns.«

VI

Das Gefühl, in einem völlig falschen Film zu sein, stellte sich zum ersten Mal etwa drei Stunden nach unserer Ankunft in der Villa ein. Angenehmerweise war Frank nicht zu Hause, Jess freute sich riesig, uns zu sehen, wir setzten uns nach oben in die Küche und tauschten uns über das aus, was wir alle in den letzten Monaten erlebt hatten. Bis zu diesem Zeitpunkt war alles in bester Ordnung. Bis Duke fragte: »Und, wie läuft es hier gerade?«

Jess verzog auf eine Weise das Gesicht, die nichts Gutes verhieß. »Na ja«, sagte er, »dass Franks Soloalbum ziemlich gefloppt ist, habt ihr wahrscheinlich mitbekommen. Aber habt ihr seine Autobiographie schon gelesen?«

Wir schüttelten beide den Kopf, wir hatten Besseres zu tun gehabt. Jess holte ein Exemplar aus seinem Zimmer und legte es auf den Küchentisch. »Wahrscheinlich ist es auch besser so. Ihr hättet euch schwer überlegt zu kommen, wenn ihr sie gelesen hättet.«

Mit einem außerordentlich unguten Gefühl nahm ich das Buch zur Hand, Jess erläuterte: »Ab Seite 103 wird's richtig interessant, aber die Episode auf Seite 79 ist auch sehr spannend.«

Ich fing an zu lesen, die wichtigsten Passagen las ich laut. Zum Beispiel die der ersten Begegnung zwischen Frank und Duke: Duke wäre völlig verschüchtert in den Proberaum gekommen und hätte sich nach langem Zureden von Frank endlich bereit erklärt, bei *Zigg* einzusteigen.

»Irgendwie hast du mir das anders erzählt«, meinte ich sarkastisch. Duke schwieg dazu.

Ab Seite 103 beschrieb Frank, wie ich in die Band gekommen war und wie ich durch ihn mein Talent entwickelt hatte. Es ging damit weiter, wie *Zigg* langsam erfolgreich wurde, *das* hatte überhaupt nichts mit mir zu tun, sondern ausschließlich mit den guten Songs, die er geschrieben hatte. Es war Selbstbeweihräucherung pur. Fairerweise muss ich allerdings sagen, dass er nie log, er hatte sich die Realität nur so zurechtgebogen, wie er es brauchte. Deswegen sagte ich zunächst nur: »Nett!«

»Ja«, meinte Jess, »es gibt noch zwei, drei andere spannende Stellen, zum Beispiel, wie er euch davon überzeugt, dass ›Scherve‹ auf alle Fälle auf das Album muss. Und vorher, wie er dafür gesorgt hat, dass wir das Haus bekommen.«

»Das Haus? Er hat behauptet, er hätte die Villa gekauft?« Auch mein Verständnis hatte gewisse Grenzen.

»Na ja, nicht direkt. Aber ohne ihn hätte das alles angeblich nicht funktioniert.«

»Das darf nicht wahr sein. Duke, sag doch auch mal was dazu.«

»Was soll ich zu diesem Schwachsinn sagen? Wenn's ihm gut tut.«

Das erste offizielle Bandtreffen in Tinos Büro endete in einem Desaster – und damit, dass ich nach Hause fuhr und mich ans Telefon hängte. Meine Begrüßungsworte waren: »David, ich brauche sofort einen guten Anwalt.«

Von ihm kam ein kurzes Schweigen, dann: »Und sonst? Hast du Spaß in Köln?«

»Mann, ich meine es ernst, das ist nicht mehr witzig.«

»Okay. Worum geht's?«

»Also, Frank ist zwar bereit, noch eine Platte aufzunehmen, aber er hat völlig absurde Forderungen gestellt. Zum Beispiel, dass nur noch er Texte schreiben darf und dass Amigo die Musik macht. Darauf lassen Duke, Jess und ich uns natürlich nicht ein.«

»Dann hast du doch, was du wolltest.«

»Ja, nur müssen wir noch etwas machen, sonst kriegen wir Ärger mit unserer Plattenfirma. Der andere Vorschlag ist, dass Frank, Amigo und Bruno alleine was aufnehmen und das als *Zigg*-Platte verkaufen.«

»Wenn du vorher sagst, dass du aussteigst, kann dir doch egal sein, was sie machen.«

»Schon, obwohl es mir ziemlich stinken würde. Aber das ist nicht das größte Problem.«

»Noch mehr Überraschungen?«

»Ja. Sie wollen das Haus haben.«

»*Dein* Haus?«

»Na ja, es ist schon unseres, aber Frank behauptet jetzt, dass es der Band gehört, und wenn sie als *Zigg* weitermachen, wäre es auch ihr Recht, es zu behalten. Sie wollen uns unsere Anteile ausbezahlen und ... Verdammt, er hat mich gefragt, ob seine Freundin in mein Zimmer ziehen kann! Angeblich hat er schon einen Anwalt, der ihn bei seinen Forderungen unterstützt.«

»Okay, das klingt ernst.« Er entschied sich unerwartet schnell. »Ich rede mit Allister. Wir kommen runter. Morgen wird knapp, aber spätestens Mittwoch.«

Ich war völlig verblüfft über sein Engagement. »Ihr müsst nicht herkommen, du hast doch genug eigenen Kram am Hals. Ich brauche einfach nur ein paar Tipps.«

»Das klingt nicht nach ein paar Tipps, Baby, dass klingt nach schweren Geschützen. Aber Allister kriegt das hin. Du hast mir oft genug bei meinem Scheiß geholfen, wird Zeit, dass ich mich revanchiere.«

Er, Geoffrey und Allister trafen am frühen Mittwochnachmittag ein und Allister nahm sich sofort meiner Angelegenheiten an. Er kontaktierte zum einen Franks Anwalt, zum anderen Tino und die Plattenfirma und verhandelte ein paar Tage lang mit ihnen. Frank und Amigo waren empört darüber, dass ich mir unerwartete Hilfe geholt hatte – vor allem *diese* Hilfe. Sie würdigten David keines Blickes und beschwerten sich lautstark über die Journalisten, die nach dem Grund seines Aufenthaltes fragten. David nahm es gelassen, sagte ihnen grinsend in schnellem, fast unverständlichem Englisch seine Meinung und freute sich ansonsten darüber, endlich meine Stadt und meine Szene kennenzulernen.

Da die Stimmung im Haus nicht gerade angenehm war und da Allister für uns die Arbeit erledigte, waren wir viel unterwegs, fuhren mit Duke und Jess an den See, besuchten Mike und Lisa, gingen ins *underground* und ins *Pub*. Eines Nachmittags nahm ich ihn aus einer spontanen, überdrehten Laune heraus sogar mit zu meinen Eltern. Meine Mutter wurde schrecklich nervös, als sie ihn erkannte, er mimte den perfekten englischen Gentleman und beeindruckte damit sogar meinen Vater.

»Nett, deine Eltern«, resümierte David grinsend, als wir wieder im Auto saßen.

»Die Zigarren und der Sherry von meinem Vater haben dir besonders gefallen, oder?«

»Ja, er hat einen guten Geschmack. Und man kann sich wirklich gut mit ihm unterhalten. Ich versteh gar nicht, dass du immer sagst, er sei so schweigsam.«

Er grinste breit, ich zog nur die Augenbrauen hoch.

»Also, abgesehen von deinen beiden Bandkollegen habe ich hier bisher nur nette Leute kennengelernt.«

»Meine Bandkollegen! Wenn die nicht wären, würde es mir auch besser gehen.«

»Bleib ruhig. Ich habe dir gesagt, dass wir das hinkriegen.«

Ja, hatte er. Und er behielt auch dieses Mal Recht. Zwei Tage später gab es erneut ein Bandtreffen, wieder bei Tino, diesmal allerdings in Gesellschaft unserer Anwälte – und von David, den ich einfach mitbrachte.

»Das ist ein Bandmeeting, der hat hier nichts zu suchen«, sagte Frank, als wäre David gar nicht im Raum.

»Oh, ich finde schon«, entgegnete Duke, der mich einst für verrückt erklärte, weil ich mich mit ihm eingelassen hatte. »Schließlich hast du in deinem netten Buch andeutungsweise behauptet, dass er und Tina Schuld an der Trennung sind. Dann kann er auch bei den dazugehörigen Verhandlungen dabei sein.« Anschließend übersetzte er das ganze auf Englisch, David sagte: »Thank you« und machte es sich so selbstverständlich in einem der Sessel bequem, dass es niemand mehr wagte, ihn hinauszuschmeißen.

Was folgte, waren end- und sinnlose Verhandlungen, Diskussionen, Argumentationen und Selbstbeweihräucherungen, die ich nur deswegen ertrug, weil ich mich wahlweise an Dukes entsetzten Blicken oder an Davids lässigem Grinsen festhalten konnte. Beides brachte mich gelegentlich zum Lachen, was nicht gerade zu Entspannung der Situation beitrug.

Das Ergebnis war, wie so oft in der Geschichte von *Zigg*, ein Kompromiss. Frank, Amigo und Bruno würden noch eine Platte unter unserem Namen machen, außerdem würde ein Best-of-Album erscheinen, damit waren Tino und die Firma zufriedengestellt. Und wenn Duke, Jess und ich vorher unseren Ausstieg aus der Band erklärten – sprich am neuen Album nichts mehr verdienen würden – dann könnten wir auch den anderen ihre Anteile ausbezahlen und das Haus behalten. Davids Grinsen wurde immer zufriedener. Ich sah ihn an und dachte: Ich liebe dich, David!

Und seine Lippen formten die Worte: Love you too!

Als wir das alles hinter uns hatten und gemeinsam oben in unserer Küche saßen, wollte kein wirkliches Triumphgefühl aufkommen. Für Duke, Jess und mich war es trotz allem ein Verlust und vor allem ein Abschied.

»Irgendwie ist es schon komisch«, sagte ich, »dass jetzt plötzlich alles vorbei sein soll.«

»Ja«, meinte Duke, »obwohl ich eigentlich nie dran geglaubt habe, dass wir das noch mal zusammenbringen. Für uns ist es auch kein so großes Problem, weil wir wissen, wie es weiter geht, aber was ist eigentlich mit dir, Jess?«

»Oh, um die Zukunft mach ich mir keine Gedanken, mich haben schon mehrere Leute gefragt, wann ich meine erste Ausstellung mache. Und das mit Norwegen wird früher oder später auch klappen. Was ich mich frage ist, wie es mit dem Haus weitergeht. Klar, ihr beide behaltet eure Zimmer, aber selbst wenn Ines zu mir zieht, gibt es noch zu viel Platz. Ich habe überlegt, ob ich Fix und seine Freundin frage, die suchen anscheinend was.«

»Fix und Sonny hier im Haus, das wäre genial, oder?«, fragte ich begeistert.

»Für mich wär's okay«, meinte Duke. »Wenn Jess damit leben kann, dass bald alles mit irgendwelchen Autoteilen vollsteht.«

Noch am selben Abend rief ich in Blue Hill an. Julian war direkt am Apparat, ich begrüßte ihn und sagte fröhlich: »Ich wollte eigentlich nur wissen, wann wir ins Studio gehen.«

Vorsichtig fragte er: »Das heißt jetzt was?«

»Dass ich im Sommer eine Menge Zeit habe. Und dass ich auf der Suche nach einer neuen Band bin.«

»Ich habe doch gewusst, dass es klappt! Das muss ich gleich den anderen sagen. Wann kommst du?«

»Ich weiß noch nicht genau. Wir müssen hier noch einige Dinge klären, aber ich denke, spätestens in zwei Wochen.«

David, der darauf bestanden hatte, bei diesem Anruf dabei zu sein, signalisierte mir, dass er mit Julian sprechen wollte. Ich gab ihm den Hörer und stellte den Lautsprecher an.

»Julian? Hier ist Dave. Nachdem wir hier tagelang sinnlos rumdiskutiert haben, möchte ich eins klarstellen: Tina steigt nur unter zwei Bedingungen bei euch ein.«

»Und die wären?«, fragten Julian und ich. Wir waren beide erstaunt über seinen ernsten Ton.

»Erstens: Sie wird weiterhin Songs mit mir aufnehmen und Videos drehen. Zweitens: Ich kann sie in Blue Hill besuchen, wann immer ich will. Was sagst du dazu?«

Ich hörte Julian lachen, er antwortete: »Nun, was Songs und Videos angeht, das musst du mit Tina klären, von uns hat sicher keiner was dagegen. Und für deine Besuche in Blue Hill kannst du dir meinetwegen eins der Gästezimmer dauerhaft reservieren. Aber ich hätte dann auch noch eine Bedingung.«

David und ich sahen uns an, er fragte: »Und welche?«

»Wenn du kommst, bringst du Marc mit.«

Wir lachten alle, David sagte: »Das lässt sich einrichten. Dann wären wir uns ja einig. Von mir aus kann Tina bei euch mitmachen.«

»Das ist außerordentlich großzügig von dir«, sagte ich.

Die kommenden Sommermonate vergingen unfassbar schnell. Duke und ich erledigten unsere restlichen Angelegenheiten in Köln und machten uns anschließend wieder auf den Weg nach Amerika. Ich hatte das Gefühl, nach Hause zu kommen und war überwältigt von der Freude, mit der ich in Blue Hill begrüßt wurde.

Da wir alle fast platzten vor Energie, verbrachten wir viel Zeit im Studio und nahmen einen Song nach dem anderen auf. Meine neuen Bandkollegen hatten während meiner Abwesenheit einiges vorbereitet und es war offensichtlich, dass das ganze neue Material für eine fünfköpfige Band mit zweiter Gitarre und Stimme ausgelegt war. Sie hatten nicht einen Moment daran gezweifelt, dass ich wiederkommen würde. Auch ich hatte einige neue Texte dabei, und so wurde das nächste Album in Rekordzeit fertig, eine sehr ruhige, sehr melodiöse Platte mit viel akustischer Gitarre, viel Klavier und viel ein- und zweistimmigem Gesang. Wir holten Duke für ein paar Stücke als Gastmusiker dazu und ich fand es prima, dass er bei meiner ersten Platte, die ich als »offizielles« Bandmitglied von *Chronicle* aufnahm, mit dabei war.

Im August kam mein kleiner Cousin nach Atlanta, der ein Stipendium für ein Auslandssemester bekommen hatte. Mein Onkel begleitete ihn, was wirklich bemerkenswert war, da er meines Wissen die Farm in den letzten dreißig Jahren kaum verlassen hatte. Er wolle sich davon überzeugen, dass Nico gut untergebracht sei, begründete er seinen Besuch. Ich mutmaßte, dass es ihm mindestens ebenso sehr um meine Unterbringung ging. Schließlich hatte ich ihm in der ersten Euphorie meiner Rückkehr erzählt, dass ich den Rest meines Lebens in Blue Hill verbringen wollte.

Zwangsläufig kam es bei dieser Gelegenheit zu der ersten Begegnung zwischen meinem Onkel und David. Miguel musterte ihn so lange und so kritisch, dass ich alles Mögliche befürchtete. Dann stellte er auf Spanisch fest: »Du bist also der Mann, der das Herz meiner Nichte erobert hat.«

Ich übersetzte grinsend. David überlegte einen Moment, sah meinen Onkel an und antwortete: »Genaugenommen hat sie meines erobert. Als ich sie getroffen habe, wusste ich nicht einmal mehr, dass ich ein Herz habe. Sie hat es gleich gesehen, nur ich habe

Zeit gebraucht, um es zu finden und um zu merken, wie viel sie mir bedeutet.«

Ich starrte ihn entgeistert an. Zu mir hatte er so etwas noch nie gesagt, er hatte höchstens darüber geschrieben. Und nun sprach er wie selbstverständlich über sein Herz, und das ausgerechnet zu meinem Onkel, den er gerade fünf Minuten kannte. Da ich mich nicht rührte, übersetzte mein Cousin Davids Worte, woraufhin Miguel sehr zufrieden lächelte – *das* verwunderte mich überhaupt nicht.

Wir besorgten Nico eine kleine Studentenbude in Atlanta, ich versprach meinem Onkel hoch und heilig, regelmäßig seinen Kühlschrankinhalt zu kontrollieren und zu schauen, wen er sich so in seine Wohnung einlud. Beruhigt und froh, der Großstadt zu entkommen, machte sich Miguel nach einer Woche wieder auf den Heimweg. An seinem letzten Abend saßen wir bei einem Glas Rioja auf der Terrasse und er fragte mich, ob ich glücklich sei.

»Auf jeden Fall glücklicher, als ich es die letzten neun Jahre war.«

»Hm. Das klingt noch nicht ganz so, wie ich es mir wünsche. Als würde noch irgendetwas fehlen.«

»Ja, genauso fühlt es sich an. Ich habe nur leider keine Ahnung, was.«

Vier Wochen später erfuhr ich es. Auf der Grammy-Verleihung in Los Angeles. An sich freuten wir uns alle maßlos, *Chronicle* war in den Kategorien »Beste Band«, »Bestes Video« und »Bester Song« nominiert, und das war wirklich mehr, als wir jemals zu hoffen gewagt hatten.

David, dessen Popularität sich nach dem Atlanta-Konzert erheblich gesteigert hatte, hatte eine Nominierung als »Bester Künstler« und genau wie wir für das »Beste Video«. Ich wusste, wie wichtig es für ihn war, endlich Preise in Amerika zu gewinnen, und es behagte mir überhaupt nicht, dass wir auf diese Weise zu Konkurrenten wurden.

»Mach dir keine Gedanken«, sagte Julian zu mir. »Ich meine, das ist nur eine Preisverleihung, das sagt doch kaum etwas aus. Wegen mir kann er das ›Beste Video‹ gerne haben.«

»Schön, wenn du das so siehst, mir geht es ja nicht anders. Aber ihm bedeutet das alles sehr viel mehr.«

»Letztendlich macht es die Sache doch nur spannender. Vielleicht kriegen wir überhaupt keinen Preis, dann können wir uns zumindest gemeinsam aufregen.«

VII

»Scheiße«, sagte ich.

Ich saß in meinem Hotelzimmer in Los Angeles und vertrieb mir die Zeit, die Gala würde erst in ein paar Stunden beginnen. Duke leistete mir Gesellschaft, ich hatte darauf bestanden, dass er uns begleitet, weil ich mir ein Ereignis dieser Größenordnung ohne ihn einfach nicht vorstellen konnte. Er hatte zwar eingewandt, dass er weder Bandmitglied noch Angehöriger sei und von daher nichts bei der Verleihung zu suchen hätte, ich hatte ihm trotzdem eine Karte für die Feier besorgt, und natürlich wollte er sich den ganzen Spaß nicht entgehen lassen. Jetzt fragte er: »Was ist Scheiße?«

»Ich habe mir gerade das Programm genauer angeschaut. Weißt du, wer einen der Show-Acts macht?«

»Nein, aber du wirst es mir wahrscheinlich gleich sagen.«

»*New Soldiers.*«

»Oh, na wunderbar. Von dem haben wir ja lange nichts mehr gehört.«

»Ich hatte auch nicht vor, daran etwas zu ändern.«

»Du kannst dir ja bei seinem Gig Augen und Ohren zuhalten.«

»Super witzig, echt! Und was mache ich, wenn er auf der Aftershow-Party ist?«

»Ihm aus dem Weg gehen, ihm sagen, dass er ein Arschloch ist, ihm von mir oder David oder Julian eine reinhauen lassen. Wie du willst.«

»Duke, ich ...«

»Ganz ruhig, okay? Vergiss den Typ, der kann dir nichts mehr. Lass dir bloß nicht von diesem Schwein den Abend versauen. Wir sind alle bei dir!«

»Okay, du hast Recht. Wenn er mich anquatscht, werde ich einfach laut schreien.«

Marc hatte es gemanagt, dass wir alle zusammen saßen, ich suchte mir einen Platz zwischen David und Julian und musste grinsen, als mir auffiel, wie treffend diese Position war. Ich, das Bindeglied zwischen England und Amerika, ich, der Grund, warum es vielleicht bald Ärger geben würde. Okay, lassen wir das.

Die Show ging mal wieder weitgehend an mir vorbei. Die Sprüche der Moderatoren interessierten mich nicht, ebenso wenig wie die Nominierungen, die uns nicht betrafen, obwohl ich mich für einige Künstler natürlich freute. Julian und die anderen waren angespannt, sie konnten mit solchen Massenveranstaltungen genauso wenig anfangen wie ich, und natürlich waren sie schrecklich aufgeregt. David gab sich, wie in der Öffentlichkeit nicht anders zu erwarten, cool und lässig, aber ich spürte auch seine Nervosität mehr als deutlich. Er wollte diese Auszeichnungen haben. Unbedingt.

Und auf die erste musste er nicht lange warten.

»Der Gewinner in der Kategorie ›Bester internationaler Künstler‹ ist – Dave Roberts!«

Euphorie und Begeisterung, eine Umarmung, ein Kuss, dann ging er nach vorne und nahm den Preis in Empfang. Er machte es kurz, bedankte sich bei Marc, bei Farmer und, das machte mich verdammt verlegen und stolz, bei mir.

Er strahlte, als er zurückkam, alle gratulierten ihm noch einmal, dann ließ er sich zufrieden in seinen Sessel fallen. »So, das wär's. Sollen wir was trinken gehen?«

»Moment mal, da kommen noch ein paar Auszeichnungen.«

»Ach, scheiß auf das beste Video, das hier«, er hielt mir die Skulptur hin, »war viel wichtiger.«

»Oh, gut, wenn du es nicht haben willst, wir nehmen es gerne.«

»Langsam. Jetzt werdet ihr erst einmal beste Band.«

Und das wurden wir dann auch. Ein einziger Rausch, ich bemerkte kaum, wie wir zu Bühne gingen, hörte nicht, was Ray sagte, schaffte es aber immerhin, kurz ans Mikro zu gehen und das »Danke« an David zurückzugeben.

»Gleichstand«, kommentierte der grinsend, als wir wieder auf unseren Plätzen saßen. »Jetzt wird es wirklich spannend.«

»Von wegen Gleichstand«, sagte Ray, »wir sind schließlich zu fünft, eine Auszeichnung mehr sollten wir schon kriegen.«

Den Preis für den »Besten Song« bekamen wir nicht, stattdessen gewann ihn ein Rapper aus Detroit, der zu dieser Zeit die Charts stürmte. David schilderte sehr ausdrucksstark, was er von dieser »Eintagsfliege« hielt, und auch ich spürte die Enttäuschung.

Ja, ja, Ruhm und Auszeichnungen sind dir völlig egal, nicht war?

Ach, lass mich doch in Ruhe, du fiese Stimme!

Zu allem Überfluss kam nach dieser Kategorie der Auftritt von *New Soldiers*. Unsere gesamte Sitzreihe verstummte schlagartig, und was ich in den Augen meiner Freunde und Bandkollegen sah, als Simon die Bühne betrat, reichte von Kälte über Hass bis hin zu purer Mordlust. Wenn du diese Gesichter sehen könntest, dachte ich, dann würdest du schreiend den Saal verlassen. Aber natürlich tat er es nicht, sie spielten routiniert ihren Song und ich stellte mit Entsetzen fest, dass ich immer noch nicht fähig war, ihn zu hassen, dass es immer noch eine Stimme in mir gab, die mir einredete, dass es damals doch gar nicht so schlimm gewesen sei. Ich versuchte, es zu unterdrücken und bemühte mich um einen gelassenen Gesichtsausdruck, was mir nur teilweise gelang.

»Ich hoffe für ihn, dass er schnell seine Sachen packt und von hier verschwindet. Könnte kritisch werden, wenn er mir doch noch über den Weg läuft«, hörte ich neben mir.

»David, bitte!«

»Ist ja gut. Schau, er haut schon wieder ab.«

Der Song war anscheinend gut angekommen, abgesehen von unserer Reihe klatschte so ziemlich jeder Beifall, Simon ließ sich einen Moment lang feiern und ging dann hinter die Bühne. Ich hatte es erst einmal überstanden.

Dann wurde die nächste Kategorie angekündigt. Als der Moderator sagte, wer die Laudatio halten würde, stutzte ich. Das konnte kein Zufall sein. Spike betrat die Bühne.

»Die Nominierungen für das beste Video sind: ›Animal‹ von Dave Roberts, ›Loss of faith‹ von *Chronicle*, ...«

David und ich sahen uns an, ich hatte den Eindruck, dass er wusste, was in meinem Kopf vorging, und offensichtlich hatte er keine Probleme damit, denn er nickte mir aufmunternd zu.

»... ›Loss of faith‹ von *Chronicle*«

Erneut der Gang auf die Bühne, erneut der Jubel, erneut die
Euphorie, allerdings blieb ich dieses Mal klarer. Ich sah mich kurz
verstohlen um. Würde Simon von irgendwo zusehen? Mit Sicherheit würde er das. Was ging ihm wohl durch den Kopf?
Was interessiert dich das, wollte eine Stimme wissen.
Gute Frage, dachte ich.
Liam umarmte mich voller Freude und sagte: »Tina from Cologne, Germany. Wer hätte gedacht, dass ich dir einmal einen
Grammy überreiche.«
»Ich bin froh, dass *du* nicht nominiert warst, sonst hätten wir
uns auch noch streiten müssen.«
»Oh, ich habe ihn letztes Jahr bekommen, kein Problem. Ich
hoffe, wir sehen uns nachher noch?«
»Na klar.«
Und weil ich dachte, dass es höchste Zeit dafür wäre, ging ich
erneut ans Mikro. »Ich bin wirklich froh, von diesem Mann den
Preis überreicht zu bekommen. Was wahrscheinlich die wenigsten von euch wissen: Spike und ich haben uns vor vielen Jahren
in London getroffen, als ich noch mit meiner Gitarre durch die
Kneipen gezogen bin. Damals hat er ein paar Dinge zu mir gesagt,
die mich zum Nachdenken gebracht haben und ohne die ich heute
wahrscheinlich nicht hier stehen würde. Vielen Dank, Liam!«
Er war sichtlich gerührt, das Publikum auch, und ich sah, wie
sich einige Journalisten hektische Notizen machten. Na, dann
strengt euch mal an, dachte ich.

Die Gala ging zu Ende, die Aftershow-Party wurde mit reichlich
Champagner eröffnet, Duke gesellte sich zu uns und war eine Weile
damit beschäftigt, allen zu gratulieren. Ich traf Liam, wir hatten eine
Menge zu erzählen, wie üblich freute er sich über all das Positive,
das ich ihm berichten konnte. Von den *New Soldiers* war weit und
breit niemand zu sehen und ich konnte mich ein wenig entspannen.
Als ich begann, David zu vermissen, der irgendwann in Richtung
Empfangshalle verschwunden war, machte ich mich auf die Suche
nach ihm, fand ihn zunächst nicht und stellte mich an eine der Bars.
Ich besorgte mir etwas zu trinken, beobachtete die Leute und hielt
weiter nach ihm Ausschau. Und dann hörte ich die Stimme hinter
mir. »Du trinkst immer noch gerne Martini, nicht wahr?«

An dem, den ich gerade in meiner Kehle hatte, verschluckte ich mich fast. Simon platzierte sich mit einer eleganten Bewegung vor mich und nahm meine Hand.

»Ich wollte dir unbedingt zu deinen beiden Grammys gratulieren. Das ist wirklich toll, was du da mit diesen amerikanischen Jungs gemacht hast.«

Ich nickte langsam, zu mehr war ich nicht fähig. Schon wieder schaffte er es, mich zu lähmen, schon wieder brachte ich kein Wort heraus, obwohl mein Inneres rebellierte. Das einzige, was mir gelang, war einen gedanklichen, lauten Hilferuf auszuschicken: »David!«

»Hast du Lust, mit mir nach draußen zu kommen? Robin ist da, er will dir bestimmt auch gratulieren.«

»Nein, ich warte hier auf meine Leute und ...« Immerhin ein Versuch, den er aber sofort niedermachte.

»Aber die sind doch den ganzen Abend hier, komm, nur für einen Moment. Ich muss dir so viel erzählen.« Er zog mich an der Hand mit, zwei Schritte, drei, und dann zögerte er und blickte an mir vorbei in den Saal. Ich drehte mich um – und sah David, der, den Blick starr und kalt auf Simon gerichtet, auf uns zukam. Und dieser Blick ließ mich das Schlimmste befürchten. Was immer du vorhast, David, bitte, tu es nicht.

Simon ließ meine Hand los, wurde steif und setzte einen ähnlich kalten Blick auf. David blieb vor ihm stehen, sah mich einen Moment lang an und legte kurz seine Hand auf meine Schulter. Und – ich weiß nicht, wie es passierte, aber durch diese Berührung verschwanden die Lähmung, die Angst und die Hilflosigkeit, es war, als könnte ich Simon mit Davids Augen sehen.

»Hallo Simon«, sagte er mit einer Ruhe, die ich ihm wirklich nicht zugetraut hätte, und die Simon ziemlich durcheinander brachte.

»Was willst du hier, dich hat keiner gerufen.« Oh, da täuscht du dich, Simon! David schwieg, und das machte ihn noch nervöser. »Willst du dich wieder prügeln, hier, vor allen Leuten?«

»Bist du scharf darauf? Ich dachte, du schlägst lieber Frauen.« Immer noch diese Ruhe in seiner Stimme. Simon verstummte. Aber David war noch lange nicht fertig.

»Ich sage dir etwas, Simon: Solltest du noch ein einziges Mal diese Frau anfassen oder versuchen, mit ihr zu sprechen ... Oder sie auch nur anschauen, dann werde ich dich umbringen. Und vielleicht werde ich vorher die Presse und meinen Anwalt darüber informieren, was Anfang letzten Jahres in deinem Haus so alles passiert ist. Die *Sun* wäre da sicherlich sehr interessiert dran.«

Diese Drohung war ernst gemeint und aus Simons Stimme war die Unsicherheit deutlich herauszuhören, als er entgegnete: »Du kannst mir gar nichts, Roberts, wie willst du das beweisen, dir glaubt doch soundso keiner mehr was.«

»Aber mir.«

Das hatte ich gesagt, ich konnte es kaum glauben. Der Bann war tatsächlich gebrochen. »Es gibt noch ein paar nette Narben, Simon, und es gibt genug Leute, die mich damals gesehen haben. Wenn du mich nicht in Ruhe lässt, dann wird die ganze Welt erfahren, was für ein perverses Arschloch du bist. Ich hasse dich!«

Er starrte mich an, vielleicht realisierte er mit seinem kranken Hirn wirklich erst in diesem Moment, dass es vorbei war. Er versuchte es mit einem »Aber ...«, verstummte allerdings, als er Davids Blick sah.

»Verschwinde von hier, Simon. Jetzt sofort!«

Ein paar Sekunden lang fürchtete ich, dass er doch noch auf David losgehen würde. Aber dann drehte er sich um und ging. Es war das letzte Mal, dass ich ihn persönlich gesehen habe.

Einen Moment lang schauten wir ihm hinterher. Ich spürte, wie die Spannung langsam aus meinem Körper wich, und nahm die Geräusche um mich herum wieder wahr. Ich sah, dass Duke, Julian, Marc und die anderen hinter uns standen. Simon hatte nicht nur uns beide, sondern die geballte Kraft und den Hass all dieser Leute gegen sich gehabt, die mich liebten und die niemals zugelassen hätten, dass dieser Kerl mir etwas antun würde. In diesem Moment gaben meine Beine nach und ich sackte zusammen. David hielt mich fest und sagte leise: »Hey, werd jetzt bloß nicht ohnmächtig.«

Ich liebte seine einfühlsame Art. Er hielt mich damit halbwegs aufrecht. »Hab ich nicht vor, aber ich muss raus hier.«

»Sollen wir gehen?«

»Nein, nur raus an die frische Luft.«

Er brachte mich auf einen der Balkone, die anderen wurden von Marc zurückgehalten, wofür ich ihm wirklich dankbar war. Ich stütze mich auf das Geländer und schloss die Augen, David gab mir eine Zigarette und blieb neben mir stehen.

»Danke«, sagte ich nach einer Weile.

»Keine Ursache. Du dachtest wirklich, dass ich ihm eine reinhaue, oder?«

»Nein, ich dachte, dass du ihn totschlägst. Und ich bin verdammt froh, dass du es nicht getan hast. Nicht weil er mir leid getan hätte, sondern weil ich es endlich geschafft habe, mich gegen ihn zu wehren.«

Er nickte nur und schwieg. Und ich wollte es wissen. »Ist das Zufall, dass du genau im richtigen Moment gekommen bist? Oder dass du so oft Dinge sagst, die ich eine Sekunde vorher im Kopf hatte?«

»Keine Ahnung. Manchmal sage ich Sachen, von denen ich überhaupt nicht weiß, woher sie kommen. Das ging mir schon so, als wir uns das erste Mal getroffen haben, was meinst du, wie mich das irritiert hat. Und vorhin ... Mag verrückt klingen, aber ich wusste, dass du in Schwierigkeiten bist.«

»Das klingt nicht verrückt, nur ein bisschen beunruhigend.«

»Tja, du solltest in Zukunft darauf achten, an wen du denkst.«

Ich musste lächeln, schüttelte kurz den Kopf und wurde wieder ernst. »David, tust du mir einen Gefallen?« Er schaute mich nur auffordernd an.

»Du weißt genau, wovor ich Angst habe. Ich fange gerade an, mich daran zu gewöhnen, dass du zu meinem Leben gehörst, und ich fange an, an Dinge zu denken, die ziemlich weit in der Zukunft liegen. Wenn es irgendwie möglich ist, verlass' mich nicht so schnell wieder, okay?«

Ein verbotenes Grinsen, eine Umarmung, ein Kuss. »Ich hab's nicht vor, zumindest nicht in absehbarer Zeit.«

»Und was bitte ist in deinen Augen eine absehbare Zeit?«, fragte ich, obwohl ich genau wusste, was jetzt kam.

»Och, so die nächsten paar Wochen.«

»Arschloch!«

»Ja! Endlich hast du's verstanden!«

Wir gingen wieder nach drinnen und erstaunlicherweise gelang es mir relativ schnell, mich wieder auf die Party einzulassen. Der

Schrecken wegen Simon war vergangen, was übrig blieb, war ein Gefühl des Triumphes, und das nicht nur, weil wir zwei Grammys gewonnen hatten. Ich tanzte ein wenig und stellte mich dann an den Rand und beobachtete die Menschen um mich herum, Julian und Marc, die sich angeregt unterhielten, David, der mit den Frauen flirtete, Ray, Alan und Chris, die unseren Sieg feierten. Irgendwann gesellte Duke sich zu mir.

»Bist du in Ordnung?«

»Ja, mir geht's gut. Mir ist nur nicht nach Smalltalk. Das, was ich grade fühle, kann ich eh niemandem erklären.«

»Versuch's doch mal«, meinte er vorsichtig.

»Ach, Duke. Ich bin so froh, dass ihr alle hier seid und dass ich endlich, endlich diesen Typen losgeworden bin und dass das alles so glimpflich abgelaufen ist.«

»Ja, unglaublich, dass er dich noch mal angequatscht hat. Ich hätte mit dir mitgehen sollen.«

»Nein, David kam ja rechtzeitig. Und ich glaube, es war verdammt wichtig, dass er das geklärt hat. Für uns beide.«

»Ehrlich gesagt hätte ich nie gedacht, dass er so cool bleibt. Ich habe mich in einigen Dingen getäuscht bei ihm.«

Es schien einer dieser Tage zu sein, an denen die Selbsterkenntnis fast wie von alleine kam. Ich konnte solche Tage wirklich gut leiden.

»Wie läuft es eigentlich bei dir in Nashville? Du hast kaum was erzählt.«

»Oh, es läuft prima, wir haben gerade die *Ravens* da und ziemlich viel Spaß mit denen.«

»Dann hast du wirklich vor, als Studiomusiker bei Tom zu bleiben? Vermisst du nicht das Gefühl, eine eigene Band zu haben?«

»Nein, überhaupt nicht. Es ist total spannend, mit unterschiedlichen Leuten etwas zu machen, immer andere Musik, immer neue Erfahrungen, man lernt eine Menge dabei. Und Auftritte habe ich ja auch, ich glaube, darauf könnte ich nicht verzichten. Debbie hat mich schon gefragt, ob ich fest bei ihnen einsteigen will, aber ich glaube nicht, dass ich es mache.«

Ich wurde hellhörig. »Debbie?«

»Die Sängerin von den *Ravens*. Echt eine tolle Frau, sie hat eine famose Stimme, wir verstehen uns ziemlich gut.«

Ich wurde *sehr* hellhörig. »Gibt's da irgendwas, das ich nicht weiß?«

Er wurde tatsächlich rot und druckste ein wenig herum. »Nein, nicht wirklich. Ich werde sie nächste Woche mal in Cleveland besuchen. Mal schauen, was wird.«

Ich umarmte ihn und freute mich riesig, sagte aber trotzdem nur: »Dann hoffe ich, dass ihr viel Spaß habt«, weil ich genau wusste, wie peinlich ihm das ganze war.

Er wechselte auch so schnell wie möglich das Thema. »Und du? Ich meine, du stehst hier mit zwei Grammys, deine Vergangenheit ist geklärt, du hast eine klasse Band und einen tollen Typen – hast du keine Angst, dass es jetzt irgendwann langweilig wird?«

Ich lachte. »Im Gegenteil, Duke, es fängt gerade erst an. Ich habe das Gefühl, alles was in den letzten Jahren passiert ist, war nur die Vorbereitung dafür, dass ich genau jetzt hier stehe. Und ich verspreche dir, jetzt wird es so richtig losgehen!«

Danksagung

Meinem Bruder, für seinen guten Musikgeschmack und seine unermüdlichen, wenn auch gelegentlich zum Scheitern verurteilten Versuche, mich vor der Welt zu beschützen.

Meinen Eltern, für die ausgiebig getestete Reibungsfläche und das Wissen, letztendlich doch immer wieder sicher landen zu können.

Floh und Wolf für Band 3 und andere bereichernde Lebens-Wahrheiten.

Alex, Alex und Alex. Für Anregung, Kraft und Motivation.

Und allen anderen, die mein Leben so bunt gemacht und damit letztendlich zu diesem Buch beigetragen haben.

edition obst & ohlerich

Die Herausgeber Rouven Obst und Dr. Gregor Ohlerich betreuen als freie Lektoren (autorInnenberatung) Autorinnen und Autoren bei der schriftstellerischen Arbeit.
Ausgewählten belletristischen Werken möchten sie mit der *edition obst & ohlerich* eine Veröffentlichung ermöglichen. Der trafo verlag Berlin zeichnet für die verlegerische Seite verantwortlich.

Bisher sind erschienen:

Elisabeth Altenweger, *Sintemalen* (2006)
Torsten Müller, *Der Ritter Christi* (2006)
Corinna Luedtke, *Die Nächte mit Paul oder der Tag ist anderswo* (2006)
Marc Houma, *Die Ungebändigten* (2007)
Michael Zech, *Wo bist du, mein liebes Heimatland* (2007)
Katja Rübsaat, *Montez. Geschichte einer Sängerin* (2009)

Weitere Informationen im Internet unter www.obstundohlerich.de.